心理治療

—督導與運用

曾文星・編著

編著者簡介

曾文星

本籍：台灣省台南人（1935 年出生）

學歷：國立台灣大學醫學院醫科畢業（1961）

國立台灣大學附屬醫院精神科住院醫師專科訓練（1961-1965）

美國哈佛大學醫學院精神科進修（1965-1968）

曾任：國立台灣大學醫學院精神科講師（1968-1972）

美國夏威夷東西文化中心研究學者（1971-1972）

夏威夷大學醫學院精神科副教授（1972-1976）、教授（1976-2009）

特任：世界精神醫學會跨文化精神醫學分會祕書（1977-1983）、會長（1983-1993）、榮譽顧問（1993-）

北京大學精神衛生研究所客座教授（1987-）

美國文化精神醫學研究會委員（1996-2006）

世界文化精神醫學協會首任會長（2005-2009）

現任：夏威夷大學醫學院精神科榮譽教授（2010-）

榮任：美國精神醫學會卓越終生院士（2003-）

得獎：美國文化精神醫學研究會學術創作獎（2002）

美國文化精神醫學研究會終生成就獎（2008）

美國精神醫學會 亞洲精神醫學特別貢獻獎（2008）

[中文著作]

《最新精神醫學》（水牛出版社，1980）

《心理治療：原則與方法》（水牛出版社，1981）

「文靜心理衛生叢書」（十二冊）（水牛出版社，1989-1996）

《現代精神醫學》（水牛出版社，1994）
《心理治療：理論與分析》（水牛出版社，1994）
《華人的心理與治療》（桂冠圖書公司，1996）
「心理治療普及叢書」（簡體版，十冊）（北京醫科大學出版社，2001-2002）
《新編精神醫學》（水牛出版社，2003）
「心理治療及輔導叢書」（繁體版，十冊）（中文大學出版社，2004）
《心理治療：學說與研究》（水牛出版社，2005）
《文化精神醫學：學理與運用》（水牛出版社，2006）
「曾文星教授心理治療叢書」（三冊）（心理出版社，2009-2010）

[日文著作]

《文化と心の臨床》（星和書店，1984）
《移居と適應》（日本評論社，1996）
《一つの人生、三しゅの文化》（星和書店，2010）

[英文著作]

Adjustment in Intercultural Marriage（University Press of Hawaii, 1977）
People and Cultures of Hawaii: A Psychocultural Profile（University Press of Hawaii, 1980）
Culture, Mind and Therapy（Brunner/Mazel, 1981）
Chinese Culture and Mental Health（Academic Press, 1985）
Culture and Family: Problems and Therapy（Haworth, 1991）

Suicidal Behavior in the Asia-Pacific Region（Singapore University Press, 1992）

Chinese Societies and Mental Health（Oxford University Press, 1995）

Culture and Psychopathology（Brunner/Mazel, 1997）

Culture and Psychotherapy（American Psychiatric Press, 2001）

Handbook of Cultural Psychiatry（Academic Press, 2001）

Clinician's Guide to Cultural Psychiatry（Academic Press, 2003）

Culture and Forensic Mental Health（Brunner-Routledge, 2004）

Cultural Competence in Clinical Psychiatry（American Psychiatric Publishing, Inc. 2004）

Asian Culture and Psychotherapy（University of Hawaii Press, 2005）

Cultural Competence in Health Care: A Guide for Professionals（Springer, 2008）

共同作者

（提供個案資料並共同書寫的共同作者名單與簡介）

叢　中 教授

北京大學精神衛生研究所教授。主要從事心理治療的工作與教學，特別研究成語對本土性心理治療的運用。

田　峰 副教授

山西醫科大學第二醫院精神衛生科副主任醫師。從事精神衛生與心理治療工作。

朱金富 教授

河南省新鄉醫學院心理學系主任，新鄉醫學院第二附屬醫院主任醫師、教授。主要從事臨床心理諮詢與治療工作，特別是本土性的心理治療研究。

陳一心 所長、副教授

南京醫科大學腦科醫院副教授，兒童精神衛生研究中心所長。主要從事兒童心理治療工作。

林　紅 博士

北京大學精神衛生研究所兒童心理衛生副研究師及主治醫師，北京大學臨床心理中心辦公室主任。主要從事兒童與青少年的心理研究與父母的輔導。

黃韋欽 醫師

台灣桃園療養院精神科醫師。主要從事住院病人與門診病人的心理治療，包括催眠治療。

前言

這是本人所撰寫「曾文星教授心理治療叢書」的其中一本，主要重心放在心理治療的督導。隨著目前一般人普遍對心理治療的迫切需要，而醫療教學系統也正在用心針對專業人員進行有關心理治療的訓練之時，本人決定編寫這本書。其主要目的是：如何有系統地教導受訓的精神科醫師及臨床心理學家或其他專業人員，讓他們能獲得有關心理治療施行的基本知識，能學習心理輔導的各種實際操作與要領，並且經由督導的過程而培養並提高心理治療的臨床能力。此書將就實際教學課程的形式而書寫，講解其道理，並且就臨床個案而做分析與說明，提供切實的操作建議。

本書中的內容為本人數十年來從事教學或講學的累積經驗，所使用的個案都是實際治療或督導的個案。大多是國內華人的個案例子，用來做操作上的說明或督導方面的討論。過去我跟華人學者們共同從事研究或教學的工作，常一起討論個案的治療問題，而近來有幾位年輕同道們經由特別安排，先後來夏威夷大學醫學院精神科進修，共同學習心理治療，而他們所提供或討論的個案也於本書裡採用，作為個案的詳細說明與討論，在此感謝他們的協助與貢獻。除了大部分是華人的例子，有些個案是在美國夏威夷臨床教學與督導所接觸的例子，雖然是當地各個不同民族背景的病人，其生活方式與病情可能與華人略有不同，但很適合作為討論治療上的技巧與督導的問題，且透過文化的層次加以說明與解釋，相信也會適合華人學者與臨床者的閱讀。這些中外個案的私人性資料都加以適當的修飾，以便保護病人的隱私。

此書共分三部分，第一部是關於心理治療督導的概論，主要說明督導的目的、不同的督導模式，以及督導上要考慮的各種問題。第二部是就各種實際案例而施以督導的情形，按不同的要點而分章，每章都有數個案例。以共同作者身分提供案例的同道學者們，雖然他們本身對心理治療已經有良好的經驗，但在第二部中，他們扮演被督導的治療者，以便討論督導的實際操作。第三部則說明治療者本身如何扮演教導者，隨時督導自己、自我訓練，提高治療上知識與技術的水準。

心理治療的施行要以學理與知識作為基礎，但其實際操作要依靠專業的經驗與技術。因此，學習心理治療的施行，最好要依靠有經驗與教學能力的督導者來指點，經由督導而學習實際上的知識與技巧。然而目前國內有經驗的資深心理治療者不多，難以提供所需的督導工作，同時與督導有關的書籍也很少。因此，針對這種情況而決定編著本書，希望能提供有關督導工作上需要知道的一般知識與要領，了解需要注意的各種事項，包括如何幫助初學者或受訓學員避免各種錯誤，減少困難，並提高對病人的了解與治療的要領。

如何施以督導是一種特殊的專業知識、技巧與要領，在本書中有詳細的解釋與建議，幫助教學的教授們與臨床督導者們作為施行督導的參考。同時本書也可以讓初學者在閱讀後，能親自體會並了解施行治療時，需要注意哪些方面的事情，如何改進自己在進行治療的臨床能力。因此，我們期望本書可讓督導者們在參考而施行督導與教學之用外，同時還可作為受訓學員們的教科書，具有雙重的作用。

最後，要感謝心理出版社林敬堯副總經理兼總編輯的遠見與熱心贊助，同意連續出版本人最近所著有關心理治療的幾本書，以叢書的形式而先後出版，有系統地繼續提供有關心理治療的必讀書籍，促進心理治療水準的提升，推展我們社會的心理衛生。此書繁體版還得林汝穎執行編輯的細心修訂編輯，以適合台灣的讀者，也表示謝意。

曾文星

夏威夷 檀香山

2010 年 3 月 23 日

目錄

CONTENTS

第一部
心理治療的督導：概論

第一部

心理治療的督導：概論

第 1 章

督導的目的與需要

第一節　心理治療的基本教學方法

在精神醫學或臨床心理學的領域裡，所謂「督導」（supervision）指的是開始學習心理治療的住院醫師，或是還沒有足夠臨床經驗的治療師所需要接受的臨床訓練與督導，是心理治療訓練過程中必須經歷的學習過程之一。意即：被有臨床經驗的治療督導者或教授「指導與監督」，培養並建立心理治療實際操作與運行的臨床能力。由於心理治療是一種應用科學，是臨床上的實際操作，不但要有基本的學識，還得懂得如何運用專業技術實際操作。因此，在其訓練過程中，接受訓練的住院醫師或治療師（即被督導者）一定要有足夠的時間與適當的機會，定期被有經驗的治療師或教授督導。被督導而學習獲取經驗與熟練，是臨床醫學裡任何分野（如內科、外科、小兒科、婦產科等）的共同基本要求，且對屬於精神科的心理治療來說，更是如此，是必然需要接受的訓練方法與過程。對於學習心理輔導的受訓學員，也是同樣的道理。

通常說來，心理治療的教學方法與訓練模式，最好包括四種不同性質的學習途徑，綜合而分別同時進行。即：一、要實際嘗試心理治療的臨床工作，從實際的工作裡練習輔導技術與要領，並獲取經驗；二、靠念書、講課與討論的方式獲取所需的基本學理與技術上的知識；三、透過個案的報告討論會學習如何針對各種個案進行病情的分析與治療策略的選用；四、同時接受臨床督導而改進實際的操作方法，並減少可能遭遇的職業性錯誤。

讓我們分別說明這四種不同性質的學習途徑：

臨床經驗：實際的經驗與體會治療工作

很顯然，臨床工作必須有實際的經驗，不能紙上談兵，要靠實際診視病人、輔導病人的過程與經驗中，學習到心理治療的要訣。臨床經驗（clinical experiences）包括治療各種病情的病人，包含男女不同性別、老少不同年齡層，與不同教育水平的病人，也要輔導不同社會階級與貧富不同背景的病人。假如能輔導南北各地不同文化，或民族與文化背景不相同的病人也很好，可以較能顯著體會到文化因素如何影響輔導工作。

住院醫師在其訓練過程中，透過住院病人及門診患者而分別學習治療不同病情的病人，包括：如何輔導嚴重的精神病患者（如患精神分裂症或妄想症的病人），以及了解自我功能有嚴重問題、思考有障礙、對現實的接觸有毛病的病人；也要學習輔導比較輕度的精神病患者（如焦慮症、抑鬱官能症、慮病症、癔症等病人），並幫助自我功能有局部輕度障礙的病人；或學習如何應付不同性格的病人，包括邊緣性格障礙者；此外，更要幫助一時遭遇心理創傷，或面對日常生活裡常見的心理壓抑或情感困難的一般人。體會如何隨著病人性格的不同、病情與問題的不同、性格與年歲的不同，而注意採用不同的治療技巧、選擇適當的治療方式，且與病人維持何種治療關係，以協助、支援並誘導他們，避免那些治療上可能發生的錯誤等等，這些都必須從實際的臨床工作中才能學習到。

配合住院醫師有結構性與系統性的訓練計畫，即從住院病人的醫療、急診病人的處理，進而嘗試門診醫療，心理治療的經驗通常也是從重度的精神病患者的心理輔導開始，逐漸練習在門診中嘗試治療比較輕度病情的病人（如神經官能症等）。雖然住院病人是病情比較嚴重的病人，但由於他們是住院病人，在病房的環境中嘗試進行醫療，同時接受緊密的輔導，可以時時被主治醫師實際觀察並監督其輔導的操作是否適宜，可及時糾正錯誤。至於門診病人，與住院病人比起來較無控制性，是由住院醫師單獨與病人會診，無法由有經驗的督導者時時在旁觀察與督導，也不容易知道病人回家後的反應，因此通常要由比較有經驗的住院醫師來進行治療。

可是單靠臨床上自我摸索的經驗是不夠的，還要透過專業知識的學習、臨床上的督導，才能提升經驗值。也就是說，要能一方面操作，另一方面同時學習，如此教學相長才能更上一層樓。

專題研討會：有系統且逐步性地累積與具備專業知識

由於心理治療的施行，不能單靠想幫助病人的愛心與普通的常識來進行，還要有專業的知識，才能有深度地了解病人的心理與治療的方向，包括治療的技術與策略。這些專業性的知識很多，隨各種治療模式而略有不同的要求與範圍，但基本上至少都包括：人的心理、人格構造、人格發展、情感與行為的特性、防衛機制與適應模式、各種人際關係的真相、各種異常心理與精神疾患的病理，以及與治療有關的各種學說、策略與技術上的知識。而這些過去累積的專業知識要靠閱讀專業書籍，或從師長選擇與指定的學術論文而獲得，也要靠資深教師的講解而領會，還要經過與師長及同道們相互討論而透澈了解、消化與擁有。因此，有規模的住院醫師訓練課程，都要（每週）定期提供這種「專題研討會」（didactic seminar）的課程，由特別指派的教授擔任與負責進行。

這種專題研討會的課題，要隨住院醫師的訓練課程與水準而安排專案課題與學習的順序，由基本而專業、由淺而深的學習，每年要有系統性的計畫與進展，是住院醫師必需的教學活動之一。其課題的內容隨所注重的各個治療模式，以及負責教學的教授們各自專長與經驗而可以適當調節，但其有系統性的全盤計畫，定期進行，由基本而特殊地逐漸進展學習知識的基本原則是不變的。

個案討論會：磨練病情的了解能力與治療策略的適當選擇

有了基本的知識還不夠，還得學習如何運用於實際的臨床情況。因此，有教學性質與職責的精神科裡通常會每週舉行個案討論會（case conference），由住院醫師們參加，並彼此輪流報告其臨床實際治療過的個案，由資深教授們與住院醫師共同討論，並提供有關的臨床意見。這些被提出來的個案，不僅要討論主訴、病史、症狀、診斷，最重要的，還要報告與討論病情的整體性解析，包括：生物性、心理性、社會文化性三種基本層次的病情了解，還要討論治療的目的與策略，也要報告治療的經過與結果，特別是心理治療的嘗試與反應。

這樣的個案討論會有其特別的功效。住院醫師本身通常只能在其所有臨床工作時間裡治療有限數目的個案，只有部分性的臨床經驗（包括不同的病情與診斷、不同的心理問題，以及不同病人的個人背景等）。但是經由定期的個案討論會，聽取其他醫師們報告的個案，無形中可以增廣整體臨床經驗，知道各種不同病情與病理的個案，包括各種不同的治療方法與結果。不僅是量方面的經驗增長，且最重要的是：經由聽取他人的看法、想法與意見，而比較並調整與更正自己的見識與看法，是促進並保證自己臨床上的見解客觀化，避免過分主觀與偏見的學習機會。

當然，個案討論會裡可以報告各樣的病況與治療模式，包括藥物治療等，以提升精神醫學的整體性廣泛臨床經驗，但假如所報告的是特別注重心理治療的個案，且能報告從頭到尾每次會談的大致情況，能體會輔導的進展與曲折，那更能學習到心理治療過程有關的知識與經歷，是難能可貴的學習方式與機會。

臨床督導：實際的臨床鍛鍊與修正

除了獲得與心理治療有關的專業知識，並體會操作上的基本要領與方法外，被訓練的治療師還得實際治療病人，透過自己的臨床經驗獲得真正的體驗，且時時接受富有經驗的師長們臨床督導（clinical supervision），改善治療的要領，避免不宜發生的錯誤，這樣才能提高治療的能力，順利進行妥當且較有效的心理治療。所接受的督導師長最好同時有數位，這樣才能從不同督導者身上學習他們不同的想法與意見，由被督導的住院醫師或治療者自己判斷如何各取所長，進而融合與統一，形成自己的看法與準繩。

大家都知道，我們日常生活中必須實際操作各種事情，譬如：打球、學跳舞、學開車等等，都要經由實際的累次嘗試操作體驗，並經由他人所提供的檢討與指點，才能逐漸成熟與進步。單靠自己暗中摸索與嘗試，是比較遲慢學到要訣的方法，且難於避免本身察覺不出的錯誤，是不理想、不得已的自我學習與嘗試。在醫學領域裡，要學習如何做正確的身體檢查、施行成功的手術、供給適當的處方，也都要依靠實際的操作、練習，並接受適當的督導，才能避免治療上的延誤或疏失，盡早施以所需的治療，幫助病人康復。心理治療也是如此，受訓的住院醫師或初學的治療者，在其訓練過程中，要治療過相當數目的病人、輔導過各式各樣不同診斷與病情的病患，且接受足夠的臨床督導，才算是合格的訓練。有水準的訓練機構都要按這種方法與規格來進行，並經過負責教育系統的上級單位定期進行客觀的審核，以判斷其訓練課程是否合乎標準。換句話說，有組織、有系統、合乎水準的臨床督導，是心理治療訓練課程中不可缺少的，是非常重要的訓練操作。

第二節　臨床督導的目的、功用與需要

我們已經說明臨床督導是學習心理治療的必要訓練課程，可是臨床督導這種特殊的學習與教學方法，有其特別的目的、功用與需要。讓我們接著一一仔細說明與分述。

協助治療者選擇適當的個案做治療

任何醫療上的治療都要考慮被選擇治療的病人是否適當，是否是可以治療的病人，否則治療不適當的病人，即使治療者如何努力治療，還是事倍功半，得不到理想的效果。心理治療也是一樣，要考慮病人的治療適合性。心理治療施行起來是否能獲得有效的結果，事先就要斟酌與考慮各種適合性的因素，譬如：病人所罹患的、所主訴的，是否主要屬於心理與情感上的問題，而非其他（如軀體的氣質性或生理性問題）；病人是否有動機想接受心理治療；病人是否有精神上的條件，可以受惠於心理治療等。可是這些重要且須考慮與判斷的因素，往往並非很清楚，可以像黑白一樣劃分區別，得靠相當的知識與經驗仔細判斷。可是年輕的住院醫師，或經驗不足的治療者不見得能好好思考，選擇適當的病人而施以心理治療，因此很需要督導者的協助。

比如說，有些病人來看病，一開始所提出的主訴是軀體性的問題（例如：

頭痛、記憶力欠佳、胃口差、睡眠不好等），而非是心理或情感性的問題（例如：很操心、抑鬱、很生氣、想不開等）。由於所提訴的是軀體性問題，乍聽起來好像不適合施以心理治療，可是若能懂得病人這種表面上申訴的軀體症狀，實際上很可能是在申訴自己的情感問題，只是在初診的開場白，提出軀體性的症狀而已；假如能好好與病人會談，誘導病人說出自己內心的煩惱，就可以揭開主要的心理與情感問題。因此，要能動態性、有技巧地判斷才行。可是反過來，病人雖然一開口就說自己有心理上的煩惱（例如：怨恨小時候父母沒好好照顧他，讓他現在和配偶有情感上的困難等等），好像很適合做心理治療，可是有時候這樣的病人只是從書本、小說或電視上學會如何講述這些「心理上的問題」，以獲取治療者的注意及關心，但實際上並非如此。因此，如何能看透這些表面上的主訴，以了解真正的問題，需要有經驗與工夫才行。

同樣地，有些病人口頭上說很想接受治療，可是其動機並非很真實（例如：被配偶威脅，不看病、不接受治療就要離婚；或想打官司，利用精神受到打擊，需要接受心理治療，靠接受治療的「事實」以取得官司上的優勢等）。這些沒有真實動機的病人，不但會來看病，且口頭上還滿口說是自己很想接受治療（實際上是想敷衍配偶，以免離婚；或想打贏官司以獲得賠償金）。因此，要很小心地了解並判斷病人想接受治療的背後動機。反過來說，有些病人在一開始並不想接受心理治療，可是經由治療者良好的誘導，逐漸建立濃厚且實在的動機，也能善用治療以獲得顯著的改善。可見這些都是很微妙且需要費工夫區別與判斷的，所以選擇適當的病人而給予治療，是督導者可以幫助初學者做適當判斷與選擇的。病人選擇得當，就可獲得事半功倍的效果，這也是臨床督導最要緊的目的與功能之一。

讓我們就實際的臨床案例來討論病人是否適合心理治療。有一個案為中年已婚的女性患者，獨自前來就診。會診一開始，患者就敘述自己的丈夫由於相信性行為過多會對身體不好，因此對夫妻間的房事少有興趣，讓她無法滿足自己的性慾望，心情總是悶悶不樂，對生活感到空虛不充實，心裡覺得很痛苦，最近夜晚都睡不好，有時還衝動地想離家出走。聽到病人這樣的陳述，乍聽之下患者有許多心情上的矛盾，好像是很適合作為心理治療的個案，可以幫助她處理自己內心的煩惱與困難，包括如何改善夫妻間的性關係。可是仔細觀察，卻發現有不同層次的問題，例如：個案為了滿足自己的性需要，最近還透過網路和其他的男人來往，甚至和他們發生性關係，而被她勾引、誘惑的男人，卻是她才剛認識不久的醫生。而且不僅如此，現在這名個案來看病，還特別想辦法等到男治療師看完其他病人後，最後一個看她，這樣才有多餘的時間可以和醫師談。更糟糕的是，還向醫師說她是開小轎車來看病的，願意看完病後，親自送醫師回家。還好，治療師發覺這名個案的動機並不是想治療自己內心的矛盾，希望經由輔導而改善其所面臨的夫妻問題，而是另外有特殊而非正常的目的，即：醉翁之意不在酒，是想勾引年輕的男醫師才來就診的。雖然這是很極端且少見的臨床案例，但正好可用來說明如何判斷病人是否適合治療，是否有正確的動機想接受治療。還好，此位年輕醫師很機警，能看透那名個案的病態性動機，適當地拒絕其要求。但假如這位年輕醫師經驗不足，那得依靠資歷比較深且有臨床經驗的督導者指點，避免發生非職業性的治療關係，以免發生問題（詳情請參見第八章個案三：「要求掛最後一號看診的女病人」）。

反過來說，也可能發生相反的情況，一開始被醫生認為是不適合、也不值得施以心理治療的病人，經過治療者的嘗試而變成是可以接受心理治療的病人，透過心理治療而受惠良多。案例是一位移居美國夏威夷將近二十多年的中老年華裔女病人，由於鄰居發現她講話不太對勁，而且她還懷疑有人從天花板的縫隙裡施放毒藥來毒害她，最後終於被送往醫院。住院期間，由於個案會講的英文有限，被美國住院醫師認為她說話語無倫次，再加上「被迫害妄想」，而被診斷為患了妄想型的精神病患者，施以藥物治療。由於醫療保險的關係，住院時間受到限制，所以住院不過兩、三天就出院，轉而安排門診治療。當時門診的住院醫師，就按住院時的臨床診斷以及抗精神病藥劑繼續進行藥物治療。但是好心且認真的美國門診醫師，請懂華語的督導醫師一起進行診視。經由督導醫師的觀察與說明而了解到：病人說話的方式雖然有點不尋常，但並非是精神病的思考障礙。

而且聽病人的描述，才知道病人最近要求和結婚多年但有家暴情況的先生離婚，並按法律規定要求和先生分財產，但性格暴躁且不講理的先生很生氣，當面威脅要殺害她，讓她很恐懼，把門窗關得緊緊的，還害怕先生會找門縫或天花板的小洞施放毒氣殺害她。經過醫師的治療後，病人的恐懼心理逐漸消失，也慢慢恢復正常的生活。而且值得一提的是，病人出院後，覺得抗精神病藥劑的副作用很大，所以從未服用藥物，可說是完全依靠心理支援與輔導而好轉，是受惠於心理治療的病人。此案例與起初美國住院主治醫師所斷定的看法不同，所以是值得施以心理治療的病人（詳情請參見第七章個案二：「講話語無倫次而被懷疑患精神病的華裔女病人」）。

從上面兩個例子，我們可以得知心理治療的適合性並非很單純就能決定，還得靠許多因素與考量，而督導者往往可以提供住院醫師或初學的治療者適當的協助。

幫助治療者有深度地了解個案的病情

為了能成功治療病人，不但要選擇適當的病人，還要清楚了解病人的病情，稱為動態性的個案病情解析（dynamic case formulation），這樣才能判斷心理治療的方向。可是有關心理與情感的病理有時很複雜，並非很單純、容易就能了解，得具備相當的分析能力，才能進行適當的了解。一般說來，不但要知道人的一般心理、特殊的病理，還需要懂得如何運用動態心理學的原理與學說進行深度了解；而初學的治療者往往沒有足夠的透析能力，所以需要有經驗的督導者予以協助。

通常而言，剛接受訓練的年輕住院醫師受限於「醫學」的訓練模式，過分注意於病人所提出的主訴、所描述的病情，進行所謂醫學式的、描述精神醫學（descriptive psychiatry）模式的診斷工作，結果只能獲得臨床上的病情診斷，頂多對藥物治療的藥物選擇與決定有所幫助，但對心理治療的進行少有助益。心理治療的操作，要靠動態性精神醫學（dynamic psychiatry）的原則，須了解事情發生的前因後果，經由病情解析才能得知問題的來龍去脈，並深度體察問題發生的情況與性質。

讓我們就數個實際的個案來討論，如何才能深度地了解病情。

有一位年輕的女性，黃昏時，走在偏僻的馬路上，不小心被旁邊開過的車子撞倒在地上，雖然傷得不重，只擦破一點皮，但由於事發突然，這名女性受到驚嚇，幾分鐘後仍躺在地上沒有站起來。開車的司機是一名很壯碩的男子，他將車子停下，把躺在地上的那名女性抱到路旁，讓她休息片刻，等到她覺得比較好，沒事可以起身時，司機才將車開走。這件事發生後，這名女性就經常會發生時而緊張、無故恐懼的情緒發作現象，最後只得來找精神科醫師看診。

按這名女性的症狀與病情的發生經過，醫師認為病人是因為車禍的創傷性事故而產生焦慮，於是診斷此位女病人是罹患了重大事故發生後的焦慮與恐懼症，並為病人開抗焦慮劑與抗抑鬱劑以治療其恐懼症。可是還好，治療者請督導者一起會談，為此位病人看診，結果發現這名女病患原本個性就比較單純，情感較脆弱與幼稚，雖然已經二十多歲，但從沒交過異性朋友，也沒有與異性相處的經驗，所以對男人充滿恐懼。這次車禍所受到的創傷刺激，並非是單純被車撞到，而是被粗壯的男人抱起來，有肌膚上接觸的緣故。

這名女病患回顧道：當時在天快變黑的黃昏，她被滿身大汗、有體臭、粗壯的大男人用兩手抱到路旁樹底下時，她以為就快被那個男人強暴，心裡突然感到恐慌、很害怕。日後腦海就常浮現當時的情景，心裡就又害怕起來，重複經驗那可怕的情形。因此，這名女病患害怕的並不是被車撞傷，而是和男人有肌膚接觸，害怕被強暴。了解這名女病患內心的真正恐懼與來源後，治療者對病人的輔導方向就有所改變，開導病人對異性的看法並督促其心性方面的成長，讓病人的想法不再那麼幼稚（詳情請參見第六章個案一：「**發生車禍而情緒緊張的年輕女子**」）。

另外一個例子是一位十八歲的美國年輕男子，某個晚上，他突然有心理與生理的衝動，想和他心中很喜歡但還未認識的鄰居女孩發生性關係。剛好女孩不在家，他等了好久都沒碰到，乾脆就跑到另一戶人家，結果發現那家有一位八十多歲的老婦人，這名十八歲的年輕男子不管三七二十一，照樣企圖想強姦那名老婦人。結果老婦人很機警，騙年輕人她要上廁所，就躲進廁所打電話報警，這名年輕男子就這樣被抓了。

由於這名年輕男子的行為很突然且不是常人會做的行為，所以就被員警送到精神科醫院住院，並接受精神檢查。由於這名年輕人的談吐良好，也沒有精神方面的問題，但其行為卻很荒唐、怪異，且理由非常人可理解，因此醫師診斷這名年輕人患有精神方面的疾病。可是經由督導醫師與住院醫師一起和病人仔細會談後，發現這名病人的「怪異」行為，可從其特殊的個人背景與成長過程獲得了解。因此住院醫師放棄病人患有精神病的想法，改而考慮這名年輕人有心性發展上的障礙，而施以心理輔導。

原來根據病人的描述，其父母雙方都很注重、信仰傳統式的基督教，他們認為所有的事情都必須做對且不能犯錯。按照美國教育制度所允許的範圍，病人從小就被父母決定留在家裡，由母親教導他所有的知識、申請學習的證書。其父母之所以決定不准他到學校上學，理由是要避免他在學校交到壞朋友，而染上不好的習性。結果病人從小就只在家裡生活，很少有機會和其他同學接近與相處，更談不上和女孩交往。當他還小時，並未出現任何問題，是父母眼中的「乖」小孩。可是等他進入青春期，生理發育後，他開始對異性感到興趣，他看到鄰居女孩心中很喜歡，但卻又矛盾地覺得「很不對」，因為按照父母所教的教條，他「不該」想入非非，因此，他想辦法依靠宗教的信仰力量控制自己不該有的性慾望，見到外人，就學父母的樣子，為人傳教，說明信仰上帝的重要性。可是不管他如何努力，隨著年歲增長及生理的發育，他的性慾望越來越旺盛，就像快爆炸似的，所以他就想要找他心中喜歡的那名年輕女孩發洩。可是他當晚找不到那名女孩，所以他就飢不擇食地找上這名老婦人。

事後，病人知道自己做了很不應該、也很傻的事情，自覺很慚愧，也知道自己不該做那種他所信奉的宗教絕對不允許的錯事。在經過仔細會談後，就可以了解病人由於其人格構造不平衡，「超我」過強，管制嚴格，而「原我」的性慾望又很強時，夾在其中的「自我」不知所措，一時衝動便犯了企圖強暴老婦人的「怪異」犯罪行為。經過如此深入了解病情後，治療者就不再擔心病人是否罹患精神病，而將治療重心放在如何透過長期的心理治療幫助病人練習調節其人格構造上的不平衡，以減除超我的過分要求，並學習如何與他人正常交往，包括如何和異性朋友交往，並適當控制自己的生理慾望（詳情請參見第六章個案三：「**企圖強姦鄰居老婦人的十八歲年輕男人**」）。

最後，還有另外一個很特殊的個案，也是和性行為有關。有一名二十多歲的年輕男性，是一位快從博士班畢業的學生，他到精神科門診求醫，他的主訴很特殊，也很奇怪，乍聽之下很難了解其問題性質。病人敘述：他和一位很漂亮且賢淑的女友已經交往好幾年，也談起將來要結婚的事情。最近他有機會和女友親熱，他也很想和女友發生性關係。可是，每當他和女友親熱時，他就會發現自己沒有反應。他還澄清說，他並沒有罹患陽痿，因為他過去曾和一位已婚婦女發生過性關係，也找過妓女嘗試，而且在街上看到大腹便便的婦女，還會覺得很性感，就連夜晚想起性感的孕婦，他還會勃起，產生強硬的反應，只是偏偏想和自己喜歡的女友發生關係時，卻無法勃起。

為了了解這名男病患的特殊問題，治療者在督導者的協助下，請病患回想並敘述小時候曾經遭遇且可能影響他日後心性問題的事情。他回想起在五歲時，有一次和鄰居的小女孩在他房間裡玩耍，他們玩「結婚」的遊戲，他演新郎，而鄰居的小女孩當新娘，兩人假裝進行婚禮儀式，接著就學西方的結婚儀式——新郎要吻新娘。就在他要親吻新娘的那一剎那間，嚴厲且拘謹的母親闖了進來，怒罵他並責罰他的不「規矩」，把他關進衣櫃裡。由於衣櫃的門關起來後，衣櫃裡面就黑漆漆的，他很怕黑便把一隻腳伸出來，想把門擋住，可是正在氣頭上的母親很用力把門關上，結果他的腳就被夾疼了。

這名病患還說，他總是重複夢到同一個夢而驚醒。他所作的夢是，他光著兩腳在海邊散步，不小心把一隻腳踩進海灘上一個很大的貝殼中，結果那個大貝殼馬上就閉合起來，把他踏進去的腳夾住，讓他感到很疼卻又拔不出來，最後很驚恐地醒來。

聽了病人描述的夢境，在場的督導醫師馬上就提醒治療者，他認為病人經常夢到這個夢，表示是有其心理上特別意義的夢，而且夢到這個夢時，病人在情感上會有強烈反應，還會驚醒，因此是很重要的精神材料，可以探討潛意識層次的原本性心理癥結，所以就督促治療者詢問病人對自己所作的夢是如何解析，並就夢境可以聯想到什麼事情。起初病人說自己不清楚，但經由治療者提醒，夢裡提到「一隻腳被夾得很疼拔不出來」，和他小時候被母親用力夾到腳的情況是否相同？病人思考了一下，點頭說很相似。督導醫師接著幫治療者對病人提問道：「你對夢裡夢到的大貝殼聯想到什麼？」這時病人補充說明，他認為夢裡的大貝殼，不但很大，而且貝殼的邊緣好像是鋸子似的，很像鯊魚的牙齒。

病人接著又思索了一下，突然提起他聯想到一件事，病人敘述他在國中時聽過年紀比較大的朋友們聊男女間的事，他偶然聽到他們說，有些女人的陰道裡長著牙齒要很小心，否則一不小心自己重要的性器官就可能被切斷。他一直認為這是真的，也時常提醒自己不要冒險。因此督導醫師向病人解釋，有些原始社會的人相信這種情況，是因為特殊的民俗信仰，但實際上女人的陰道裡並沒有牙齒，不用擔心，因此病人聽了就很放心。

這時學會要領的治療者就提醒病人，可能由於病人有這樣的迷信，才會不敢和女友發生性關係，會害怕女友的陰道裡長著牙齒，所以不敢冒險。病人點頭同意，也了解是因為這種不真實的迷信，阻礙了他和女友的親密關係。

會談後，督導醫師還向治療者說明此個案的問題，督導醫師認為這個個案不僅是迷信有些女人的陰道長著牙齒而害怕，從另一個層面來看，還可以解釋這名病人所罹患的是親子三角關係上的問題。由於母親在情感上過分與他親近（父親和他比較疏遠，並未提供他有關男孩從父親處所需得到的支援與認同），他還未從「親子三角關係」的情結解除，時時受母親情感上的深厚影響（與干擾）。當他小時候對鄰居小女孩感到興趣時，母親就進而干擾並處罰他，讓他無法脫離母親而成長，也無法對其他女孩有性方面的興趣。他把母親看成神聖且純潔的女性，再加上其親子情結的影響，讓他產生避免和神聖且純潔的女性（包括即將結婚的女友）發生關係，而只能和「壞」女人，即已婚會偷情的女人或妓女等發生性關係。再加上他認為女人的陰道有長牙齒，所以不敢和純潔的處女發生性關係，以避免發生危險，只敢和已經與男人發生過性關係的女人（即已婚婦女、孕婦、妓女等，這些已經被證明陰道並沒有牙齒的女人）發生關係。

經過督導者詳細、有深度的解釋後，治療者就比較徹底了解病情，也就知道該如何治療這名病人，即：去除病人對性的錯誤迷信，並支援他離開對神聖母親的情結，由治療者扮演父親的代替角色，鼓勵並允許他與純潔的女伴發生關係。

從這個個案中，督導醫師不但從病人小時候所遭遇的創傷事件、年輕時輕信的民俗性觀念，以及夢的內容解析等三種不同層次與方向的重要資料，綜合且有深度地了解病人的病理真相，還幫助治療者如何思考治療方向，這也顯示出督導的特別功效（詳情請參見曾文星編著《性心理的分析與治療》第十七章個案五：「只對已婚女性感興趣而對純真女友沒有性慾的大學生」）。

督導治療者養成能抓住問題重心與要點的能力

從上述例子我們了解，要能深切、有深度地了解病情，需要依靠各種方法，即要知道病人過去的發展史，包括早期的經驗；要懂得處理病人覺得尷尬或難受不好表達的抗拒，盡量讓病人能透露內心的思考；必要時要分析夢、幻想或錯語（一時說錯但卻表達內心真正情感的話）等內容，經由原始精神材料的分析而了解潛意識的心理，充分運用動態精神醫學的原理來了解精神症狀的涵意。但這些分析性的了解往往需要時間，不能勉強催促，這樣在進行長期性心理治療時，才能從容進行。至於短期性心理治療，就得學習能快速抓住問題的重心，而督導的師長則可以幫助初學的住院醫師學習如何養成快速抓住核心的要領。

不但要能盡快了解病情的重點，且要能善用既有的學理及臨床經驗。譬如上述那名年輕男性會對已婚婦女、孕婦或妓女產生強烈的性反應，且可以和那些婦女發生性關係，卻無法和自己喜愛的女友發生性關係。針對這名個案，有經驗的治療者馬上就能注意到這名男病人把女人分為和男人發生過性關係的女人（即已婚婦女或孕婦），及純潔、守貞的女人。而根據學理，這樣的男人往往和母親的關係很親近，並認為母親是很純潔、高尚的，不敢對母親不忠實，也不敢和母親那樣純潔的女性發生性關係，只能和壞女人（即妓女）發生性關係。因此就能迅速探討這名個案和母親的關係，並把重心放在親子三角關係上的修補與糾正。

另一名個案，就是那名在黃昏時被車子撞到的年輕女性。當這名性格單純、幼稚的女病人在描述她如何被粗壯、有汗臭的男人（司機）抱到路旁時，我們馬上就能體會，這名女病人所面對的心情問題，並不單純只是因為車禍，而是被粗壯的男人擁抱，有體膚的接觸，害怕被強暴的恐懼經驗。因此，病情的要點是要了解這名病人在心性方面的成長，並幫助她不再那麼幼稚，所以這名個案的問題核心是在心性的發展上有困難，而不是注意事故創傷後的心理恢復問題（詳情請參見第六章個案一：「發生車禍而情緒緊張的年輕女子」）。

總之，要能迅速抓住要點，並依靠臨床上的直覺、過去累積的經驗的運用，以及學術上的知識，這些都是資深治療者可以幫助初學者學習的臨床要領。

協助治療者能思考並決定治療的方向與策略

假如治療師能對其所治療的病人的病情有較徹底的了解，也能抓住其要點，就能進而知道治療的方向。可是單純知道需要輔導的方向還不夠，還得學習如何有策略性地進行治療工作。有經驗的督導者可以提供初學者有關如何策略性進行治療的建議，故在此方面也可以產生很重要的教導作用。

所謂治療的策略，就是要決定所有事情的進行先後程序，還有要避免提起哪些事情，或是哪些事情要盡力追究與更正等等，這些都是策略的考量。就像外科醫師都知道進行手術要有策略，例如要從何處開刀、要如何進行外科的修補或切除，或是哪些地方要小心不要碰、不要傷害或破壞，而哪些部分需要盡量去除，以及如何修補傷口等完整的手續工作。假如病人的情況忽然有所改變，譬如出血過多、血壓降低，該馬上採取何種緊急措施來彌補、糾正或挽救等，這些都是治療上的策略，需要事先研究與考量，這樣才算充分準備且有足夠把握可以進行開刀手術。同理可證，心理治療就像開刀手術一樣，也有治療上的施行與操作，所以也要有策略性的考量與準備。只是有關心理與情感的方面比較抽象與主觀，無法像一般開刀手術那樣可以很客觀地進行具體計畫，而是要根據抽象的思考而進行機動性的應變。

一般而言，治療的方向首先就是照顧病人目前所困擾的問題，幫忙解除其心情上的痛苦，同時要考慮如何減輕症狀或改善病情。接著才正視問題的來源，考慮是否需要更改根本的癥結、改善適應問題的模式與防禦機制，或者調整基本的性格問題。

例如，有個十二歲的小學生，長久拒絕回學校念書，被父母帶來求診。根據家屬的報告得知，問題剛開始時，這個小孩就讀四年級。有一次他發了幾天的燒，休息幾天後，就再也不肯上學，害怕回去以後功課會趕不上，無法得到好成績，就這樣輟學了一年多。父母一直很著急，於是使用各種方法，例如：嚇唬他、講道理，軟硬兼施，但都沒有效果。剛開始，父母將小孩強行送到校長室，想靠校長的威脅留住小孩，但孩子在班上沒待多久，就找機會跑回家，從此就這樣不肯上學，在家裡待了一年多。無論父母如何嘮叨、講道理，全都沒有效果，結果孩子因為長期沒上學，又怕被人知道，就騙鄰居和同學說自己轉到外地上學，週末才回家。為了顧及面子，連父母也幫小孩這樣說謊。所以平時孩子留在家裡不敢出門，只有週末才出來和鄰居、同學們一起玩。最近這名小孩開始願意上學了，卻又無法做到，他背起書包，卻無法走出門外，因為一聽到門外有動靜，就害怕被人看到而趕快躲起來。

針對這種慢性輟學的個案，在治療的策略上，首先要想辦法幫助孩童盡快恢復上學，而不用太考慮當時為何忽然輟學，也不用太仔細研究父母在家到底如何對待這個孩子，而讓他繼續留在家這麼久。目前需要考慮的就是研究要運用何種方式來突破目前的難關。換句話說，從治療的策略上來說，治療者要全盤性研究並考慮治療的模式問題，了解父母所嘗試如認知上的說明與講道理等方法都沒有效果，進而考慮如何採取行為治療的原則來進行輔導。

也就是說，要考慮採取哪些具體的行為辦法幫助小孩回到學校，譬如：向同學們宣布，他要從外地回來原來的學校念書，請同學和他一起上學。最好事先和老師見面，準備如何跟上學習的課程。由於過去父母只是使用威脅手段，所以成效不彰，而現階段要改變的辦法，就是事先約定假如小孩回學校，每天要給他什麼樣的獎勵，改採使用正向的鼓勵。等孩子恢復上學後，在治療的第二階段才開始討論與處理父母對待這個孩子的問題，包括對學業的過分期待，以及母親與這個孩子過分親密的問題等等，這些就是治療程序上的策略（詳情請參見第五章個案二：「待在家已經一年多，難以回到學校的小學生」）。

總之，要建立治療上的策略，除了需要徹底了解病情外，還要考慮各種問題的動態性相互關係，也要思考病人的人格（自我）堅強程度（即：應付外在現實的能力）、病人想接受治療的動機與期待，以及現實條件中可以治療的時間長短等因素，然後才能綜合性、動態性地做決定；而且決定後，還得時時檢討、研究輔導的進行過程，並隨需要與情況做必要的更改與調整（詳情請參見《心理治療——操作與會談》第十章：如何決定治療的策略與方向）。所以說，如何計畫與樹立治療上的策略，是進行心理治療的高層知識與技術，經常需要督導者的幫助。

糾正治療者操作會談的要領與技巧

治療者雖然明白了病情，也懂得治療的方向與策略，但還要學習如何實際有技巧地進行每次的會談，並按階段進行輔導工作。我們在前面已經說明，心理治療是一種運用性醫學，其輔導的操作與技巧會左右治療進行的結果，因此如何學習適當而有技巧的操作方法是很重要的（詳情請參見《心理治療——操作與會談》）。

診斷與治療性會談的適當進行與調整：心理治療會談的基本要領是「診斷」與「治療」要並行，意即：一方面進行連續性、進展性的「心理診斷」，同時另一方面隨時進行「治療工作」。「探討診斷」與「輔導治療」的比例隨心理治療的進展階段進行調整。一般而言，在心理輔導的初期階段，「診斷性會談」的成分居多，而中期以後，則以「治療性會談」的成分較多。但這是觀念上的說法，並非絕對性的規定，必須進行適當的調整。普遍而言，初次和病人見面，開始聽取病人的主訴與病情的發生經過、探討病理與問題的真相時，也是開始隨時提供治療的時候。

例如，初次會談時，看到很傷心、抑鬱的年老病人，治療者就要馬上以關心的態度、較柔和的語氣和病人談話。必要時，隨時給予病人需要的支援，並逐漸幫助病人建立適當的信心與希望，能對其自身情況有正向的期待。所以對有抑鬱的病人在剛開始時就已經提供支援性的輔導工作。同樣地，針對喜歡訴苦、以慮病症的態度一直想講述身體毛病的病人，治療師就須引導病人注意與說明其生活背景或可能遭遇的挫折、問題，引導其使用較積極的方式面對所遭遇的困難，而不要過分關心與申訴身體的症狀，可說是已經開始針對慮病症的病人進行所需的治療性會談了。

當然，在剛開始的階段，治療者不能過早做決定，要時時蒐集所需要的資料以綜合判斷，並考慮比較特殊而適當的治療方法。但一些比較基本的輔導工作，則可以隨時開始，這樣比較不會犯過早做決定的錯誤。而且最好不要一開始就缺乏信心似的，不要等好幾次的會談後，才敢開始進行所謂的治療性會談，而是一開始就要思考：要如何向病人說明，要以何種態度、建立何種治療性關係，而且要如何幫助病人往何種方向進行改善。越是有經驗的治療者，越有把握開始進行治療性的工作，這也是督導醫師可以幫助初學治療者的地方。

到了治療中期，對病人的病情已經有大致的把握，可以全力進行治療性工作，但不能忘記還需要隨時且持續進行探討與診斷。理由很簡單，病人不一定可以一開始就很容易對你描述與申訴內心的問題，受阻抗作用的影響，病人會遲疑不想談起，有時候甚至連病人也不曉得哪些事是重要，而要盡早告訴治療者。相對地，治療者原先不太能全盤性了解病人的問題，可以在發覺需要持續補充性的探討，或發覺找到時機時，可以嘗試探討。總之，病人的事情往往很複雜，一件事情會聯繫到另一件事情，所以要持續探討與了解，一層接一層地分析。因此，所謂「診斷性的會談」永遠不會結束而停止，需要持續進行。但畢竟治療已經到了中期，治療者對主要的病情應該有大致且基本的把握，可以將比較多的時間運用於治療性會談，把重心擺放在治療的工作。

所謂治療性會談，就是隨著治療模式的性質，由各種不同的方式進行治療，例如採用認知性治療，就是先探討非功能性的想法或觀念，經由解釋與說明的方式督促改變。假如是採用行為治療的模式，就先認定要更改的非適應行為，利用學習的原則，採用處罰與獎勵的方式，消除或改變非適應的行為。若是使用支援性治療，主要的治療方式就是提供所需的情感與實際上的支援，協助病人度過困境或維持現狀，以避免惡化或崩潰。假如想採用分析性治療，可以利用分析的各種技巧發覺潛意識的情結、建立病識，或透過情感的再經驗，以獲得情感上的正常化。若是施行人際關係治療，包括家族或婚姻治療，就可以利用各種技術更改人際間的關係與感情。有時還可以採用存在意識性的治療，企圖調整對人生的哲學性看法與基本態度，間接改良或消除問題。

說起來，各種治療的模式有劃分，操作的方式也很清楚，但在實際治療操作上，要如何隨情況而更改輔導的模式，是要領上的判斷。就算是在一次會談中，也可以隨情況隨時就地更改調換，所以治療模式是動態性的。因此，接下來的問題變成是在何種情形宜採用何種模式的治療會談，這點就是治療者經常需要督導者指點的地方。

開放與結構性會談的適當選擇與運用：每次會談的模式可以考慮採用兩種不同的方式，並就其目的進行。一種是比較有結構性的會談，由治療者採取比較積極的方式向病人探問各種須探討或澄清的問題，其目的乃在有限的時間裡，能蒐集所需的心理資料，進行臨床上的診斷與心理性的了解。另一種會談則是要比較開放，讓病人隨意地聊，在隨意聯想或隨便談談的氣氛下進行會談，這種方式的會談可以幫助病人比較輕鬆地傾訴，並在無形中透露內在的心理困難。不過缺點是要花費時間，無法在短時間裡進行並有系統地探討所需的病情，且有些病人有時候會覺得治療者沒有清楚的會談方向，而產生失望的結果。

因此，關鍵便是在會談的過程中，何時要比較開放，何時要比較結構性的會談（詳情請參見《心理治療——操作與會談》第四章：如何進行會談）。這些問題與要領要依靠督導者實際觀察治療者如何進行會談，才能提供評論與意見。

對某些事情的透露或交代上的問題：在會談的過程中，治療者可以說什麼或最好避免說些什麼話，什麼事情需要交代，而哪些事情不用急於交代等等，都是會談上的技術要領與問題，對治療的進行會有顯著的影響，這也是可以由督導者審查與指點的工作。

例如，有位剛開始練習心理治療的住院醫師，由於他很老實（但又沒自信），在和首位病人接觸時，就開門見山很老實地向病人說道：「我在心理治療方面完全沒經驗，只剛學會開藥。」結果讓病人覺得自己被分配給毫無經驗的初學治療者施行輔導，所以對治療工作感到很不起勁。像這樣沒自信的初學治療者對病人所說的話，督導者聽了，就可以馬上提醒治療者，雖然他內心很沒有把握，但也不用那麼老實把內心裡主觀性的感覺說出來，特別是對患有抑鬱症的病人，更會增加其消極且疑惑性的情況。

反之，有位還沒有太多經驗的治療者，被病人質問他的病情是否可以治好，結果治療者馬上開口保證：「我過去治療過罹患這種病的病人，全都治療好了。」企圖向病人製造他是很有經驗的治療師形象。督導者聽到這種話，就可以馬上糾正治療者，告訴他不能、也不宜向病人過分保證能治癒，頂多只能說會盡心幫忙，否則就會變成「老王賣瓜，自賣自誇」的自我誇大廣告，是非常不適宜的。同時，還可以提醒治療者，這麼過分保證所說的話，只是在掩飾其沒有信心的行為，是沒有必要的。

在心理治療的過程中，治療者需要向病人保證，會談中所談的事情都會保密，讓病人放心可以透露內心的私事，這是非常重要的事。要在會診一開始就說明，或是等到必要時再交代，這都是技術上的要領，需要好好考慮。曾經有一名沒有太多經驗的治療師，在為一位很年輕的病人看診時，在會談一開始，這名治療師就告訴這位病人，會談的內容會予以保密，不會告訴病人的父母，因此請病人可以訴說對父母的不滿，感覺好像認為這位病人對父母有許多不滿似的。結果害得這名病人覺得莫名其妙、不知所措，反而談話變得很小心，唯恐所講的話，都會被治療師一一向其父母告密似的。對這樣的情況，督導者可以給治療者建議，對於病人的隱私交代，不必很硬性地在一開始就提出，這樣反而會讓病人講話變得很小心，造成反效果。通常可以等到治療者對某些話題覺得有所顧慮而不敢隨便敘述時，再趁機交代與說明會遵守保密的習慣與作風，而鼓勵病人放心談話。

有一位剛學習心理治療的住院醫師，從教授的講課中學到進行分析性的各種輔導技術，即：要病人回憶過去小時候的事情、要病人自由聯想，也要分析夢的內容。因此，當他為病人看診時，還沒弄清楚病人就診的問題，一開始就叫病人回想小時候的事情，也要病人報告夜晚所作的夢，把病人搞得莫名其妙，只好應付地說想不起來小時候的事，也很少作夢，這讓治療者不知如何繼續進行會談。後來還是靠督導者的說明，要先了解病情，然後建立與病人的關係，並向病人好好說明要病人回憶過去小時候的事，還有分析夢的理由與目的何在，且在適當的時候才能進行這種比較特殊的分析性操作。

討論並幫助治療者採用適當的治療模式

從學理與方法上來說，心理治療的進行有各種模式可以採用，一般說來，可以分為：支援性的治療、認知性的輔導、行為性的治療，以及分析性的治療。而且根據治療對象是單人或多數，也可以區分為：個人心理治療、家庭或夫妻治療、團體輔導等等，每一種治療模式都有其特別的方式、作用與功效，端視病人的需要及其適應性而做選擇。再者，治療的模式並非固定性的，可以隨情況而決定，在不同的階段，可以採取某種治療模式，而到了另一階段，可以更改為其他符合病人需要的模式。例如在治療初期，可以採用支援性的治療以穩定病人的情緒、減輕症狀的程度，然後進行認知性與行為性的治療，藉以改善病人的心情與行為，或進行分析性治療，以探討深層的心理問題、解除情結性的問題等。有時在同一次的會談中，可以隨需要而更改會談與治療的模式，企求輔導上的效果。

至於何種治療模式適合何種病人，應該在什麼階段採用何種治療模式，則要根據臨床上的經驗而做判斷與選擇，這也是比較有臨床經驗的督導者可以幫助治療者檢討、考慮與決定的課題。

初學的治療者往往喜歡向病人講道理、說教，藉以施行教導式的心理治療，進行認知層次的輔導，而忽略了提供關心、情感上的支援性輔導，也不知要做比較有深度的分析性治療。但相反地，也有不分青紅皂白、一意只想嘗試分析性治療的醫師，只要病人談早期經驗、提供夢的資料做分析，而忽略了基本的輔導工作。這些情況都要依靠督導者的協助與做檢討，並採用比較適當的治療模式。

由於臨床上的實際情況，許多住院醫師都沒有婚姻輔導或家庭治療的經驗，在住院醫師的訓練過程中，往往是比較缺乏訓練的一環，所以需要特別督導。不論夫妻治療或家庭治療，其焦點都要放在如何幫助夫妻或一家人處理其所面對的人際關係，包括如何溝通、表達感情、扮演適當的角色，如何分配權威、如何建立彼此間的聯盟等問題。在實際的輔導中，可以針對各個成員或配偶進行個人輔導，以改善他們對婚姻或家庭所面臨的心理困難。但在需要和配偶或家人進行群體性的會談與輔導時，往往其輔導技術也要有所不同，和個人性的會談有不同的要領，因此要由對婚姻輔導或家庭治療有臨床經驗的教授來指導與協助。

協助如何分析病情而進行指點的要領

經由病人的敘述以及病情的仔細分析，治療者進而了解病人的病情，知道病理的來龍去脈後，治療者的下一步驟就是要決定如何為病人做適當的解釋、說明問題的根源與情結上的問題，希望經由這樣的指點說明而幫助病人了解自身的問題，進而考慮如何糾正或改善。不論採取何種治療模式，即：分析性、行為性、認知性治療、家庭或夫妻輔導，都需要採取同樣的進行步驟。可是其步驟進行的早晚，或在何種情況與階段該以何種技巧與方式向病人解釋、說明、指點，這些都是治療上的技術，也是輔導上的策略。因為病人被治療者指點其病情時，可能由於尷尬難堪的心情，或不願意知道的心理，會產生各種反應，呈現所謂「阻抗現象」（resistance）。例如：只表現口頭上的接受，而心裡卻不贊同，就有可能會拒絕治療者的解釋，與治療者爭辯；或由於心情上無法接受，便採取停止輔導的行為等。因此，要如何適當地向病人解釋與指點，這便是臨床上的工夫與技巧，也是經驗的問題。因此，初學的治療者經常需要督導者的幫助，經由嘗試而學習其中的要領。

假如是採用分析性治療時，需要對病人的心理做深層的探討，分析其潛意識境界的精神材料，體會連病人本身都不知曉的心理情結，然後給病人「指點」（interpretation），這是必須謹慎進行的治療模式。因為當病人意識到潛意識境界的動機或慾望時，難免會很難接受與面對，所以經常會產生感情上的阻抗作用。因此要以何種方式，經由逐漸指點，讓病人能漸漸了解與接受，是臨床上的要領，也是督導者需要協助接受訓練治療者學習、體會的一項課題。

督導「治療者與病人」的治療關係

治療者除了學習如何與病人會談，該採用何種治療模式外，還得學習如何觀察自己與病人所發生的關係且適當地控制，因為「治療者與病人」間的關係，會對治療的進行與結果有重要的影響，需要適當地調節與控制。而這種「治療者與病人」間的關係，往往治療者本人也不會察覺，更不會注意該如何進行控制，因此這是督導醫師特別需要協助治療者注意之處。督導者不僅要能以第三者「旁觀者清」的角度來觀察，並需要指出「治療者與病人」間所呈現的人際關係，還要能以治療的觀點輔導治療者該如何更改與調節「治療者與病人」間的關係，使其關係變成是有「治療性」的關係。

一般說來，「治療者與病人」間的關係，可以就幾個層次來分析與討論，讓我們就各個情況說明如下。

由於專業而事先就定下來遵循的「職業性關係」：病人掛號來看診求醫，治療者就在那一刻與病人在無形中形成並建立「治療者與被治療者（病人）」的職業性關係。病人期待治療者可以關心並幫助、解除其所罹患的問題，希望治療者能治癒他。而相對地，治療者有責任與義務好好地照顧病人，並用心醫治病人，這不僅是心理上的觀念，也是實際上的專業性關係，需要接受法律與醫德方面的監督與管理。

這種「職業性關係」常隨著「專業」的不同而有所不同，例如，在外科領域，開刀前，醫師還是會徵詢病人的意見（包括是否接受手術開刀、了解手術上選擇何種方法、開刀後的可能預後等等）。但是當手術一開始，病人就得採取完全被動的角色，躺在手術臺上，完全依靠醫師為他進行手術，為他做外科的治療。如果是內科醫師，其治療方式就稍有所不同，因為病人多少還可以參與意見，例如：是否要接受檢查或服用哪些藥物等。可是在精神科的領域裡，特別是心理治療方面，「治療者與病人」間的「職業性關係」就全然不同，要注重彼此的相互關係，且要相互合作，才能進行輔導，不能由治療者進行權威性的操作，而病人只是被動地像要接受開刀似地躺在那裡，病人需要比較積極地參與，才能得到輔導的效果。

「治療者與病人」間的「職業性關係」還會受社會與文化因素的左右，例如：在比較強調權威的社會裡，病人就比較謙虛，會多聽取治療者的意見，而治療者則會擺出比較有意見的姿態來對待病人，否則就得不到病人的信任。可是在講究平等的文化背景的社會中，治療者不能表現得過於專權，要和病人保持比較平等對待的關係，否則會讓病人覺得治療者過分專制，反而不被病人喜歡。因此，何種「職業性關係」才是恰當的，這絕非是絕對性的，需要斟酌各種領域的習慣以及文化的影響。因此，「治療者與病人」間的關係是否恰當，得時時檢討，同時也要接受督導者的評審與糾正。

例如，病人想到治療者家中拜訪、送禮或想請治療者吃飯，藉以答謝治療者的關心，這時治療者就必須考慮，雖然這是社會習俗所容許的，但從職業的立場來看，並不恰當，所以治療者需要婉謝，以免影響心理輔導的職業性工作，包括指點、勸告、解釋等等。

提到社會所遵循的文化，還得提出「醫學文化」的觀念，而進行適當的思考，這就是所謂的醫學文化，指的是醫學界裡所遵循的習慣與觀念。例如：按醫師的建議，病人要定期看診，這是醫學界裡所規定的習慣，希望病人能遵守的專業性文化，因為醫師不喜歡病人四處尋求其他醫師看診，而希望能固定讓同一位治療者持續治療。另外，醫師要求病人要掛號、繳交治療費，也是現代醫學所要求的醫學文化習慣，不能像過去的傳統一樣，認為好醫生不能開口向病人要求付醫療費，只能讓病人隨意送禮金或禮物表示謝意。現代的心理治療，從專業的立場講求病人要按規定交治療費，這樣才能讓病人有動機接受輔導，保持職業性的關係，也才能有治療的效果。換句話說，不用交治療費的病人，在心理上往往不會認真參與治療的關係。這些都是醫學文化上的想法與習慣，醫師與病人無形中都要遵循這些職業性的規定與要求，以建立彼此間的關係，而督導者的職責之一，就是觀察與督促治療者與病人之間是否遵循這些職業性的關係，而沒有產生偏差。

由於彼此的性格而相互配成的「個性相應關係」：「治療者與病人」間的關係，很顯然還受到病人與醫師彼此個人性格的影響，相互反應而促成兩人之間的某種人際相互反應關係。這和社會上任兩人間所發生的人際關係是相同的，例如：兩個人的性格都很認真，自我主張也強烈，這樣相似的性格就容易形成緊張的氣氛，也會喜歡爭論人際關係。反過來說，兩個人的脾氣都很隨便，也沒有強烈主張，那麼兩人之間的人際關係就會形成較隨和而不緊張的關係，但在事情的進展上就會比較遲緩。這些人際關係，是由於兩人的性格相似所相互形成的人際關係，稱之為「相對稱的人際關係」，也可稱為「平行性的人際關係」。假如兩人的性格不相同，而以互補性質所形成某種特別的人際關係，就稱為「非對稱的人際關係」，也可稱為「籌配性的人際關係」。例如，一個人很被動而另一個很主動，就容易形成一個人拖拉著另一個人的人際關係，又例如一個人的情感很豐富，也喜歡變化，而另一個卻很呆板，也不習慣表露情緒，就容易形成彼此不協調，也不容易配合的一對。

由於治療者與病人都是單獨的個體，有其各自特別的性格，而彼此的個人性格會在有形、無形中，與對方的性格相互反應，形成兩人間的人際關係，這種「個性相應關係」有意無意地影響治療上「治療者與病人」間的關係，所以需要很注意地觀察，並適當地控制與調節。例如，治療者的個性比較不主動或不積極，而病人剛好也屬於很被動的性格，在這樣「相對稱的人際關係」下，就會形成治療過程緩慢的情況，所以治療者需要練習如何表現得比較主動與積極。又例如，治療者的掌控慾較強，喜歡掌控所有的事情，而病人剛好也有相同的性格，喜歡堅持己見，那麼在這樣的「籌配性的人際關係」情況下，他們的關係就容易緊張，在彼此都堅持己見的情況下，就容易經常發生衝突性的局面。因此，治療者需要調整自己的性格與作風，以配合並容忍病人的脾氣，免得出現彼此爭執的局面，而督導者的責任就是提醒治療者去觀察，自身與病人之間因彼此性格摩擦所產生的個性相應關係，並採取需要的若干調節。

為了治療而刻意樹立的「治療性關係」：治療者除了要注意觀察，並調整「治療者與病人」間的一般關係外，還要刻意採取「治療性」的關係。所謂治療性的關係，就是治療者有意地扮演某種角色來對待病人，而這種作法對病人的治療有特別的作用。例如：從小就被嚴厲的父親嚴格管教，導致對權威者產生懼意、反抗心理或陽奉陰違，所以在工作場所總是和主管處不好的病人，治療者就要刻意扮演比較柔性的權威者，讓病人在和比較溫和的治療者相處下，無形中學習並習慣與主管和平相處，而不用時時恐懼或怕被批評，也不用時時對抗或畏縮，這樣病人就可以透過與治療者的關係，而學到可以比較自由自在地表達意見與想法，也可以和上級建立比較健康的人際關係。相反地，假如一位女性病人過去總是被男人欺負或占便宜，因此對男人產生過分的戒心，不敢和異性交往時，治療者就要特別表現得可以讓人信任，不占女性的便宜，反而替女性設想，甚至保護女性，這樣可以讓女性病人在嘗試和心理健康的男人長久接觸後，而去除過去對異性所建立的負面印象與經驗，重新學習如何找可靠且可信任的男人，建立比較健康的異性關係。因此，治療者要研究何種形象可以讓病人信任而產生治療效果，進而扮演此類形象的人物，透過治療的機會，幫助病人樹立新的人際關係，產生治療上的作用。

當然治療者並非演員，無法隨意改變自身的性格而扮演不同性格的人物，但至少知道病人接觸何種人物是有益的，治療者可以盡量表現出那樣的特性，以協助病人。此外，治療者也要減少重複表現對病人有弊害的人物特性，避免加強病人負面的人際觀，例如：曾經被男人玩弄的女病人，治療者在進行治療時，千萬不要再讓女病人重複經歷被男人占便宜的情況，男性治療者應盡量保持客觀、中立、可信賴的形象。

基於此類理由，督導者須協助治療者檢討要扮演何種人物角色，如何避免重複扮演對病人有負向作用的人物，而盡量扮演對病人有正向作用的人物，來矯正病人過去經歷的病態性人際關係。這是督導者可以發揮作用的另一功能與職責。

無形中兩方呈現的「轉移關係」：除了上述各種性質的病人與治療者間的關係外，還有一種特殊的關係可能會發生，那就是「轉移關係」（transference）。所謂「轉移關係」是指一個人在年幼時，和養育他的重要人物（即父母或養父母等），或和他很接近且影響他的人物（例如姨父母或老師等）而樹立某種人際關係，包括情感、角色扮演與相處來往等，導致日後與別人相處時，無形中把這樣的關係轉移而表現在與他人相處的關係上。

這種過去的經驗轉移到目前的人際關係上，往往和目前相處的人本身沒有關係，但假如目前相處的人有某些和過去的人相同的特點，就更容易引發這種轉移關係。例如：男性老師或員警是權威者，容易讓人轉移表現他過去與男性權威者（即處於權威者地位的父親）的關係；而對目前照顧他的女性護士，就比較容易引發他過去照顧他的母親或姨媽等女性照顧者的關係。

當病人和治療者接觸時，由於治療者對病人來說，是代表照顧他的「權威者」，因此很容易將過去曾照顧過他的權威者的關係「轉移」到治療者身上，這種轉移過來的關係被精神分析家稱為「轉移關係」。有些華人學者把“transference”此一專業術語翻譯為「移情」，這是不很正確的翻譯。一來，被轉移過來的，並不只是情感，還包括角色上的相處關係、溝通方式，以及相處時的態度與期待等等，是全部所有的「關係」。再者，移情在中文裡，常表示男女之間把對原本喜歡的對象的情感轉移到另外的對象，也就是移情別戀，喜歡上了別人。因此，與專業上所談的「轉移關係」不盡相同。而且我們要知道，對人的感情不但是喜歡或迷戀，還可以發生不喜歡、厭惡、懼怕等，因此，移情此詞句並不適用。

為了方便，有些臨床學家將所表現的轉移關係分別稱為正性轉移關係（positive transference）或負性轉移關係（negative transference），用以區別所表現的是喜愛（正性）或討厭（負性）的情感轉移。但實際上，轉移的關係並不是那麼單純可以劃分為喜愛或厭惡兩種，一個人對另一人的感情往往是複雜且綜合的，既可喜愛也可以隨情況而厭惡，又愛又恨，可以是雙重的情感。因此，只將其劃分為正性或負性過於簡單，是不妥當的。而且，我們也已經說明，轉移關係不僅包括情感，還包含對人的態度、所扮演的角色以及溝通等，是所有整套「關係」的移轉。

總之，病人與治療者間所產生的關係有各種層次與性質，需要由治療者去了解並適當掌控，因此，如何幫助治療者了解治療者與病人發生了何種關係，是督導者要隨時協助治療者的督導功用之一。

協助治療者發覺、處理並運用「轉移關係」

上述的轉移關係，常不被治療者發覺與了解。因為這種被轉移過來而表現的相處關係，往往與治療者本身沒有什麼關係，因此容易被治療者認為是無法理解、莫名其妙而表現出的關係，是連病人也沒有察覺的潛意識的關係表現。但這種不容易發覺的「轉移關係」，在治療上卻有許多意義，治療者必須練習能及早察覺並適當處理，如果需要的話還可以運用於治療工作。為何需要注意這種「轉移關係」並及早察覺，在臨床上有以下幾點理由。

避免發生不妥當的關係上的反應：由於病人向治療者所表現的轉移關係，表面上和治療者本身的性格無關，也和治療者如何對待病人的實際關係無關，因此常未被注意到，或讓人覺得怪異而不知所措，往往不知道也不知該如何處理，以避免不妥當的病人與治療者間所發生的關係上的問題，而影響輔導的進行。

可用來做有深度的心理診斷：治療者在進行分析性治療時，為了有深度地了解病人的病情，除了藉著探討病人童年時被養育的方法，及曾遭遇的創傷事故外，病人對治療者（代表權威者）所產生的轉移關係本身，就是可用來作為診斷的好資料，可以間接了解病人過去和養育他的主要（權威性）人物（即父親與母親）曾發生過的關係，是很好的歷史印證性資料。因為請病人回憶並描述童年時曾經歷的情況時，有不少病人不是無法回憶，就是不知如何描述；而且有些創傷性的重要事件不是經由潛抑作用（repression）宣稱不記得，不然就是情感上不願意回顧，也不願意描述，因此有若干的局限。所以，若能透過在治療會談的處境裡所表現而被觀察到的轉移關係，加以分析，並推測童年時跟權威性的養育者（父母）曾遭遇過的情況與關係，可以幫助病情的診斷。

例如：有位女性病人由於經常無緣無故容易緊張，所以前來門診求助，並主動要求接受心理治療。經由男性治療師的初診，認定是適合心理治療的病人而安排此病人進行心理治療。為了了解病人無緣無故產生焦慮的根源，治療者請病人說明病情一開始是如何發生，但不知病人是不願意或真的不知道，只回答不知道，這讓治療者無法清楚病人的病史。因此，治療者改而要求病人回憶童年的事，但病人只簡單描述她父親有一天帶她買玩具後，就出外旅行，而且一去不回。她詢問母親有關父親的事，但母親不願回答也不願多做說明。

原本一開始看起來很認真想接受治療的病人，但在治療者真正進行治療時，卻難有所進展。因為如果探問過多，病人馬上就會表現出很緊張的態度，讓治療者覺得很難進行治療。而且更糟糕的是，在開始心理治療後，這名女病人卻經常找藉口不按期來會診，不時中斷治療，讓治療者覺得很不解，最後只好對病人下最後通牒，進而詢問病人不繼續看診的原因。

這位病人在經過一番猶豫後，才開口說明，因為小時候曾被母親批評是「壞女人」，會勾引男人，所以害怕和男治療師產生戀情，露出壞女人的真面貌。經過仔細會談後，這名女病人說出事情的原委：原來病人所愛的父親外出後，一直失蹤沒有回來，結果，母親就另外結交男友，可是母親的男友對病人很好。當時正值青春期發育的她，一方面對母親的男友有好感，另一方面讓她覺得好像找到失去的父愛，也就和母親的男友非常親近。結果被母親發現，母親辱罵她是不要臉的壞女人，竟然和母親搶男友，這樣的心理創傷讓這個女病人長大後，還留下那樣的觀念與恐懼，惟恐母親所說的是真的。也因此，這名女病人在公司裡，只要和喜歡的男性上司接近時，就無緣無故緊張起來，甚至手腳也會發抖，就連平時和同部門比較要好的男同事談話，也是如此。很顯然，這位病人找藉口不敢按期來看診，也是基於相同的理由——害怕會和她喜歡的男治療師產生不該有的關係。

經過這樣的討論與分析後，治療者清楚了解到，病人不按期看診、好好接受治療的原因就真相大白，是因為轉移關係的影響，督導者幫助治療師解除了對病人的疑惑。經過這樣的了解後，治療師在督導者的指導下，還能馬上向病人說明，並保證病人所擔心的事不會發生，安撫病人的顧慮。換句話說，透過轉移關係的察覺與了解，不但免除了治療過程中曾發生的阻抗，還能很快了解病人的病情真相，可說是一石二鳥的效果。更重要的是，還可以將其運用於治療上，變成是一石三鳥的多方效益。

至於如何就轉移關係而運用於治療工作上，讓我們接著做說明。

可用來作為治療的工具：最重要的是，病人對治療者所表現的轉移關係，可以特別用來更正病人對過去權威者所發生的病態性關係，包括童年時所經歷的創傷，可說是現成的治療上的材料，可以運用而作為糾正或重新經驗情感之用，這是分析性治療上的特殊輔導方式之一。就上述所提的女病人害怕男醫師的例子來說，治療者不但向病人說明了轉移關係，還利用會談的機會讓病人學習，雖然可以喜歡治療者，但不會和治療者發生不正常的關係，而是會保持正常的人際關係，因此不會重蹈她青春期和母親男友所發生的情形，也不會變成母親所嘲笑的「壞女人」。在教導病人能和喜歡的男治療者維持正常的人際關係，就能幫助病人建立良好的（一般普遍的）與異性相處的經驗。

由上述說明，我們可以了解到，如何注意並察覺可能存在的轉移關係，是治療過程中很重要的課題之一。並不是每個被治療的病人都會呈現轉移關係，而且就算發生轉移關係，也不一定要去指點或說明，只要觀察並適當處理即可。可是當病人跟治療者發生強烈的轉移關係，且是病態或負性會干擾輔導的順利進行時，治療者就得好好注意並積極處理與控制。但由於許多經驗還不足的治療者，往往察覺不到正在影響治療的轉移關係，或發覺後不知如何向病人解釋，更不知道該如何運用於治療上，因此需要有經驗的督導者發揮其作用來協助治療者，這可說是督導者最主要的職責與功效之一。

幫助治療者避免和病人發生非職業性關係

不論是住院醫師或是學習心理治療的治療師，雖然在訓練過程中，他們被說明、要求並督促和病人要維持「職業性」的關係，不可摻入私人性的關係；可是在實際的臨床工作中，難免有些治療者會和病人發生非職業性關係。這種非職業性關係有輕重的嚴重程度，較輕的會妨害輔導的適當進行，嚴重的則會是傷害病人的情況，且是違反醫德、構成犯法的行為，所以治療者得非常注意並避免才行。督導者的重要功用之一，就是如何幫助治療者發覺並避免這類事情的發生。

所謂非職業性關係，我們無法一一在此都列舉說明，但可以就比較常見的情況，從輕微至嚴重略舉若干。例如：在會談中，與異性的成人病人有軀體的接觸，像握手安慰或拍肩膀表示親近等，在比較保守的社會中，會被認為是不符合職業性的行為與關係；另外，和病人吵架，甚至開口辱罵病人，都是不對的醫療行為；向病人收取（一般的社會觀念認為是）貴重的禮物或禮金，也是超出專業的規定；和病人約會，或甚至發生性關係，都是非常嚴重的事，需要接受醫德與法律的雙重制裁。

上述這些不符合職業性的行為與關係的發生，有各種不同的理由，有些是治療者沒有注意，不小心犯下的；有些是治療者的無知所造成；但有時候是治療者的個人心態或性格上的因素，過分關心或厭恨病人所致，需要特別注意並矯正。有些治療者的性格喜歡和別人爭論（包括病人在內），常和病人發生矛盾或衝突性的關係，這和治療者的脾氣有關，需要特別控制。有些治療者和病人特別親近，就好像在對待親人一般，無法維持職業性關係。而這些情況的發生，除了治療者本身的性格外，有時候是有特殊的理由，就是由於治療者的個人內在心理因素，與所謂的「反轉移關係」（counter-transference）有關。「反轉移關係」和轉移關係是同樣的性質與現象，只是根源於治療者，因此被稱為反轉移關係，是發生在治療者身上的轉移關係。

讓我們就反轉移關係舉例說明。例如有位女性治療者，她在幼年時就失去母親，很想念母親，所以在任何場合中遇到中年婦女，她就會產生想和對方要好的感覺，無形中就很想接近這樣的婦女，也會對對方很好，甚至是過分關心。這樣的女性治療者在執業的場合中，如果病人是一位慈祥的中年婦女，容易在無形中產生想和對方要好的情感，也會特別接近及照顧這類女性病人，失掉其客觀、中立的職業性關係。因此，就無法為病人提供職業性的輔導工作，容易被私人情感所影響。反過來說，有位男性治療師從小被很囉嗦的母親帶大，因為自己的母親喜歡訴身體的毛病以爭取兒子（治療師）的關心，造成這名男治療師只要看到喜歡訴苦的女病人，就會想起自己患慮病症傾向的母親，而對病人產生討厭、反感的心理與態度，無法客觀地照顧他的女病人。

不論是何種因素，假如治療師和病人之間無法維持比較客觀、中立的職業性關係，而產生太主觀、不中立而富私人情感的治療關係，就對病人不好，治療者也無法好好為病人治療，因此必須免除並改善這類問題。但問題在於有些情況治療師本身知道卻無法更正，或是自己根本不知情（特別是反轉移關係性質的問題），非常需要督導者提醒並督促改善，這也是督導者很重要的職責之一。在心理治療的學習過程中，沒有督導者的指導與監督，往往是臨床訓練課程中容易發生問題的情況（請參見第九章個案一：「過分照顧女病人的年輕男醫師」）。

監督治療者採取不符合醫德的措施

雖然治療者多半都是很有醫德，有誠心想幫助病人，但有時會有意或無意地做出一些不符合醫德的事情，所以需要督導者的監督，以避免發生這類情況。所謂不符合醫德的行為與事情包羅萬象，有輕有重，其界限有的很清楚，有的卻很模糊，需要靠社會的客觀評論或醫學界的專業判斷。例如精神醫學的專業規定，治療醫師不能和病人發生私人性的關係，包括戀愛與結婚等。就算是已經停止醫療關係，還是得一直遵守此醫德上的禁忌，一旦醫師喜歡上病人，便要停止醫療關係。開始與喜歡的病人發展私人的社交，是很不對、也是不道德的事。

另一方面，病人送醫師或治療者禮物，是東方社會常見的事，可是什麼樣的禮物算小禮物，是可以收取；什麼樣的禮物算是大禮，不宜收取，這必須透過社會的一般標準做判斷。問題不在禮物的貴重多寡，還牽涉到其中所包含的意義，例如：女病人送男醫師領帶，可能含有套住男人的意思；而男病人送女治療師香水，也是有私人性的意涵，這些都要特別去了解，並決定是否接受。但如果是老太太親手做些包子送給長年照顧她的醫師，這樣的情況下，治療師不但可以接受，還可以讓老太太高興，具有治療上的意義。因此，要透過社會的準繩與判斷，再加上專業的考慮，依此來處理病人送禮的行為。而這些行為是否符合醫德，可以尋求督導者的意見而參考。

支持治療者的心情與處境，並協助處理心理上的負擔

雖然治療者的職務是協助病人解決他們所面對的心理問題，減除病人心情上的痛苦，但即使是心理很健康的治療者，也難免會有心情不佳或覺得心理負擔過重的情況，很需要他人的協助。

這類心情痛苦的來源很多，治療者畢竟也是人，自己的私人生活中難免會遭遇讓心情不佳的事件，例如：和家人或朋友鬧情緒的問題，或是家人生病、

去世，甚至是本身面臨離婚事件等，都會讓治療者的心情很不穩定。在這樣不佳的情況下，治療者最好可以請其他的治療者代理其職務，暫時不看診，等到自己的問題解決，恢復穩定情緒後，才回來看診。因為心情不好的治療者，是無法幫助情緒狀態不佳的病人的。

由於長期為心情不好的病人看診，治療者多少會間接受到影響與感染，有時也會變得心情不好，可說是職業的性質而帶來的副作用（或可說是職業性的壞處）。因此，長期從事心理治療的治療者，平時就要很注意自身的心理衛生，要常從事讓心情放輕鬆或愉快的活動，避免產生職業性的心理負擔，當然也要避免過分認同有心理問題的病人，以免受其強烈影響。

如果治療者在臨床上遭遇問題很多、難以處理的病人，特別是病人喜歡搗蛋，讓你很煩惱或頭疼時，最好和同事或督導者談談，獲得他們的支持，減輕心理上的負擔、苦悶或煩惱的心情。換句話說，督導者的職務不僅在教導需要學習的治療者，還要適當地給予情緒上的支持。特別是治療者在治療過程中發生過錯，或是病人發生無法挽回的結果（例如自殺等）讓治療者懊惱不已時，都很需要督導者給予安慰，度過困難的階段。

啟發治療者的個人優點與成長

雖然督導者提供督導的目的與功效良多，主要是協助被督導的住院醫師或初學的治療者學習到所需要的臨床知識與技巧，且和有經驗的督導者逐漸學習、模仿與認同，而同樣成為有經驗且可靠的治療師。但教授或督導者不一定要將住院醫師或初學的治療者都訓練得和自己一模一樣，好的督導者可以幫助被訓練的治療者發覺自己的長處與優點，進而能創立自己的風格與模式來治療病人。換句話說，不用要求每個被訓練的治療者都變成同一個模子刻出來的，督導者要協助治療者了解自己對何種病人比較有把握，能用什麼方式去幫助病人且效果比較好，讓治療者能發揮自己的優點，進而成長為有特色的治療者，這樣的督導者才算是優秀的督導者，能真正幫助下一代的治療者學習與成長。

第 2 章

各種不同的督導模式

在說明督導的目的與功用後，接下來我們要說明與討論如何實際進行督導工作。在專門訓練住院醫師的教學機構中，通常會按教學的制度而施予臨床上的督導，而督導可採用許多不同的方式進行。各種不同的督導模式有不同的便利性與功用，當然也各有其缺點與限制，治療者可以依情況而適當地選擇使用。

接下來的章節，我們會就各種模式個別進行說明與操作，也會就其模式簡單舉例說明實際進行的情況，以此幫助讀者切實體會；且會在其中說明各個模式的各種好處及其存在的缺點，讓讀者可以了解如何適當地選用。

第一節　經由治療者的摘要性報告而給予督導

摘要性督導的進行方式

這可說是最傳統與基本的督導方式，即由治療者在每次看診後，摘要性地向督導者報告治療會談的經過，而督導者在聽取報告後，就部分內容提出問題，仔細了解會談進行的情況，並就各個要點提供評論與建議。因為這是最簡單的督導方式，可以在每次會談後進行；或是會談進行幾次後，合併進行一次督導。

在比較講究的教學機構中，會規定在門診診治接受心理治療的病人時，每週要定期找督導者一次，時間為一小時；且每位住院醫師都被分配兩位或三位督導者，接受他們被指定的各個督導者的督導與教學。住院醫師可以從不同的督導者中，學習到不同的看法與意見。一般說來，治療者最好選擇一個特別的個案，並由同一位督導者進行督導，這樣可以從頭到尾、有連貫性地接受對該個案的督導，效果比較好。如果治療者同時治療好幾名病人時，可以在督導者所提供的時間裡，先後被督導兩、三個個案，或選擇比較有問題的個案做報告，得到及時的督導，這樣一來，治療者在門診所治療的個案都可以受到督導。這對初學的治療者是很重要的，因為他正在治療的病人們，都可以獲得上級指導教授的監督與督導，而不會有所遺漏，也可以避免發生臨床上的問題。至於比較有經驗的住院醫師，則可按自己的判斷選擇較需要督導的幾個個案，爭取時間針對那些被選擇的個案做比較有深度的督導。

摘要性督導的實例情況

（關於本例細節，請參見第十四章個案二：「知道將更換治療師而常來電的病人」）

住院醫師：這是在門診治療快一年的病人，過去我常請你為我督導的個案，由於治療的進行還可以，所以最後三個月期間都沒麻煩你督導；可是最近又有點問題，所以想請教你目前要如何處理。

督　導　者：好的，是哪個病人？

住院醫師：你還記得我有個病人叫小張，是韓裔年輕人，由於他去年曾企圖服藥自殺，被送來急診處急救，後來就被安排來門診接受心理輔導。

督　導　者：對！我想起來了，你一直鼓勵他能恢復參加社會活動的病人……近來怎樣了？

住院醫師：如你所知，我將完成成人精神科的訓練，下學期要轉去接受兒童精神醫學的訓練，不能繼續在門診看成人的病人，因此所有的病人，包括小張，我已經預備都將轉給新來門診的下一批住院醫師繼續診治。可是不知怎麼了，小張最近總是打電話到門診，留話給我，一開始聽了他留的電話，我還會馬上回電話給他，可是最近打電話的次數變得很頻繁，不知如何是好？

督　導　者：讓我想想看。小張小時候是不是由祖母帶大的？

住院醫師：是的，每次他母親生病，小張就會被送到祖母那裡住一段時間，等母親身體好了，就接回來。

督　導　者：你知道小時候曾遭遇離別創傷的人，在接受治療時，如果要和治療師分離，就比較容易產生分離的反應。因此，治療者要特別費心處理停止治療的過程……

摘要性督導的優點

由於治療者只要摘要性地向督導者報告會談中所發生的大致經過，或治療上發生的要點及面臨的困難，因此時間上比較經濟，可以在較短的時間裡完成所需的督導與教學。這種督導方式，對剛學習心理治療的住院醫師或經驗還不足的治療者有其功用，可以讓治療者有機會將他們治療中的所有病人一一向督導的教授報告，因而得到較全盤的照顧、監督與指導，可避免任何個案發生臨床上的錯誤。事實上，在比較講究的教學與訓練機構中，都會要求初學的住院醫師或經驗還不足的治療者向督導的上級醫師報告自己正在治療中的病人，並得到所需的督導；而這種摘要性的報告並接受督導的模式就很方便。

摘要性督導的缺點

然而這種摘要性督導的優點也可能是其缺點，因為治療者摘要性地向督導者報告的，是經由治療者自己所選擇，會受其主觀性的影響與篩選。也就是說，會談中治療者所觀察、注意或所體會的，完全是依靠治療者本身的感知能力、敏感程度、體會能力。有些治療者生性感覺比較敏銳，可以看透人際關係的發生，對人的心理有較深刻的了解，再加上臨床上的知識也多，比較能觀察與察覺，知道哪些是值得報告或需要提出來的問題或要點，以接受適當的督導與教學。反之，感覺較遲鈍、較缺乏知識的治療者，就不會察覺到臨床上的要點及值得報告的資料，失去接受被好好督導的機會。換句話說，治療者向督導者所報告的，都是受治療者本身的感知與體會能力，督導者無法正確推測或完全知曉實際發生的情況，只能間接性地去推想與了解。

除了治療者本身的感知能力與敏感程度等因素外，很重要的，還會受治療者本身心理因素的左右，即治療者會有意或無意地選擇他想報告的資料，而回避或隱藏不想提出的問題；換句話說，會受治療者心理上的篩選作用。問題是治療者本身越是不知道、未感覺到，或心裡不想提出來報告、想特別隱藏的，卻往往是特別需要督導的事。這是這種摘要性督導模式所存在的缺點，有經驗的督導者就會特別注意，並想辦法減少其缺點。

第二節　由治療者詳細報告而接受督導

仔細督導的進行模式

與上述摘要性報告與督導採用類似的模式，但卻有所不同的另一種督導方式，就是由治療者針對某整個會談或某部分的會談，進行詳細回憶與報告，而接受督導。這種方式不經過治療者的選擇、摘要性的做報告，而是比較詳細地去回憶在會談中實際發生的先後情況，包括病人開口談了什麼、做了什麼樣的表情或動作，而治療者如何反應、問了什麼或得到什麼回應等等，是治療者仔細回顧會談進行的先後情況，讓督導者能比較實際體會究竟會談中發生了什麼樣的事，以及治療的過程，讓督導者可做心理診斷上的判斷、病情的了解、治療的實際進行情況，因此也就能提供比較仔細的建議或評論，協助治療者能對自己施行的會談有較確實與徹底的了解與體會，也會知道下次會談時，如何再繼續進行治療的過程。

為了進行這樣仔細的督導，治療者必須在會談結束後，馬上花費時間去回想整個會談進行的細節過程，書寫下進行的詳細情況，包括自己提問了什麼、病人回答了什麼、病人如何反應，然後又談論了哪些事。當然，實際上治療者無法一五一十全部重新回憶起，但總是盡量回想並書寫下來，至少記下整個會談中最重要的段落，這樣可以在督導時，向督導者仔細報告並被評論、督導。

由於這樣仔細地去回顧、報告細節，並和督導者討論，比較花費時間，實際上治療者無法就每次會談都如此詳細報告。因此，治療者必須與督導者討論針對哪位治療中的病人，選擇哪次的會談，再進行這樣仔細回想與報告的督導方式。通常這類詳細報告與督導的模式會選擇心理診斷上還很含糊不清、輔導的操作有些吃力，或治療者與病人間的關係有些尷尬，而不知如何處理的個案。但有時比較講究的作法是選擇某個固定的病人，進行詳細的報告與督導，連續性的對同一個個案進行仔細且連貫性地督導。當然，這只能選擇一、二例如此進行。即每次會談後，就向督導者詳細報告，接受督導與建議，然後再進行下次的會談及督導。這樣會談與督導相互連接進行，可說是很仔細且徹底的教學與督導工作。對初學心理治療的治療者而言值得嘗試，至少選擇一、二例這樣詳細報告，並得到仔細督導。

仔細督導的實例情況

（關於此病例細節，請參見第五章個案一：「內心痛苦自己有外遇的女人」）

治療者：前天我為一位病人看診，有些問題想向你報告，希望得到你的指點。

督導者：什麼樣的病人呢？

治療者：患者是三十多歲的女性，獨自就診，患者進門診室坐下後，便開始訴說自己的情況。患者十年前從學校畢業後，就認識現在的先生，兩人很快就結婚。當時她年輕漂亮，而先生的相貌一般，只是家庭條件較好，她想如果和先生結婚的話，就有機會留在城裡工作。婚後患者和丈夫的感情平淡，平時少有性生活。數年後，患者在工作場合遇見一位對她比較好的男士，該男士年輕有活力，兩人認識後很快就有了性關係。患者對該男士十分滿意，平時私底下也常在經濟上支助他，為他買手機等。這樣兩人維持這段祕密的婚外情已經五年多。患者討厭和先生做愛，反倒和同事比較有激情。

督導者：也就是說，病人婚後一直有好幾年的婚外情，可是目前發生了問題？

治 療 者：是的。病人說：最近幾個月，她的情人調到另外一個單位，很少和患者再來往，並表示想中斷兩人的關係。就病人所知，該男士三年前已婚，婚姻生活很幸福，患者覺得可能是對方擔心會影響自己的前程，所以才想斷絕關係。

督 導 者：那你的病人對此情形有什麼反應呢？

治 療 者：病人還是很想念他，最近總會打電話或發簡訊給對方，該名男士越是不接電話或避不見面，病人就會出現坐立不安或情緒低落。有時還會偷偷到該名男士工作的地方，想和他見一面，卻又怕別人懷疑，所以只能在辦公室外面等他。病人說，她現在明顯感覺到對方不願和她交往，手足無措地邊說邊哭泣，不知如何是好。

督 導 者：她是否有請你提供意見，該如何面對這樣的情況？

治 療 者：患者這幾個月來內心十分痛苦，卻又不能說給別人聽，所以很苦悶……

督 導 者：所以才來找你發洩內心的痛苦？

治 療 者：是的。會談後，病人說心裡覺得好多了，然後就離開了。可是事後我就考慮當時是否應該建議她繼續來治療，以處理她內心的問題？

督 導 者：由於這位病人數年來一直背著自己的丈夫而維持婚外情，照例值得繼續治療一段時間，以協助她處理內心對先生的愧疚，以及該如何改善他們夫妻的情感關係。可是，看來病人看了一次診，就覺得滿意，因此，你可以提議她再繼續接受輔導，但她不一定會接受提議的。

仔細督導的優點

毫無疑問，能使用較充分的時間，針對會談實際進行的情況做仔細督導，這是非常好的事，有許多好處。除了督導者可以了解治療者與病人之間如何一問一答地進行會談，也能知道會談進行的來龍去脈、進展與方向，可以了解治療者是否能抓住機會，就病人談到的話題、關鍵性用句、問題的要點，而往適當的方向引導會談，以及治療者是否能從病人的談話中，體會並把握字裡行間的涵意，利用屬於原本的精神材料（如幻想、錯語、夢等）進行適當的潛意識層次的分析等。最重要的是，還可以了解治療者和病人之間形成及表現何種人際關係，是否是治療性的、是否注意並發覺所謂的「轉移關係」，並做適當的處理與運用；而且督導者也可以注意治療的進展是否受治療者個人的過分主觀性偏見，或是「反轉移關係」的左右等，此類督導模式可說有許多的功用。

由治療者針對會談進行的情況做仔細報告與督導，其最大功效還是在經由督導者發覺治療者本身沒有注意到或體會的事情，或治療者雖然知曉，但企圖否定或隱蔽的事。特別是病人對治療者所產生的轉移關係，或是反過來治療者對病人所產生的反轉移關係等。

仔細督導的缺點

像這樣對會談的經過進行仔細地回想、報告並做評論與督導，功用固然很多，但其缺點是必須花費很多時間進行，無法針對每個病人、每次會談都如此進行。因此，要選擇性地採用，例如針對病人在會談上發生困難，或治療上的進展有問題的病人而採用。

另外一個缺點是，儘管治療者用心回想細節，但畢竟是經由治療者的頭腦所回想出來的，所以只能回想起治療者所記得、所觀察且願意報告的部分，所以也是經由篩選而回憶並報告的資料，還是會受主觀性的影響。為了避免產生這類問題，最好的方法就是採用會談的錄音或錄影記錄。

錄音只錄會談中會談的講話資料，病人比較不在意；而錄影則牽涉到影像的記錄，還可以觀察到病人與治療者的表情與姿態、相互的動作，是比較好的資料，但有不少病人不喜歡被錄影。無論是錄音或錄影，都必須向病人解釋，獲得諒解與同意，並請病人在同意書上簽名，有正式的文件證明。假如是未成年的青少年或兒童，就需要取得父母的同意。治療者必須向病人或家屬坦誠說明錄音或錄影的目的，是要給督導者看，接受督導者的督導與教學，以改善輔導的進行，可以多幫助病人，且同意書上必須寫明只用於督導或教學之用。但無論如何，都必須確保對方的隱私權，保護病人的私人性祕密。萬一病人同意後，之後又改變心意，不願意接受錄音或錄影時，治療者有義務停止錄音或錄影，並銷毀過去的記錄。如此確實保障病人的隱私，才能讓病人放心，且願意向治療者透露內心的問題，有助於進行有深度的治療工作。

第三節　觀看會談錄影記錄而做評論與督導

觀看錄影記錄督導的方法

督導者觀看會談中的影帶記錄，然後和治療者一起邊看邊討論，好進行仔細督導，這是比較講究的輔導模式。要進行會談錄影，首先要爭取病人的同意，說明是為了督導與教學使用，保證不會用於其他用途，並負責好好保管錄影帶，保護病人的隱私。病人充分了解目的並且同意後，請病人簽寫同意書作為依據，再進行錄影。

錄影的記錄可按每次會談的進行，從頭到尾的連續性記錄，可以用來討論治療進行的過程，是很徹底的督導模式與教學方法，也是被採用為心理治療的研究方法之一。錄影的記錄也可以只在輔導過程中，特別是在一開始或比較有問題時，選擇某次的會談來進行錄影，這樣會比較省時省力。

錄影可以在會談室裡擺放錄影機，朝著病人拍攝；不過比較講究的，是在會談室的隔壁設置錄影機，透過透視窗（單向鏡子，one way mirror）來錄影，這樣病人比較不會在會談中因為一直看到錄影機而意識到在錄影，這樣的設備與督導模式是大學教學機構或研究單位可以採用的。

督導時，督導者可以觀看整個會談的錄影記錄，或者由治療者選擇某片段給督導者觀看，並就該片段做討論與建議。當然，也可以由督導者隨意選擇某片段觀看，作為審查之用。事實上，有些教學單位每年會定期要求每位住院醫師就自己治療中的病人當中，選擇一例錄影，給上級指導的教授或督導者們觀看，作為臨床能力進展程度的評審之用。目前錄影的設備並不昂貴，因此，大部分的教學單位都可採用這樣的錄影模式來進行督導與評審。此外，住院醫師所錄的影像不僅能運用於督導與評審之用，還可經由選擇、蒐集、剪接後，作為教學使用的寶貴材料。

觀看錄影記錄督導的實例情況

住院醫師：這是第五次的家庭會談，會談進行到中間的時候，父親忽然發起脾氣，用手打坐在身旁的小兒子，我不知道為什麼發生這樣的行為，也不知我是否處理得當，因此，想請你看看這段錄影。

督 導 者：好的，我們看吧！

督 導 者：（看了事情發生前後的一段錄影）看起來是十幾歲的大兒子向父親抱怨，父親對孩子的管教太嚴格，並學父親如何訓罵孩子的腔調，讓父親惱羞成怒，就動手打坐在身旁的小兒子洩憤。

住院醫師：我當時應該怎樣處理這樣的情況？

督 導 者：你很機警地叫被挨打的小兒子坐到你身旁，好保護他，並請父親不要動手打小孩；同時也提醒十幾歲的大兒子，可以向父親提供意見，但不要學父親罵人的語氣，這樣很不尊敬父親。你很主動且積極地處理情況，並控制會談的氣氛，這樣的舉動是對的。可是事後，你學到了什麼事？

住院醫師：我學到鼓勵年輕的兒子能批評父母是很好的治療方向，可是要非常注意他們應如何向父母表達子女的意見，且不能忽視父母的權威與尊嚴。

督 導 者：對的，這是家族會談時，要很注意的事。要保持正性的建議，而不是負性的批評或嘲笑，傷害家人彼此的感情。同時也要很注意尊重家長的權威。

住院醫師：我體會到了。

觀看錄影記錄督導的特點

毫無疑問，錄影的好處就是督導者可以看到會談的實際進行方式與情況，不僅是病人與治療者間的會談，還包括其談吐的音調、彼此的表情、姿態與動作，特別是兩者間所發生的相互關係，可以一目了然地知道會談實際進行的情況，也能讓督導者依據此真實性的資料給予評論與建議，是很好的督導方法之一。

觀看錄影的督導方式，其最大效用乃在發覺治療者本身並未注意到的事情，例如：病人模糊帶過的語句、病人談話時的表情，包括非言語的溝通等。特別是可以看到會談進行的思路與過程，從哪個話題引導到哪個話題，或是跳到哪些話題；治療者是否注意到病人所說的「關鍵語」——即含有情感或表現潛意識的詞句，以及和問題有關的主要心情表現，並且抓住機會引導病人詳細談談與關鍵語有關的事，如此才能進一步探討有意義的心理資料。

觀看錄影的另一個最大功效，就是可以觀察病人與治療者間所產生的人際關係，並了解其關係的性質，例如：治療者和病人是如何坐的、兩人保持何種距離、是否有過分接近等問題。此外，還可以探討是否為「治療性」的關係、是否有發現特殊的「轉移關係」產生、審查是否有非職業性的行為與關係等等。

觀看錄影記錄督導的缺點

雖然依靠錄影進行督導有許多好處，但這樣的督導模式也有其缺點，最主要的是太過費時，不僅要獲得病人的同意才能進行錄影，還得安排錄影的事宜，最後還要花費相當多的時間去觀看與討論。而且要觀看時，除非已事先選好或剪接好要觀看的片段，可就要點部分來審看，否則不知要看哪些部分，就得費時地從頭到尾觀看一遍。

除了耗費時間的問題外，還要面對臨床上的缺點，即：有許多病人不願意被錄音或錄影，尤其是有問題而需要督導的病人，因為特別敏感，經常拒絕接受錄影，因此，無法達到其目的與功用。就算是答應接受錄影的病人，有時內心還是很在意，不喜歡面對錄影機侃侃而談自己內心裡的擔憂或困擾，受到被錄影而產生的限制。不僅是病人，有時連治療者也會受影響，不會一五一十很自然地進行會談，還時時提醒自己，現在正在錄影。

儘管會談的錄影有以上各種缺點，但實際上，還是很值得去做。尤其是正在接受訓練的住院醫師，至少偶爾針對幾個選擇的病人做錄影記錄，請督導者仔細觀看並進行評論與指導，可以加強督導的效果。

第四節　透過電視觀察實際會談而提供督導

這個辦法就是在會談室裡裝置攝影機，每次會談都經由攝影機而播放到設置於另外房間的電視機，可由督導者經由電視機而觀看會談實際進行的情況。這樣的方式其好處是，督導者可以隨時觀看，而在會談後，可以馬上跟治療者討論會談進行的情況如何，趁治療者對會談的經過還記憶猶新時討論，有其好處。必要時，甚至還可以在會談快結束時，由督導者進入會談室，跟病人直接簡單訊問或提供補充性的治療。不用說，這樣的模式還可以隨時把會談經過做記錄，事後再與被督導的治療者一起觀看，並做討論。

這樣的方式一定要事先取得病人的同意，並且簽寫同意書。有些病人不喜歡這樣經由攝影而時時被觀察，但有些病人並不在乎，要選擇適當的病人進行。有時治療者本身會感到時時都被督導者觀察著，會有心理上的負擔而不太願意。但是對於剛開始學習治療的治療者有許多好處，可以就實際進行會談與治療的情況而給予適當的督導。況且，目前的電器設備很發達，是值得採用的方法之一。

第五節　會談中督導者在座，旁觀性觀察而事後做評論與督導

在場觀察後督導的辦法

除了觀看會談當中所記錄的錄影以進行比較詳細的督導外，另外一種仔細觀察與督導的模式，就是在治療者進行會談時，由督導者坐在現場觀察，以旁觀者的身分觀看會談進行的情況。然後，等會談結束後，督導者就當場所觀察到的情形進行討論與指導。如此一來，不用錄影記錄的方式，督導者也可以親身觀察到會談的實際經過，而能在會談後進行督導，不用再觀看記錄下來的錄影，時間上會比較省時。這種督導的進行方式，事先必須獲得病人的同意，且病人與治療者都必須能不在乎旁人（督導者）在場觀看的情形才可以。

此種督導方式，督導者不需每次治療者在輔導某病人時，都從頭到尾在旁觀看。必要時，只要選擇某次的會談做旁觀性的觀察；也不用在座從頭到尾觀察四十至五十分鐘整個會談過程，只需觀察會談進行中二十至三十分鐘的時間，知道會談進行的大概情況，以及病人和治療者間的交互關係即可。

假如事先獲得治療者與病人的同意，在必要時，督導者可以偶爾打斷會談的進行而直接跟病人談話、詢問某些問題、澄清情況，或向病人做些有治療性的建議。

在場觀察後督導的實例情況

督　導　者：剛才我觀察了會談進行的情況，你大致上處理得很好。最重要的是，你能和病人建立良好的關係，能幫助病人放鬆地傾吐自己的問題，並且你也能抓住要點與機會去探討主要的問題。

不過，有個地方倒是想向你建議，當病人說到他的父母都很好時，你最好協助他去分別討論父親與母親的個別情況。因為雖然是父母

雙親，但畢竟是不同的兩個人，又是不同的性別，兩人有所不同，不要讓病人籠統地說「父母」都很好，而要他分別說明「父親」如何，「母親」又是如何，這樣我們才能知道他父母各有所不同之處。

住院醫師：是的，我下次會注意。

督 導 者：後來病人幾乎花了十幾分鐘的時間在談他母親，但幾乎都沒談到父親，你覺得這是什麼情況？

住院醫師：可能病人和父親沒有特別親近，或是沒有值得特別回憶的事，所以也就沒提。

督 導 者：是的。但有時是有比較特別的事，不過是屬於較尷尬的回憶，所以就不想提。我們在會談裡，不僅要注意傾聽病人想說的，也要注意病人沒有說的，要注意所謂「陽」的資料（即所表達呈現的事），也要關心沒表現出來所謂「陰」的部分（即避免談論而隱藏在背後的部分）。因為假如是被遮掩或不方便提及的資料，這部分說不定是我們治療上需要特別去關心與協助的地方。

住院醫師：好的。

督 導 者：你還有沒有什麼要提問討論的？

住院醫師：病人所談的內容，大都是他在中學時所發生的事，但都沒提及小學或更早的童年經驗，這部分是不是也要馬上探問？

督 導 者：因為每次會談的時間有限，無法把所有的事情和範圍都談到，最好集中精力注重在一、兩件事上就好，這樣比較可以細談。同時也要考慮病人當時比較想談論什麼話題，這對病人比較重要，因此不用很系統化地將所有的事都含括在內。不過，從治療者的立場來說，除了要知道也要記得談過了哪些事，又有哪些事還沒談。尤其是過去史中，早期是如何發展，在每個階段的情形又是如何，如果能有全套性的資料會比較完整，但不必在一次會談中就想辦法要籠統地包括，可以在之後的會談中隨機再回頭談論。就算是同一個階段的發展，也可以多次談論，因而每次都可以發現新的資料。

在場觀察後督導的功用

督導者在場觀看會談的進行，且事後可以馬上為治療者提供督導，這是很有用的督導模式。此種督導方式比觀看記錄的錄影還更能逼真地掌握到會談的氣氛，可切身地體會到會談進行的來龍去脈。觀看錄影所獲得的各種好處也都可得到，即：督導者可實際聽取到會談的內容，觀察到病人及治療者談話的表情、姿態與動作，也能了解兩者間所形成與表現的相互反應關係。此外，督導者也能發現治療者本身未注意到的事，包括病人與治療者間產生的人際關係，或是否有「轉移關係」的發生，以及是否有非職業性的行為等等。

在場觀察後督導的缺點

雖然在場觀察有許多好處，但也有其限制。有些治療者覺得督導者在場審查，會覺得很不自在，而無法比較自然地發揮自己會談的能力；有些病人也不太喜歡有旁觀者在場，感覺不是很自在。如果有這樣的情況發生時，督導者可以坐在會談室裡，距離病人與治療者較遠的地方，以減少病人或治療者的注意。

有些時候，某些病人為了某種因素，包括男女性別因素，很不喜歡有旁人在場。例如：受過性虐待的女病人，並不在乎讓女性治療者看診，但卻很不喜歡有男性督導者在場。反之，有些病人，特別是有自戀傾向的病人，很喜歡有許多聽眾在場聽取他（她）的會談，所以會歡迎督導者的旁聽。有些病人特別喜歡和年歲較大、有經驗的督導者談，而忽略在場年輕而較少經驗的治療者，使治療者覺得被忽略而尷尬，這是此類督導方式最大的缺點。若出現這樣的情況時，在場的督導者要盡量保持旁觀者的角色，不參與會談，讓治療者能和病人進行會談；但有些比較喜歡教或開口發言的督導者，有時可能做不到這樣扮演被動性觀看的角色，所以要懂得用心去控制。

第六節 督導者做示範性會談而事後做回顧性督導

示範與督導的嘗試

有時根據住院醫師的邀請或督導者本身的建議，可由督導者親自和病人會談，而住院醫師則在旁觀看，學習如何進行會談。對於難以進行輔導的病人，或者有特別問題需要了解或處理，而住院醫師感到棘手時，可以請督導教授做示範性會談。希望藉由比較有經驗、有要領的督導教授示範其會談技術，讓治療者了解病人的癥結，或找出解決困難的途徑。

許多剛開始學習心理治療的住院醫師，對會談的操作沒有把握，所以很喜歡觀看有經驗的督導者做示範性的會談，以便觀摩、學習、模仿。當然，教學的督導者懂得較多，會談技巧也比較熟練，是提供會談技術與要領的榜樣。但有時有些教學的教授雖然懂得多，但不見得有理想的會談技術與能力，所以不一定能提供好的會談榜樣。因此，教學的教授必須要有自知之明，才能為治療者提供好的榜樣。

一般說來，在教學機構開個案討論會時，除了由住院醫師報告病情外，最好能事先安排被討論的病人當場現身，由指定的教授當眾向病人進行簡短的會談（如二十至三十分鐘的時間），這樣一來，在討論會會場的人就可以了解被提出討論的病人的樣貌與表現，特別是針對關鍵性問題的病人自我說明或對問題的反應等，對病人有基本而確實的認識，可幫助學術上的討論，再經由教授當場的會談，可學到如何向該病人進行會談的情況，幫助學習中的住院醫師了解並模仿。假如邀請進行會談的教授是由幾位不同教授輪流示範會談，則可讓住院醫師觀摩到不同教授們不同的要領與技巧，從不同教授的示範性會談中學習如何取其所長，建立適合自己的會談方式與要領。當然，由於能觀摩到針對不同病情的病人所施予的各種示範性會談，可以讓治療者領會到需要如何配合不同的病人與不同的病情種類與程度，而採用不同方式的會談，這是經由實際觀察示範性會談可獲得很好的學習經驗。

從教學的立場來說，不但要施以示範性會談，會談後，還能經由說明與討論，講解會談時所考慮的因素或顧慮的要點等，幫助治療者進一步學習與了解會談進行時須考慮的各種因素。

示範性會談後的討論情況

住院醫師：王教授，你剛才和病人會談進行得很好，但能不能為我們解釋：當你詢問病人她過去所遭遇的心理創傷事故時，在那一剎那，你為什麼把你的視線移開，不看著病人的臉，等到病人開始談她過去的創傷事故後，你才恢復看著她，這是否有特別的用意？

督導教授：是的，你觀察得很仔細。我是故意把我的臉朝下，沒盯著病人的眼睛一段時間，好讓她能比較不用擔心我的反應，而能談她自己內心感到尷尬的事，這樣可以幫助她比較容易回憶與傾訴。

住院醫師：那當病人談到她被人欺負而難過，開始哭泣時，為什麼你沒有馬上把擺在桌上的衛生紙遞給她擦眼淚呢？

督導教授：因為她好不容易把內心的苦悶與隱藏的心事說出來，讓她把悲憤的情緒宣洩一下，對她比較有好處。所以我讓她哭泣一段時間，沒馬上遞給她衛生紙擦眼淚，避免打斷她正常表露的悲憤情緒反應。

住院醫師：那病人把內心的苦悶、憤怒宣洩後，情況是否就會好轉？

督導教授：不會的，病人還要學習如何去處理那些當時無法招架的痛苦事件。因此我才和病人討論，如果現在長大了而遭遇和過去相同的情況，她會如何處理與面對，讓病人學習如何以比較成熟、有效的方法應付這樣的困難。

示範與督導的功用

毫無疑問，由較具臨床經驗的教授進行示範性的會談，可以提供年輕的住院醫師或剛學習的心理治療者很好的學習機會，經由實際觀摩而學到寶貴的臨床上的各種會談要領，包括非常細節的技術。特別是示範性會談後，緊接著進行討論教授為何如此進行會談，是否有特殊考慮與用意，能讓這些住院醫師及治療者了解會談上所採用的技巧的意義與目的。

示範與督導的缺點

示範性會談的唯一缺點就是，觀摩學習的人有時不知個中緣由，未懂其目的與道理，只顧模仿其技巧，結果造成使用不當或過火。而且有些人會很自然地使用某些技巧，有些人卻不太會，使用起來不自然也不適合。因此不要只是模仿表面的技巧，而不懂其中的要領與目的，必須學習與發展適合自己的方式，不能一味盲目模仿。

此外，適合某類病人的技巧，但對不同情況的病人或許就不適合，必須要能懂得其區別而適當地採用。例如：上述的例子中，督導教授刻意短暫避開視線，這對於比較害羞或敏感的病人是很適當而可採用的技巧，但對有自愛性格、喜歡被人注意與關心的病人，就不適合採用，以免被誤會不關心她，而要特別不時看著對方，讓病人自覺被看著、關心著，才會願意傾訴內心的事給你聽，因此，要特別注意，不能故意把視線移開。

第七節　督導者與治療者共同進行治療會談，事後回顧與討論

共同治療後督導的模式

這是比較特殊的督導與教學方式，有其特別的效果。也就是說，針對某些病人，尤其是難以處理的病人，住院醫師特別邀請教授一起為病人看診，住院醫師仍是主治的醫師，而教授則是共同治療者的身分，以補佐的性質參與會談。這種模式和上述由督導者在場觀察後督導，或由督導者進行示範性會談都有本質上的不同。督導者在場觀察，督導者扮演的是旁觀者的身分，不參與會談，而完全由治療者去操作會談；督導者進行示範性會談是其相反，由督導者主持

會談，治療者則是旁觀者。而督導者和治療者共同施予治療性會談，是由治療者與督導者雙方合作協調、共同主持會談。

通常在施予家庭或夫妻治療時，比較講究的方式是採用有「共同治療者」（co-therapist）的方式來進行會談。這樣比較容易應付眾多的家族成員，也能減少偏袒某些成員的可能性。如果會談的對象是夫妻，由一男一女的共同治療者來進行會談時，可避免由於治療者的性別而偏袒丈夫或妻子的問題，例如：男治療者同情妻子而引起丈夫不悅的可能性，又或者替丈夫講話，而讓妻子覺得這兩個男人聯合起來欺負女性等，容易捲入三角關係的麻煩。雖然說是共同治療者，但一般說來，彼此之間還是會認定其中一位是主治的治療者，另一位則是共同治療者，由主治的治療者主要操作會談的進行與決定。當然，兩位治療者要能時時取得妥協，且在會談前有準備性的討論，會談後也要有回顧性的檢討，這樣才能採取一致性的步驟與方向來進行會談。

在教學機構中，往往要求初級的住院醫師和高級的住院醫師配合，共同施予家庭治療或夫妻治療，讓初級的住院醫師以共同治療者的角色和主治的高級住院醫師共同施予治療，經由共同治療的經驗進而學習到技術上比較複雜的家庭治療或夫妻治療。除了家庭治療與夫妻治療外，也可以針對個人治療採取共同治療，從中學習會談的經驗。不僅是與高級的住院醫師一起配合，也可以和在門診工作的教授或督導們共同治療個人病患，經由共同治療學習如何進行個人的心理治療。

共同治療者的施行，一般說來，兩位治療者要能注意並懂得如何相互合作、扮演適當且相補的角色，不能有相牴觸的情況。在每次會談前，兩位治療者要稍微回顧上次會談的情況，並討論這次預定如何繼續會談，要把握哪些要點與方向等；而會談結束後，也要做檢討，討論會談進行的情況、彼此的相互反應如何，以及有哪些地方下次要改善等。經由這樣的相互討論，學習中的住院醫師可以從擔任共同治療的教授身上，學習到如何按每次的會談而進行治療工作，體會治療的過程是如何推行，如何順應情況而進退、朝某目標而進行的要領，是難能可貴的臨床經驗。

共同治療的實例情況

（關於此個案細節，請參見第六章個案三：「企圖強姦鄰居老婦人的十八歲年輕男人」）

住院醫師：今天我請了我的教授一起參與會談，共同施行治療，可以多幫助你。

病　　人：好的，那太好了。

住院醫師：上次會談中，你提到你和那位鄰居的老婦人完全不認識，為什麼事發當晚會想闖進她的公寓並想強姦她呢？

病　　人：我本來不是想找她，而是想去找隔壁的年輕女孩，可是她不在。所以我就按隔壁的門鈴，出來開門的卻是老太太，我也就不管三七二十一，闖進她的公寓了。

住院醫師：聽起來你和她並不很熟，為什麼忽然想和她發生性的關係？

病　　人：這是「主」的意思，要我和她發生性的關係。我是很虔誠的信徒，很順從主的意思。

督 導 者：我們知道你是很誠懇的信徒，是聽從天主的意思才採取這樣的行為。可是你現在回想起來，企圖強姦女性，你覺得如何，是否有點後悔？

病　　人：有點後悔，但我當時是聽從天主的意思而採取的行為。

督 導 者：你已經說過了，但醫師並不是在判斷你的行為是否是犯罪行為，只是很想知道事情是怎麼發生的，可以向法院做報告，希望對你有幫助，所以才跟你會談。

住院醫師：我請教授來參加會談，就是想多了解一下你的情況，可以幫助你。請你放心跟我們談談事情發生的先後經過，好嗎？

共同治療而督導的優點

督導者以共同治療者的角色與身分參與會談，然後做督導，有其特別的教學與功效，這和督導者只在場觀察，或督導者親自示範會談而進行督導，有全然不同的性質與好處。因為治療者可以在會談中，和督導的教授一起為病人看診，可以觀察並體會到有經驗的督導者如何在適當的場合誘導病人談論重要的話題；當治療者面對病人的阻抗現象而不知所措時，督導者如何在緊要關頭，很巧妙地幫助病人減除尷尬的心理，談論自己原本覺得很難為情的創傷事故；或是治療者對病人所提的關鍵語並未注意，好藉機引導病人談論重要心思，而督導者卻可以抓住機會，利用病人所提的關鍵語而幫助病人進一步去探索內心的癥結等。這些都是督導者與學習中的治療者一起看診的好處。

共同治療後督導的缺點

雖然這樣的一起看診然後進行督導有許多優點，但也有若干缺點。最主要的是，在病人面前，治療者與督導者如何扮演共同治療者的問題，因為如果無法適當地密切合作，會讓會談進行得不順利。假如督導者過分積極，會影響治療者的地位與角色，讓治療者覺得不被（自己的）病人尊重。因此，督導者要懂得拿捏分寸，讓治療者維持主治醫師的身分，不要喧賓奪主，影響了治療者與病人的基本關係。

第八節　群體治療者輪流治療同一病人，事後做討論與督導

輪流會談與督導的特殊方法

這是很特殊的心理治療訓練與教學方法，就是由一群治療者輪流治療同一名病人，會談中所有的治療者在旁觀摩，會談後，在旁的觀摩者可以向病人簡單問話，澄清會談時沒弄清楚的話題或需要追究討論的事情。病人離開會談室後，大家討論會談的進行情況，然後由督導者評論或加以說明。每次會談由其中一位擔任主要會談者，進行大約三十至四十分鐘的會談，會談後，接著由在

旁的觀摩者（包括督導者）向病人提問約十分鐘；等病人離開後，再由督導者主持討論約十分鐘。如此一來，同一名病人，但每次會談卻由不同的受訓治療者輪流負責主持會談，而所有的受訓治療者與督導教授都在場觀摩，因此，所有人都知道每次會談的進行情況。再加上每次會談前與會談後都會討論會談的進行情況，以及該往哪個方向進行輔導，因此，大家都知道會談的整個來龍去脈與方向。此種治療與教學的方式，可說是共同治療的特別模式，由一小群受訓的治療者與督導者形成小群體而進行治療，並且共同學習。

這種輪流會談與督導的訓練，最好由三至六名住院醫師組成一組，共同進行輪流會談的臨床教學經驗。所有的人輪流主持過一次會談後，還可以再重新輪流主持會談，如此一來，大家輪流兩次，對該病人總共就進行了六至十二次的會談治療；每人輪流三次，就進行了九至十八次的會談治療，以短期心理治療的方式開始與結束。當然病人要經過選擇，且一開始就要向病人說明，待病人了解與同意後，才能開始進行治療。有些病人知道有經驗的教授在場指導，會願意接受這樣的特殊治療，如果是公立醫院或大學的教學醫院，還可以為病人免費治療，有些病人會更願意接受這樣的治療方式。

輪流會談與督導的實例情況

督導教授：王醫師，上次是輪到你為病人看診，你是否可以簡單地回顧說明上次會談進行的大致經過？

王 醫 師：是的。上次是第三次會談，會談前，大家討論到我們對病人跟父親的關係還不太清楚，因此提議找機會多了解病人與父親的關係是如何。結果我們了解到病人和父親的關係向來都很疏遠，幾乎沒有親密的來往，造成病人只害怕父親，不敢接近父親，也缺乏跟父親認同的機會。會談後，大家表示意見，認為我沒利用機會跟病人談他小時候和父親那麼疏遠，對他日後的影響，更沒有連結到他目前缺乏信心的問題。

督導教授：這次輪到陳醫師和病人會談，大家對陳醫師有何建議？

林 醫 師：通常跟父親很疏遠的男孩子，會和母親很親近。這位病人在前兩次的會談中，很輕描淡寫提到他和母親的關係很好。可是我們不太知道是不是過分親近且依賴。因此，這次的會談可以再回去談論他和母親的關係實際是如何。

張　醫　師：可是我們都把話題放在他和父母的關係，都沒談到他青春期以後和異性朋友來往的情況，是否也要注意他到了青春期以後的心性發展如何？

督導教授：陳醫師，你覺得如何？

陳　醫　師：治療已經進行到第四次會談，我想該回到他的主訴問題，討論如何處理他擔心還沒交過女朋友的事。

督導教授：你們所提的建議都很好，而且這些事情都是有連帶關係的。從小和父親疏遠，對母親過分依賴，長大後就對自己的性別認同有問題，缺乏信心，也就不敢和異性朋友來往。因此，不論從哪個話題切入，都可以誘導病人去討論如何建立男人的信心，和女孩子交往，這樣才能改善他的問題。

陳　醫　師：假如今天病人突然提出意想不到的話題，那身為負責這次會談治療者的我，該怎麼辦？

督導教授：我們對每次會談的進行，只能根據前幾次會談的經過情形以及病人的病情要點而事先考慮一個腹案，但並不能很硬性且呆板地按事先的腹案去進行會談的操作。如果病人自己提出重要的話題，最好就根據病人所關心的問題而進行會談。可是話說回來，病人所提的問題多少都會和他的主訴問題有連帶關係，因此，都不會離題太遠，還是可以回歸到問題的重心而進行會談的。所以，你要視情況隨機做決定，只要記得治療的目標是在幫助病人建立自信心。換句話說，就如西諺所云：「條條大路通羅馬。」

陳　醫　師：那我就放心了。是不是現在就帶病人進診療室，可以開始會談？

督導教授：是的。

輪流會談與督導的特別功用

毫無疑問，這種的輪流治療並接受督導的方式，其最大的特點與好處就是可以讓受訓的住院醫師領會心理治療的過程，是如何從頭開始，並按每次會談的進行情況而時時策劃，予以調整，是有策略性的進行短期心理治療。而接受此類督導最大的收穫是，可以經驗心理治療的進行過程，並有策略性地施以治療，同時經由觀摩，可以觀察並學習到每位治療者針對同一病人所使用不同的會談方式進行治療。

輪流會談與督導的考量與缺點

如何尋找適合接受短期心理治療的病人，並願意接受這樣特殊的心理治療是最大的關鍵與困難。一般說來，最好挑選遭遇一時創傷性事故或面對急性心理困難的年輕病人，這類病人在經過治療後，每次多少都可以觀察到其改善的反應，這樣治療起來比較能讓治療者有動力，也容易討論與學習。

但最重要的是，此種輪流治療的督導模式，參加治療的每位治療者，他們的臨床知識與經驗水平要能大致相同，能了解治療的目標與方向，這樣在輪流施予會談的步伐能夠整齊，治療的操作進行起來也才能較順利，可減少被多位治療者輪流治療而步調不一的缺點。

第九節　結語：各種督導模式的綜合性運用

在介紹與解釋各種不同方式的督導模式後，在此綜合性地說明，在學習過程中，該如何配合住院醫師的訓練過程而適當地選用各種督導的模式。

如果將住院醫師的訓練分為初級、中級與高級三階段來討論，一般而言，在初級階段，剛開始學習心理治療的住院醫師，除了通常採用的摘要性報告而接受督導外，最好能盡量進行若干次的詳細報告而接受督導，接受細心的輔導訓練。同時也可以針對比較難以處理的個案，偶爾請督導者做示範性會談，經由觀摩而學習會談的基本技巧與要領，或者透過電視而觀察實際會談。等到對會談的進行有初步的了解與把握以後，就逐漸改用摘要性報告而接受督導，以節省時間與精力。

但即使到了中級階段，已經學習到基本的輔導技巧與要領之後，除了繼續採用摘要性報告而接受督導外，還是可以偶爾嘗試會談的錄影而接受督導，求得比較精細的評論與指點，磨練與學習會談上更進一步的技術與高超的要領。尤其是在個案討論會中，觀摩不同教授們和病人會談的各種不同情況，進而體會會談是專業性也是藝術性的操作，可以隨情況與治療者的專長而個別發揮，並不是很刻板的運作。

在此階段，如果方便的話，也可以偶爾嘗試與督導者一起進行共同治療的經驗，可以從督導者身上學習與模仿如何實際操作會談。至於由一群治療者輪流治療同一病人，大家一起觀摩會談而事後進行討論與接受督導，這是很特殊的教學方法，可以幫助學習如何把握會談的依序進展。但實際採用這樣模式的訓練，要特別花工夫安排，因此，並非是一定要嘗試的教學模式。

到了高級階段，就只要進行摘要性報告而接受督導，可以選擇較難處理的個案來進行討論，接受摘要性督導，將精力多花在如何練習治療各種不同病情的病人，並學習如何發揮自己所長，超越只向督導者模仿與學習的階段，而建立適合自己的治療方式。

第 3 章

督導上需要考慮的各種問題

我們在第一章已經說明，除了獲得與心理治療有關的專業知識、學習操作上的基本要領與方法外，接受訓練的治療者還得實際治療病人，透過實際的臨床經驗獲得真正的體驗；而且還得時時接受督導師長們的臨床督導，鍛鍊與修正實際的臨床能力，並避免不宜發生的錯誤，這樣才能提升治療的能力，順利進行適當且較為有效的心理治療。因此，臨床督導是心理治療的訓練中很重要的一環。可是要進行臨床上的督導工作，還得考慮許多因素，才能進行合適的督導。在本章裡，我們將討論需要考慮的各種因素。

第一節　督導者與被督導的治療者的基本相互關係

雖然督導者的職務是教導，而接受督導的治療者是學習者，表面上看起來是很單純，但實際上需要考慮許多因素，才能進行順利且有效的督導工作。首先必須注意的是，督導者與被督導者兩者間的相互關係與相處的情況。

例如：督導的教授心性驕傲，喜歡展示自己的權威，又喜多批評（而少支持），如果被督導的住院醫師或年輕的治療者碰巧又是沒自信、很敏感、怕被人評論，那麼這對督導者與被督導的治療者就不是很合適的搭擋，因為督導工作將不會順利，效果也不好。如果年輕的住院醫師性格倔強，自信心滿滿，不喜歡被人批評，而督導者卻偏偏喜歡吹毛求疵，很不客氣地評論對方，那這兩人就會經常鬥嘴，督導的效果也不會好。如果督導的教授不積極指導，不會及時提出意見，而初學的治療者急於學習，也會因此不滿意教授的督導方式。相反地，督導的教授不很積極，而學習的治療者也很被動，那麼兩人的相互關係也不會理想，學習同樣得不到太多的成果。總之，這些都是因為督導者與被督導的治療者兩人的性格，以及教導與學習態度無法配合所導致的問題。

比較成功的相互關係，應該是督導者能適當地支持並教導，能了解治療者的長處，輔助初學者學習與成長，而受訓的住院醫師或學習中的治療者能樂意聽取上級醫師的建議，並自己去嘗試，從經驗中尋找適合自己的方式而進行治療。

督導者與治療者的相互關係不僅是兩人間的相互關係，有時還牽涉到病人第三者的影響，變成是三角關係的相互反應，甚至是三者情結上的矛盾。例如：治療者偏愛自己的病人，不喜歡督導者對病人的負性看法或評論，無意識地袒護病人。或是反過來，治療者不喜歡自己的病人，但督導者卻很關心病人，督促治療者對病人要好，而增加治療者對病人的厭惡等。這些情況在施行旁觀督導、共同治療與督導時會顯著出現，需要格外注意好好處理與控制，否則不但影響督導的進行，還直接影響到病人的治療。

由於治療者與病人實際接觸，有臨床上的責任須治療病人，並處理所面對的問題，而督導者只是提供意見，希望能改善治療的水準，但並不用直接擔心與處理病人的困境。因此，擔任督導的人要能多體會治療者的辛苦，多提供支援。

第二節　被督導者的性格與被督導的動機

很顯然，治療者本身的性格無形中會左右會談的操作與輔導的進行，例如：比較理智、喜歡邏輯性討論、做事較規律、不善表露情感（帶有強迫型性格傾向）的治療者，其特長是工作認真，做事有條理且負責，喜歡認知性、教導式的輔導，可以幫助病人理智上的改善；但相對地，也比較不善於提供所需的情感上的支援。反過來說，本身情感豐富、較為感性、善於表露情緒，但不喜歡邏輯性思考、講道理（帶有癔症型氣質傾向）的治療者，比較善於表現同理心、體會能力強，很能支援病人，但不習慣提供有方式與結構性的輔導。因此，督導者要能了解治療者本身的性格特點，施予所需的督導與協助。

最重要的，督導者要了解治療者本身接受督導的動機，希望學習心理治療的程度。有些住院醫師對心理性的精神醫學沒有興趣，但對生物性的精神醫學比較熱衷，因此對心理治療的學習缺乏興趣，要為他們提供督導，就比較吃力。反過來說，對人的心理與關係，以及對心理治療的操作感到興趣的治療者，就比較容易接受督導。不過也有些住院醫師只會討好督導的教授，表面上好像言聽計從，但實際上卻還是只按自己的想法與方式進行，與督導所提供的建議背道而行。上述這些脫節的情況都是督導者必須注意的。

在指點病人時，有時因為病人覺得尷尬而會發生阻抗現象。同樣地，督導者向學習的住院醫師或學習者提供意見或督導，特別是指點他們的錯誤時，他們難免也會覺得尷尬、不舒服，而出現類似阻抗作用的現象，表示反對或不服氣，甚至和督導者爭論，督導者也必須懂得如何有技巧地應付與處理。

此外，督導者還必須注意，學習心理治療的住院醫師或初學者他們本身過去是否有心理上的困擾，或其家屬、親友是否患有精神疾患，有心理問題，因而對心理輔導特別感到興趣。因為這也可能使他們受私人因素影響，對心理困難或精神疾患存有先見，以致督導者對心理問題或精神疾患的看法與治療的見解，會得到住院醫師或初學者的個人性反應。舉例來說，如果住院醫師自己的父母曾發生婚外情，而不知道其私人背景的督導教授在評論婚外情時，難免會遭遇住院醫師富於私人見解的心情反應，所以督導者非留意不可。另一個例子是，住院醫師本身有輕度強迫症或恐懼症的經驗，因此當督導教授討論強迫症或恐懼症時，可能會說出負性的評論意見，而得到住院醫師的強烈心情反應。最極端的例子是，住院醫師有潛伏性同性戀傾向，但督導者並未察覺，在討論同性戀問題時，很可能引起住院醫師意想不到的私人性反應，這些都是督導教授要注意並察覺的敏感問題。

第三節　督導者與被督導者的背景差距：個人因素、學術取向、文化背景

上述所提的是督導者與被督導者由於個人性格上的因素，再加上相互關係而可能左右督導關係與過程的情況。然而影響督導工作的，還包括督導者與被督導者可能存在的背景差距問題，包括年紀、性別、學術取向等個人因素，以及社會、民族、文化上的背景等。

年紀差距：一般說來，負責督導的教授在年紀上通常會比被訓練的住院醫師大一些，甚至有二十多歲的差距，因此可能會面對世代差距的問題，對各種事情的看法會有所不同。舉個例子來說，對年紀較大的老一輩教授們來說，年輕人還未結婚就同居是不妥當的，也可能看不慣；但對這一代的年輕人來說，並沒有什麼不妥。因此，針對這樣的情況進行討論時，督導者與住院醫師難免有不同的看法與態度，這跟治療的學理與技術無關，是社會道德與倫理的準繩問題。再者，根據傳統習俗，一般夫妻，丈夫要比妻子的年紀大，可是目前的男女關係中，年紀女大於男的情況不少，而如何去看待、解釋這樣的男女關係，傳統的上一代與現代化的下一代可能就會有顯著的差異。因此，在督導過程裡，督導者必須注意世代的年紀差距而加以小心評論。

性別差異：除了年紀外，性別的差異也是不可忽略的。督導者與被督導者在性別上的不同，會帶來三方面的影響。首先，男女性別的不同，對事情的感受與態度也會有所不同，例如：男性對墮胎、生產、強暴等行為的看法，不如女性那麼敏感，也比較少同理心；相對地，女性對暴力、打仗、殺害的見解與態度，也和男性有所不同，深受性別因素的差異。

其次是許多話題（特別是有關性方面的事），督導者與被督導者在督導的過程中，比較不容易盡心談論，較受限制。例如：女督導者要向年輕的男住院醫師討論手淫、早洩或陽痿等話題比較不方便；反之，男督導者要向年輕的女

性初學者評論有關月經、房事等事，也會覺得尷尬而不方便細談，無形中都會將需要討論的範圍縮小。

最後的影響是男女角色的問題。一般傳統習慣，男性比較不容易接受女性的督導，惟恐會影響他男性的自尊，因此女性督導者要特別留意。相反地，男性督導者有時受不了女性學生的嬌氣，也要注意保持專業性的關係而進行督導。

學術取向的不同：這是學理上的不同取向、經驗與偏好而產生的影響。例如：督導者曾受過分析性治療的訓練，喜歡以精神分析的角度進行討論及督導，但初學的住院醫師可能對比較容易學習而操作比較具體的認知治療有興趣，對較為抽象而繁雜的精神分析就敬而遠之，產生學術上的差距。又或者，督導者受過家庭治療的訓練，而初學者卻沒有，因此當督導者建議進行家庭治療時，初學的治療者會因為沒有把握而不太想嘗試。

民族、社會與文化背景：倘若督導者與被督導者來自不同的民族背景，或具有顯著不同的文化背景時，其督導的進行也會受影響。例如：具有中國文化背景的督導教授在督導日裔住院醫師治療日本病人時，三者間的民族與文化背景會直接或間接地影響督導與治療的工作。舉例來說，單就很簡單的一件事情，如研究生是否需要很認真地用功學習，日夜念書而不要有娛樂，以早日獲得學位；又或是生活要放輕鬆，除了學習外，還要「享受」每日的生活。這對日本研究生（病人）、日裔住院醫師（治療者），以及具中國文化背景的教授（督導者）三者而言，都會有不同的看法，會受本身文化背景的影響，而有價值觀的差異，會直接或間接地影響督導，左右其治療方向（請參見第七章個案一：「喜歡中國女性的日本男人」）。

第四節　督導者的督導要領：灌輸教導、提供榜樣、自我逐漸體會

不僅受個人因素影響，隨著整個社會教育系統與教導模式的不同，教授在

教室裡提供的教育方式也會有所不同。例如：注重學業、考試分數及強調升學的社會，其教育系統無形中會偏向並強調灌輸性的教育；而注重實際運用及發展專長的社會裡，其教導方式會重視實際的學習與運用，並鼓勵發揮各人的特點。但心理治療的督導不僅是知識上的灌輸，同時也須注重實際上的運用，即：不僅教導心理治療的知識與技術，也宜經由臨床上的運用而提供榜樣，並幫助學習者能學習其中的道理，融會貫通，然後發揮所長，建立屬於自己風格的治療模式。

俗語說：「下醫治病，上醫治本。」同樣地，優秀的督導者就如同一位好的家長或老師，要了解受訓的住院醫師學識與技術上的水準，提供剛好適合其水平的指點，讓受訓者能更上一層樓，如此隨步引導，讓受訓者能逐漸發展其潛能，達到其最高境界。最重要的是，要能幫助學習者體會自己的長處，而發展適合自己的治療方式。

第五節　督導者在督導上需特別注意的事

按理來說，督導者的經驗與學識會比被督導的治療者豐富，以協助被督導的治療者，但事實上仍有許多地方是督導者必須注意，並避免犯錯的。以下所列舉的，便是督導者要注意且須避免犯下錯誤的幾項要領。

不要操之過急，給予過多的督導：有些督導者，特別是剛擔任督導任務的年輕教師，由於過分的關心，很想幫助學習中的住院醫師或初學的治療者而提供很多建議，讓被督導的治療者因提議過多而無所適從，無法得到好的效果。就像老師對待學生或治療者對待病人一般，督導者對待學習中的治療者也需要量力而教導，不能把所想到、所知道、所掛慮的事在一時全都要教給治療者，讓學習中的治療者無法消化。因此，在每次的督導會談中，只要注重幾項重點要項談論即可，而且切記：學習的人不但要聽取教導，還得要能了解、消化，更需要知道如何實際運用。除非具有時效性，需要馬上注意改善或避免的事，不然有時可留到下次督導機會時，再慢慢督導。督導者必須能看出學習的治療者的知識與經驗水平、要知道住院醫師的敏銳程度與接受能力，才能因材施教。

不要太拘泥於學理，多注意臨床上的實際情況與應用：有些負責督導教學的教授過分注重學理，而較少注意臨床的實用性，跟臨床上的現實發生脫節，也是特別必須注意的一點。過分討論深奧的學問而未注意病人是否會自殺，太強調學理上的意義，卻沒注意在現實生活中，病人是否方便來接受治療，是否有時間或經濟能力前來接受輔導，以及交通的便利與否等現實因素。只注重潛意識的分析，而未顧慮到病人的心情反應，造成錯誤的結果，這都是需要避免的（請參見第十章個案三：「被揭露內心情感而氣憤自殺的精神病女患者」）。

不要只想教，宜相互學習：督導者不要只認為自己的想法是對的，或自己的意見是可靠的，更不要一副好像自己很懂、什麼事都知道的樣子，實際上，督導者只不過是相較之下多點臨床經驗與學理上的知識，但不一定是全能的。因此，督導者若有不知道的地方，可以坦白表達自己並不知道；假如沒有建議，也可以爽直地說明。讓初學的治療者了解，督導教授也是個人，也是有其極限的，這樣學習中的治療者才能體會到治療者並非萬能，不用假裝對每樣事情都有解答。治療者在面對病人時也是如此，可以讓病人知道，即使是治療者，其能力也是有限，有時也會有束手無策的情況。同樣地，督導者也要讓學習的治療者了解，就連督導者也會有知識與經驗上的限制。而且，被督導的住院醫師要隨時向督導者表達自己所知、所想，這也有助於督導者向他們學習。年輕的治療者與有經驗的督導者可以相互學習、截長補短。

不要只顧教導，宜多給予支援：這是最重要的一點，督導者不要只顧提供認知上的教導，應隨時提供學習者所需的情緒上的支援，特別是住院醫師或初學的治療者發現自己的治療輔導過程不太順利，甚至犯錯了，或過分擔心病人的情況，被病人批評而心情頹喪時，都需要督導教授隨時提供安慰、支援，千萬不可趁機潑冷水。執行心理輔導是很耗神的，很少有輕鬆的時候，必須經常聆聽病人的痛苦、面對心理上的難題、體會人生的苦難，因此，很需要他人的支援。這是督導者必須時時面對的課題。

第六節　督導者的訓練

如何提供督導者所需的訓練，協助督導者成為優秀的督導者，這是幾乎被忽略的話題。一般人總認為只要臨床經驗多、學理知識豐富，就能擔任督導的角色，但沒人注意到資歷多、學問深，不見得就能執行優秀的督導工作，還必須具備其他的條件與經驗才能擔任督導的職務。但實際上，很少有人考慮如何為教授或督導者提供所需的知識與訓練。

督導者要提高本身的督導能力，首先必須了解督導的目的與功用，然後熟悉督導的各種要領與技巧，從實際的督導工作中學習。如果需要的話，可以參加督導者訓練的講習，向有經驗的督導者學習其實際經驗。時時聽取被督導的住院醫師的反饋意見，改善自己的督導要領，當然也是很切實且重要的步驟。

想成為成功的督導者，除了注意上述的各種事件與要領外，要多注意實際臨床上的情況與運用，多給予支持，並循循善誘地協助被督導的治療者，讓治療者能發揮所長，而逐漸發覺適合自己的輔導方式，採用自己的模式去幫助並治療病人。

第二部

心理治療督導的各種案例

第 4 章

會談的要領與輔導方向的督導

任何醫療上的治療，包括心理治療，都要首先考慮病人的選擇，了解病情，再決定輔導的方向。治療者要研究病人所罹患、所主訴的，是否主要屬於心理與情感上的問題；病人是否有動機想接受心理治療；病人是否有心理結構上的穩定性條件，可以受惠於心理治療等。這些需值得考慮的因素往往不是很明確，要靠有知識與經驗的督導者提供意見，而得以受惠於督導者的協助。即使對病情已有所了解、輔導的方向已大致決定，但在會談的技術與要領方面還要繼續求好，得到最好的結果，按治療階段進行輔導工作。

心理治療是一種運用性醫學，其輔導的操作與技巧會左右治療進行的結果，因此如何學習適當而有技巧的操作方法，是很重要的。在本章中，我們將就兩個個案進行簡單的討論：督導者如何為治療者提供指導上的意見，展現督導的功能與作用。

個案一：從童年就開始不快樂的中年婦女　田峰

說明

本個案經由治療者輔導治療，經歷五次會談後，向督導者回顧性地做了兩段報告，即：病情報告與治療經過。由督導者從治療者報告的過程中，隨時提出值得思考的關鍵性問題，協助對病情的了解，以及對會談的進行方向做建議。最後由督導者做總結性的評論與建議。

病情報告

治　療　者：我所治療的患者是一名四十六歲的中年婦女，已婚，中專畢業，目前從事護理工作。病人主訴近二十年來睡眠品質不好，情緒低落、經常不快樂。

督導者註：病人現在四十六歲，二十多年來睡眠品質不好、情緒低落，表示病人二十幾歲開始就有心情不好的情況。治療者就要考慮並探討病人在二十多歲時是否發生重大事件，一直沒解決，讓她心情至今一直不好。

治　療　者：病人說，她從童年起就開始不很快樂，因為小時候被送到奶奶家寄養，不能與自己父母同住，因此心情不好。但又別無他法，只希望能盡快離開奶奶家。

病人二十五歲時，經別人介紹認識一位同部門的同事（與自己同年），當時並不覺得滿意，但認識沒多久就結婚了。婚後漸漸發現與丈夫不和，兩人經常爭吵，病人漸漸發覺自己在生活中無法與丈夫溝通，並認為丈夫是一個不負責任、只顧自己，以自我為中心的人，從不考慮別人的感受。病人之所以睡眠品質不好，就是因為丈夫經常在深夜十二點以後回家，會干擾到她，讓她不能好好休息。

督導者問：丈夫為什麼經常那麼晚回家？是因為工作上的關係嗎？或是有其他原因？是否有喝酒、賭博或玩女人等問題行為？或是故意回避跟妻子一起生活的關係？

治療者答：丈夫認為工作的關係需要和朋友喝酒、應酬，但也有回避和妻子一起生活的傾向。

督導者評：看來不僅是丈夫晚回家讓病人無法入睡，病人掛念著先生會在外面搞什麼，說不定這也足以讓病人操心而無法入睡。

治　療　者：病人曾因為這件事情向丈夫提出建議，如果回家太晚，可以不用回來，在外面留宿，以免干擾她的睡眠。但丈夫不同意，並堅持自己的家想幾點回來就幾點回來，任何人都無權干涉。

督導者問：病人為什麼不要求丈夫早點回家，反而建議不要回家，在外面住宿？是否因為夫妻感情不好的關係與結果？或是有其他理由？作為妻子，對丈夫這樣的「慷慨」建議，很值得思考與了解。還有，丈夫堅持自己「想幾點回來就幾點回來」這句話的意思，是表示他覺得被妻子排斥而說的，或者是自我獨尊的性格表現？還有一點很重要的是，他們夫妻的性生活不知如何？我們只知道丈夫晚回家，卻不知道是否回避性關係，還是有其他問題。

治療者答：病人曾要求丈夫早點回家，但沒有用。因為妻子認為丈夫只想著自己，不顧及她的感受，夫妻兩人的感情不好，妻子認為丈夫有自我獨尊的性格。在性關係上，丈夫並沒有考慮到她的感受。

治　療　者：病人表示這種類似的情況已經出現很多次，不能與丈夫好好溝通，她也感到非常苦惱。五年前丈夫因車禍導致腦外傷，視網膜出血，病人也很著急，並一直照顧丈夫，但丈夫並未因此而改變對她的態度，反而脾氣越來越大，兩人也經常爭吵。

督導者問：丈夫是否因車禍造成器質性腦障礙而產生性格上的變化，變得粗暴，容易發脾氣，是氣質性的問題；還是不高興妻子照顧他，又嫌自己身體有毛病而心情不好，所以把脾氣發洩在妻子身上，是感情與心理上的問題？

治療者答：車禍後，丈夫無法正常工作，心情鬱悶，也不喜歡被妻子照顧，所以發洩在妻子身上。

治　療　者：病人敘說，她現在有話只能和自己正在上大學的兒子談，她認為兒子可以理解自己的事。病人有時候也想要離婚，但看在與丈夫生育兩個孩子的情分上，又繼續忍受丈夫對她的態度，不想離婚的事。

督導者評：如果他們夫妻感情不好，妻子只跟自己長大的兒子溝通與表達心事，只會增加丈夫情感上的不滿，產生三角關係上的惡性循環。有關這一點，不知是否值得去推敲，並且讓病人了解。還有，病人說有兩個孩子，不知另一個是男孩或女孩？不知道丈夫和這兩個孩子的關係與情感如何？

治療者解釋：另一個是女孩，兩個孩子都是病人照顧。病人認為丈夫和他們兩個孩子的關係和情感還可以。病人為了孩子們也不能離婚。

治　療　者：在會談中，我幫助病人敘述她童年時期成長的情況。

督導者評：這是很好的會談方向，因為你已經對病人目前的問題有初步的了解，需要進一步了解病人的過去與心理發展的情況，以便綜合性地把握病人的情況及病情的來龍去脈。

治　療　者：有關病人的童年生活，她提到很小的時候就被送到奶奶家撫養，一直在奶奶家生活到十七歲時離開。

督導者問：為什麼被送到奶奶家？

治療者答：因為母親身體不好，實際上不知道母親得了什麼病。奶奶只有父親這麼一個兒子，但又不能同住，所以病人被寄養在奶奶家。

治　療　者：病人說奶奶的脾氣不好，經常與爺爺爭吵，有時候兩人爭吵得很厲害，連鄰居都會過來圍觀議論，讓病人覺得非常丟臉，害怕同學和周遭的人知道家裡的事，因此不願在奶奶家生活。但因為母親身體不佳，家裡的經濟負擔又重，所以不能回家和父母一起生活，病人的情緒始終不好。

督導者評：到目前為止都沒聽到病人討論父親的事，是不是失去了父親？因為對女人來說，除了母親之外，與父親之間的關係也是很重要的，特別是這名病人選擇的丈夫不理想，這表示她對男人的認識不多，而且婚後夫妻間的關係一直不好，也不知如何去溝通，感覺好像沒有和父親親近的經歷，這點值得去探討。

治　療　者：病人還說，奶奶有時候會無故責備她，讓她心裡很難過。

督導者問：那麼爺爺呢？爺爺是父親之外的另一位男性成人，他對病人應該有相當的影響才對，這點也需要了解一下。

治療者答：病人並不談論爺爺對她的影響，也不談父親對自己的影響，只說母親很能幹，家裡內外的事都是母親在處理。

總之，病人的童年並沒有留下美好的記憶，病人還說很多人都說她的個性像母親。但是母親在五、六年前莫名地跳井自殺了。事後病人回想，母親可能是因為家裡的事情太多等諸多的複雜因素所導致。病人害怕會走和母親一樣的路，所以睡眠品質一直不好，才四十六歲，頭髮就全部花白了，所以希望自己能夠好起來。

督導者評：看來這位病人有許多心理上的煩惱，需要心理輔導與協助，是很適合做心理治療的個案。可是從精神醫學的臨床角度來看，要注意的是這位病人是否患有慢性的抑鬱症，和心理問題沒有直接的關係。主要的理由是，病人所患的抑鬱情況是長期性，且經歷將近二十多年，並沒有好轉的階段。再者，病人的母親沒有明顯的心理挫折而自殺，也要考慮其母親是否也患有長期性的抑鬱症，有家族遺傳的可能性。因此，臨床上要斟酌是否考慮試用抗鬱劑的藥物治療，同時進行心理治療。

還有一點值得考慮的是，病人與女性治療者可能發生的治療上的關係，包括轉移關係的問題。因為這名女性病人在童年時期和奶奶的關係向來不好，總被奶奶批評，產生自卑的心理，心情也會不好。再者，跟母親的關係也很淡薄的樣子，因此，目前接受女性治療者的輔導時，會建立何種關係，輔導上需要注意哪些事？都是值得事先考慮與準備的。基本上，必須小心不去批判她，對此心情低落的病人要多支持。還必須了解病人的母親自殺過世後，病人的反應如何？因為病人小時候曾被「遺棄」過，被送到奶奶家寄養；而母親又第二次「遺棄」她，選擇自殺而離開，因此，將來準備要如何和這名病人結束治療關係，免除讓病人重新遭遇「遺棄」的痛苦經驗，是很重要的事。

治療經過

治　療　者：在第一次會談後，病人曾陸續來診五次，大約每半月一次，每次都很準時，有三次是朋友陪診。在治療過程中，治療者要求朋友回避時，病人都堅稱沒什麼事情，朋友可以坐在會診室裡。結果，談話的內容主要集中在睡眠品質不佳、情緒不好等症狀性問題，很少談起生活上的事。有時問到家人（即丈夫的事情）時，病人都只推說還好，而不再多說。

督導者評：中年婦女來接受輔導，為什麼還要朋友陪診？特別是第一次會談是她自己來，可是接著後面三次就要朋友和她一起來，並且要一起坐在會談室裡，有何特別的意義？

對此現象我們可以考慮到幾個可能性。例如：此病人過去比較少有經驗和別人談自己內心的事，所以覺得和治療者談論內心的私人心事覺得很不習慣。由於發覺對自己的丈夫過分批評，也讓她的內心裡感到不平衡，需要緩一緩會談的進行。也或許是她和治療者會談後，覺得有許多內心隱蔽的事需要揭露出來而感到不安。例如：也許病人有心性方面的問題，或是和丈夫的性生活有問題，或是自己童年時曾遭遇心理上的創傷事件等，而不願意坦露這些比較深層的心理困擾。另外也有可能是，對治療者產生了特別的感情，不知如何是好，準備退出會談等。

為了應付這些對輔導進行的「阻抗性」問題，所以病人採取各種應付方法，而找朋友陪診（當保鏢）、只願談論表面的症狀或身體上的問題、回避談心情問題或過早結束會談等，這些都是應付阻抗的模式。這些假設性的問題與疑問，我們很難立即得到證實，但身為治療師，我們必須明白並注意去考慮該如何應付與處理這些「阻抗現象」。這是會談的要領與輔導進行的主要課題之一。

治　療　者：後來兩次的會談是病人獨自來診，會談中，病人談了很多有關過去和現在的生活事件，表示願意和醫生談談過去發生的事。但之後卻要求留下醫生的電話號碼，表明自己有問題時再打電話給醫生。

督導者問：那你有留給病人電話號碼嗎？

治療者答：沒有。當時我（治療者）感覺到病人表現不愉快的表情，讓我有些無所適從。後來在會談裡，我就向病人探問會談進行的情況。

督導者評：這是很好的方法，治療者可以時時詢問病人會談進行的情況，是否有任何建議等。特別是治療者發現有些會談的進行情況很特殊，有了解的必要時，可以當場詢問或事後提問，並做適當且必要的解釋與準備工作。

治療者問：前幾次的會談（由朋友陪診時），為什麼不談過去的一些事？

病　人　答：我也想談，但我實在沒有心情，不願提起過去的事。

治療者問：那你如何看待你目前的現狀呢？

病　人　答：能與醫生談一談，感覺輕鬆了許多，我現在的情緒穩定了一些，所以能聊了。目前家庭生活只能這樣了，只是身體不太好，我希望可以把身體調理好，盡量不要想太多，等調整好情緒，希望以後的生活更愉快。

督導者總評

這是很值得進行心理治療的病人，也是會談操作進行得很好的個案。在短短幾次的會談中，就能了解病人目前的情況，即：夫妻之間有問題而困擾的情形，而且病人也能探討被送到奶奶家撫養因而童年時期心情就不好的早期經驗。後來治療者發覺病人來會談的心態不同，要朋友陪伴參加會談卻又不方便開口談，治療者能注意到這些，而能在適當時機去探問病人對會談的感覺，這是在會談過程中很好的處理技術。

這名病人因為覺得生活難有所變化（無法改變丈夫自私不負責的個性與行為，也不願意離婚），因此沒有劇烈想改變的要求，只能向他人（治療者）訴苦，發洩內心的苦悶。因此，有可能就這樣自己結束治療過程。

另外，病人向治療師要電話，有幾種可能性。從文化的角度與社會習慣的立場來說，可能只是一種禮貌性的話別，想結束治療關係的藉口。也可能是來門診不方便，想改用電話談就好，是現實上的因素；也可能是想和治療者建立比較私人性（親密）的關係；或是認為當面不好傾訴內心裡的事，而想透過電話談論。很可惜我們無法從病人那裡得到線索，進而了解她要電話號碼的理由。但無論如何，治療者不把電話號碼給病人是對的，否則病人日後可能就只靠電話接受治療，會避免面對面的治療，也可能隨時打電話擾亂治療者的日常生活；如果給的是家裡的電話，那還會影響治療者的私人生活。最重要的是，會讓治療者無法保持適當的職業性關係。但不給病人電話，也要好好向病人解釋其職業性的理由與習慣，否則病人會誤會治療者對她不好或不關心，連電話號碼都不願意給。

個案二：想懲罰發生婚外情的丈夫而自己找男人的妻子 朱金富

說明

這是很有趣的個案。病人發現自己的丈夫有女朋友，就和丈夫離婚，可是自己卻又和丈夫女友的先生要好，原本想懲罰（已經離婚的）丈夫，但發現她後來愛上的男人並不好，比前夫還差，又覺得很不開心，也很後悔。這是非常適合施予心理治療，並輔導病人處理其內心矛盾與後悔的情況。本個案由治療師輔導，只來會談一次，由治療者向督導者報告，並做事後的檢討與討論。

督導經過

治療者報告：上週我遇到一個很特殊的個案。是一名女病人，名字叫張茅（化名），今年三十四歲，文質彬彬，皮膚白皙，戴眼鏡，塗著很鮮豔的口紅，走進諮詢室後，她便開始敘述自己心理的問題。

病人自述最近很矛盾，心情不好，情緒有些低落，睡眠品質差。接著又敘述最近所遭遇的事：半年前，病人發現丈夫有外遇，覺得非常生氣。她先生是某學校老師，外遇的對象是一名比她（病人）年齡還大的女人，而且長相還沒有她漂亮，讓病人心裡覺得很不服氣。病人說她自己是高職專業人員，在某單位工作，工作能力很強，大家都很看得起她，患者還說自己作風強勢，工作向來比較積極。

在病人發現丈夫有外遇後，就堅決要和丈夫離婚。在解決離婚糾紛的過程中，病人曾和丈夫外遇對象的先生有過接觸，後來她和對方曾一起單獨聊天，不久兩人竟互相看上眼。但病人心裡仔細一想，覺得好像是兩對夫妻互換角色，可是她發覺自己比較吃虧，覺得很不服氣，心理不平衡，所以最近也睡不好。

治療師詢問病人為什麼覺得吃虧？病人表示自己的長相和工作都比對方（現在愛上的男人）好，而且這個男人比自己的前夫差，所以覺得心理不平衡。治療師又詢問病人，是否仍愛著前夫？病人表示還愛著前夫，她解釋前夫之所以會發生婚外情，主要是因為上網聊天，認識了現在的外遇對象。接著治療師又詢問病人愛不愛現在的這個男人？病人說不知道。

病人解釋當初主要是想懲罰老公。治療師又問：你已經和自己的老公離婚，所以他已經不是你老公了，你為什麼還要懲罰他？這時，病人好像明白了自己的行為缺乏理性，是對自己不負責任的行為。

接著治療師又問：你現在知道自己的情緒問題在哪裡嗎？治療師為病人指出：你的性的放縱不但沒有懲罰到前夫，反而讓自己感到很吃虧，所以你的心情很鬱悶。病人點頭表示同意治療師的解釋。

接著病人詢問治療師如果晚上睡不好，可不可以服用安眠的藥？治療師建議她可以少量服用。但病人又擔心吃安眠藥後，是否會發胖和依賴藥物，治療師也為病人提供解釋。會談將結束之前，治療師建議病人最好下週繼續來治療。但病人之後就沒有再來就診。

督導者評：這是很有意思的一個案例。治療師協助病人了解並指出病情的要點，即病人並不是因為喜歡對方的先生才發生關係的，而是為了報復前夫，包括對前夫外遇對象的懲罰（與競爭），才和對方的先生發生婚外情。或許對方的先生也是為了報復自己外遇的老婆，所以才和病人發生關係？

總之，病人和對方的先生發生關係，是一種「病理性」（「神經症性」）的男女關係，這樣的男女關係不會長久，也不會有結果。因為除了性以及報復、懲罰的心理外，並沒有其他的正向因素與條件（基本的男女感情與相當的條件）可以幫助他們連結在一起。如果病人真的希望離婚後再結婚的話，應該找一個自己真正喜歡、有感情且適合的對象，這樣才是「正常性」（「健康性」）的男女關係，也才能維持長久、有希望的婚姻關係。

一般來說，先生有外遇，女方的心理常會認為是不是自己不好，所以丈夫才會找比較好的外遇對象？因此對自我批評與自責。其實，男人發生外遇，有時是因為自己本身的心理問題（例如缺乏自信心），才會導致婚外情，去找別的女人。因此，面對丈夫有外遇的病人，在治療上需要幫助病人分析、面對並處理內心所產生的感覺與反應，減除病人的自卑感、自責，幫助病人恢復信心；否則病人會遭受打擊，內心十分痛苦。

督導者問：這位病人和前夫的夫妻關係如何？

治療者答：病人是高職專業人員，而丈夫只是普通職業的工作人員；而且妻子作風強勢，她丈夫可能常覺得自己比不過妻子。

督導者評：有可能是這個原因，丈夫才會找個職業比病人差，長相也較差，但個性不那麼強、比較順從丈夫的女人。

督導者問：這位病人有許多心情上的痛苦，以及未解決的心理問題，可是為什麼沒有繼續來接受治療？

治療者答：不太清楚。

督導者評：可能有幾個情況。往最好的方面來說，病人經過治療師的指點，心裡有所領悟，知道該如何處理和現在這個男人的關係，而且睡眠品質經由服藥也有改善，因此就不來看診了。還有個理由是，病人心裡很矛盾與煩惱，發生了這樣難以向人訴說的問題，原本不知如何是好，而現在能向治療者傾吐，而沒受到批評，還得到被了解的感覺，因此內心裡的苦悶得到抒發，心情也就覺得好多了，而且也知道她未來的路該如何走，因此就覺得不需要繼續看診了。

另外的原因，可能是被治療者指點後，病人更有意識地體會到自己的病理性行為與動機，感到非常羞愧，就不好意思繼續接受治療。尤其病人擁有高職專業人員的背景，加上自己向來個性強，難免心高氣傲，被人直截了當地指出自己問題所在（雖然是正確的分析，但被治療者說是「性放縱」），自然會覺得慚愧與難為情。如果是後者情況而不來繼續看診的話，那麼我們事後可以了解到，治療者在向病人說明病情時，要考慮時機的因素，採取緩慢進行的方式，讓病人有所準備；且在病人與治療師已建立了初步的良好關係後，才逐漸說明，比較不會讓病人覺得尷尬，因為自己的病理性行為感到害羞。尤其是病人擁有不錯的職業，個性也很強，在第一次會談時，被治療師開門見山地指點病情，還說中了問題癥結，病人可能覺得受不了。換句話說，在治療過程中，要給病人足夠的支援以後，才能進行分析指點；而且也要看時機成熟與否，病人是否可以接受被指出自己的核心問題，才決定逐漸進行指點與解釋。

事後說來，針對這名病人來說，可能先進行一、兩次會談，發揮「同理心」了解病人的處境，提供所需的支援與安慰，然後在第三、四次會談再幫助病人逐漸體會連她自己都覺得是「愚蠢」的行為。

針對這名病人的輔導，還有許多事情要去了解，並協助病人思考。例如：病人跟前夫是否有孩子，將來要如何帶孩子，是由誰來帶；如果是由病人來帶的話，要如何在沒有父親的家庭中將小孩撫養長大；病人是否想再婚，倘若病人想再婚，要找什麼樣的對象，對方是否願意和離過婚且有小孩的中年婦女結婚等等。這一連串的心理課題，都值得協助病人討論，進行約十次左右的會談治療。

治療者總回應：透過對本案例的督導，對治療師說來，最重要的體會是：在心理諮詢與治療過程中，治療師在解決患者問題時要循序漸進，且須在良好治療關係的基礎上逐步進行，並考慮與結合患者的性格特點，而要針對性地逐漸開展治療，不能急於求成。換句話說，治療者在指出患者的問題時，必須考慮患者的接受度，最好能經由治療者的解釋和溝通後，讓患者意識到問題的所在，治療者再給予肯定的答案。

一次的會談治療並不能解決病人所有的問題，治療師要讓病人有自己醒悟和進步的過程。因此，治療師在解決病人主要問題的同時，還必須分析和解決病人問題所伴隨附帶的問題。就拿上述案例來說，如果病人想再婚，必須思考孩子的問題是否會影響往後的婚姻；如果考慮不再結婚，那麼有關孩子的性格成長、家庭關係以及經濟來源等一連串問題，都是治療者可以和病人進行分析和討論的。只要這些連帶性問題得到妥善和良好的解決，病人的失眠、焦慮等問題才能獲得有效解決。這也是治療者透過本案例的督導所了解到的，值得後學思索和參考。

第 5 章

治療模式有關的討論與督導

我們在第一章已經提過，督導的功用之一就是幫助治療者檢討與決定治療的模式。從學理與方法上來說，心理治療的進行可以有各種模式，大致可歸類為：支持性治療、認知性輔導、行為性治療，以及分析性治療等。每種治療模式都有其特別的作用與目的，端視病人的需求以及臨床上的適應性而做選擇。何種治療模式適合何種病人，應該在什麼階段採取何種治療模式，這些都必須根據臨床上的經驗而做判斷與選擇。這也是督導者可以協助治療者去檢討、思考與決定的課題之一。在本章，我們將舉出數例，說明有關治療模式方面的討論與督導。

個案一：內心痛苦自己有外遇的女人 朱金富

治療者：患者是三十多歲的女性，獨自就診。患者進門診室坐下後，便開始訴說自己的情況。患者十年前從學校畢業後，就認識現在的先生，兩人很快就結婚。當時她年輕漂亮，而先生的相貌一般，只是家庭條件比較好，如果和先生結婚的話，就有機會留在城裡工作。婚後患者和丈夫的感情平淡，平時少有性生活。數年後，患者在工作場合遇見一位對她比較好的男士，該男士年輕有活力，兩人認識後很快就有了性關係。患者對該男士十分滿意，平時私底下也常在經濟上支助他，為他買手機等。這樣兩人維持這段祕密的婚外情已經五年多。患者討厭和先生做愛，反倒和同事比較有激情。

患者說：最近幾個月，她的情人調到另外一個單位擔任副主任，很少和患者再來往，並表示想中斷兩人的關係。就病人所知，該男士三年前已婚，婚姻生活很幸福，患者覺得可能是對方擔心會影響自己的前程，所以才想斷絕關係。患者還是很想念他，最近總會打電話或發簡訊給對方，該名男士越是不接電話或避不見面，患者就會出現坐立不安或情緒低落。有時還會偷偷到該名男士工作的地方，想和他見一面，卻又害怕被人懷疑，所以只能在辦公室外面等他。患者說，她現在明顯感覺到對方不願和她交往，手足無措地邊說邊哭泣，不知如何是好。她現在覺得每天過得很慢，對方越是不想見她，她就越想見對方，有時打電話過去，對方都推說在開會，就掛斷了。患者知道自己越是糾纏對方，他就會越討厭自己。

患者這幾個月來內心十分痛苦，卻又不能說給別人聽，所以很苦悶，現在能把問題說給治療者聽，內心覺得輕鬆不少。患者傾訴後就離開了，走時還說謝謝治療醫生的理解。

督導者評：這是病情很清楚的個案。這名已婚的女病人，數年來瞞著丈夫有外遇，但最近又突然被這個喜歡的男友拋棄，內心想念對方又不能去見他，也不能向別人（包括自己的丈夫）訴苦，因此內心非常煩惱與痛苦。此病人知道她所面對的困難沒有希望獲得任何結果，只好去面對與接受，所以她來看精神科醫師的目的很簡單，只是想傾訴自己內心的痛苦。因此，治療者能好好傾聽該名病人的痛苦，並且對她出軌的行為不給予任何批判，而主要提供支援，協助她度過目前難過的情緒，病人就能獲得治療者同理性的理解與體貼，感到滿足而回去，就只是一次會談的治療。

從治療模式的角度來說，除非病人希望持續接受輔導，了解自己情緒與行為上的問題，也就不用建議繼續接受治療，只進行短期的支持性輔導即可。倘若病人願意，可以採取比較分析性的輔導，協助病人探討自己發生外遇的心理因素，及對自我的心理影響。或本著婚姻治療的原則，幫助病人去檢討自己的婚姻問題，並研究如何改善自己與丈夫的關係等等。

個案二：待在家已經一年多，難以回到學校的小學生 林紅

說明

這名病人（小學生）住在外地，需要由父母陪同，每次搭乘十小時的火車來（北京）接受治療者的輔導，因此，在輔導的模式上需要有所調整，也就是如何治療從外地前來求醫的情況。再者，這名小學生已經長期輟學，如何依靠幾次的會診而盡快協助病人解決這個長期性的問題，也是個很需要改變治療模式的個案。在本個案中，基本上分為兩部分內容。首先，先討論治療模式的調整，之後則討論病情的解析，包括治療者所提出的各項問題或疑問，加以討論與解釋，用來說明督導的性質與作用。

第一部分討論

治 療 者：這是很棘手的案例。病人是一名小學生，長期拒絕回學校念書，且由於病人住在很遠的外地，每次家長都得陪孩子坐十小時的火車，花費大半個晚上的時間才能來看診，因此很難按平常每週看診一次的模式針對孩子進行輔導，而只好讓他們幾個禮拜才來一次。了解情況後，每次來看診就多給一點時間，提供他們處理問題的方式。

督 導 者：是有可能發生這樣的情況。在輔導的模式上，只能針對家長進行處理問題方面的「諮詢」，而非「治療」，希望透過家長與學校老師的共同協商與努力，解決問題。請你把所知道的情況進一步說明後，可以談談如何以這樣的模式幫助這名孩子解決長期輟學的問題。

治 療 者：好的！我們姑且叫這個小孩小石（化名），小石是個十二歲的男孩，現在理應是小學六年級的學生，但小石已經輟學一年三個多月。現在是由父母共同帶來看診，前前後後已經來會診三次，目前還在繼續治療中。

督　導　者：問題是怎麼開始的？

治　療　者：問題發生是在去年，當時小石念小四下學期，三月份剛開學時，小石不知何故一週沒上學，家長和孩子都說不出明確的理由。後來，四月初，小石發了幾天的燒，休息數日後，再也沒上學，就這樣輟學了一年多。雖然父母很著急，但不論是嚇唬他、講道理，軟硬兼施都無效，現在說什麼都沒有用，小石表現得一副無所謂的樣子。剛開始，小石的父母把小石強行送到校長室，但小石又跑回家，父母拿他完全沒辦法。小石在家裡待了一年多，現在自己願意上學了，卻又沒辦法做到。他背起書包，可是無法走出大門。走出大門，只要聽到外面有動靜，例如樓梯間的腳步聲，他就會趕快躲起來，怕被人看到。等到腳步聲消失了，才肯繼續往前走。小石也怕碰到過去的同學、熟人，總擔心別人詢問什麼。因為沒有上學，又怕被人知道，所以瞞著鄰居和同學。小石平時在家裡不敢出門，週末才和同學一起玩，告訴同學自己轉到外地上學，週末才回家。爸爸媽媽也幫小石說謊，當我問小石的父親為什麼這麼做時，小石的父親說：「大人不會把自己的全部缺點展示給別人看。」

督　導　者：看來是個慢性輟學的個案，目前連家長都幫小孩說謊，是個很麻煩的個案。小石是個怎樣的孩子？過去到校上學有沒有什麼問題？

治　療　者：小石是個很好面子又缺乏自信的小孩，只有能做到最好的時候，才肯去做。小石在幼稚園時，老師說第二天要向家長展示最好的畫，結果小石就不敢上學，這是第一次不去上學。另外，因為小石的作文一向不好，每次的作業只要有寫作文時，小石就會一再拖延，直拖到半夜十二點不能再拖為止。整個三年級，大致上就這樣過去了。三年級的暑假，母親要小石參加課外作文輔導班，小石不同意，最後沒辦法，母親只好讓小石的導師出面勸他。雖然小石最後答應了參加課外作文輔導班，但卻斷斷續續地去上課，有時還會推說肚子痛，母親給他吃點藥，才又去上作文課；但上了沒幾次課，後來即使吃了藥也不肯去了。

督 導 者：看來，不僅是小孩好面子，連父母也很要面子，希望小石有所表現，對小石的期望很高，才讓小石覺得壓力很大。假如孩子無法有好的表現，滿足父母的要求，就會打退堂鼓而退縮。

治 療 者：但小石的父母否認他們對孩子的要求很高，他們自認為對小石的學習成績還覺得滿意，全班六十多人，而小石排二十多名，他們並未對小石的考試分數施加壓力。但父母認為小石在學習方面比較被動，不太願意主動寫作業，喜歡看電視，經常拖到很晚才開始寫作業，有時他們也為此起衝突。而且小石不喜歡寫作文，小石的父母也和小石吵過很多次，嫌他寫得不好，要他重寫。不過這在很多家庭是很常見的現象，小石的父母覺得他們並沒有做出過分的要求，所以他們很難理解，為什麼自己的孩子這麼脆弱？

小石的父親說，他從沒想過要如何教育孩子，因為從小他的父母也沒有教育過他，所以他一直認為等孩子長大就會明白。而且小石的父親從小功課好，非常自律，在小學時，只要考試沒有考好，就會非常難過，他的父母從不會因為學習的事責備他，相反地，還要安慰他。所以他無法理解，為什麼小石無法認真學習。

小石的父親自小家裡孩子眾多，因此和父母的感情較疏遠，至今和父母的感情也沒有特別親。現在看到自己的孩子親子關係良好，也覺得很羨慕，覺得當孩子小時候和孩子談得太少了，沒能多陪孩子看看電視、聊聊天。

小石脾氣不好，容易生氣，先前為了小石不上學的問題，小石的母親曾請教一些朋友，朋友建議她把家裡的課外書都藏起來，讓小石在家裡因為沒課外書可看而覺得無聊（而希望這樣能讓小石想回到學校）。結果小石現在一看到書，就會生氣地把書扔了。後來，小石的母親又聽從朋友的建議，要求小石在家裡不許看電視。結果有一天母親回家時，發現小石突然關掉電視，態度很不自然，於是媽媽問：「你偷看什麼電視？」而且就在小石的母親想打開電視時，小石情急之下，就把電視的天線和電源線都剪斷了，導致家裡很長一段時間不能看電視。由此可見，小石確實很要面子，而母親不會巧妙地顧及孩子的面子，導致孩子情緒的爆發或退縮，甚至是放棄。

督 導 者：由於母親對小石「不甚合理」的對待與要求（不許看課外書，也不准看電視），導致小石在無計可施的情況下，只好採取發脾氣的反應方式，因此造成母子衝突的結果，不能只說是小石的脾氣不好。那小石與父親之間的關係如何？

治 療 者：小石與爸爸的關係不好，小石的父親脾氣不好，小石也會對爸爸動手。

督 導 者：是小石的爸爸對小石做了什麼，才讓小石動手打父親的？

治 療 者：小石的父親是一名專業人員，母親是辦事員，兩人的個性都比較急躁，常常講道理，容易發脾氣，在情感的表達方面很有限。

小石的父親說，他在面對病人時，從不會急躁，且會盡最大的能力幫助別人，但是和孩子一說話就急。小石也曾表示他恨父母，會想要報復父母。小石不擅言辭，就像前幾天，因為小石把書亂堆在沙發上，母親幫忙收拾好後，要小石放到書桌上。但當時小石正看電視看得很入迷，母親叫了他幾遍，他還是沒有動作，父親便在一旁沒好氣地埋怨。結果，小石一氣之下，便抓起水杯扔向父親，父子倆為此扭打在一起。

後來，我問小石，他父親說了什麼讓他那麼生氣？但小石卻說他不記得了，只知道是抱怨與他上學有關的話。小石的母親說，小石的父親與小石發生過幾次大衝突，每次都是因為小石做錯事，結果小石的父親訓話訓得太過火，於是父子倆的衝突就更嚴重。

有一次，小石氣得發抖，還對父親說，將來要用菜刀殺了父親，結果母親將父親往門外推，但父親卻又不肯出去，母親只好硬把父親推出門。後來，小石的母親與小石溝通，但小石很倔強，還說就算錯了他也不後悔，因為世上沒有後悔的藥，而且小石還說自己已經很克制了。雖然事後小石也明白自己做得不對，還保證以後會克制，當然說要殺父親也只是一時的氣話，不會真的做。小石的母親認為小石父子間會發生衝突不是一個人的錯，如果小石的父親沒有用激將法一直激小石，父子倆的衝突也不會那麼嚴重。因此，小石的爸爸現在只要遇到休假日，就會盡量選擇出外逃避，在家裡的時間不多，因為害怕在家會與小石發生衝突。

小石的父親說，小石認為他的脾氣不好都是大人逼的，還說：「如果你們不逼我，我就不會發脾氣！」我問小石的父親是怎麼看待小石的？結果小石的父親滿口大道理地說：「如果我們不說他，他就不肯學習，一點自覺都沒有，就連作業也要我們不厭其煩地催，可是他總說不急，總要拖到晚上八點以後才寫作業，結果又寫到很晚。所以，我們不管也不行啊，才會規定他每天回家要先寫作業，然後才能看電視，但總會因為各種原因而難以遵守，有時情況特殊，也就忘了遵守規矩。而現在小石完全不遵守規則，全憑自己的喜好，再加上電視看太多，變得更難以約束。作業總是隨便寫，對自己也沒有太高的要求。」最後小石的父親很憂慮地說：「不知道要怎麼樣才能讓小石明白要用心學習？我在小學四年級就知道要認真學習，但小石卻說，小孩子就應該要玩。」

此外，小石的個性很倔強，容易發脾氣，在幼稚園時，就曾發脾氣還摔了大人的手機。小石的父親為此打了小石，媽媽也在一旁幫腔說該打。小石氣憤地說：「你們兩個大人欺負一個小孩子。」小石的父母一聽無言以對，只好說：「你做錯就該懲罰。」小石的父親說到這裡，很不好意思地笑了。小石的父親還提起，小石第一次不去上學時，當時他們也試圖逼小石去上學，但小石卻倔強地說：「我就是沒辦法去上學，你們當初不如別生我，我真的沒辦法（指去上學）。」

督導者：每個人的行為都是在與人發生相互關係中才會表現出來，尤其是小孩的行為反應，要看父母如何對待孩子而引起小孩的行為反應。

小石已經輟學一年多，目前在家裡做什麼？

治　療　者：小石原本的成績在中上，目前在家中自學，但家長認為小石的學習自覺性不夠好，經常需要督促才肯學習。但小石不同意請家教，也不同意換班或轉學，還想回到原來的學校和原來的班級上課，這讓家長覺得很為難，不知如何是好。

再者，小石考慮的問題太多，但只要父母一開口，小石就會說：「你們又要說教了。」會特別敏感，也導致父母如果訓話訓得太重，小石就大鬧，若訓得輕就沒效果，因此小石的父母覺得很為難。

小石說：「我寧願他們（指父母）打我，也不願意他們嘮嘮叨叨，他們太嘮叨，所講過的話我都忘記了，而且嘮叨那麼多，我耳朵不長繭才怪。」每當小石的父母反覆嘮叨著要小石為將來打算時，小石就倔強地說：「我才不管將來的事！」然後雙方就僵住了，小石的父母也不知該怎麼說才好。

總之，小石的父母老愛講道理，但在情緒和情感的表達上卻非常缺乏，所以小石在第一次治療時，就恨恨地說：「我寧可（自己）變成聾子，你們（指父母）變成啞巴。」

督　導　者：身為父母的，看到自己的孩子不肯上學，心裡肯定會著急，難免會嘮叨。但過分嘮叨只會引起孩子的反感，而且容易導致孩子採取不聽話的否定作用，反而失去作用，造成反效果，因此，必須思考其他方式來處理這個問題。要幫助個案，就必須先了解幾項基本的原理。

首先要了解的是，輟學行為的發生與持續，要從動態的眼光來體會，即以「排斥－拒絕」與「吸引－接受」的動態力學角度來了解行為的發生與持續。也就是說，小石不肯上學，是因為在學校發生什麼事，而產生「排斥」或「拒絕」的作用，導致小石不敢或不願意上學。反過來說，待在家裡究竟有何種「吸引」的力量，讓小石想待在家裡，被「接受」停滯於家裡的環境，不肯上學。

根據目前所知的資料來看，小石不肯上學的理由，主要是害怕自己在學校的表現不夠好，並不是因為被老師責罵、處罰，或被同學欺負、虐待等常見原因而不肯上學。針對這個問題，身為父母的，必須幫助小孩了解，念書不是為了表現，而是為了學習，只要學習就可以。換句話說，要處理小石「懼怕」上學的因素，糾正小石念書的基本觀念。雖然小石的父母口頭上說他們不在乎小孩的成績表現，但事實上卻很在意，時時都在逼迫小石寫作業、要寫好作文。而且最重要的是，受過高等教育、擔任專業職務的父親，自認為小時候（四年級）就知道該學習，而不了解自己的孩子跟自己並不一樣（因為有不同的大腦、不同的氣質，還有不同的成長經過），所以不能以同樣的要求來對待。

反過來說，也要了解在家裡有何「吸引」的力量或「接受」的因素，讓小石繼續長期留在家裡而不用上學。一般來說，小孩一生病，父母通常會很關心，而且會特別照顧，這往往是吸引小孩待在家裡的原因。小石的父母還幫小石說謊，騙鄰居和同學說是在外地念書，只有週末才回家，這等於是幫助小石被「接受」留在家裡的因素，千萬不能再繼續使用。

另外，小石的母親雖然採取好友的建議，以「不能看課外書」、「不能看電視」等方法來減少小石待在家裡的慾望，表面上看起來是對的，但實際上卻會產生反效果。從行為治療的立場來說，禁止孩子不能看課外書，並不等同鼓勵小孩上學念書，只會讓小孩因為不能念書而增加害怕不能有所表現的憂慮。相反地，應該幫助小孩在家裡念書、準備功課，才能讓小孩有信心回學校念書。而不准看節目也是不妥的方法，因為只要父母不在家，小孩還是可以偷看。而且對小石來說，反而是造成和父母對抗的原因，沒有好的效果。

要處理小石拒絕上學的事情，還得考慮輟學的問題是短期、中期或是長期階段。因為隨著時間的長短因素，是急性或慢性的問題，而必須採用不同的辦法來處理。

從臨床上的經驗來說，隨著輟學時間的長短，其性質會有所不同，會有不同的處理原則與方法。假如是急性短期，也就是剛發生沒多久（例如：幾個星期），其要點便是趕緊發覺與了解在學校有何事故或創傷發生，讓孩子不願意或不敢上學。家長要立即與老師談論並了解情況，幫助孩子面對問題。換句話說，主要的工作是在發覺「排斥」或「拒絕」的因素，並想辦法就其問題進行解決。

假如不去上學的時間拖長，已經達到一、兩個月以上，進入所謂中期性質的輟學，輔導重心必須轉移，轉而研究到底家中有何「吸引或接受」的因素，無形中鼓勵孩子留在家裡，而不肯嘗試回學校。想辦法去除這些吸引或接受的因素，間接地協助孩子回學校。由於孩子長期沒回學校，對恢復上學一事會越來越害怕。因此，要根據行為治療的原則，幫助孩子減輕憂慮，並採取漸進的方式，讓孩子慢慢可以回學校上課。例如：事先由父母帶孩子去見老師，讓老師了解整體情況，並請和孩子比較要好的同學陪孩子一起上學等。最重要的是，要給孩子嘉獎以鼓勵他恢復上學的行為。

倘若輟學的時間很久，長達三、四個月以上，甚至是一年多，屬於慢性輟學，問題就比較麻煩，其處理方式也會不同。其中可以考慮的辦法就是，乾脆讓孩子轉到其他學校就讀，在新的環境重新開始。

小石已經十二歲，雖然情緒上比較幼稚，但認知上已經可以懂道理，是可以接受解釋與講理的階段。所以，治療者可以向小石說明目前所處的情況，和小石「一起討論」要如何處理。因此，可以邀請小石發表自己的意見，但必須讓他清楚了解目前的實際情況，不能只憑他個人意見而做決定。而治療者要利用的是北京「兒童心理治療專家」的身分，以此身分來和小石一起尋找適當的辦法，幫助他脫離困境。治療者可以和小石說明「自己是治療不上學這類問題的『專家』，有許多經驗，且根據經驗，小孩子必須要聽專家的意見，才有辦法改善並脫離困境。如果小孩堅持己見，而不想採取行動改善，就沒有希望」。換句話說，既然小石和父母費心搭乘十多小時的火車來北京求醫，治療者就必須好好利用治療者的「權威」背景，以第三者的立場提出解決問題的具體途徑。

看來，經過長久的輟學後，小孩目前已有意思回學校，因此，治療的重心要放在如何找出「好藉口」，可以幫助小孩脫離目前的困難，回到學校上課。也就是說，可以滿足小孩心裡的「藉口」，同時也是可以向同學們說明的適當「藉口」，讓他能重新回學校上課。這次小石的父母肯花時間與精力，把小石大老遠帶到北京來找專家治療，就是一個很好的藉口，也是一個好機會，可以幫助父母和孩子一起改變他們適應行為的好機會。

治療者要考慮的是治療的模式問題，即認知性的說明與協商外，還要考慮如何採取行為上的治療原則來進行輔導，而不能單靠支持性或認知性的處理（父母的嘮叨是最差的辦法）。換句話說，必須考慮採取哪些具體的行為來幫助小石重新回學校，也就是要如何更改無法上學的「行為」。根據目前的情況來看，小石已經有意回學校上課，只是無法走到學校，所以問題是如何讓小石走到學校的行為，要更改這個「行為」。

從行為治療的角度來說，有一點重要的事值得注意，那就是：目前所聽到的只有「處罰」，只有過分而無效的嘮叨，卻沒有「獎勵」，很難幫助小石恢復上學的「行為」。

總結來說，治療師對這名長途且偶爾才來一次的個案可以提供的是，對父母「諮詢」性質的輔導。提供基本的意見，希望父母能回去後自行嘗試，畢竟因為病人居住在遠地，無法每週進行會談。在治療的方式上，也可以考慮電話（或手機）諮詢的方式，也就是說，除了偶爾到北京當場會談外，治療者可以提供電話諮詢，每週定期按事先約定的時間，由治療者打電話給小石和他父母，進行輔導的工作。當然，必須先說明這樣的辦法，並請小石的父母事先繳交兩、三次的電話輔導費，這是針對遠途而來的求醫者可採用的變通辦法。這樣除了偶爾的當面會談外，還可以每週繼續（電話）會談，增加並維持輔導的效果。

治 療 者：按照督導的建議，我繼續對小石治療。因為正好適逢暑假，小石的父母也很有決心想抓住假期的良機來解決小石無法上學的難題。一開始是父母兩人一起陪小石搭乘火車來北京，來看一次會診，再加上來回的乘車時間，就得花費兩、三天的時間。因此，考慮到他們的實際難處，徵得我的同意後，他們決定想辦法，暑假期間在北京短期居住，由父母輪流陪小石住在北京，利用住在北京的時間接受多次的治療會診。原本他們已經從遠地乘車來北京進行過三次會談，現在短期住在北京，就比較密集地進行了七次會談治療，其中有連續兩週每週治療三次。

督 導 者：這也是個辦法，利用短時間提供密集多次的治療會診，也是值得嘗試的。一般來說，心理與行為的改變需要經過時間才能改變。因此，短期裡過多的會談並不能很快地解決問題，但在治療開始的階段，為了趕緊了解病情，多看幾次診（例如一週看診兩、三次），等到對病情有大致的了解，掌握治療的方向與要點後，再改為普通的看診模式（即每週一次），這是可行的模式。針對小石的情況來說，因為是遠地來的病人，又適逢暑假，想利用學期開始前趕緊接受治療，是值得嘗試的治療方法。

治 療 者：除了每週為小石進行兩、三次的看診外，我還叫小石多參加其他的治療性活動。因為剛好有一些孩子從外地來，為了能幫助這些孩子，我開了一期「兒童社會適應能力」小組團體輔導訓練班，兒童輔導九次、家長輔導兩次，採取互動式教學方法。主要的形式有遊戲、角色扮演、小品、頭腦風暴、案例分析、小組討論、示範以及行為演練等，課程的內容生動活潑，容易操作，深受兒童和家長的歡迎。兒童訓練的主要內容包括做最好的自己、理解他人、做決定、管理情緒、應對壓力、學會傾聽、有效溝通、學會拒絕、解決衝突等，家長的培訓則致力於教授家長如何呵護孩子心靈成長的有效策略。至於團體訓練則安排在密集會談的連續兩週內，每天進行一次。

督 導 者：我不太了解你提供的各種團體輔導訓練的活動詳細內容，是否能舉例說明一下？

治 療 者：是的。例如：在團體輔導中，我安排「學會拒絕」一課，幫助小孩們能養成習慣，適當地去拒絕他人的（不好的）建議或（危險的）要求。課堂上有一個小品表演，一位好朋友慫恿小石到人多的廣場上溜冰，小石知道很危險，不願意去，讓小石來表演如何拒絕。小石仍不會直截了當地拒絕，而是兜著圈子說：「你要是幫我出醫藥費，我就去。」這位小朋友非常善於表演，當下回答：「沒問題，不僅幫你出醫藥費，還請你吃麥當勞。」小石一聽，愣住了，終於禁不住慫恿，小石答應和對方一起到廣場上溜冰，並未拒絕這一危險的建議。表演結束後，孩子們笑成一團，其中一個孩子摸著小石的頭，調侃說：「傻孩子，有人告訴你，『你去殺人吧，我償命』，你就去嗎？最後還是要你償命的啊！」我們看到小石的表達方法與父親如出一轍，是硬著頭皮而不做適當的反應。

督 導 者：讓小石參加這樣的團體活動，我可以了解對小石所產生的作用。就是無形中提供了他恢復上學的練習機會，也就是說，讓小石脫離待在家中而輟學的情況，練習和一群小孩參加團體性的活動，接受活動指導者的訓練，無形中就是體驗過渡性的學校生活，可以幫助他如何恢復上學的「行為」，是行為治療的一種。另外，小石的父母也參加了家長輔導班，和其他父母一起學習如何管教孩子的實際行為，對小石的父母也是有很大的幫助，是超出個人會談中（針對家長）施行認知性輔導的程度，會有全然不同性質的效果。

治 療 者：到了這個治療階段，小石已經表明態度開學後願意上學，接著我們就開始討論要回原來的學校，還是選擇一所新學校？之後確定要換一所新學校，並決定上五年級以適應學校課程。決定之後，建議小石的父母最好聯繫一所比較重視學生心理健康的學校，特別是要費心選擇關注孩子心理的導師，事先由父母帶小石拜訪老師，向老師介紹孩子的情況，最好能請老師給孩子一些鼓勵和安慰，如果有和小石關係比較好的小朋友一起上學更好。也就是說，按照督導者的指導，主要採取行為治療的方法，實際上使小石慢慢熟悉環境，放鬆心情，逐漸降低其敏感度。

對小石來說，除了跟著父母適應學校的環境外，也要他事先演練到新班級後如何進行自我介紹；此外，小石到新學校後，偶爾也可能會遇到熟人詢問他這一年多在哪兒上學等話題，雖然機會不大，但小石還是要學習如何應對這些問題。我建議進行角色扮演，但小石很不情願，找各種理由拒絕配合，還說：「現在還沒遇到，等遇到了我就會說了。」或是「你突然問我問題，我還沒準備好呢。」

最後由我扮演小石，讓小石扮演同學，由他向我提問，我來回答，讓小石可以向治療師模仿、學習。然後，我們再做角色交換。

督　導　者：和病人進行扮演角色，是很好的建議，牽涉到如何實際更改行為的輔導。尤其在此階段採取此治療模式，是很恰當的。可是我們要知道，角色扮演對某些病人來說很容易接受，但對某些病人來說卻有困難。一般說來，在癔症型性格氣質與強迫症型性格氣質的性格譜帶裡說來，比較富於癔症型性格氣質的人比較習慣於角色扮演的活動，而屬於強迫症型性格氣質的人，比較會感到吃力而不肯嘗試。

還有，從認知的成長角度來說，青少年也比較不習慣這樣假設性或幻想性的活動。小石的性格比較屬於強迫性的氣質，對角色扮演就不那麼認真，所以，與其叫他扮演自己，不如叫他扮演朋友，而由治療者扮演小石，這是不錯的辦法。

治　療　者：在治療過程中，我覺得還有個課題需要處理，那就是說謊的事情，以及如何向鄰居和同學們重新交代過去說謊的問題。先前，不僅小石說了謊，連小石的父母也幫小石圓謊，還說是在其他學校念書，等於是幫助孩子被「接受」而長期待留在家的因素，應該取消。小石說：「最近，有位鄰居的老同學問他，在他上的學校裡，期末考作文題目是什麼了？」小石不知該如何回答，嚇得跑回家了。

在現階段如何幫助小石和小石的父母圓他們已經撒了一年多的謊？這是令身為治療者的我比較為難的問題。我告訴小石，據實以告是最佳辦法，就說他過去一年多因為身體的因素，所以沒有去上學，但前提是他要有勇氣面對現實。小石表示他目前還無法做到。因此，我幫他想出一個折衷的辦法，就是可以假裝沒有聽到別人的問題，也可以顧左右而言它、不接這個話題，還可以輕描淡寫、含糊帶過。但是，絕不能再像原來那樣繼續撒謊。我相信小石這一年多已經深受謊言的折磨，我也告訴小石，我們所做的是最壞的準備，其實大家都很忙，應該沒有多少人有時間過多關注他的事。而且人最難的就是戰勝自己，所以我鼓勵小石面對現實、戰勝自己。您認為我這樣處理合適嗎？

督導者答：如何處理過去說謊的事情，是治療上該面對的課題。治療者只要表明其基本的立場與觀念，即：靠說謊來維持困難的處境不是很好的辦法。至於細節該如何處理，如何挽救過去說謊的事實，讓病人及家長自己決定就可以。我們不要過分教導或提議，讓孩子自己考慮與決定，也是治療的一個策略。有關牽涉到倫理的事情，治療者只需鼓勵患者去注意，至於該如何處理，要讓病人根據自己自我的狀況而應付，每個人都有不同的想法與方法的。

治　療　者：完成上述這些治療與訓練後，時間上已經接近暑假的尾聲，小石和父母即將離開北京。這時，我就接受督導者有關治療方式的建議，與小石的父母協商繼續電話治療。在小石開學返校前和返校的過程中，一共進行了三次電話會談，小石回到學校之後，又進行了兩次電話會談。

小石一家人回去後，小石的母親打電話向我報告：她已經和幾所學校聯繫好，還帶小石看了幾所學校，小石最後選擇了其中一所。在朋友的幫助下，也選定了一位男導師，這位老師比較細心，也很關注學生的心理健康。後來小石的母親帶小石去了幾次學校，做好了入學前的準備。

小石的母親說：導師是一個三十多歲的男老師，有很好的理念，認為「必須讓孩子喜歡你，平等和你交流才行」。而且老師也能理解小石這一年多的遭遇，要小石的父母別著急、慢慢來，讓小石體會到上學的樂趣，喜歡學校和同學、老師。

在電話裡，我吩咐小石的母親，如何鼓勵小石逐步回學校，不要太急，並且要適當地給予獎勵。後來，小石的母親對我說，第一天（週一）小石背上書包後，沒有走出門；第二天（週二），媽媽要小石下樓把放自行車的小屋門打開，如果他不想上學，就上樓，後來小石下樓打開門，又上樓來。母親告訴小石，他邁出了第一步，雖然只是小小的一點進步，母親也很高興。中午母親買了小石喜歡喝的飲料作為獎勵，小石很高興，還問母親：「如果明天我走到校門口，是不是可以為我買兩瓶飲料？」我建議小石的母親，對於這樣並不過分的要求，一旦孩子提出，家長要滿足孩子的要求，這樣可以讓孩子對上學變得積極，也可以增進和孩子的感情。

不到幾天，出乎意料地，在學期一開始，小石居然就恢復上學，而且在學校一切順利，決定命運的重大轉變往往就在不經意間發生。週一開學，到了週五的時候，小石終於回到闊別一年半的校園，連小石自己都難以置信：「這不就解決了，以後我再也不會不上學了。」

週五那天，媽媽一直在鼓勵小石，能做到哪一步算哪一步，但一定要去做。最後小石答應走到校門口，到了校門口，小石很不知所措地問媽媽：「然後要做什麼？」母親說要進去見校長，但小石不肯去，母親也沒有勉強小石，讓他在外面等，自己進去見校長。後來，母親出來告訴小石，教務主任要他也進去，小石就跟著媽媽進去了，之後教務主任又帶著小石到班上。整個過程中，小石一直有些慌張地問母親：「然後要做什麼？」母親讓小石聽從學校的安排。到了中午，小石高高興興地在校門口等媽媽，還說第二天是週末，感覺很好。母親一顆懸著的心總算是放下了。

回到學校後，小石一直很高興，與同學之間也能互動。媽媽很擔心小石上學後會和她談條件，提出額外的要求，例如：「我上學了就應該多看電視」等。小石後來也果真提出這個要求：現在我上學了，多讓我看看電視吧！我在電話裡建議小石的母親要保持平常心，既然小石上學了，就要誇獎他、獎勵他，讓小石體會到自己的力量，增強他的自信心和成就感。但也要讓小石知道，上學是他自己的事情，不是可以用來要脅父母的籌碼，對小石也仍然要有適當的要求。當然，要和小石說清楚，他剛剛恢復上學，會有一些不適應，讓他不要擔心和害怕，有問題可以及時尋求父母和老師的幫助。我叮囑小石的母親，要與導師及其他老師有良好的互動關係，要多聯繫，及時了解小石在學校的情況，請老師多鼓勵和引導，也請老師幫忙安排小朋友多接近他，增強學校的吸引力，讓小石享受到學校和學習的樂趣。

一週後，小石的母親在電話裡很高興地告訴我：「很奇怪，進行得很順利，一切都很正常。」小石要求放學後自己回家，大約走半個小時，他已經自己走過兩次了。小石回到學校後，向母親提出要求：「我應該再借六年級的書，跳級是怎麼一回事？」小石的母親說，小石總想著現在好好學五年級的功課，然後借書學六年級的功課，將來還想回原來的班上學。

身為治療者，我的喜悅是無法以言語形容的。因為不僅改變一個孩子的命運，也改變了整個家庭的未來！對督導者的指導，我深懷感激。可是我還不太明白，這個原本很難治療的個案，為什麼突然就這麼好起來，也還不太知道這個病情的癥結在哪裡，如何去了解整體的病情。

第二部分討論

督導者提議：目前個案已經有所改善，把重要問題都克服了。我們可以從頭再討論這個個案，就你所知道的其餘資料來做分析，解析病情；或討論你還存在的疑問。

治療者答：好的！我就不論時間先後關係，補充一些細節，並提問一些我心裡存留的疑問，好幫助我對個案的整體了解，也可以了解究竟治療是如何進行，是怎麼發生效果的。

治　療　者：回顧整個治療過程，小石是我所遇過最頭痛的一個案例。由於小石說話一向不直接，總是拐彎抹角、兜圈子，而且習慣挑剔和打擊別人，整個治療過程我一直覺得非常吃力、不順暢。我記得，小石第一次來就診時，他就幾乎什麼都不說。問他問題，他基本上只回答「不知道」，即使回答，也很少正面回答，而且對於來北京治療持懷疑態度。因為小石一家人居住在離北京有十個小時火車路程的外地，所以來北京就診前，小石問母親：「萬一到北京也解決不了怎麼辦？」而且小石還向父母提條件，「如果我和你們去北京，會給我什麼好處？」看得出小石對就診有所顧慮，也表現出父母在管教孩子上的欠缺。因此，加強小石的治療動機，以及增強父母的管理職能至關重要。

督導者曾向我說明，小石目前從父母那裡所得到的是囉嗦、訓斥與處罰，很少得到嘉獎或鼓勵。所以最好有所改變，因此，小石來治療時，送他一個小禮物，象徵性地表示嘉獎，並表示治療者喜歡他，以加強他的治療動機，建立更好的治療關係。我剛好從美國短期進修回來，因此，我就送小石一袋美國帶回來的巧克力，還告訴他我在國外期間也很關心他，還和美國的教授討論如何輔導他（小石）的問題，相信對他會有更多的幫助。我看得出小石聽了很高興，也津津有味地吃著巧克力，但他不習慣向我道謝，也對我表達「關心他」的話表示質疑，用很不相信的口氣問我：「是真的嗎？」他當著父母的面自己吃了巧克力，並沒有讓父母也嚐嚐。小石的母親則在一旁不停地催促：「快吃快說！」小石的父母希望治療時間的每分每秒都能被充分運用，唯恐耽誤一點點時間。

督導者評：從這個小插曲裡，我們可以了解小石的父母平常在家是如何時常催促小石。連一塊巧克力都不能好好吃，就要他馬上接受輔導，也無法了解治療者給他吃巧克力也是一種很重要的治療工作之一——就是可以拉近治療者與病人間的關係，並提供鼓勵嘉獎的風氣。

從心理輔導的基本理論來說，治療者需要扮演的角色是病人最需要的人物，是所謂「治療性」的人物。小石的父母經常囉嗦，治療者就少跟他們再講道理、囉嗦，改以不同的方式、不同的角色與關係來對待病人，彌補病人所缺少的人物角色。換句話說，要提供病人所遭遇與面對的（病態性、非適應性）人物（包括家長或老師等）剛好相反的（適應性、正常性）人物，這樣才能牴觸並削減非適應性的人際關係上的問題，對病人也會有所幫助。

治療者問：我還記得第一次來看診，小石的父母表示願意繼續帶小石來看診，但擔心小石是否肯來。小石也已經表現出有所顧慮，而且此時小石的父母已經很難單靠父母的權威而影響小石的決定了。後來，我單獨和小石面談時，了解到小石自己希望回到學校，但他卻沒有能力回去，所以我真誠地告訴他，我能理解他的痛苦，他是一個好孩子，願意盡快回學校，但他現在正面臨一些困難，需要專業人員的幫助。我也告訴他，我們很有緣，他也很幸運遇到了我，我在這方面比較有經驗，願意幫助他。但是，只有在他和父母願意接受我的幫助的前提下，我才能夠提供幫助。我又告訴小石，他的父母表示願意接受我的幫助，現在要徵求他的意見，結果小石非常痛快地回答「願意」。

第二次來治療時，小石的父親很高興地說，孩子有進步，願意到北京來。但在來北京的途中，父親對小石發脾氣說：「如果你不願意來，你就回去算了。」如果換成是過去，小石也會發脾氣說，回去就回去，但這次小石說：「爸爸，你老是打擊我、諷刺我，如果你有本事，你就幫幫我。」小石後來一直很願意來北京治療，這也是他父母沒有想到的，但這卻是保證治療效果的重要前提。我知道身為治療者，我的溝通技巧產生了一定的作用，令小石覺得自己被理解和接納，也讓他看到了治療的希望。但小石的態度轉變如此之快，仍然令我費解。您認為還有哪些是我沒有考慮到的原因？

督導者解釋：當然，治療者能與病人建立良好的關係，輔導技巧也好，這些都是直接有助益的。同時我們可以考慮，治療的時機剛好，是病人本身正想回學校的時候；而遠道來北京接受治療，剛好就給他心理上的「藉口」，可以轉換情況、恢復上學，這樣對家長、老師和同學都有交代。由於小石不上學已經一年多，和父母形成的關係幾乎變成是慢性的惡性循環，不但沒有幫助，還有壞處，讓小石無法擺脫困難。而現在和治療者身上接觸到新的（治療性）關係，讓小石收穫很大，也就很容易改變行為，恢復上學了。因此，多採用行為性的治療，幫助小石實際改善困難，也是很重要的。而且小石的母親能配合治療醫師進行輔導的工作，也是功不可沒。

治療者說明：暑假期間，當密集的治療工作快結束時，因為已經臨近開學，我和小石和他的父母面談的主要重心就放在討論：是否開學後要上學，要上哪所學校、哪個班級，孩子和家長要分別做哪些準備工作，要具體採取何種行為、怎麼做等等。

小石本身很堅決地表示，他開學後要上學，但沒有任何商量的餘地，堅持要回原本的學校和班級。我問小石為什麼一定要這樣？小石說：「不為什麼，我就應該這樣。」小石的父母覺得很為難，建議他重讀一年，但小石不同意，堅持要上六年級，而且還要上原來的班級。為了能跟上六年級的功課，小石就要惡補五年級的功課，因為整個五年級和四年級下半學期的課，小石全都沒上過。但小石又不同意母親請家教，而是每天自己在家裡自學。我問小石，自學效果如何？小石認為和在學校學習一樣，他在家裡也應該能學好。小石確實有很多好習慣。小石的父親說：「小石特別守一般規矩，只要不在我們身邊，就很守規矩。例如，喝完冷飲或吃完雪糕，垃圾他會一直拿著，直到找到垃圾筒；吃完口香糖後，也從不亂丟，會堅持吐到垃圾筒中。和別人相處也很誠實、守信，答應的事會一直想著。但是，對父母所要求的事情，卻不太在乎。小石比較膽小，有時會被同伴欺負，但回家從來不向父母抱怨。例如，一年級時，有一次輪到他值日，同學都不打掃，結果他就一個人打掃，回家也不抱怨，認為是輪到他值日，所以應該要打掃，如果不是他值日，他肯定不會打掃。但小石也不會主動做事，如果老師不叫他擦黑板，他不會自己主動去擦。我看他被欺負，告訴他：『我們該做的就做，不該我們做的就不要做。』但小石不大理會，也不知他內心怎麼想，我和他母親都認為這麼老實、講理的孩子，如果不看好他，鐵定被人欺負了。」

小石的父母發現小石不擅於言語表達，特別是不敢和大人說話，但和孩子玩還可以，只是小石的父母有些後悔，小時候沒意識到要約束他，要求他和大人說話要有禮貌，而是放任他、沒有管他。雖然有時也要求、逼迫他，但小石還是不肯做，家長也就放棄了。

治療者問：看到小石有如此多的「應該做」，如此多的束縛，我逐漸意識到，這是導致小石無法順利回學校的重要因素。小石為自己設定的「應該做到」的標準過高，然而，這個標準是不客觀而且脫離現實的，實際上，小石沒有這樣的能力，也就是他根本無法達到，而他又不肯靈活地改變標準，結果只能一直站在原地，而無法採取任何行動。表現在他想上原來學校的原來班級，卻又不肯請家教惡補沒跟上的功課，結果他就一直上不了學。您認為我的分析是否有道理？小石又為何形成這樣的個性？

督導者答：你的分析很對，小石在某方面形成了過分的超我的性格，需要學習如何鬆懈，學得能馬虎一些。可是你剛才所描述的這段話，就是小石的父母說：「小石不擅於言語表達，特別是不敢和大人說話，但和孩子玩還可以。只是小石的父母有些後悔，小時候沒意識到要約束他，要求他和大人說話要有禮貌，而是放任他、沒有管他。雖然有時也要求、逼迫他，但小石還是不肯做……」從這段話中，我們可以體會小石的父母本身也是超我過強的性格，腦子裡只想到要約束、有禮貌、管、要求、逼迫他的字句與觀念，而相對地，卻沒想到要如何和「不擅於言語表達，特別是不敢和大人說話」的孩子多談話，進行沒有批判、監督、教導的會話，讓親子間可以進行溝通感情的談話，這是他們做父母的行為與管教方面需要改善的地方。

小石曾恨恨地說：「我寧可自己變成聾子，你們（指父母）變成啞巴。」還說：「我寧願他們（父母）打我，也不願他們再嘮叨我」、「他們嘮叨的話太多了，我都忘記了」。小石會這麼說不是沒有道理的，這說明小石的父母過分在超我的層次以講理的方式和小石溝通，而缺乏在自我及原我的層次裡多點情感上的交流。

這也是治療者能讓小石做出一百八十度大轉變的原因，利用情感層次的溝通，保持治療性的關係，少和小石做理智性、認知性教導的會談，而產生轉換、替代與補償的治療性結果。

治 療 者：第四次治療時，我問小石這段時間有沒有變化？結果小石的父母說：小石最近比較自律了，也會主動完成父母交代的任務。媽媽說小石的父親比較少發脾氣了，小石也能克制自己，情緒控制能力也強了，所以父子間的衝突少了。

小石在一旁聽到，用手摀著臉，好像有點不好意思，一副欲言又止的樣子。在我的追問下，小石說：「不和你說了，就當我沒說。」這就是小石的特點，總是這樣兜圈子，很難明確表達他的想法。在個別治療以及團體訓練中，小石這樣的表達問題非常明顯，尤其是當點名問他問題時，他總是不給你答案，而是回答：「我還沒想好呢，你就問我。」因此，我訓練小石學習用語言表達自己的觀點和情感，替代過去指責別人和發脾氣的方式，也指導小石的父母學習如何表達。

後來，小石的母親要小石不要太謙虛，太謙虛了就是驕傲。我問小石，爸媽說他有進步，他自己怎麼認為？小石抱怨道：「說我進步多也是驕傲，說我進步小也是驕傲，怎麼說都不對，你要我怎麼說？」

督導者評：母親所說的「小石，不要太謙虛，太謙虛就了就是驕傲」這句話很有意思，這是所謂「雙向約束」（double bind，或作雙重束縛）的話。在分析後，我們可以了解這句話裡的矛盾與雙重約束的道理，即：「不講話不行，但講太多也不行；講話太多，就是不謙虛，但不講話而謙虛，又會被人認為是自傲。」那麼到底要不要講話，講多少才合適？令人無法拿捏，乾脆就不（向大人或父母）講了。這是父母給小孩雙重束縛的溝通資訊，讓孩子無所適從的病態性溝通。

治 療 者：是的，因此，我就想起一則如何處理雙重束縛問題的故事。我和小石及其父母共同分享了一則老和尚與小和尚的故事。「一位老和尚對小和尚說，你動，我就打你；你不動，我也打你。如果你是小和尚，你該怎麼辦？」小石先問我：「那小和尚可不可以打老和尚？」我以為他要反過來打老和尚，我還沒回答，他接著又說：「我先打暈他，去做自己的事，再回來救醒他。」在討論的過程中，小石的興致很高，一反過去不發言、不表態的狀況，而是踴躍發言，不斷提問。「老和尚是至高無上的，小和尚是最低等的，小和尚怎麼可能去改變老和尚？」「如果老和尚不是至高無上的，他怎麼去管小和尚？」「萬一老和尚打習慣了，動也打，不動也打，那怎麼辦？」

治療者問：從上面這段話中，可見在小石的心中，老和尚還是擁有足夠的權威，小石雖然在反抗權威，但還是心存顧慮的，他也是被迫無奈才偶爾與權威發生衝突，他希望能有更好的解決辦法。您認為是這樣嗎？

督導者答：很對的，小石心目中的老和尚（指父母，特別是父親）很有權威，而且難以相處。在不得已的情況下，特別是無法處理雙重束縛的情況下，就只好發脾氣打老和尚（父親），而變成是不尊敬、不孝順父母的不良行為，成了有行為問題的孩子。

治 療 者：小石的母親表示，透過這個故事的討論，她認識到身為父母，其實在很多情況下會使孩子處於這樣左右為難的境地。例如：看著孩子無精打采、萎靡不振，就擔心孩子的身體是不是出問題，想著孩子身體健康才是最重要的；然而一旦孩子精神來了，玩得得意忘形，又會嫌孩子不知好歹，也不知道要好好上學。小石有時也會向母親抱怨：「我怎麼做都不對，高興也不行，不高興也不行。」所以，小石的父母現在意識到要留出路讓孩子自己選擇，不能讓孩子無所適從、左右為難，要寬容孩子、接受孩子的決定，同時也要引導孩子思考，究竟要怎麼做？後來，我建議小石的父母要逐漸退一步，而逐漸把孩子向前推，把問題交還給小石，當父母的不必包辦太多。

因為小石不擅言辭，在會談中經常會出現小石還沒說話，而急性子的父母在旁邊催促：「快說！快說！」或是：「你到底有沒有想過這個問題？」父母急於想為孩子解決問題。就連我要求小石和父母回去共同協商思考的問題，到下一次治療時，結果幾乎變成是父母的想法，而小石在一旁抱怨：「又不是我的想法，只有問到他們（指父母）想要的答案，才能停止，否則會不停地問，非要我照他們的意思不可，他們的理由總是最充分的。」小石無法理解：「為什麼別人不常問，而爸媽卻經常問這樣的問題（指關於上學的問題）？」小石也抱怨父母：「可能是你們對我說太多了，所以我把你們的話全都刪掉了，因為你們不是在和我談，而是在說教。」相對地，小石的父母也抱怨小石不主動做事。小石有時也會不客氣地質問治療師：「這個問題有什麼可想的？」

當著小石的父母的面，我嚴肅地告訴小石，要不要上學是他自己的事情，對他的一生意義重大。因為他不上學，將來就早出社會、早一點賺錢，這樣父母還可以少為他花一點錢，對父母來說並沒有損失，所以父母要他上學，是為了他的將來在幫助他。身為治療師，我很願意幫助他，但他只是我幫助的所有孩子中的一個，他有改變，我會很高興；就算他沒有改變，對我也沒有多大的影響，我還是過我正常的生活。現在正是他改變的好時機，他還小，父母也都很願意，也有能力幫助他，又找到了我這樣有經驗的專家，還有國際專家的督導，他有多幸運啊。我還告訴他，如果他不抓住機會改變，一直沒有上學，想想十年、二十年之後的自己會過著什麼樣的生活。所以，現在最關鍵的是他想要怎麼做，如果他不肯改變，我們誰也幫不了他；如果他想改變，我們都願意幫助他。最後，小石似乎把我的話聽進去了，他的眼神告訴我，他在思考。

治療者問：看著小石和他的父母一直在周旋，治療很難進展下去，我使用了上述的激將法催促小石要改變自己的想法與態度。我的用意是把小石推出去，讓他意識到自己的責任，讓他學會為自己負責，主動想辦法改變現狀。而我當著小石父母的面這樣說，也是為了幫助小石的父母學習如何逐漸退一步，把責任交還給孩子。您覺得我的作法如何？我現在還清楚地記得，當我說這些話時我內心的矛盾，我擔心對小石這樣說，是否會讓他更叛逆，因為在先前的治療中，我一直試圖扮演與他父母不同的角色，多鼓勵和接納他，多對他露出燦爛的笑臉，但他似乎對真誠的讚美很敏感，無法坦然接受，反而總是挑剔我，還會有一些不尊重。

督導者答：當父母的個性很強勢時，在和自己的子女相處的關係中，容易發生特殊情況，即：過分地要求子女，且跨越子女的「自我界限」，替子女講話、做決定，不尊敬子女個人的存在，也不培養子女「自我」的成長，因此，子女就缺乏為自己著想、考慮與照顧自己的情況與能力。換句話說，子女會缺乏自動自發的習性。雖然小石的父親曾滿口大道理地說：「我們不說他，他就不肯學習，一點自覺都沒有，就連作業也要我們不厭其煩地催，可是他總說不急，總要拖到晚上八點以後才寫作業，結果又寫到很晚。所以，我們不管也不行啊……」這段話就很清楚地表示，小石的父母只顧「替」小石擔心，要「催促」小石，卻沒「讓」小石自己去擔心自己的事，也沒幫助小石「自己負責」自己是否要做功課的事情。如果小石到了八點以後，會自己去做功課，這樣不就很好嗎？為何小石的父母還要一直催促？這就是因為父母過分替子女著想、催促，讓孩子失掉自立、自覺的經驗與習慣，然後又擔心孩子沒有自覺性，是本末倒置的結果。

再者，父母的批判程度很強時，子女的自我就常過分猶豫該如何自我表達，因此，在父母面前不敢隨便表達自己的意見，要多加考慮才敢開口。如果被批評過多，無法應付時，子女就容易亂發脾氣或開口爭辯。可是和同伴在一起時，不用被評判，就比較能自由發揮，可以隨意開口講話。因此，如果父親說得對，小石和父母在一起時就不開口，但和朋友在一起時卻可以滔滔不絕地說話。

小石剛開始來接受輔導時，讓你初步覺得：「小石說話一向不直接，總是拐彎抹角、兜圈子，而且習慣挑剔和打擊別人，整個治療過程我一直覺得非常吃力、不順暢……」這就是小石跟父母溝通的模式「轉而」表現在和治療者（代表父母權威者）的溝通與交往的表現（即：「轉移關係」的表現）。可是後來小石和治療者較熟稔後，也知道治療者不太批評他（也會請他吃美國帶回來的巧克力後），就比較願意開口，盡興地談論。尤其是談到老和尚與小和尚的故事（是小孩喜歡的故事話題）時，就好像打開話匣子，滔滔不絕地一直說著。

也就是說，治療者所提供的，是與父母不同的角色與功能，補償了父母所缺少的正向交流（感情上的來往、自主自立的培養、自覺性的鼓勵），或避免過多的負面情緒（批判、指責、模糊不清的雙向約束）。這些就是小石所需要的治療性關係，因此，鼓勵小石養成自己為自己著想是很正確的治療方向。

可是你提到和掛慮的問題是技術上的問題，即：要如何養成小孩的自我獨立、為自己著想（而不是為了父母）的習慣，以及如何快慢的速度鼓勵他改變這樣的新習慣與行為，同時如何幫助父母逐漸退出過分關心與管教的情況等。

雖然治療者很善意地鼓勵小石，例如：「一直試圖扮演與他父母不同的角色，多鼓勵和接納他，多對他露出燦爛的笑臉，但他似乎對真誠的讚美很敏感，無法坦然接受，反而總是挑剔我，還會有一些不尊重……」這些都讓你有點驚訝、困惑與擔心，可是你要了解，小石過去很少被父母誇獎，或用「燦爛的笑臉」對他。因此，雖然你對他是「真誠的讚美」，小石仍會不知所措，反而還會出現挑剔與不尊重，這是轉移關係的表現（是跟自己父母反應習慣的轉移與延續），也正是要透過和治療者的新關係而逐漸更改的行為反應。也就是說，這正是利用和治療者所呈現的轉移關係而去調整與糾正的治療好機會。如果治療進行順利，小石就會逐漸體會到被人「真誠地讚美」，或對他露出「燦爛的笑臉」，這些都能讓他樹立對自己的信心，也可以接受他人的讚美而不用去挑剔或表現不尊重的反應。換句話說，透過和治療者之間所發生的轉移關係而進行治療工作。

問題與關鍵在如何輔導父母，讓他們了解需要逐漸減少批評、干涉，要多鼓勵、多幫助子女自我負責。有些父母會覺得失去對孩子的控制而感到空虛、不甘心放棄權威的角色，或是覺得失去當父母的尊嚴（發生阻抗現象），而突然放棄做父母的角色，一下子什麼都不管，潛意識地反對治療，甚至和治療者發生敵對的情況。尤其是向來很權威式的父母，治療者更是需要注意，要很尊敬他們，緩慢地幫助他們更改他們的行為與態度，而不能操之過急。

治 療 者：我了解了。在我看來，小石的父親問題比較大。

我後來向小石的父親建議，要多鼓勵孩子，對於不良的行為要忽略，盡量避免與孩子發生正面衝突。我也輔導小石的父親要如何與孩子溝通，並和小石的父親進行角色扮演，我問：「如果小石堅持要求上六年級，你要怎麼和小石談？」結果，小石的父親脫口而出：「如果你能跟上六年級的課，你就上啊！」嘲諷、貶低的神色一覽無遺，怎麼會不激化和小石之間的矛盾呢？也怪不得小石曾對父親說：「你有本事就幫幫我，別老是打擊我。」

治療者問：我想討論導致小石輟學和後來難以回到學校的真正原因有哪些？有一次，小石的母親在會談中忽然回想起三年級暑假的作文班一事，也就是小石要開始輟學前的事。那時聽說學校老師要提高寫作水平，小石也都會去參加，但老師要求每天寫一篇作文，小石無法馬上辦到，覺得有難度、壓力太大，後來就不願去上作文班了。媽媽說小石從小就容易遇到事情就先選擇逃避。

當然輟學問題發生後，小石和他的爸媽各自有各自的問題，但彼此間所占的比重如何？這是很困擾我的問題。小石的父母固然有他們的問題，而且父親的問題看來更多一些，但在小石發生輟學的前三年，小石的父親幾乎都不在家，一直在外求學。聽說，小石從小就膽小，不大敢說話。在小石一歲前，外婆住在小石家幫忙帶小石，而小石一歲後直到四歲之前，小石就被帶到外婆家，小石的父母每週去探望小石一次。四歲之後，小石回到父母身邊，在小石上二年級時，小石的父親離家在外地攻讀碩士學位，共三年的時間，每週回家待一天，直到小石四年級發生輟學時，小石的父親才回家長住。

督導者答：首先要提的是，許多問題發生的原因很難清楚地分析，並判斷是誰的過錯。因為所謂的原因是多方層次交叉作用，是很複雜的事。從治療上的立場來說，問題不在探索過去的問題與原因如何形成，而是目前哪些地方可以改變而改善非適應的行為。可是從你剛剛所說的這些資料，讓我們可以增加另外一個層次的了解，是動態學的分析與了解。小石自小被外婆帶大，後來甚至寄宿在外婆家，一直到四歲為止（可能讓他養成、或加強他從小就膽小的傾向），對社會化的經驗不堅固。日後回家和母親住，而父親在外求學，也就加強了小石依賴母親的傾向，因此，在學校遇到挫折（受到排斥）或生病時，就選擇待在家裡、賴在母親身邊（享受被接受的因素），不肯回學校。還有，就在這個時候，小石的父親取得學位，回家來長住，變成是家裡「多餘的」男人，顯著加強親子三角關係上的緊張。結果，小石就更想黏住母親而不肯上學，而父親就與兒子處處表現出敵對的情勢。

治 療 者：這是我從沒這樣想過或分析的，而是從另外一個層次與角度來探索病情。不過，提到小石的父親與小石間的關係，我總覺得小石的父親時時和小石過不去。先前已經提過，小石的父親對小石總表現出嘲諷、貶低的神色。

當小石準備回學校的那幾天，我在電話裡詢問小石的母親有關小石父親的態度，我從小石的母親那裡留意到一個細節：連續三天，小石起床、刷牙、吃早餐都很高興，但每次到快出門時，就顯得不太高興了，因為他的思緒一直在交戰。這時，家長持之以恆的鼓勵和支援，便是小石可以戰勝自我的重要力量。然而，偏偏在這一關鍵時刻，小石的父親就會脫口而出：「你到底是想上學還是不想上學？乾脆一點！」結果，原本還在猶豫的小石，一聽見父親的話，便順勢放下書包說：「我不想上學。」我意識到小石的父親在關鍵時刻有了負面的作用，因此，我進一步詢問有關小石父親的表現。

小石的母親告訴我，小石的父親最近有無所適從的感覺，因為不知道對孩子該軟還是該硬，一說話就又像說錯了話似的，讓小石的父親很困惑。

小石的父親經常說氣話：「我對他（小石）也不抱什麼期望了，我們照顧好我們（夫妻）自己就行了」、「我們這輩子怎麼這麼倒楣」、「一切努力都是白費，我覺得沒有希望了。這樣努力，還是不上學，醫師恐怕也無技可施了」。但小石的母親堅持：「我和你正好相反，我總覺得有希望。」

小石的媽媽說：「有時我對他（小石的父親）覺得更累，比對孩子還累。」小石的母親告訴我，她現在認知到小石的父親對孩子忽冷忽熱，無法堅持一個原則，也無法有個標準。小石的母親還笑著說，小石的父親也很可笑，與小石發生衝突時，小石有時說要殺了他，他還真會害怕，嚇得他晚上睡覺都很緊張，睡前還要仔細檢查門窗是否關緊了，就怕小石真的動手殺了他。小石的父親會擔心，也曾說：「一直養他也行，只要將來別打我們，對我們不好。」所以，小石的父親一直覺得沒希望，擔心自己的未來。有時還會對小石的母親說：「還不如當初聽你的話，不要這個孩子。」而且爸爸也經常當著小石的面訓斥他：「現在養你，等你到十七、八歲，你就出去！」小石對父親這樣的話覺得很反感。

媽媽說小石這點像他父親。不過，看到小石有這樣一位富有智慧且意志堅定的母親，我看到了希望就在不遠的前方。

治療者問：有鑑於小石的父親目前的現狀，因為他在小石上學的問題上都沒有產生積極促進的作用，反而產生負面的作用。有時還讓人覺得小石的父親在故意搗蛋，不想讓小石好起來，像小石父親這樣的心態與反應，在學理上要如何解釋？

督導者：這是三角關係！小石的父親看到小石的媽媽那麼熱心去幫助小石，心裡在吃醋。我們剛才提過，小石到了四年級時，長年不在家的父親（取得學位）從外地回來，這對數年來一起居住的母子關係帶來了新的變化。由於父親和兒子都想要母親，無形中就發生爭執、衝突的局面。再加上小石的父親覺得兒子和他不親，也就採取敵對的態度。小石的母親也曾經說過，她對自己的丈夫還比較費心，而且比對小石還要辛苦，表示她夾在三角衝突裡的辛苦。我們也記得，小石氣得發抖曾對父親說：「將來我要用菜刀殺了你！」這讓父親真的很害怕，連睡覺都要鎖好門窗。這是伊底帕斯情結的具體表現，是臨床上很少遇到的案例，但也是親子三角關係與情結存在的佐證。因此，現在看到孩子好不容易又想回學校，改善他的問題，作為父親的並不是很高興。況且治療者還一直要求他放棄權威的姿態，不能過分管教自己的孩子，在這樣被要求更改行為之際，也就造成一時不知如何是好的情況。

可是我們也不能太過分責怪小石的父親。我們必須從小石父親的立場來了解他的心理與辛苦。根據我們所知，小石的父親自小家裡孩子眾多，因此和父母的感情較疏遠，至今和父母的感情也沒有特別親，現在見到小石和母親的關係良好，也覺得很羨慕，自覺沒有在孩子小時候多陪孩子看看電視、聊聊天，有些遺憾。換句話說，小石的父親從小就沒跟自己的父親有良好的親子關係，也沒有好好溝通情感的經驗，也就沒有能力與技術跟自己的兒子溝通。

最主要的是，小石的父親無法從小孩的角度去了解自己的孩子，所以他才充滿憂慮地說：「怎麼樣讓孩子明白這個道理：該用心學習？我小學四年級就知道該學習，而他（小石）卻說小孩子就應該要玩。」小石的父親無法了解每個孩子都不同，不能單靠自己的情況來判斷與要求孩子也要跟自己小時候一樣。他小時候很能幹，可以自己用功學習，後來還成為職場上滿有成就的大人。可是頭腦聰明、職業成就好、事業很成功，在私人的家庭生活，卻不見得對親子間的心理與關係有所了解，也不見得懂得與孩子的情感交流和溝通。但我們要知道，根據小石母親的說法，小石的父親在心裡還是很關心小石，和小石相處時，也是很高興。因此，我們要費心去了解小石父親的痛苦與辛苦，多多協助他。

治療者對被督導的體驗與心得的總評：這是極為耗費心血的一個案例。至今回想起治療的一幕幕，我仍然覺得有些頭痛，真不想再回到那段時光。小石一開始是個很難讓你一見面就喜歡上的孩子，同時又是個很難對付的小孩；他有各種古怪、刁鑽的問題，而且一直在挑剔你、指責你。小石的父親也令我的自信備受打擊，他很難進入治療的狀態。他不肯靜下心來反省自己的問題，不肯做出改變，彷彿是局外人一樣在看熱鬧，奚落著治療者也無技可施，就好像小石無法改變就證明他獲勝了的心態，令人實在難以接受。然而，令我欣慰的是，小石的父親至少一直堅持長途跋涉到我的門診接受治療，所以才有今天這個成果。當然小石的母親有很大的貢獻，她是一位極富智慧且意志堅定的母親，如果不是她對整個治療理念的透徹理解，富有創意且堅持不懈的實踐應用，也不會有今天我們所看到這個令每個人都深受鼓舞的結果。

其實，有一點我一直沒提，那就是小石的父親是我一個非常好的朋友的大學同學，出於這份情誼，也因為他們跋山涉水的不易，所以對小石的治療，我沒有按照常規每週一次個別會談，而是給予特別的關照，傾注我所能投入的全部精力。小石是個幸運的孩子，在治療過程中，我剛好到夏威夷進行短期訪問進修心理治療，訪問期間曾得到教授的督導，使得治療的方向與要領可以更清楚明瞭，也讓我更可以如魚得水善用各種模式進行輔導。結果整體上，我結合了多種治療模式：個別會談十次、兒童小組團體訓練九次、家長培訓兩次、電話治療五次。另外，參考「排斥－拒絕」與「吸引－接受」的動態力學觀點的想法，結合自身優勢創造性地發揮能力，使治療達到了意想不到的效果，也就是讓小石終於回到闊別一年半的校園！身為治療者，我的喜悅是言語無法形容的，因為改變的不僅僅是一個孩子的命運，也改變了整個家庭的未來！

督導者補評：我現在才知道個案的父親原來是你朋友的同學，所以是經由介紹而來就診的，其實這種經由親友介紹而前來就診的情況，在現今的社會已經很常見。但在治療的過程中，我們必須提醒自己，這種有私人關係的個案，在進行輔導時，常容易發生額外的問題與困難。不僅是隱私的保護問題，還牽涉到治療關係上的問題，即治療者很難以比較客觀的立場來看問題，也不容易提供輔導上的意見，因為總得多做考慮與客套一些，畢竟得顧慮到對熟人的影響。

我們在整個討論中，都沒提到小石的父親對女性治療者所表現的關係與態度。小石的父親不僅是受高等教育，在職業上也是很有成就的人，要他聽取治療者的評論或建議，本身就有點困難，再加上治療者剛好是女性，更容易讓他大男人的潛意識感到不服氣也說不定。治療者覺得小石的父親不容易輔導，好像在「奚落著治療者也無技可施」，也是有其中的道理的。

至於小石的母親和治療者很容易配合、學習、模仿，除了母親本身的長處外，對女性治療者比較容易親近也有其相當的影響。總之，治療者的年齡、性別與性格，無形中也會左右和病人及家屬所產生與建立的關係，進而影響輔導的結果。

個案三：婚期將至而擔憂陽痿的男人 叢中

第一次會談

治 療 者：我治療的是一位三十多歲的男人，文化水平高，擁有不錯的職業，收入好。主訴是近半年來性自慰及與女朋友做愛時，陰莖無法勃起，因而由內科轉來精神科接受心理治療。

病人的身體向來健康，但半年前在性自慰時，發現陰莖無法勃起，所以有些擔心。後來發現與女友做愛時，也無法勃起。由於半年後就要結婚，所以患者為自己患了陽痿而著急，心理壓力很大，曾去中醫看診，服用中藥，有一度曾恢復正常。但一個月後，酒醒後自慰時，又發現無法勃起，因而更加恐懼。日後在和女友親熱時，在女友的幫助下，有時可以勃起，但無法插入，而且更多時候是勃起無力、短暫，甚至無法勃起。因此，儘管女朋友多方鼓勵和安慰，患者仍然感到緊張、不能放鬆，也就更無法勃起。

四個月前，患者的父親因車禍住院治療，患者又出現了焦慮、耳鳴、失眠等症狀。患者自述，自從發現他有陽痿的問題後，心理負擔較重，每天無時無刻不在想陽痿的事，與別人交談時，也會分神想著有關陰莖勃起的事。白天偶爾會有勃起，但硬度較差，而夜間偶爾發現能勃起，後來到醫院就診，診斷為陽痿症，但檢查血性激素水平在正常範圍。服用抗焦慮劑後，焦慮與失眠的情況有所改善，但仍然無法勃起，遂轉來精神科嘗試接受心理治療。

患者自述，女友今年二十多歲，兩人相識三年，目前感情很好，患者深愛女友，兩人關係親密，有過性接觸，但一直未能完成插入性交。患者的女友認為陽痿不是病，一定能治癒。兩人約定婚期：半年後結婚。但患者自從出現陽痿的問題以來，與女友在一起時，就會有意回避性交刺激，拒絕女朋友刺激他的陰莖。

患者自認為發生陽痿的原因是，過去自慰太頻繁，而且他對性功能太過關注，心理負擔過重，他表示願意接受心理治療。我答應提供心理支援，也向患者說明，如果是心理原因引起的陽痿，是可以用心理治療的方法加以解決，只是時間不可能太快，因此要有耐心。

督導者評：年輕人發生陽痿的原因很多，首先要考慮是否患有糖尿病或高血壓等疾病，或飲酒過多等因素。另外，罹患抑鬱症時也可能會發生，因為服用抗鬱劑也會有陽痿的副作用，因此，首先要考慮這些軀體性的病因，不要草率地考慮是心因性的陽痿。至於是否是心理因素所引起的陽痿，這部分要詳細檢討其生活史，了解是否有特殊的心理因素，包括他對女性的看法、態度，以及過去與異性關係的情況，另外，還包括目前和其未婚妻的關係。

第二次會談

治 療 者：這次的會談，首先把重心放在病人為什麼無時無刻都在關注陽痿的情形而進行討論。病人解釋：這是下意識的心理反應，並不是自己特別想要去關注。至於他關注和重視陽痿的原因是因為想到性功能的好壞會影響性生活，對將來的婚姻會有重大影響，有可能會因陽痿而失去心愛的女友，對未來的婚姻及性生活沒有把握，因而感到恐懼。況且罹患陽痿無法展現男人本色，會使身為男人的他沒有自信心。雖然女友勸他，陽痿不是大問題，不用小題大做，可是女友對陽痿也不了解，只覺得不應該會這樣發生，同時表示有意願要幫助患者，這反而無形中為患者增加了心理壓力。病人敘說：「當我們親熱時，女友用手刺激的同時，會說：『你行的，你可以的。』她的鼓勵代表了她的期望，當然這也是我的期望，同時也加重了我的心理壓力。」

我讓病人描述自己的性格，他說他向來是忍讓、照顧他人，而且也特別能控制自己的情緒，不會在別人面前顯示自己的弱小，對於陽痿，他的內心無法接受這樣的「失敗」。

有關自慰的習慣，患者說已經很久沒有自慰了，也沒有自慰的衝動，而且看網路色情圖片也沒有感覺，最近也很少看色情的東西。兩個月前，患者曾去偷看脫衣舞，但也沒有性衝動的感覺，只有接受油壓按摩時，會勃起，但力量較弱。

根據治療陽痿的方法，我向病人交代要恢復原來看色情圖片光碟、自慰的生活習慣，保持原本對性的興趣與行為，而且和女友親熱時，不要有想插入的企圖（這樣就沒有心理上的事先期待，可以減少壓力）。

第三次會談

治療者：病人說最近比較忙，起居較有規律，雖然有了一些信心，但對陽痿仍然很關注。

近一週，患者沒有去做醫生交代的作業（恢復原來的生活習慣，例如看色情圖片等），一來是因為考試忙，再者是擔心在自己沒有性趣時去看色情圖片，會無法產生愉快感。

此外，病人還說他每天堅持上健身房進行大運動量的鍛鍊。上週在健身運動結束後，發現手會抖，當時有些害怕，想馬上到醫院做肌電圖，結果走到半路，手就不抖了，所以沒有到醫院。患者當時認為，很多事情可能都是因為太關注，越關注就會變得越嚴重，所以當他放鬆時，這些不適感、恐懼、焦慮等就會減輕，而陽痿可能也是同樣的情況。因此，最近一週，患者對陽痿的關注比先前少一些，恐懼感也比較少，但仍想盡快治好陽痿，因為婚期逼近，心理壓力很大。

以下是會談中的一段對話。

醫　　生：你認為陽痿與婚期有什麼關係嗎？

病　　人：肯定會有關係的，因為陽痿會為婚後的生活帶來影響。

醫　　生：對你來說，婚期有什麼具體作用嗎？你現在與女朋友的關係，與結婚以後會有什麼不同？

病　　人：我希望結婚後，能有美滿的性生活，因此想在結婚前治療好陽痿。

醫　　生：如果不結婚，你就可以不著急了嗎？

病　　人：不，這牽涉到男人的自尊。我每天從一睜眼開始，無時無刻腦子裡總有一根弦在關注著陽痿。

醫　　生：你這麼關注陽痿，有什麼效果？

病　　人：沒效果。

醫　　生：那為什麼還要關注？

病　　人：現在已經變成習慣，或已經自動化了，我自己也不明白為什麼要關注。特別是在女朋友來的時候，我就會想自己應該有勃起的反應，結果就關注了，越關注就越緊張，越緊張就越不能勃起。

醫　　生：根據你剛才的描述，如果你想減輕陽痿現象的話，你今後最好是多關注，還是應該少關注？（等待其思考）

病　　人：我希望是少關注，但關注已經變成習慣了。

醫　　生：你現在已經變成習慣，原本的情況是怎麼樣的？後來又怎麼變成習慣的？

病　　人：一剛開始，是突然有一天想到「不行了」，結果就真的不行了。後來就吃中藥，結果是更加關注就越容易發生陽痿，每天都在心裡囑咐自己：「看，我行了，我一定行！」結果就越來越不行了。

醫　　生：這顯示了心理的作用和效果，我想知道是什麼力量推動你朝這個方向走的呢？

病　　人：對於這個問題，我認為有各種原因：第一是因為當時有自慰的習慣；第二是上網看色情圖片，讓我想到了關注自己的性能力；第三是我沒有性生活的經驗。第四是經常聽哥兒們說他們到歌廳、包廂，一個晚上能見好幾個小姐，我聽了就覺得受不了，很羨慕別人，更擔心自己不行。後來發現，當小姐為我按摩時，勃起的力量不夠大，我也不怎麼興奮激動，這就讓我更擔心自己不行。而生活中，我與異性交往時，是很喜歡的，也願意與她們打鬧說笑。在患陽痿之前，我每次自慰都能成功。第五是對性的追求，我只停留在能否勃起、「性能力」的具體細節上，沒真正嘗試過。第六是有的朋友自誇，他能與女人一夜兩、三次性交，因此我就懷疑自己不如他們。

我的疑問是，是不是性經驗越多，性能力就越強？如果自己不行的話，就很沒面子。

醫　　生：這麼說來，你對性能力的關注，是在你患陽痿之前就開始了？

病　　人：是的。可是，我不知道我是不是真的屬於陽痿？

醫　　生：陽痿應該是有性慾，但無法勃起。你當時有性慾嗎？

病　　人：現在快變成什麼時候都沒有性慾了，而更多是對陽痿的關注。

醫　　生：這樣就更能看出，你的陽痿和你的關注、恐懼、緊張、擔心的關係了。你現在認為你是罹患陽痿嗎？

病　　人：應該不算吧。

醫　　生：為什麼？

病　　人：因為我的性慾衝動不強烈，所以不是陽痿，因為有時無意識的時候還能勃起。

醫　　生：如果你不是陽痿的話，那我們現在就討論一下，像你這樣的情況應該診斷為什麼病呢？我們可以使用一個診斷名詞來標明這樣的情況。

病　　人：……我想是否可以稱為「心因性陽痿恐懼症」？因為是在沒有性慾的情況下，在意志上一定想要讓陰莖勃起。

醫　　生：我同意你的命名，那你對陽痿恐懼的結果是什麼呢？

病　　人：一個是導致自己產生「陽痿」，再來是對「陽痿」的擔心和關注。

醫　　生：你再想想，還有什麼結果？

病　　人：恐懼的結果就是：緊張焦慮，無法放鬆，也不敢面對陽痿。

醫　　生：還有呢？再想想看，是否會引起性慾的下降？

病　　人：對（驚詫）！這麼重要的問題，我怎麼沒有想到呢！
另外，我想問醫生，我下週要與女朋友一同外出旅遊，晚上會住在一起，你說我該怎麼辦？

醫　　生：沒問題的，但你要與女朋友商量，問她如果你無法勃起，是否仍然可以住在一起（降低對勃起的期待目標）。

病　　人：好，下週見。

治療者小結：這次的會談透過讓病人回憶他產生陽痿的心理過程，讓病人看到他的心理作用是如何造成他出現陽痿，這樣即可以明確地知道陽痿的心理原因，也為今後如何用心理的方法解決陽痿問題做了更深入的心理準備。

督導者評：治療者考慮病人目前所患的是陽痿的恐懼心理，是續發性的心理恐懼問題（而非是陽痿的本身問題），因此，想往這個方向進行輔導工作。可是從治療者（醫生）與病人所進行的會談情況來看，其會談與治療的模式比較偏向邏輯性的討論與理論性的說明，企圖經由認知的層次來改變病人的恐懼心理。可是我們要注意，病人的恐懼是態度上、觀念上與認知上的問題，同時也是情感上的恐懼，因此在會談與治療上要注意提供情感上支持，幫助病人減輕情感上的恐懼。同時也要考慮如何運用病人與（男性）治療者的關係，而提供認同的作用，建立對他自己（男性）的自信心。換句話說，不要單採用道理上的輔導，還要注意感情與關係上的治療。

第四次會談

治 療 者：病人坐定後，主動訴說：最近雖然仍關注自己的身體部位，但是由於整天工作忙碌，所以對陽痿的關注比較少了，儘管有時候仍然會提醒自己「別想」。他自己還是不太敢想，也不太願意想，因為只要一想起就覺得很難受。關於結婚的事，他現在也想得比較少，不像之前一直想結婚後怎麼辦，他覺得只要相信醫生的醫術高明，就相信問題一定能夠解決（對醫生的信任，表明已經逐步與病人建立起相互信任的醫患關係）。這週也沒有刻意去看書，與女友見面的機會也比較少。

下面是會談中的對答。

醫　　生：我想請你想一想，陽痿恐懼症與陽痿的區別。

病　　人：我認為我沒有陽痿，所以沒再深入去想。我也不明白是什麼原因讓我變成這樣。

醫　　生：你知道正常勃起的條件是什麼嗎？

病　　人：要有性的衝動，而且是在放鬆的條件下。身體反應是在不注意的時候才能有反應，是自然而然產生的。

醫　　生：影響勃起的因素有哪些？

病　　人：特別的關注，太過緊張、焦慮、恐懼，或是沒有慾望、太強的意志努力，這些對勃起只會達到抑制的作用。

醫　　生：看來，單是恐懼就可以引起陽痿。當你認為你應該勃起時，是依據當時的場景呢，還是對方的要求，或是你身體的性衝動？

病　　人：我現在的問題是，我會故意回避這方面（性接觸）的刺激，心理上還有恐懼感，同時也會壓抑我自己，結果導致性慾減弱了，不知道今後該如何喚起，現在我覺得自己沒什麼性慾能力。我擔心這對將來會有影響，因此，自慰時會特別注意勃起的硬度和持續時間。我原本也會特別注意訓練自己的性能力。

醫　　生：你希望自己有多強的性能力？

病　　人：能完成性器官的結合，能插入、有快感就行了，也沒多想，要像電視上那樣。我原本也希望時間能長一點，陰莖更大一些，勃起時能更硬一些，越強越好。

醫　　生：什麼叫「越強越好」？

病　　人：我不敢想，如果以後這些問題解決了，仍然會想越強越好。

醫　　生：越強越好的好處是什麼呢？

病　　人：對大家都好。

醫　　生：對誰好？是對女的好嗎？

病　　人：在性活動中如果能表現得好，就會感到舒服、有自信。

醫　　生：那持續時間和硬度的好處呢？

病　　人：是舒服吧，我也不清楚，但這是我的追求。可能是要滿足自己的性慾吧，男人就應該增加對性交的駕馭能力，只有這樣才能增加自信。

醫　　生：你認為世界上有沒有「真正的男人」？你可以根據你的理解，為男人下一個定義。

病　　人：我心目中的男人是，身體強健，在大事上有主導地位，在性方面是主動的，能為自己、為女人帶來快樂，尤其是給對方帶來快樂。

醫　　生：如果女人在性生活中感受不到幸福，你認為責任在誰？

病　　人：主要在男人，因為女人不會有陽痿。她是接受的地位，她的回應能為男人帶來更大的享受，增強男人的性反應。

醫　　生：是誰決定了女人的反應？

病　　人：是她自己，如果幸福，那是雙方的；如果不幸福，則主要是男方的問題，因為男人是主導的地位。如果男方的性能力差，則是主要的原因。

醫　　生：你認為性生活正常的標準是什麼？

病　　人：大概是需要一段時間的配合，能插入，三、五分鐘至十分鐘射精，就是正常的。

醫　　生：那你的問題是什麼呢？

病　　人：是無法順利勃起的問題。

醫　　生：怎麼樣才能順利勃起？

病　　人：要有慾望，還要放鬆。

醫　　生：慾望是你要它來，它就能來的嗎？

病　　人：不是，是生理上的刺激。

醫　　生：你的慾望以後還會出現嗎？你有什麼擔心的嗎？

病　　人：我不擔心，因為我現在能正常放輕鬆。但是，要怎麼樣才能不去關注它（指陽痿）呢？而且我現在的慾望的確是減退了。

醫　　生：你性慾望減退的原因是什麼呢？

病　　人：是我的心理問題，與你談話後，我心理上的負向事物變少了。我想下一步應該是如何建立正向的事物。

醫　　生：好，今天的時間就到這裡，關於如何建立正向的事物，我們下次再談。你這次回去後，可否與女朋友交談一下，就說這是醫生留給你的作業。交談的內容主要是把你這幾次來找心理醫生所談論的問題都告訴她，只要告訴她我們的談話內容就可以了，不必考慮她會怎麼看、怎麼想、怎麼說。

聽完醫師的話，病人就起身告辭。

治療者小結：本次談話繼續恐固讓病人看到心因性陽痿的作用和影響。在病人認識到陽痿與性慾有關後，針對性慾的產生條件再做進一步的討論。同時還討論了病人對性生活的標準與責任的看法。最後，病人認為自己已經沒有「負向」事物，要求幫助他建立正向的事物。我們相信病人的負向情緒正在減輕，但病人對建立正向方面的要求，仍然顯示出了病人的急切心情；不過這要特別注意，因為如果太容易地答應病人的急切要求，又無法實現的話，病人會再一次感受到挫敗，甚至可能不再找心理醫生進行會談治療了。所以在治療結束時，要求病人回去後與女朋友交流，告訴女朋友他與醫生談話的主要內容，這樣可以幫助病人鞏固他的心理治療效果，同時也增進他與女朋友的交流，為下一步讓他的女朋友也參與會談，進行夫妻心理治療做好準備。

督導者評：看來，治療者仍採取比較是講道理的方式在幫助病人對陽痿的看法。這次的會談，主要結果是可以體會到病人對男女間關係上的見解，對男人有特別的要求，認為男人要有能力才可以，對男人有特別的期待。假如無法符合身為男人的要求，就不行，這些對身為男人的自我要求，也是增加對陽痿的恐懼心態。

治療者追蹤報告：病人後來沒有再來門診看病。兩個星期後，病人打了一通電話給我，病人在電話中說，他與女朋友在新房子裡同居。某天早晨，膀胱充盈，陰莖勃起，與女友首次做愛成功，因此信心倍增。後來，又進行過幾次性交，都很順利。所以打電話來感謝醫生，並向醫生說明，以後不再來諮詢了。

督導者總評與討論：

關於此病人患陽痿的問題：我們到目前仍無法完全確定此病人發生陽痿與軀體或生理因素有何關係，也無法很肯定地認為其陽痿是心因性的問題。雖然我們了解到病人對陽痿的「續發性」恐懼心理的產生有所了解，但我們並沒有很清楚地掌握到病人發生陽痿的「原本性」心理理由。

根據患者的解釋，發生陽痿的原因是過去自慰太頻繁，自己對性功能太關注，導致心理負擔過重。雖然自慰是男人常見的行為，但我們需要了解為什麼病人形容自慰「太頻繁」；還有病人自慰時所幻想的對象是誰？（是男性，還是女性？能否排除同性戀的傾向？若是女性，又是什麼樣的女性？是否都固定同一個對象，或是隨時更換等），好了解病人「深層心理」對性與性對象的看法，並了解是否有何特殊的情結。

病人認識並與女朋友交往已經有三年，這段期間裡的自慰行為有何變化？在六個月前，病人經由自慰而發覺無法勃起時，在生活上是否有何變化？包括與女友的關係，和決定訂婚，以及預定半年後要結婚是否有關係？（產生對婚姻的恐懼感？）還有，四個月前，病人的父親因車禍住院治療，而患者又出現了焦慮、耳鳴、失眠等症狀，到底病人與父親的關係如何？為什麼父親住院，對病人產生許多心情上的影響？和病人產生陽痿有何關係？這些都是一連串可以去仔細探討的問題。

關於治療模式的問題：我們已經提過，治療者對此病人所採用的輔導模式，主要是認知性的輔導模式，經由改變病人對陽痿的「看法」而間接地改善其恐懼的態度與情緒。從結果上來說，病人的症狀與問題有改善，因此沒有繼續來接受治療。可是為了討論起見，我們可以就此個案而考慮其他治療模式的可能性，例如：採用分析性的治療模式，多了解病人的心理問題，進一步幫助病人解決心理問題。

假如要進行分析性輔導時，需要探索病人的早期經驗，包括病人與父母的關係，特別是如何經歷親子三角關係的階段？如何處理性蕾期的情結問題？與母親是否有過於親近的情結？與父親的關係是否良好，能得到父親的認同？以及青春期發育的經過情形如何等等。

由於病人自述：「常聽哥兒們說他們到歌廳、包廂，一個晚上能見好幾個小姐，我聽了就覺得受不了，很羨慕別人，更擔心自己不行。」而且病人也曾嘗試去看脫衣舞、找小姐按摩。後來，病人還聽朋友自誇：「能與女人一夜兩、三次性交」，因此懷疑自己不如他們。由此可見，病人已是個三十多歲的男人，在性方面對自己還有許多疑問，擔心自己的性能力是否夠強？還很重視性功能的好壞會影響性生活及將來的婚姻。可見病人對自己身為男人的信心很缺乏，心性發展還不成熟，因此很需要去了解其心性發展的經過。

根據臨床經驗，這樣的男人在小時候常過分與母親親近，跟父親疏遠，對男人的自我認同與信心有所傾向（對潛在性同性戀傾向的可能性不能排除）。這樣的男人在面對結婚時，就出現憂慮的現象，也對男人的功能有所憂慮。因此，值得採用分析性的輔導，去了解並幫助這樣的病人。

第 6 章

深度了解病情的督導

為了能順利且成功地治療病人，首先要能很清楚地了解病人的病情，然後才能比較確實地判斷心理治療的方向。可是有關心理與情感的病理有時很複雜，也有不同的深淺層次，並不那麼單純，要具備相當的透視與分析能力才能有深度地了解病情。不但要能知道人的一般心理、特殊的病理，還需要懂得如何運用動態心理學的原理與學說進行有深度的體會，而這是有經驗的督導者可提供的協助。

除了根據病人口頭上提出的主訴、所描述的症狀，及病情的進展經過，來進行所謂描述性精神醫學（descriptive psychiatry）模式的診斷工作外，還要學習如何根據動態性精神醫學（dynamic psychiatry）的原則與學理，去了解事情發生的先後因果，以及問題的來龍去脈，有深度地體察問題發生的情況與性質。下面我們根據幾個例子說明：如何經過督導而提高對病情的透澈性了解。

個案一：發生車禍而情緒緊張的年輕女子 黃韋欽

治 療 者：病人姓王（假姓），是二十七歲的未婚女性，白天在某公司工作，晚上在某專科夜校讀書。主訴最近偶爾會發生突發性心悸、呼吸困難等現象，且焦慮、憂鬱、不敢搭車去上班或上學，這種現象已經有三個月了。

根據病人所敘述：三個月前，她在上課時，突如其來地發生突發性心悸、呼吸困難，而被同學送到綜合醫院急診室治療。心電圖、胸部X光及各項檢查都正常，急診醫師認為病人只是太過緊張，並沒有任何問題，所以開給病人一些鎮靜的藥，就讓病人回家。但之後病人仍無法消除內心對此病症的不安及焦慮，而且症狀反覆發作，也為此送了幾次急診。病人對急診醫師對她的病情輕描淡寫覺得難以接受，覺得醫師誤診，還被說成小題大作地時常跑來急診處，自覺被醫師嘲笑與輕視，所以很不滿意。最後，被轉介到精神科門診接受診療，才診斷出恐慌症合併懼曠現象的臨床診斷。

在門診工作的精神科醫師在治療上，首先給予適當劑量的抗鬱劑進行藥物治療，控制恐慌發作，經過兩週的藥物治療，恐慌症狀比較穩定。但由於病人心裡仍害怕獨處，也有懼曠現象，因此，懷疑病人可能發生過創傷性的事故，而產生這樣的恐慌症，醫師建議從第三週起同時接受心理治療，以處理內在心理的焦慮與恐懼。但由於病人的焦慮度高、注意力不集中，同時病人的性格很內向、羞恥心也很強，對一般談話形式的分析性心理治療，並不容易接受與進行，於是我決定採用催眠術來幫助病人，希望讓病人能在比較放鬆的心情下，以便探討其恐慌的背後因素。

由於現今社會有些人對催眠術有誤解或偏見，治療者顧慮個案對催眠術可能有所疑慮，會將催眠術誤解是魔術性的治療，或擔心被催眠下會被催眠者任意控制，所以就沒有直接說明將施予「催眠術」，只說明將施予特別的輔導方式，以協助個案能在放鬆的心神狀態下，回想過去曾經遭遇的心理創傷，探索引起恐慌症狀的可能原因。

結果，此病人在被催眠的狀態下，喚醒六個月前曾遭遇的創傷事件。那是在某個晚上，病人騎機車經過某條比較偏僻的馬路時，有位酒醉男子開車，從後追撞了病人，病人倒在地上，失去意識昏倒在馬路上有一小段時間。該名酒醉男子用雙手把病人抱到路旁休息，等病人蘇醒後，半威脅地要求病人不要報警。因此，當時病人不但害怕差點被車撞死，又怕被壞人趁機傷害或強暴，頓時心裡產生了很大的恐懼。日後一回想起當時的情景，病人就產生恐慌的情形。

經由這樣在催眠狀態下再度回憶當時的車禍創傷，並運用目前比較不害怕的心情重溫當時混亂驚恐的感受經驗，在治療者提供安慰與支援之下，經由減敏作用，逐漸減除病人原來恐慌的情緒。經過八週這樣的催眠治療後，病人的恐慌症有明顯的改善，懼曠現象也消失，情緒穩定，自信心也恢復了。日後也能重新騎車上學及上下班，並持續定期回來門診追蹤治療。

督導者評與問：這是很有意思的個案。從臨床的角度來說，病人所罹患的是恐慌症，沒錯，施以適當的藥物治療是很對的。同時，等強烈的恐慌症狀消失而情緒比較穩定後，又提供心理治療，也很恰當。因為從臨床上的經驗來看，我們知道有不少罹患恐慌症的病人，在其恐慌症發生前，曾遭遇心理上的創傷事件，因為創傷而重複其恐慌的心情發作。所以探討病人重大的創傷事件，進而治療其對創傷的焦慮心理反應，有治本的功效。

另外你提到：「病人的性格很內向，羞恥心也很強，對一般談話形式的分析性心理治療，並不容易接受與進行……」你能否再進一步說明？

治　療　者：是！我曾經探問病人，最近有沒有遭遇過哪些創傷性的事故，病人就顯得特別緊張，我就放棄繼續嘗試。

督　導　者：這位病人的個性如何？和你的關係表現如何？

治　療　者：這名女病人個性比較單純，而情感比較脆弱與幼稚，雖然已經將近三十歲，但從沒有交過異性朋友，沒有和男人交往的經驗，惟恐男人對女人是不好的。

督導者解釋：看來，發生這次車禍所受到的創傷刺激，並不單是被車撞到，而是被粗壯的男人抱起來，被擁抱，又受到口頭上的威脅，因此就更加重其恐懼心理。

治　療　者：是的，病人回顧說，當時在天快變黑的黃昏，她被滿身大汗、有體臭、粗壯的大男人抱起來，用兩手抱到路旁的樹底下時，她心裡以為當時就要被這個男人強暴，心裡突然非常恐慌、很害怕。日後腦子裡就常浮現當時的情景，心裡就又害怕起來，重複經驗那可怕的情形。

督　導　者：因此，病人害怕的不只是被車撞到，而是和男人有身體上的接觸，害怕被強暴的可能性。如此了解其內心的真正恐懼性質與來源，治療師對這名病人的輔導方向就有所交代，即幫助病人改變對男人的態度，協助病人改變對異性的看法，並督促其心性方面的成長，而不要心情仍是很幼稚地害怕男人。

而且在治療上很重要的是，對這樣的女性病人施行心理治療時，要注意保持適當的（心與身的）距離，不能過早與這名女病人接近，過早催促病人表露內心的思想與感情，引起病人害怕與誤解。可是同時要讓病人在與男性治療者接觸的過程中，逐漸了解並認識男人，知道（好的）男人並不會對女人不好。換句話說，治療者要靠和病人所建立的關係來治療病人對男性的無知、誤解與恐懼的心理，協助她養成對異性比較健康的看法與態度。因此，深入了解病人的問題，隨之也就能得知治療的方向與要領了。

個案二：打妹妹、誤傷外祖母的男性精神病病人　叢中

說明

此病例是美國夏威夷州立精神醫院裡的住院病人，是在病房的小型個案討論會裡進行的討論記錄。討論會除了負責治療並報告病人的住院醫師外，還有幾位同時在醫院受訓的住院醫師、在精神科實習的幾位醫學院學生，以及負責教導的教授參加，是每週例行的病房裡的教學活動。按討論會的慣例，主治的住院醫師選擇要討論的個案，簡短進行十分鐘左右的病情報告，然後跟自己所報告的病人會談大約十五分鐘。與病人會談後，讓在場的其他受訓住院醫師或學生和病人個別會談幾分鐘，最後督導的教授也跟病人會談十分鐘左右，待總共約三十分的會談結束，病人離開後，再進行個案討論。由參與的住院醫師及

學生們彼此對病人的情況與會談的情況做評論，並提供意見，最後由在場的督導教授做最後的總評論，如此就實際病例進行臨床上的教學與督導。

此次報告的住院醫師是亞裔女醫師，是第一年的住院醫師，首次擔任治療住院病人的年輕醫師。督導的內容是：如何與患精神病的病人會談，以及如何比較有深度地體會精神病患者所表現的症狀與行為的本質。

病例報告

病人是男性，二十九歲，美國白人，罹患精神分裂症已經十年，目前還存在幻聽與妄想等症狀。病人在八歲時，父母分居，五年後，當病人十三歲時，父母正式離婚。父母分居後，病人和比他小六歲的妹妹，兄妹一起跟母親到年老的外祖母家居住。病人曾在十六歲時談過戀愛，有一個比他大五歲的女朋友，女朋友比較主動與病人交往，但後來分手。十年前，當病人十九歲時，開始出現精神病的症狀。剛發病時，病人曾出現暴力行為，有一次要打自己的妹妹時，誤傷外祖母。因此被帶來醫院住院，接受藥物治療。日後曾在精神醫院陸續住院治療，並接受藥物治療，但出院後常不服用藥物，因此病情時好時壞。最近兩個月前，病人的病情又再度發作而住院。剛住院時，曾經打傷了他的女性主治醫師。

會談前討論

病情報告後，住院醫師要把病人帶進會談室之前，向督導教授詢問她該如何進行會談。督導的教授解釋若干會談時要注意的要點：

和病人會談詢問病情時，會談者要注意：先問哪些事情，後問哪些事情，必須要有一個先後逐漸接近要點的過程。例如，想知道病人對母親和妹妹的態度和情感時，不要開門見山地直接問他與自己的母親或妹妹的關係如何，是愛還是恨；而是要先問問他們家有多少人、有幾間臥室、他們如何安排臥室，還有，他小時候和誰一起睡；另外，家人相聚吃飯時，父親或母親與子女常談哪些話題等等。這樣才能逐漸引導話題，讓病人談他對家庭每個成員的人際關係和對各自的情感。一般說來，要注意區分問題的難度，先詢問病人容易談的話題，然後逐漸進入病人比較不容易回答的問題。

由於患有精神病的病人對現實感有障礙，常無法區別現實與自己內心所幻想的潛意識思考材料，因此要注意盡量把話題集中在現實的問題（例如：住院多久了、醫院的伙食如何等）。最好關心病人當前比較關心且亟需解決的現實問題（例如：想打電話給家人、想參加醫院裡舉辦的體育或娛樂活動等），在就現實討論和解決問題以後，然後判斷病人的自我能力，是否可以進而討論比較富於情感的事情，包括以往的生活經歷，甚至是童年的心理創傷等。至於內心的深層思考，包括潛意識的慾望或幻想等，要很小心判斷是否可以去探索或者該避免。要注意病人對會談的心情反應而慎重判斷。

對這名病人來說，由於他病情嚴重時，常出現攻擊性行為，過去曾對妹妹有過暴力行為，而且最近住院後，這名病人也曾攻擊自己的女性主治醫師，因目前分配治療他的住院醫師剛好是女性，所以要特別小心，不要急著去詢問一些比較敏感的話題，引起病人的情感反應，招來攻擊性行為。也就是說，考慮到病人對女性會有攻擊行為，而住院醫師剛好也是女性，所以要注意防止病人對女性醫師的攻擊。畢竟剛住院時，病人曾對他的女性主治醫師表現暴力的行為，而這樣的攻擊可能是病人的「轉移關係」的表現，因此與此病人會談時，要先向病人說明與強調：「我雖然是女人，但我是你的醫生，我是來理解你並幫助你的。」多強調醫生的身分，而少強調女性的性別身分。

還有，許多住院醫師或醫學生受普通醫學的訓練與習慣，與病人會談時，常邊談邊做筆記，而不注意去看病人，只注意筆記本、做記錄，這種和病人無注視交集的面談行為，是無法與病人建立良好的關係。因此，除非很必要，不要在會談時做筆記；不要只顧蒐集病情資料、詢問病人問題，而是要注意與病人之間的互動關係，注意表現對病人所說內容的反饋，讓病人覺得你在認真聽取他的會談，是在關心他，不只是在蒐集他的病情資料，這樣才能具有心理治療的效果。

會談經過與評論

經過督導教授這樣的吩咐後，住院醫師就將自己的病人帶進會談室。首先介紹在場的成員，然後說明會談的目的，便開始簡短的會談。

由於住院醫師按照督導教授對會談的建議與叮嚀而與病人進行了會談，因此會談大致上進行得很順利。但是當病人與女醫師談到他曾經交往的女朋友時，病人表現出低頭、用袖子把手蓋住，顯得有些緊張焦慮。病人談到，他十六歲時，曾交往一個二十一歲的女朋友，他們是在路邊偶然認識的。後來他和其他男孩一起與女朋友出遊，由於他和女朋友接吻的時間很長，其他的男孩很嫉妒，大家就故意批評他的女朋友不夠漂亮，眼睛、嘴巴都很難看，病人當時很生氣，結果他決定遺棄並離開女朋友。日後，病人覺得很自責，但沒有具體說出為什麼會自責。

住院醫師原本還想探問病人為何和年紀比他大五歲的女朋友交往，還要在朋友面前特意跟女朋友接吻、讓朋友們吃醋等問題，但想到這是比較敏感的話題，現在談論過早，也就沒繼續往這些問題探索。

後來病人談起自己的過去，他說他們原本住在美國靠西海岸的加州，當他還小時，全家就搬到夏威夷。八歲時，父母分居，到了十三歲時，父母正式離婚。父母分居後，病人就和母親一起生活。病人有一個小他六歲的妹妹，妹妹平時和他一起坐沙發看電視時，常把身體靠攏，和病人靠得很近，讓病人覺得很難受，於是就拿東西扔妹妹，結果妹妹躲開了，卻砸傷剛好在旁邊的外祖母。當病人談到這些過去的事情時，表情變得很緊張似的。

這時，督導的教授接過話題，向病人強調，住院醫生雖然是女性，但她是醫生，是來幫助病人的。病人點點頭，表示理解。接著，教授提醒病人：「你有什麼想法都可以跟你的住院醫師說，儘管她是女性，但她是你的醫生，所以不用緊張，可以輕鬆地談。」病人聽了之後，覺得有道理，就變得不再那麼緊張，開始有些放鬆。督導教授這樣的作法與及時的解釋、澄清，可以減少病人的焦慮情緒，加強醫生與病人的合作關係，減少病人在會談中對女性醫師的誤會，可以避免發生攻擊與暴力行為的可能性。

後來，督導教授繼續詢問病人對家中主要成員的態度和感情。病人說，自從父母離婚後，母親馬上就結交了新的男朋友，幾乎不住在家裡，所以家裡經常只有他、妹妹及外祖母。外祖母對他並不是很好，經常直接指使他，要求他做事，會管他，所以他對外祖母有些不滿。

接著，病人還談起兩個月前剛住院時，之所以忽然發脾氣，打傷負責治療他的女性主治醫師，是因為當時那位女性主治醫師曾直接指揮病人去做些事，讓病人覺得很憤怒，所以才突然出現暴力行為打傷了女醫生。後來，病人在教授的誘導下，也能夠直接說出他對女醫生的感受。這時，教授向病人說明，女醫生是想幫助病人，所以是好意叫他做事情，和外祖母對他不友好而總是指使他做家事是不同的，要有所區別。而且教授也提醒病人，攻擊醫生是很要不得的凶暴行為，並強調這樣做是不好的。病人聽了表示有些後悔、自責，也表示以後不再這樣做了。

這次會談有個成就是，總算能讓病人相信醫生是在幫助他，不用緊張，也不用生氣，能夠在醫生面前放鬆，坦率地說出他過去的行為，也敘述他與前女友交往的事。而且病人也說出他是如何對待妹妹，是因為他恐懼妹妹和他過分接近，所以才採取攻擊行為。最難得的是，病人也能說出他為什麼傷害先前的那位女性主治醫師，是因為他覺得那位女醫生像外祖母那樣對待他，直接命令他做事。也因此我們比較能充分了解病人的心理與行為，也能知道該如何幫助病人控制自己的情緒，並避免凶暴的行為。

會談後的病情分析

雖然是簡短的會談，但我們很快就了解病人的過去史，以及他的心理問題。由於病人的父母早年就分居，病人可說是在母親、妹妹、外祖母的女性環境下長大，缺乏和父親親近與模仿的機會。因此，對自己男性的信心有點不足。此外，病人雖然需要依賴女性，但母親幾乎是遺棄並忽略他，而外祖母只是指使他，讓他對過分管制他的女性有不滿的情感。他找到年歲比他大而不很漂亮的女朋友，原本企圖彌補他所缺少的母愛，可是被朋友嘲笑只好拋棄女友。而比他小的妹妹，可能很依賴當哥哥的他，也很想和他親近，但病人覺得不好受（害怕發生不倫的行為與關係）而採取凶暴拒絕的行為來阻抗自己對妹妹的感情。

病人對女性主治醫生的凶暴行為，很明顯是對外祖母的「轉移關係」，是被女性過分指使的心理反應。可是這種轉移關係是「精神病性的轉移關係」（psychotic transference），和「神經病性的轉移關係」（neurotic transference）有本質上的不同。即：不僅是奇怪不講理，也是很不符合現實的病態性轉移，無法依照常理理解，也無法向病人解釋。可是這位病人似乎可以了解，接受督導的指點後，至少表面上有些理解與接受。

總之，經由這樣比較深入了解病人的心理後，我們就比較懂得如何幫助這位患有精神病的病人。除了要病人服用抗精神病劑、接受藥物治療外，還可以透過心理方面的補佐性輔導，幫助病人建立自己男性的自信心，並且學習如何應付讓他感到過分指使他的女性。同時，被指派負責治療此病人的女性住院醫師，也就知道如何和這樣的病人保持適當的關係，盡量回避讓病人感到是被女人指使，減少對女性發生精神病性的轉移關係。

病人是罹患妄想與幻想而又有暴力傾向的精神病患者，可是我們仍能去分析並了解他的心理，知道病人症狀的涵意，懂得精神病行為的意思，進而了解該如何對待、輔導他。更重要的是，我們學習到如何注意一些與精神病患者會談的要點與技術，提供所需的心理輔導。

個案三：企圖強姦鄰居老婦人的十八歲年輕男人

說明

這也是美國夏威夷州立精神醫院裡的住院患者，是一名十八歲的（歐裔）美國白人、男性年輕病人。由於一年前，當病人還是十七歲時，闖入附近鄰居家中，企圖強姦八十二歲的老婦人，因而被捕。當時在初步的司法精神醫學審查談話中，被檢察官發現此個案談吐富於特異空想，又持續性地談宗教思想，且過去有奇異的行為表現，因此被懷疑是否有精神障礙，被法官判定住精神醫院做檢查，決定診斷，並做所需的輔導，如此住院已經有一年。

這次輪到負責醫療的住院醫師在例行的病例報告中，向督導教授報告病情，並請求臨床上的督導。由於督導的教授發覺此個案的病情富於許多複雜的心理問題，需要有技巧、動態性地去探討與了解，乃決定與住院醫師共同和病人會談數次，採取「共同會談、檢查與督導」的模式進行。

病情報告

在病房例行性的教學回診裡，住院醫師報告此個案的病情如下：

住院醫師：這個病人名叫傑克，是美國白人，今年十八歲，一年前被員警抓來，送醫院診治。其理由是，一年前某夜，他突然到離家幾條街不遠的地方，闖進鄰居的公寓，公寓裡住的是一名獨居的八十二歲老太婆。傑克開門見山地向老太婆說，他是來跟她要好，並且想和她發生性關係。當時老太婆看到闖進家中的傑克，起初有點驚訝，但趕緊保持冷靜。當傑克要她脫下衣服時，她和傑克說，她要先上廁所，就藉機進入廁所，接著趕緊把門鎖上，並利用廁所裡的電話向外報警求援。結果，警察馬上趕到，逮捕傑克，並將傑克送到醫院進行住院檢查，在醫院留住已經快一年了。最近，我被調到州立醫院受訓，這名病人就由我治療。

督導教授：這位病人過去有沒有犯過同樣的性犯罪行為？

住院醫師：沒有，這是第一次。

督導教授：對這個病人，你還知道什麼？

住院醫師：他是家裡唯一的男孩子，父母都是美國人，且篤信基督教。因為擔心傑克在外會交到壞朋友，受壞朋友的影響，因此從小就沒讓傑克上學，一直留在家裡，由母親負責傑克在家受例行教育的課程，依照美國教育部規定的在家學習的課程而學習。傑克很聰明，學習的成果還可以，每年都通過教育部提供的年終考試，目前已經得到等同於高中畢業的學習程度。

督導教授：傑克小時候的行為有什麼問題嗎？

住院醫師：不太清楚。因為每次和他會談，他總是喜歡談宗教的事，還向我（醫師）傳教，要我也信教。

督導教授：這個病人一方面表現得很篤信宗教，而另一方面又做出很不應該的犯罪行為，企圖強姦女人，而且是很老的老太婆，這真的很矛盾，而且有些怪異。傑克平常講話的情況如何？有沒有思考上的障礙？

住院醫師：他的談話基本上很有道理，言語也很通順，絲毫沒有語無倫次這類思考障礙的現象；但不太容易和他會談，因為他總要談起宗教的事，表示他多麼虔誠，是個好信徒。

督導教授：那好，我和你一起跟病人會談。看樣子我們要比較主動地操控會談的內容與方向，多了解傑克企圖強姦老太婆的行為本質，及其可能的心理動機；同時也要想辦法多了解傑克的性心理發展經過。會談由你主持，必要時，我會隨時插入參與會談的進行。

住院醫師：好的。

第一次會談

住院醫師把傑克帶進會談室。病人看起來個子很高，外型看來像二十多歲的年輕男子，不像是才十八歲的年輕小夥子。

住院醫師：今天我請了我的教授來一起參加會談，共同施行治療，可以多幫助你。

病　　人：好的，那太好了。

住院醫師：上次會談中，你提到你和那位鄰居老婦人完全不認識，為什麼事情發生的當晚會想闖進她的公寓並想強姦她呢？

病　　人：我本來不是想找她，而是想找隔壁十九歲的年輕女大學生，她一個人住在公寓，是我在街上碰到認識的女孩子，長得很漂亮。我想去找她，想與她發生性關係，但她不在。所以我就按門鈴找隔壁的人，結果開門出來的卻是老太太，我也就不管三七二十一闖進她的公寓了。

住院醫師：你原先為什麼想要去找年輕的女大學生呢？她是不是你熟悉的朋友？

病　　人：不是，我們只見過一次面，我對她很有意思，所以想去找她，和她發生性關係。

住院醫師：聽起來你和她並不熟，為什麼忽然想去找她，並且和她發生性關係？

病　　人：這是「主」的意思，要我和她發生性關係，我是很虔誠的信徒，所以很順從主的意思。

住院醫師：你怎麼知道是「主」的意思？

病　　人：主知道我是很虔誠的基督教徒，祂會讓我跟隨祂的旨意，進而採取行動。

住院醫師：你是否聽到主的聲音吩咐你這樣做？

病　　人：沒有，但我知道主的意思。只要我信得很誠懇，我心裡可以體會主的意思。

督 導 者：我們知道你是很虔誠的信徒，才會聽從主的意思，採取這樣的行為。你現在回想起來，感覺如何，是不是有點後悔？

病　　人：有點後悔，但當時是順從主的意思所採取的行為。

督 導 者：你已經說過了。但醫師並不是在判斷你的行為是不是犯罪行為，只是很想知道事情是怎麼發生的，這樣才能向法院做報告，也希望能對你有幫助，因此才和你會談。

住院醫師：我請教授參加會談，就是想多了解你的情況，希望可以幫助你。請你放心跟我們談事情發生的先後經過，好嗎？

督 導 者：你可不可以談談你本來想去見的女大學生的事情？

病　　人：她長得很漂亮，我很喜歡她。

住院醫師：為何想去見她呢？

病　　人：那天我的性慾特別強，突然心血來潮，想和女人發生性關係，所以才想到先前見過面的女大學生，就去找她，可是她不在。

督 導 者：你從前有沒有和女人發生過性關係？

病　　人：從來沒有。我們信教的，必須守規矩，結婚後才能和自己的妻子行房事。

會談後，督導者和住院醫師進行討論，覺得這名病人並沒有思考上的障礙，也沒有其他精神病的症狀，例如幻聽等，但其談吐有些幼稚的性質，一直強調自己是很虔誠的教徒。這種總是開口就談宗教，並強調對宗教尊崇信仰的心理機制，是一種「理智性作用」，依靠宗教的道理來解釋自己的行為，同時也是「反向作用」，依靠宗教的信仰來掩飾自己無法接受的慾望。反過來說，這名病人的超我過強，無法接受自己原本的慾望，因此無法控制時，只好突然爆發並採取很不現實的行為。基本上看來，是罹患嚴重的性格障礙，無法處理自己的性慾望而發生反社會的行為。為了肯定這樣的推測，決定為他進行心理測驗，採用投射性的心理測驗來檢測其性格，並了解他對性的一般看法與態度。

第二次會談

為了了解病人目前的心性發展，最好了解病人過去幼年時的發展經過，特別要探討是否有何特別的發展情況或遭遇的特殊事件，影響整體心性發展的經過，並影響日後心理問題的發生或表現。

為了探討幼年時的逸事，督導教授向住院醫師說明會談技術上的兩種進行方式。其中之一是讓病人回想並訴說任何自己特別記得的童年往事或事件。這些被回憶起的，往往是特別高興或尷尬、痛苦、後悔的回憶，是富於「感情」的事件，可經由這些富於感情的各種事件作為基礎，進而了解病人心理發展上的經歷與曾遭遇的創傷性事件，並按年歲排列時間上先後發生過的各種事件，可幫助我們拼成與形成整個發展的先後過程，並有系統地了解病人發展過程的特色。

另一個方式是按發展階段的各個重要「里程碑」事件而詢問，例如：何時斷奶、開始走路、可以自己上廁所、洗澡、自己獨自睡、上幼稚園、進小學、開始性的發育、交異性朋友等等。一般說來，三、四歲前的事情自己可能不記得，但可能聽父母敘述而得知。這樣系統性地追尋、探討，可協助病人回憶。

經過督導會談前的建議，住院醫師向病人說明，要了解病人的心理，需要知道他幼年時的發展經過，所以請病人說些他記得的年幼時發生的事。病人在經過片刻的思考後，說出了以下的回憶：十歲時，從海邊高隘跳進海裡去游泳，被父親誇獎是勇敢的行為，但母親說是令人緊張的事。由於病人所回想的第一個事件是讓他覺得驕傲的回憶事件（有遮蓋性的作用），一旁的督導教授乃督促病人再回想其他（令人覺得尷尬的）事件。

於是病人繼續說：我五歲時，坐在幼稚園停車場等父母來接我。由於這件事被病人描述得很客觀，毫無「感情」的表現（經由「掩飾作用」被隔離），因此，督導教授就誘導病人再詳細說明這個事件。病人說：「在停車場旁邊有一大塊木頭，小朋友們都坐在那塊大木頭上，等父母來接他們回家，在木頭較遠的一端，坐著一個女孩。」督導教授和住院醫師都鼓勵病人繼續往下說，仔細回想到底發生了什麼事。

病人就接著說明：「我很喜歡那個女孩，就抱了那女孩，可能也親了她……結果被（女）老師發現，把我父母都叫來了，我被父親接回家後，我在家裡被父親『修理』，父親拿皮帶打我，說我做了很丟臉、無恥的事。」

督導教授面向主治醫師說：「如果是比較懂事的父親，最好要如何看待這件事情。」住院醫師明白督導教授的意思，趕緊向病人說明：「有些父親會了解這是男孩對女孩開始產生興趣的階段，不用那麼大驚小怪，也不用如此嚴厲處罰，只要警告以後要小心，不要再犯這樣的行為就好。」督導教授還搭腔說：「其實父親應該要高興，高興自己的兒子長大了，開始對女孩有興趣。」

督導教授的目的與作用，是企圖抵消病人過去曾受的心理創傷，從負向的痛苦、尷尬的經驗，企圖轉變為正向、高興的事情，抵消所承受的不良效果，幫助病人心性方面的成長。病人聽了，睜大眼睛驚訝地看著醫師，片刻後，就點點頭說：「沒有人像這樣和我解釋我所做的並不是一件那麼壞的事，我現在聽了，心裡比較放心了。」

施予投射性心理測驗

為了協助醫師了解病人的病情，推測與了解比較原本的心理，因此按督導教授的建議與計畫，會談後為病人做投射性的心理測驗。督導教授使用「主題統覺測驗」（Thematic Apperception Test, TAT）的圖畫樣本，選擇兩張給病人看，這兩張圖都是特別設計用來檢查與性有關的主題。

其中一張是給兒童看的動物漫畫，圖畫上畫有一張雙人床，床上蓋著被，被子有點鼓起來，好像裡面有兩個人在睡覺的樣子。雙人床旁邊有一張小孩床，裡面有兩隻小熊在對話。

給病人看了以後，請他看圖講故事，說明那張圖畫是描寫什麼樣的故事。病人看了一下就說：「兩隻小熊躺在他們的小床上，還沒睡，睜開眼睛還在聊天；小熊的父母不在床上，在其他房間喝酒、談話。」病人的故事描述中，特意把小熊的父母移出圖畫的場景外（說是在其他房間，不在臥室，可以解釋病人避免去意識父母的性行為的結果）。

另一張是給成人看的圖畫，圖中畫了一個上身幾乎全裸、露出乳房的女人，女人躺在床上，一手垂下，而旁邊站著一個穿著長褲、但上半身衣服沒穿好的男人，男人赤裸著上半身，表情好像很苦惱的樣子。病人看了以後，馬上說：「女人想誘惑男人，而男人費心抵抗、拒絕，控制自己的慾望。」病人的反應表示常覺得女性是誘惑性的存在，男人需要時時控制自己的性慾。

從投射性的心理測驗結果來看，可以印證臨床的推想，即病人常受到女性的誘惑，而得時時控制、否定性的慾望，養成對性矛盾的情況。

第三次會談

從投射性心理測驗所獲得的結果，得知患者常受性的刺激，因此，在臨床上想了解到底在病人生活的環境裡，是否常受母親的性的刺激，因此督導教授建議，這次的會談可以嘗試往這個方向探討。督導教授提醒住院醫師，這是很敏感而尷尬的話題，不能直截了當地詢問，必須以間接的方式探索。督導教授向住院醫師說明，最普遍的辦法就是先詢問病人家中有多少人、有幾間臥室，病人小時候睡覺的房間是如何安排的，和誰一起睡或自己單獨睡等。從這樣客觀且具體的睡眠安排，可以逐漸引導病人談他與父母的親近關係。

住院醫師便根據這樣的要領和病人會談，談病人小時候對臥室與睡眠的安排。結果，當病人在回憶早年的發展經驗時，提到他小時候因身體不好，父母不放心讓他自己一個人睡覺，所以他總是和父母同床睡覺，一直到十二歲為止。如果遇到父親出差，病人還是和母親一起睡，到了十二歲青春期發育以後，病人覺得不太對，才要求自己要單獨睡一間臥室。可是病人的母親仍不放心，半夜還經常到他的臥室看看，替他蓋被以免著涼。病人很高興母親很關心照顧他，但同時也覺得很尷尬，因為母親總是來看他睡覺。

聽了病人的敘述後，督導者向住院醫師說明，透過這個案例可以學習到若干心理方面的特殊現象。除了已經討論過的「反向作用」的心理防禦機制（即：以過分控制慾望而處理強烈的慾望，因而表現出毫無慾望的反向表現）外，我們還可以得知病人在心情上的矛盾性症狀，即：強烈的壓抑與慾望的爆發，表示病人從小一直受矛盾性的管教，即一方面被過分教養壓抑的同時，還受許多慾望的刺激。具體來說，病人除了受父母雙親的宗教性強制壓抑的管教外，還無形中時時受（母親）性的刺激。因此，從某種角度而言，病人想強姦年老的老太婆，表面上看來好像是飢不擇食的行為，但仔細思考，我們可以推測這是戀母情結的結果與表現，是過去年常受年紀大的女性（母親）性的刺激的關係。

於是督導教授建議住院醫師有關為此病人施行心理治療的要領與方向，包括幫助病人接受自己對性的興趣與慾望，而不要過分覺得需要去壓抑，從人格結構的角度來說，是要幫助病人放鬆過分發展的超我，而能以比較一般的方式接受原我的慾望，而不用太過壓抑。

追蹤會談

住院醫師遵照督導教授的指點而為病人進行輔導工作。三個月後，住院醫師將離開醫院病房轉到其他門診繼續接受訓練。因此，和原先的督導教授又一起和病人會談，然後也再度進行心理測驗，使用相同的「主題統覺測驗」的圖畫給病人看，經由投射性測驗反應檢視病人的心理情況是否有改變與進展。結果發現，病人對第一張圖（小熊睡覺的圖片）的反應有所不同，病人看了圖片後說：「兩隻小熊在聊天，小熊的父母蓋著被子，睡在床上。」認可了父母的存在，而不再回避或否定。至於另一張圖（半裸體的女人和男人），病人說：「天亮了，丈夫趕緊起床，要去上班。」而沒再提男人受女人誘惑的事情。顯示病人的心理情結逐漸揭開與改善。

總結

這個案例是督導教授和住院醫師一起跟病人會談，幫助住院醫師了解病人的病情，並指導住院醫師如何進行輔導的例子，是施行督導的一種模式。

督導者不但和住院醫師一起進行會談，誘導病人解釋自己的內心情況，回憶自己小時候時所經歷的事件，進而了解其心性發展的過程以外，還為病人進行投射性的心理檢查，佐證病人的內心情況與病理情況，有助於深入了解病情的作用與效果。

這個病人的會談經過顯示了要逐步了解病情的道理，首先要和病人建立良好的關係，讓病人信任醫師以後，病人才會逐漸透露自己內心的想法，希望得到治療者的了解與幫助。因此，探索病理是一個過程，不能操之過急。還有，透過特別的技術，如夢的解析、幻想的分析，或投射性的心理測驗，可以減少或避開「阻抗作用」，而去探討比較深層的心理情況。

但並非每個病人都要施予分析性的探討，要病人有矛盾性的情結、難以了解的神經病性的問題時，才需要試圖進行分析性的探討。更遑論病人是否有比較穩定的自我，還有求醫的動機，以及信賴主治醫師的關係，是否可以克服阻抗作用等，才能進行這樣分析性的探討工作。

第 7 章 從文化層次體會病人的督導

為了能成功治療病人，首先要能很清楚地了解病人的心理與行為，進而充分了解病人所面對的問題與呈現的病情，這樣才能比較適當地去輔導病人，解除其所面對的心理困難。從臨床上來說，治療者要能懂得根據病人的個人背景與社會環境而透澈地體會並了解病人的心理、思維與行為。換句話說，病人所思考、所說、所表現的心情、所採取的行為，除了需要經由心理的層次去體會，還要能透過文化的層次進行了解，這樣才能比較確實地把握其真正的意義。假如病人與治療者有顯著的文化背景方面的差距，如何跨越文化的差異或隔閡而了解病人、同理病人，變成是很重要的跨文化上的課題。如何從文化的角度來了解病人，就成為督導者可以協助治療者的重要職責之一。

我們在本章中，以兩個例子說明督導者如何幫助治療者進行跨文化的心理治療。雖然是透過文化上的層次而施行督導，但是間接而顯著地說明督導者如何能時時幫助治療者對病人進行比較透澈且正確的了解。即以文化的層次為例，說明可以進一步多了解病人，並進行比較適當而有用的輔導工作。

個案一：喜歡中國女性的日本男人

說明

個案是一名日本年輕男人，從日本來美國夏威夷大學攻讀博士的研究生。因為長期患有睡眠障礙，所以在夏威夷當地的心理治療門診就診。治療者是一位日裔的美國女性住院醫師。此位住院醫師雖然是日裔，但已經是第四代移民

（即自曾祖父時便從日本移民至美國），這位醫師本身是在夏威夷出生，因此只會英文而不會日語，也從沒到過日本，幾乎不熟悉日本文化，可說是美國文化中長大的年輕住院醫師。住院醫師和病人見面時，都使用英文來進行會談。病人的英文程度很不錯，基本上沒有文句表達上的困難。而擔任督導此個案的教授雖然是華裔，但碰巧會說日語，也多少了解日本的文化習俗，因此，督導者不但能提供住院醫師臨床上所需的一般性督導，還可以進而提供文化上的顧問兼解釋者，無形中幫助此跨文化治療的個案。

此督導者通常只進來會談室，以在場觀摩者的角色短時間觀察會談進行的經過，會談結束後，再和治療者討論，提供督導上的意見。但這位督導者有時也會破例，以住院醫師的「共同治療者」身分直接參與會談和輔導工作，偶爾則會以「文化顧問（或解釋者）」的身分，替住院醫師和病人雙方做文化上的解釋與說明，促進住院醫師與病人間的談話與相互了解。

簡要病情

病人叫石井太郎（化名），今年三十多歲，出生於日本，在日本的大學攻讀農業管理，畢業後曾到東南亞各地實習，從事農業發展的推行者。病人在馬來西亞工作時，認識當地的年輕女性，經由交往而結婚。婚後數年，妻子不幸罹患癌症病逝。病人離開馬來西亞到夏威夷念研究所，攻讀博士學位。在夏威夷當地認識了一位中國籍的年輕女性，兩人感情不錯，交往了半年，可是來自中國的女友必須回中國大陸，等女友離開回中國以後，他們兩人只能隔海靠電郵或國際電話聯繫。由於病人一方面想念女友，心情抑鬱不佳；另一方面學業也很吃緊，每天都很認真念書，幾乎日夜都在趕功課，少有休閒或娛樂，只想趕緊取得博士學位。結果在過分緊張的生活中，逐漸發生睡眠失調的現象，晚上無法入睡而白天覺得疲勞、精神不好，最後才來門診接受治療。負責治療的住院醫師除了開抗鬱劑與安眠藥外，還建議接受心理輔導，以減輕其心理上的負擔。

督導剪接：首次督導

住院醫師：我很喜歡這個病人，看來很可憐，失去了在馬來西亞結婚的第一任妻子，變得很孤獨，現在好不容易認識了女朋友，卻又得和剛認識不久的女朋友分離，實在很可憐，我很同情他。但又很難理解他為何這樣認真念書，幾乎天天都沒有休息，常在念書、趕論文，難怪會失眠。可是我要如何去幫助像他這樣個性認真的病人呢？

督導教授：首先你要注意的是你所扮演的角色，因為這名年輕男病患先後失去兩位女性伴侶而憂鬱，而你很同情他、也很想幫助他，但你剛好又是女性治療者，要注意不要過分同情與體貼，無形中變成彌補他所喪失的女性對象，形成不適當的治療身分。

住院醫師：這我知道，也會很小心。可是我就是不了解一個人為何會那麼認真用功，幾乎每天二十四小時有十六小時以上在念書，完全沒有休息或休閒娛樂，對這樣過分認真且不健康的生活方式，我該如何幫助他才好？

督導教授：從你的觀點來說，這是「不健康」的生活方式，是普通美國人不會過的「過分賣力」的生活。但你必須知道，病人是日本人，是以強迫性傾向、很賣力工作而出名的日本人。更何況他是從外國來念書的研究生，需要在期限內拿到博士學位，是外國研究生們常可見到的那種認真學習的情形。

你知不知道他的個人私事？這或許可以幫助我們了解他目前的行為。

住院醫師：還不太知道，我會和他談談他在日本的成長過程。

第二次督導

住院醫師：從這次會談中，我逐漸了解他的身世背景，他出生在東京，家裡還有個弟弟與小妹。病人的父親是小公司的老闆，是繼承自己父親經營的事業。當病人還在念小學時，他的父親忽然把公司的事業轉讓給弟弟（即病人的叔叔）經營，然後舉家搬到母親的故鄉，跟著母親老家從事務農事業。

督導教授：喔？這有點奇怪，你知道其中的意思嗎？

住院醫師：什麼事情？我不知道，有什麼奇怪的地方？

督導教授：按照日本的傳統習慣，長子應繼承父業，而次子則另外開展自己的事業。可是病人的父親是長子，卻把父親的事業轉讓給弟弟，而自己跑去和妻子娘家一起務農，這是很不尋常的事（從日本文化的角度來說）。日本人向來是很注重男人的家系，很少會和妻子的娘家一起生活，不知病人的父親遭遇了什麼事，或有什麼特別的理由，才會不得不這麼做。

住院醫師：這點我就不知道了，也沒注意到，下次我會再和病人談談。病人說，他起初不太習慣在鄉下的生活，覺得和東京大都市的環境全然不同。可是日子一久，也漸漸喜歡農村的生活，後來也交了當地的朋友。可是由於他很用功，所以中學以後就考上了國立大學，變成是鄉下當地第一個考進國立大學的大學生。

督導教授：你知不知道（在日本）考上「國立」大學有什麼意義？

住院醫師：我不知道，有什麼特別的意義嗎？

督導教授：有的。在美國來說，私立大學通常是比較好的大學，和州立（公立）大學比起來，師資好，但學費特別高，對考生的成績要求也很高，因此比較不容易考上。可是在日本卻剛好相反，「國立」大學比較吃香，比起私立，是更難考上的。因此，表示你的病人學業成績好，表現優越，也就是值得驕傲的表現。

住院醫師：我知道了。

督導教授：還有，日本人通常很注重他們的民族，強調「大和民族」的血統，不喜歡和外民族的人通婚，你的病人居然和東南亞的異族女性結婚，不知他家裡的反應如何？

住院醫師：他說他的父母並沒有反對，而且母親對他的前途看法很開放，並沒有特別的要求。父親也沒要求他將來一定要繼承父親的務農事業。

據了解，他喜歡在外國工作，替開發中的社會服務。

督導教授：（從日本人的一般情況來說）這是比較不尋常的事。

第三次督導

住院醫師：上次和病人會談後，我又多了解了有關病人父親的事。

督導教授：如何呢？

住院醫師：原來病人的父親所經營的小公司發生困難，所以無法自己經營，就讓給弟弟去負責經營。而病人母親的娘家雖然在鄉下，卻有占地廣大的農田，所以被母親說服，於是搬到母親的娘家去住，重新開始他們的生活。

督導教授：所以這是很不得已的將就辦法。因此，父親可能就很冀望自己的孩子能事業有成，彌補父親的失敗，而間接帶給病人必須趕緊得到博士學位的心理負擔也說不定。

住院醫師：我注意到，這名病人總是早半小時就來門診等候，可是在等候室等待時，還在做功課，好像想抓緊所有的時間似的，我很想叫他多休閒，練習放輕鬆。

在會談中，我問他："What you enjoy in your life?"（你生活中享受的是什麼？）結果他不了解我的意思，我認為這是一句很簡單的英文，問他平常的生活裡有何嗜好與樂趣、有何享受；但不知道他為什麼說不懂我的意思？

督導教授：我想，詞句上他是懂得你的英文問話，只是在觀念上不知道你的涵意。因為一般美國人認為生活是要「享受」，可是日本人並沒有這種觀念，他們認為生活就是要「工作」。

英文的「享受」（enjoy）這個字句，被直接翻譯為日文後，有點帶負性的涵意，好像是指「奢侈性地去享受」，也就是不夠認真的意思。所以必須了解，有許多字句翻譯成另一種語言時，其涵意可能不全然相同。也就是說，詞句和觀念不一定相配。

住院醫師：喔，那麼我該用何種英文字句才比較適當？

督導教授：或許使用「嗜好」（hobby）比較妥當，比較接近你想問的意思，而沒有負向的涵意。

住院醫師：我還有個疑問，這位病人跟我會談已經有好幾次，但我總覺得他言行很拘謹，也比較不表露感情，不知是什麼緣故？

督導教授：這可能有幾個原因，罹患抑鬱症的病人由於心情低落，也就比較沒有表情；假如是屬於強迫型性格的人，通常不善於表露感情，也就顯得比較呆板、少感情。還有，依據民族性格，有些民族的人習慣表露情感，而有些就比較拘謹。例如：同樣是歐洲人，但義大利人就比較習慣以比手畫腳的戲劇性方式表露感情；但英國人就比較注重嚴肅拘謹，不隨便公開表露內心的感覺；日本人在私人場合和熟人或家人前會很容易表露感情，但在公開場合與陌生人面前，就比較規矩，不隨意表露情感。我們不太知道他的情況是如何，要多觀察非言語的表情，才能做判斷。

住院醫師：我無法做判斷。教授，下次的會談，你是否可以一起參加，幫我觀察他的情緒反應到底是如何？

督導教授：好的，我可以進來會談室，在場觀摩一下。

住院醫師：謝謝！

第四次會談與督導

住院醫師：石井先生，這位是我的督導教授，我請他進來，參加我們的會談一段時間，好嗎？

病　　人：好的。

住院醫師：這位教授是中國人，但懂日語，必要時，可以請他幫我們做翻譯或解釋。

病　　人：那太好了。

住院醫師：在上次我們的會談中，我問過你：“What you enjoy in your life?”（你生活中享受的是什麼？）可是你皺眉，好像很難回答，不知是什麼緣故？

病　　人：因為我不太了解你的問話……

住院醫師：我的意思是想知道，你在日常生活中「享受」什麼？

病　　人：我還是不太知道你問話的意思……

住院醫師：你知道我所說的英文"enjoy"這個字嗎？

病　　人：我知道，但我不知道你想問我什麼？

住院醫師：我是想知道你在平常生活中，最享受什麼事情？做什麼事情時你最高興？

病　　人：念書，假如我能好好念書，集中精神做功課，我就會很高興。

住院醫師：可是念書是「工作」，不是「享受」的事情。

病　　人：（提高嗓子）可是對我來說，就是享受，如果我能念得好，把功課趕完，我的心裡就很愉快，覺得很享受。

住院醫師：那麼你平常有什麼嗜好？有空時會想去做的？

病　　人：我過去喜歡踢足球，也喜歡游泳，但現在我沒有時間去做。

住院醫師：為什麼？

病　　人：因為現在我需要趕功課，很忙，沒有時間游泳。

住院醫師：你一天花十六小時念書，睡不到五、六小時，太緊張了，需要偶爾休閒一下，去享受游泳。

病　　人：可是我功課沒做完，我哪裡會享受游泳，我必須很努力，要*ganbaru*，趕好我的功課，我才能放心。

住院醫師：什麼是*ganbaru*？

督導教授：*ganbaru* 這句日文（日文原字是「頑張る」，等於是漢語的「努力苦幹」的意思），是表示要很用心、拚命努力的意思，是日本人日常生活中常用的口頭禪。

我看你們雖然可以用英文溝通得很好，但對有些觀念上的詞句有點不了解，因此讓我說明一下。

在美國的社會裡，大家在文化觀念上認為，每個人在生活中要能盡情享受。除了平時上班工作或上學學習外，還要找時間參加派對、看戲、吃館子、到處旅遊、躺在海灘上度假，這樣的生活才算是過得好，否則就覺得沒有享受人生。可是日本人的日常言語與觀念，對「享受」有點不同的看法，且帶有點不好的奢侈性的味道；覺得人生不在享受，而在工作，且不僅要工作，還要好好、努力去做。因此使用「頑強、苦幹」（*ganbaru*）的口頭禪來勉勵自己或他人。你的醫師並不是叫你放棄工作，只做奢侈性的休閒，而是希望你能調節一下你的生活方式，除了「頑強、苦幹」地念書外，也該有點讓精神放鬆一下的活動，這樣的調整才能增強你念書的效率。

住院醫師：因為你長時間念書，頭腦會非常疲勞，無法集中精神，記憶力也會不好，念書的效果也不好。而念書效果不好，就會越著急、緊張，更緊張就更念不好。因此，要打破這種惡性循環，就要定時休息，做點休閒活動或軀體性的運動，這樣頭腦才能恢復功能，也才能繼續念書，而且念得好。

病　　人：（面露微笑）現在我懂你的意思了。

第五次會談與督導

住院醫師：因為上次的會談有教授幫助我們做文化上的溝通，這次我還是請他參加我們的會談，好嗎？

病　　人：好的，上次你說教授是中國人，我是否可以向教授請教一件事？

督導教授：好的。

病　　人：你知道我現在交往的女朋友是中國人，我近來想到中國見她，也見她的父母。你想她的父母對我這個日本人會有何看法？是否會反對她和日本男人交往？

住院醫師：你的女朋友有沒有提起這件事，談過她父母的意見或態度？

病　　人：她說她的父母並沒有反對，但也沒很贊成。因此，我想知道一般中國人對日本人是否會反感，態度如何？

督導教授：我只能說一般情形。中國人不會像日本人那麼樣的強調民族意識，一定得要保持大和民族的純粹血統。可是一般說來，做父母的，心理上多少還是希望自己的女兒嫁給中國人，不會很希望女兒和外國人結婚。除了這樣一般的情形外，對日本人可能還有些不好的觀感，那是因為過去歷史的關係，因此，你多少要有心理上的準備。但目前中國也比較開放了，而且每個家庭的看法也有所不同，你要自己去發覺他們對你的態度。

病　　人：我知道，我會小心的。

督導教授：我倒是有個問題想問你。

病　　人：什麼問題？

督導教授：你的醫師是日裔女性醫師，你對她有什麼感覺與意見？

病　　人：醫師人很好，很關心我，可是我覺得她雖然看起來像日本人，但她所想、所談的，卻完全是美國人。

督導教授：是的，所以你們要相互了解，並且彼此要互助溝通。你的醫師對你有個小疑問，她覺得你比較不表露感情，也不善於談感情的事，你覺得怎麼樣呢？

病　　人：我沒想到醫師會有這樣的感覺。如果是這樣，我想其中的理由是因為我是日本人，日本人向來不習慣談自己的感情，特別是和外人談。我小時候在家裡，父母和我們孩子都不談感情有關的話題，只談我們的功課，要我們努力念書、努力做事……從來都不會談自己的感覺如何、心情如何。因此，每當醫師問我，我的感覺或心情如何，我就不太知道如何回答。而且我也注意到，我的美國同學們之間，常很隨便地談「我今天心情很不好……我很傷心週末沒有女朋友可以約會，或我很氣老師又要叫我做那麼多的作業……」他們很常談自己內心裡的感覺，可是我比較少有這樣的習慣。

住院醫師：我是女醫師，會不會讓你更不容易表達內心的感覺？因為我注意到你和一般美國人比起來，比較拘謹些。

病　　人：有可能。因為你是醫師，我是病人，不能隨便開口，要尊敬一些。

督導教授：你的醫師是女性，會不會有什麼問題是你比較不容易開口談的？

病　　人：有。

住院醫師：是什麼樣的問題？

病　　人：我內心裡一直很掛念且想問的問題是，服用抗鬱劑會不會減少性的慾望？因為我最近發覺對性的慾望減低，有點擔心。

住院醫師：會的，我會考慮幫你換比較不影響性慾望的抗鬱劑，或考慮停止抗鬱劑的使用。

病　　人：我希望停止抗鬱劑的使用，因為我最近比較不會覺得那麼抑鬱了。

住院醫師：那讓我們嘗試看看。

督導教授：看樣子，你們現在比較能放心地談話溝通了，這樣比較好。假如還有什麼問題，特別是牽涉到文化的事，彼此不容易相互了解時，就叫我來參加會談，我可以幫助你們。

病　　人：謝謝教授！

個案二：講話語無倫次而被懷疑患精神病的華裔女病人

說明

這是一位住在美國夏威夷的中老年華裔女病人，由美國白人年輕住院醫師進行治療。雖然此華裔女病人在夏威夷長期居住將近二十多年，可以聽懂英文，也可以講簡單而普通的英文，且醫師與病人間的會談是使用英文；但由於美國住院醫師對中國的文化完全沒有經驗，再加上言語與溝通方面稍有問題，治療者不能完全理解病人的心理、思維與行為，因此，請華裔教授對此個案擔任跨文化的督導工作。督導教授不僅擔任臨床上的指導，還擔任文化上的解釋與翻譯工作，可以體現督導者如何幫助治療者對個案進行比較多的了解，做比較確實的臨床診斷，並協助如何適當應對與治療和治療者有不同民族與文化背景的病人。

病情簡介

這是一位從中國大陸移居到美國夏威夷居住將近二十多年，年約六十多歲的中老年華裔女病人，名字叫辛太太（化名）。病人在中國經由家長與媒人的安排而結婚，已經四十多年，生了一個男孩子。二十年前，他們一家三口舉家移居夏威夷。兒子目前快四十歲，雖然還沒結婚，但早就和父母分居，在外地工作，自己獨立生活。

病人全家移居夏威夷後，病人的丈夫和朋友一起合夥經營貿易工作，經濟小康，可是病人的丈夫素來脾氣不好，而且喜歡賭博，又結交壞朋友，為人不是很正派。因此，病人並不喜歡她的丈夫，兩人的關係向來不好。兩年前，病人忍無可忍，最後要求和丈夫離婚，辦好離婚手續並要了一筆贍養費，可以過普通的生活。病人離婚後獨自住在公寓，和鄰居的華人朋友還有些來往。

數個月前，鄰居發現病人講話不太對勁，病人懷疑有人從天花板的縫隙施放毒氣來陷害她，因此，鄰居報警後，經由員警輾轉送來醫院診治。住院期間，病人所講的是有限的英文，被美國住院醫師認為「講話語無倫次」，再加上「被害妄想」，而被診斷是患了妄想型的精神病患者，進行抗精神病的藥物治療。由於受醫療保險的限制，及美國保護人權的法律規定（病人沒有對自己或他人有明顯迫害或殺害的企圖或傾向時，不能強迫病人住院觀察與診斷三天以上），因此，病人住院不過三天就按其要求辦理出院，被安排在門診接受治療。而擔任門診的住院醫師便依照住院時的臨床診斷，及處方的抗精神病劑繼續做藥物治療。

但好心且認真的美國門診住院醫師，對病人的談話方式有些疑問，便請懂華語的督導教授一起看診。經由督導教授參加會談，並向病人詢問與觀察而了解到：病人的說話方式雖然有點不尋常，但並非是精神病的思考障礙，因此提議住院醫師當成受心理打擊而引起的焦慮症予以心理治療，提供支持性的輔導。此外，病人覺得住院期間住院醫師所開的抗精神病劑，對她不但沒有幫助，還有副作用，所以出院後早就自行決定不服用。在住院醫師向督導教授請示後，也不堅持病人服藥，但要接受心理輔導至少三個月以上，病人也同意了。考慮到這是跨文化的個案，治療者需要支援，因此，督導教授答應在開始的幾次會談中，和住院醫師一起為這位病人看診，協助心理輔導的開始。

會談與督導

住院醫師：辛太太，這是我們的教授，他是中國人，會講中國話，因此，我請他來和我們一起會談，幫助我們互相了解與輔導工作的進行。

病　　人：那太好了，教授您貴姓？在美國多久了？

督導教授：我姓張，在美國教書已經有三十年以上。

病　　人：好極了，那我是不是和你講中文？

督導教授：我們最好還是用英文會談，這樣你的醫師才聽得懂，只有特別有困難時，我們才改用中文。

病　　人：好的。你已經教書三十年以上，可是看起來還很年輕，不到五十多歲。我這位醫師年紀多大？

督導教授：你可以直接（用英文）問他。

病　　人：醫師你幾歲了？

住院醫師：我三十多歲。

病　　人：三十多歲？我還以為你快四十歲呢。我從前認識一位年輕的華裔男人，不到三十歲，和你比起來，就像二十歲的小夥子。醫師，你結婚了沒？

住院醫師：這是有關私人的事，醫師不回答這類問題。

病　　人：我只是想知道我的醫師是怎樣的人。

督導教授：按美國的習慣，病人不應向醫師詢問有關私人的事，醫師也不讓病人知道這些個人隱私或背景，好維持職業性的關係。

病　　人：喔！我不知道美國有這樣的規矩，在中國，如果遇見陌生人，打招呼以後，還要打聽對方的私人背景，是哪裡人、在哪兒出生、是哪一省人等，可以拉近關係。

住院醫師：我知道了。我告訴你我是在美國加州出生，還沒結婚。

病　　人：還沒結婚？你長得這麼英俊，又是醫師，怎麼還沒結婚？要不要我替你介紹女朋友，我相信很多中國年輕女孩都會很喜歡你的。

督導教授：辛太太，這又是很私人性的話題，我知道你是好意想恭維你的醫師，但美國醫師並不那麼理解與領情，會認為你侵犯醫師的私人生活過多，這樣很容易引起誤會，說不定醫師會誤會你在亂講話。我們不要再談醫師的事情，談談你自己的事，這樣我們才能幫助你。

病　　人：好的，那我就慢慢向你們說明我自己的事情。

根據病人的描述，住院醫師和督導教授才逐漸了解病人最近發生問題的前後情況。原來病人兩年前就和長年結婚但總是虐待她的丈夫要求並辦理離婚，可是最近她丈夫並未依照法律規定按月寄給她贍養費，病人曾打電話向前夫要，結果性格暴躁且不講理的前夫很生氣，在電話裡威脅要殺害她，讓病人覺得很恐懼。結果她就天天把公寓的門窗關得緊緊的，害怕前夫會真的來殺害她。有一天，不知何故，病人覺得身體不舒服，腦袋昏昏沉沉的，心裡就懷疑是否前夫來過，從門縫或經由天花板的小洞施放毒氣想殺害她。也因此，她向鄰居這麼一說，就引起鄰居的誤解，懷疑她是否精神錯亂，報了警把她送來醫院診治。

住院醫師：你現在回想起來，是否真是你前夫想來殺害你呢，還是你自己太過敏感與懷疑了？

病　　人：我想，是我過分害怕才會疑神疑鬼，可是你要知道我離婚的丈夫的確很凶，手段很厲害，什麼壞事都做得出來。他也曾叫人打傷和他敵對的人，我很了解他凶狠的本性，所以我很害怕。

住院醫師：你有沒有和你兒子談過，看他有什麼樣的想法，能否給你什麼意見？

病　　人：我兒子和我不親。自從我跟前夫要求離婚後，他就很氣，認為我和他父親都已經六十多歲了，還談什麼離婚，很沒面子。所以他對我很不諒解，很少再和我來往。

住院醫師：一般中國人對離婚有什麼樣的看法？

病　　人：過去誰敢講離婚，會被人批評的，尤其是女方要求離婚，會讓男方非常生氣，擔心被笑說丈夫一定不像個男人，所以被女人離了。

住院醫師：不像個男人是什麼意思？

病　　人：這我不好意思說。

督導教授：是否表示男人的性能力有問題，無法滿足女人？

病　　人：就是這個意思。

自從我向先生提出離婚的要求以後，我兒子只跟父親比較好，都不來跟我見面。

住院醫師：那你很孤單囉？

病　　人：是的。因此，兩年前我偶然認識了一位年輕的男人，四十多歲，和我孩子的年紀差不多，我和他感情不錯。他身體不好，但沒錢看病，有時我會給他一點錢，讓他看醫生。有一次我還請他一起吃飯，可是他在半年前就生病去世了。

住院醫師：他是不是你男朋友？

病　　人：醫師，你不能亂說，他只是我要好的朋友，不能說是男朋友。

督導教授：你是說，這個年輕男人只是男性朋友，但不是有特別情感的「男朋友」？

病　　人：是的，我把他當成是我收養的乾兒子照顧他。

住院醫師：中國人有這樣的習慣嗎？

病　　人：不太多，但反正我就是把他當成是我收養的乾兒子。可是他過世後，我就很傷心，覺得很孤單。

督導教授：這個男的朋友過世後多久，你開始懷疑離婚的前夫會來殺害你？

病　　人：可能就在兩、三個月後。

督導者和住院醫師的督導對話

督導教授：看來，這個病人的談話思緒很清楚，並沒有什麼病態性的思考，根本不是精神病患者。但她的談話內容，很可能由於文化上的隔閡而容易引起他人的誤解。而且，她有比較特殊的性格，很大膽地向丈夫要求離婚，和一般中國人不太一樣。不過，如果她前夫真的那麼不好，會虐待她的話，我們可以理解她的行為。可是她和那個四十多歲年輕男人的關係，我們就不太了解。雖然她強調不是男朋友，但兩人的感情似乎很好，而且在對方過世後，病人的心情不好、變得抑鬱，這點值得注意。是否因為抑鬱症而發生暫時性的妄想或是其他因素，例如：暫時性的腦血管不暢流，發生腦血循環一時性不足而產生短期腦症狀也說不定。

可是要注意的是，病人在心理上喪失了自己的兒子，就找替代的年輕男人，但這位年輕男人又過世了，因此內心感到很空虛，是否會把目前的你（男性醫師）當成感情上的替換與依賴者，這必須很小心並注意去處理。

住院醫師：我知道，我會很小心。

督導教授：尤其是治療將要結束前，要提早預備停止治療的進行，讓病人不會覺得又喪失很重要的對象（治療她的醫生）。

住院醫師：你覺得我對這名病人應進行何種治療，並且治療多久？

督導教授：主要提供支援性的輔導，如果進行成效良好，三個月後，就可以開始逐漸把會談的次數減少，改為每兩、三週才看診一次。半年左右，如果病人情況還不錯，就可以停止治療。

數月後的追蹤督導

經過治療者提供支援性輔導後，病人的恐懼心理逐漸消失，也慢慢恢復正常的生活。而且值得一提的是，病人出院後，因為覺得抗精神病劑有很大的副作用，所以從未服用藥物，可說是完全依靠心理的支持與輔導而逐漸好轉，是受惠於心理治療的病人。和起初住院時的美國主治醫師所斷定的看法不同，變成是值得施予心理治療的病人，且受惠於心理治療良多。

督導教授：你治療的華裔病人最近情況如何？

住院醫師：很好。病人的心情不錯，最近也常和朋友往來，且開始定期參加社區舉辦的華人老人聚樂會，有社交活動。我們已經談論再過一個月，就要結束治療。

督導教授：那很好。

住院醫師：可是我有個問題，最近病人又開始詢問我一些私人性的問題，問我喜不喜歡吃中國的點心？我不知該如何回答。

督導教授：喔，這並不算是私人性的事情，不像從前問你有沒有結婚，或要幫你介紹女朋友等這類的話。而且，我猜她大概想送中國點心給你，所以才問這個問題的。

住院醫師：可是你不是曾經警告我，要和這樣的病人保持職業性的關係，不要有私人性的交往？免得她把我當成是另一個可以依賴情感的對象？

督導教授：沒錯。可是治療即將結束，病人送治療醫師一點小禮物，特別是食物這類的東西，這沒什麼不可接受的。因為中國人經常會送醫師一點東西，表示感謝的心意。

住院醫師：那我就放心了。

追記

治療將結束的最後一次會談時，病人果然帶來一盒中國點心，送給醫師和門診的工作人員們以表謝意，然後結束了治療。

第 8 章

治療者與病人關係上的督導

我們在第一章已經說明過：治療者除了學習如何和病人會談外，還得學習如何觀察自己與病人所發生的關係，且適當地控制。因為「治療者與病人」間的關係，對治療的進行與結果會產生重要的影響，需要適當地調整與控制。治療者與病人在治療過程中，會發生各種性質的關係，而這種「治療者與病人」間的關係，自己往往不容易注意與察覺，也不知如何去控制，因此，特別需要督導者的協助。督導者不僅要能以旁觀者的立場與功能來觀察並指出「治療者與病人」間所呈現的人際關係，還要輔導治療者如何調節「治療者與病人」間的關係，使其關係變成是有「治療性」的關係。

一般來說，「治療者與病人」間會發生各種性質的關係，即：由於專業而事先就定下須遵循的「職業性關係」；由於治療者與病人雙方彼此的性格相互形成的「個性相應關係」；為了治療而刻意樹立的「治療性關係」；以及無形中雙方呈現的「轉移關係」或「反轉移關係」（細節請參見第一章）。在本章，我們將列出幾例個案，尤其是牽涉到病人與治療者間所呈現的特殊問題，而加以討論。

個案一：由男醫師看診而情緒緊張的年輕女病人　朱金富

說明

此個案由治療者對病人會談醫療總共十二次，治療停斷後，由治療者回顧性地向督導者報告十二次會談的先後經過細節，督導者針對治療者報告每次會談的情況而隨時做督導性的提問或評論。

第一次會談

治 療 者：病人李豔紅（化名），是二十四歲的年輕女性，未婚，由同學陪診。患者自述近一年來，總是害怕自己忘記關瓦斯而引起爆炸。

督導者問：已經是二十四歲的成年人，為何還要由同學陪同來看病？是否是很依賴性格的人，或是有其他問題，而害怕看精神科醫師？

治療者答：不知道。病人一進來會診室，就告訴我她的朋友在會診室外面等。病人告訴我自幼家庭條件優越，經濟狀況較好，父親喜歡做家事，但不善言辭，對患者比較關愛，很少干涉她的事。父親一年前因腦血管疾病病逝；而患者的母親很能幹，事業有成，是做生意的，賺錢較多，與患者的父親關係不睦，自覺嫁給患者的父親很委屈。

督導者問：你認為被這樣的父母帶大，對這位女病人的心理發展有何影響？

治療者答：對男女的看法與關係會有所影響，會怕母親，同情父親。

病人自述：母親愛乾淨，討厭別人來家中作客，甚至連自己的兒子來家中離開後，母親還要把沙發罩洗一遍。母親對病人的干涉較多，病人在母親心中是比較聽話但不求上進的女兒。病人國中畢業後，因擔心讀高中考大學壓力較大，因此選擇就讀中專，母親幫病人選擇職業學校，畢業後又讓病人參加自學考試，學法律。母親不喜歡病人太早交男朋友，每次有人想為病人介紹男朋友時，母親總是說病人還太小不想找對象，目前還在學東西呢。母親也從不和患者討論如何結交異性朋友或將來如何為人妻、為人母，還反對病人外出找同學和朋友玩。母親從不直接批評病人，但病人偶爾回家較晚，母親的臉色就不好看。

督導者評：這樣的母親會讓女兒無法建立足夠的自信心，包括對自己女性的認同也會有所影響。

第二次會談

治　療　者：患者晚來八分鐘，跑得氣喘吁吁。一進會診室就忙著解釋：因為公車在路上拋錨，所以遲到了。

病人坐下後，開口就說覺得沒什麼可回憶了（因為治療者在第一次會談時，曾要求病人要回憶過去重要的事情）。此時，治療者提示患者，可以回憶自己幼年時對家人的印象。患者重點式地回憶了與她年齡最接近的四哥的關係，說四哥半歲多時，因當時母親懷了病人，無力照顧四哥，四哥就被送到鄉下的外婆家，由外婆撫養，一直到十五歲才回家，回到父母身邊重聚。

病人記得，當她四哥在假期時偶爾回家和家人一起住時，會與她爭電視看，母親便會要求病人讓四哥，讓病人感到四哥的存在影響了她，因此，覺得哥哥很可惡，甚至要求母親不要讓四哥回來了。現在病人的四哥即將結婚，且婚後要與外婆一起生活，外婆的一些積蓄全給了四哥，病人覺得很不公平。

督導者問：病人敘述這些與哥哥有關的事情有什麼涵意？

治療者答：應該是手足間的競爭與排斥……

督導者問：還有呢？

治療者答：不知道。

督導者解釋：病人覺得母親是重男輕女，間接影響了她對自己身為女性的信心。

督導者接著問：病人說這些家裡的事情，是想告訴你什麼？有什麼涵意？

治療者答：病人透過對家中事情的描述，想告訴治療者她的家庭關係，尤其是她外婆不喜歡她。

督導者問：病人說母親不好、外婆也不好，那麼對這名病人的心性發展有何影響？

治療者答：說明這個女病人對同性的母親的認同有問題。

督導者問：然後呢？

治療者答：影響這個病人如何成長為女性。

病人說：她去年沒有考上律師，外婆還嘲笑她。儘管病人的父親生病時，母親曾出錢請保母，但病人還是覺得母親對待父親不公平，沒有盡到妻子的義務（患者對自己的母親有負向的印象，難以和母親接近、認同）。

病人還說：她今天來諮詢前，在家煮飯，還幫四哥洗衣服，而她哥哥坐享其成，讓她心裡覺得很不平衡。還說自己好幻想，有時怕瓦斯沒關好引起爆炸；擔心自己喝了洗衣服的髒水；擔心上街時忘了鎖門；擔心自己半夜拿刀亂砍家裡的人等。

督導者問：「家裡的人」這句話很籠統，病人有沒有特別指誰？是母親、四哥或外婆？

治療者答：病人沒有說明，可是我推測可能是她仇恨的母親。

第三次會談

治　療　者：患者按時來到會診室，依照我的提議繼續進行自由聯想。

督導者註：（本來想問治療者為什麼此時要這位病人做「自由聯想」，這樣的要求對此病人有何特別影響與作用？可是考慮到對此個案的報告過程中，還有許多事情需要討論與督導，所以就沒有展開討論關於自由聯想的事情。）

治　療　者：病人談起自幼不逛街，也不和親戚來往，母親是獨生女，父親則兄弟姊妹較多，但因母親不願意讓病人回（父親）老家，告訴病人老家的親戚不好，還說以前哥哥託老家的親戚照顧時，這些親戚進城來他們家，臨走時，把他們家裡的東西帶走很多。此外，患者有好幾個叔叔，患者分不清年齡，只知道和父親長相相似的叫三叔。病人還說：大哥是很悲觀的人，只知道存錢，常說公司快不行了，將來會沒有飯吃等，連買衣服都捨不得買貴的；而三哥與大哥截然不同，愛花錢擺闊，上街買東西也從不討價還價。病人說到小時候感到最幸福的一次是父母一塊兒抱著她去電影院看電影。

治療者和患者討論了她母親做人的一些問題，還有父母關係不佳，病人與哥哥的關係也不好，患者認為母親的性格有缺陷，且父親病故後，母親至今未再嫁。（治療者推測：患者希望母親嫁人，從內心討厭母親。）

患者臨走時，交了下一次的治療費，還順口說最近比較窮。

督導者問：為什麼病人交了費用還說比較窮？

治療者答：我推測可能是治療上的阻力，或是病人告訴我，她很有治療的意願，即使窮也想繼續看診，接受治療。

督導者問：病人會不會希望治療者對她有特別感情而考慮不收費？

治療者答：也有可能。

督導者解釋：病人所說的話都要仔細考慮是否有什麼涵意。病人向治療者繳交費用，常會牽涉到對治療者的感覺與關係。

第四次會談

治　療　者：患者仍由一位女性友人陪診，朋友在外面等候。

督導者問：為什麼第二次與第三次會談都已經沒有朋友陪她來，這次卻又要朋友陪她來看病？你想，是否有什麼意思？

治療者答：可能是因為患者被醫生要求回憶、自由聯想、需要暴露內心深處的隱私，而感到難以繼續接受治療；或者和治療師接觸時，有特別的感覺而感到不安全，需要保鏢。

治　療　者：患者進會診室後，先坐下來等治療師，接著繼續上次的回憶，說自己的三哥好擺闊，不拘小節，有一次修理摩托車時，沒有和修車的人講價，走後還被人家說是冤大頭等，害我很氣憤，又不好意思直接和三哥說。病人又說三哥的女友很開放，婚前同居而懷孕，還生了一個女兒，患者覺得（那樣的行為）不太好。接著病人又說到目前四哥的女友也來自己家，剛開始與病人的關係不錯，後來發現她很懶，病人與母親都覺得她煩，很討厭她來自己家，有時來了，自己和母親也不太想理她。

病人回憶起父親去世後的某一天，發生了一件事。病人的大哥有個朋友，病人和大哥的朋友在一起時，腦子裡覺得很不安全，會聯想到一些很骯髒的事，想到自己會不會像電視裡那些很放蕩的女人一樣，和大哥的朋友調情，然後做一些不敢說的事（指發生性關係）。

病人說，以後想起這件事時，仍會覺得很恐懼，因為病人說她自己是個很謹慎的女孩，不該有那種慾望與行為。此時，治療者向患者指出，她每次來時都戴著手套，患者回答說自己有潔癖，怕公車上不乾淨。

督導者問：這名女病人開始說出她內心比較擔心的心理問題，她擔心自己會對異性有放蕩的慾望與行為，對自己性的慾望的控制有所擔心，但治療者在此重要的關頭，為什麼沒有讓病人繼續談論此話題，而把焦點轉移到另外的話題，去談病人戴手套的潔癖症狀，是不是不知如何和病人談論並處理有關性的問題？

治療者答：因為病人談到她對性的放蕩的慾望，而我推想到她可能對治療者有與性有關的幻想，因此內心感到不知所措，有點恐懼和不安，就把會談話題轉移。我當時對女性患者暴露性的慾望該如何處理沒有專業的經驗。

督導者評：你能很老實地說明當時自己的心情，也說明你很難處理當時自己的心理反應，這是很好的。因為治療師要能時時觀察與分析自己對病人的心情反應。可是，從事後的角度來說，治療師在當時最好能馬上向病人說明女人對男人感到興趣，並且有性的慾望，是很自然的事情，不必感到不好或覺得是「髒」的事情，只要懂得如何適當地控制與處理自己的慾望即可。如此一來，經過治療師的澄清與安慰，可以穩定病人的擔憂。

治　療　者：患者在治療快結束時，和我討論是不是自己的想法與女性治療師談會比較好。

督　導　者：這名女病人提問是不是與女性治療師談她的心理問題比較合適，很顯然，她覺得和男醫師談有關性的問題覺得有點尷尬；同時她也在探討，這樣的話題與男醫師討論是否合適、男醫師是否可以接受且願意聽取她內心情感問題等。因此治療師要即刻針對此做澄清，並保證可以繼續談論男女的事，以便分析與處理病人所煩惱、與男女關係有關的心理問題。

治 療 者：最後我還告訴患者，治療時還可以回憶夢，對夢進行解釋。治療結束後，患者又交了五次治療費，願意繼續今後的治療。

督 導 者：從治療的角度來說，治療者沒有處理病人所關心的問題，即是否可以和男醫師談自己內心有關男女間的事，而還要求病人回憶夢，要病人揭露自己內心的想法。但從結果上來看，病人並未反對這樣繼續有深度地探討自己內心的情緒，表示還要繼續來接受治療，還一口氣交了五次的治療費，表現和治療師有了密切與信賴的感情。

第五次會談

治 療 者：患者比較晚到會診室，說自己在家裡看電視節目忘了時間，接著告訴我最近沒有作夢，有時作夢也記不清。接著患者主動敘述春節前的一件事，由於她替母親領了數千元，以便過年用。結果，母親忘記了，還懷疑她是不是把錢給了哥哥，讓病人很生氣，說以後領錢都要做記錄，因為她擔心母親以後不會再信任她。談到最後痛苦時說，她買了一件毛衣很久都不敢穿，因為擔心是別人賣的舊衣服，雖然自知這種擔心沒有用，但就是無法控制。我根據認知領悟療法治療技術，以小孩「害怕衣服裡有老虎」的比喻向患者進行解釋和治療，患者同意自己的症狀與小孩怕衣服裡有老虎很相似，不合邏輯。

治療結束時，治療師問患者今天為什麼沒有戴手套來治療，患者的解釋是今天天氣比較熱。

督 導 者：治療者不但要注意觀察病人的表情與行為，還得考慮其所表現的行為有何心理上的涵意。這名女病人戴手套，怕被傳染，但這次治療未戴手套，除了口頭上所說的天氣比較熱的理由外，是否表示來看醫師可以比較不用防備，可以露出自己的手指？或是表露自己內心的情感問題等等。

治　療　者：會談將結束時，治療師向患者要家裡的電話號碼，表示下週可能要出差，如果出差就打電話通知她停止治療一次。

督　導　者：向病人要家裡的電話是因為實際需要，但也得考慮其象徵性的涵意，即：要進入病人的私人領域。因此，對此位病人必須特別考慮，最好不要向她要家裡的電話，以免病人誤解治療師有意圖想侵入病人私人生活的界限，加強病人與治療師之間已經有點尷尬的情況。

第六次會談

治　療　者：患者遲到十分鐘，自述公車又拋錨，換了車才到，原本還以為會提前五分鐘到。接著患者表示上次治療師用小孩害怕衣服裡有老虎的比喻，她仍無法理解。治療師又再次向患者解釋。患者又敘述上次回去後，她就把自己新買的毛衣送給了上次陪自己來看診的好朋友小梅，因為她還是怕買到的是舊衣服，且試穿時，小梅說如果你還怕就給我吧！所以患者就把新毛衣送給小梅了，小梅認為病人無緣無故地害怕東西髒，很可笑。

病人談起她怕髒、怕生病、怕死時，她進一步回憶起童年時，有一次與小梅上學時，曾掉進水溝裡，回家後，媽媽不相信她；還有在她父親火葬時，她害怕有一天自己也會火化掉等事情。且病人曾提過，她在父親生病時，曾經照顧他。

督　導　者：病人還是繼續說明母親與她不親近以及信任的問題，同時也在說明她自己與父親很親近。因此，在父親過世火葬時，她內心裡還想到自己過世時也要和父親一樣火葬，追隨父親。

這些都是間接地談論病人小時候所經驗的親子三角關係的好材料，可用來為病人做「指點」，說明她對自己身為女性的看法，以及對男人的矛盾性慾望的根源。

第七次會談

治　療　者：患者準時來到治療室，坐下後就開始接著上次的分析繼續進行會談。患者談到上次自己怕死之事，繼續討論小孩害怕衣服裡有老虎一事，並詢問要怎樣做小孩才不怕老虎。患者自行思考了一會兒，然後自行解釋：可以讓孩子反覆檢查衣服裡沒有老虎。治療師還和患者討論，是否可以讓孩子到動物園看真的老虎，然後讓小孩領悟衣服裡不可能有那麼大的大老虎。患者表示理解，並同意治療師的觀點。

接著治療師和患者討論：小孩怕老虎和你怕煤氣爆炸、怕衣服髒有沒有相似性，患者認為兩者都是對安全感的恐懼。然後，讓患者進一步思考自己是否很髒。接著患者又回憶起童年時曾遇到的男女之事。

督　導　者：這名病人有強迫性思考與行為的表現，因此，治療師採取認知與行為治療模式的要領，屢次去嘗試更改病人對強迫性害怕的心理與行為。可是治療師要了解，病人怕髒的強迫性觀念，是和她怕自己有「骯髒」的性慾望有連帶關係。可以說是把自己怕骯髒的性的慾望「轉移」到怕衣服髒（被人「碰過」的髒），也怕在公車裡被人碰到而髒，所以要戴手套等。因此，除了用認知與行為療法的原則治療病人的強迫性「症狀」與「行為問題」外，另外的辦法就是不要過分擔心病人的強迫症狀，而多直接處理病人害怕自己有「骯髒」的性慾望的情感問題，協助病人了解對性的興趣與慾望並不是「髒」的，而是正常的心理慾望，減除病人認為是「髒」、「不該」的想法與態度，可說是針對病的根源而進行治療。

換句話說，治療師必須扮演和病人的母親不同的角色，要信任病人，並鼓勵她，允許她對異性有興趣，不要過分抑制或覺得是「不該」的慾望。也就是說，要依靠治療者與病人的「關係」來矯正病人的心理問題。

治　療　者：最後，患者說最近一直在思索自己是一個什麼樣的人，她覺得自己平時都戴著面具，而在治療室可以摘掉面具。患者談到她最近與治療師相處而摘掉面具後，會感到緊張。後來，患者回想起過去小時候想買什麼東西從來不說，而是讓家長猜，有時是她自己喜歡的東西，反而會說東西很貴，但父母買了，她又很高興。她認為自己這樣的行為表現是虛偽的。

督導者問：你認為病人說這些話，是想向你表示什麼？

治療者答：因為病人在會談中屢次暴露自己內心的隱私資料，包括對性放蕩的慾望，而同時又沒有得到治療者的適當反應與支持，因此，病人對自己暴露許多內心的事情感到後悔和慚愧，所以，對自己所說的話說是真真假假，企圖混亂或否認。

督導者解釋：你的分析很對。看來病人在等待與要求治療師對她的為人提出看法和評價，期待你能接受並支持她。

第八次會談

治　療　者：患者準時來到諮詢室，這次患者很高興地自述最近感覺不錯，說自己敢當面指責哥哥的錯誤了，也不再像以前那麼虛偽。最近買衣服很快就穿上（但仍有些擔心怕衣服髒）。同時患者說最近來治療時，有時會不想來，因為怕治療師會詢問她一些難堪的問題（與性有關的問題），也覺得她把個人的許多想法都告訴我，萬一我沒有良好的職業道德，都洩露出去該怎麼辦？患者還說，與治療師相處時，會有一些很骯髒的想法，且這種想法越來越強烈。

督　導　者：病人很明顯是在表白自己對治療師的感情，是所謂「髒」的慾望、感情與想法，並且害怕治療師無法信任，會被利用。所以，治療師此時要立即處理其轉移關係上的疑惑。病人覺得自己的母親無法信任，也就擔心你也不可信任，是轉移關係的層次。而病人暗地裡喜歡自己的父親，但又覺得不該，而產生心理上的矛盾，認為自己不該對男人有興趣，也不該對「男」治療師有興趣、有想親近的慾望，是對父親的情感與關係上的轉移。也就是說，患者有父母雙重的轉移關係產生，需要各個去解釋、處理，以穩定病人對治療師的轉移問題所帶來的困擾，否則難以繼續進行治療。

反而可以利用其所正在發生的轉移關係，讓病人體會對其他男人產生喜愛的感覺是很自然而非骯髒的事，不用嫌棄，也不用害怕，只要不採取行動發生不被社會所接受的「越軌行為」即可。換句話說，透過醫師與病人間發生的關係，讓病人體會與經驗「正常的」男女感情，而能去面對與接受男女之間的關係，這樣無形中可以得到治療的好效果，是難得的治療機會。

第九次會談

治　療　者：患者準時來看診，進會談室後，患者自述心情緊張，覺得雙手和身上全都麻麻的；提起上次談到自己對異性的認識，覺得自己像動物一樣，問治療師她會不會變成花癡。接著患者又談到了自己與異性相處時的一些性幻想，幻想自己脫掉衣服主動親近異性，並和男人發生性關係等；又提起她過去曾交往過一個男朋友，後來覺得不合適，就沒再來往。不過當時交往時，他們兩人曾有過接吻等親密行為（患者強調沒有發生性關係，自己至今還是處女），現在回想起來就覺得噁心。又提到她和異性相處時，自己的潔癖等症狀都會消失，例如在外地與男同事一起到街上吃飯，感到很愉快，也就不會注意自己的潔癖症狀。會談結束後，患者又交了五次治療費。

督導者評：病人很顯然在表達對治療師所產生的轉移關係，並且被其困擾，治療師要很積極地去處理這個問題。你當時是沒想到、沒發覺、沒理解到，或是不知如何處理而沒採取治療上的反應？

治療者答：我當時的確不知該如何處理。

督導者說明：針對這樣轉移關係的產生，你可以向病人解釋，這是心理治療過程中經常會發生與被觀察到的情況。也就是說，病人會把自己幼年時對養育她的「關鍵性撫養者」（通常是父母）的關係移轉到類似的對象，特別是治療師。可是，這樣的轉移關係在治療上可以好好運用，用來解釋與分析病人跟他人的關係上的問題或情結。對這個病人來說，你可以解釋：她幼年時對父親及母親的個別經驗的關係會表現在治療師身上。

尤其是病人對男人感興趣時，無形中會潛意識地覺得：好像和自己的父親有親密的情感而覺得不該，所以總是覺得很骯髒而尷尬。治療師可以利用這樣的觀察協助病人了解與體會——女人對男性的興趣與慾望是很自然的事情，不用覺得不該或是很髒的事。同時治療師也要向病人解釋與保證：治療師是受過專業訓練的，懂得病人對醫師所產生的感情的性質與來源，也知道如何處理，並不會讓它發生不適當的結果，所以請病人放心與你合作，一起共同分析與討論，以便矯正治療病人對男人的感覺。

第十次會談

治 療 者：患者準時來到治療室，主動敘述自己最近心情與感覺很好，只是對陌生人（尤其是男性）感到恐懼（包括治療者），主要是因為，病人見到陌生異性會不自主地想到與性有關的事，會覺得很骯髒，其實沒見到異性時就沒事。病人還說，她最近總擔心會把錢或把銀行的存款領出來交給陌生人。

針對這些問題，我舉類似的例子為病人做了比較，例如：當大人要小孩把手中的蘋果給大人時，一開始，小孩是不願意給大人的（受本能的作用，擔心自己會失去蘋果）；而如果要成年人把蘋果給別人，一般成年人都會給，因為大人會覺得當他把蘋果送給一個特別想吃蘋果的人時，可以讓對方高興，因而很情願地給。但反過來說，假如要把一顆蘋果送給大人，大人不一定會馬上接受，因為大人會理智地考慮是否可以隨便接受別人給的蘋果。我利用這樣的比喻，希望能幫助患者領悟她自己的想法是否像小孩，比較幼稚和原始。

督導者評：治療師向來習慣採用認知行為治療的模式進行治療，每次遇到病人提訴強迫性問題時，就針對認知性的問題施以更改認知的治療企圖，而未嘗試分析性的治療。

況且，讓病人在認知上領悟自己是「幼稚」並不會讓病人變「成熟」，而是還需要從情感上重新體驗比較成熟的情感。也就是說，要透過與治療者的關係，進而經驗與體會可以喜歡異性，且不用擔心是骯髒、不該的，同時適當地控制與處理對異性的興趣與慾望。換句話說，要利用治療上的關係讓病人逐漸重新體驗比較健康與成熟的經驗，這是過去病人未經歷過且缺少的男女健康關係。經由這樣的彌補與新體驗，才能讓病人從心裡更改基本的情感問題。

至於病人在會談裡曾先後描述有關過去發生過的細微瑣事，都可用來談論，讓病人以新的看法與經驗取代過去所謂比較幼稚的、病理性的體驗。

例如：病人自述「三哥的女友很開放，婚前同居而懷孕，還生了一個女兒，患者覺得不太好」，這個題材就可以用來討論女性開放些未嘗是壞事。此外，病人還曾提到：「父親去世後的某一天，她和大哥的朋友在一起時，腦子裡覺得很不安全，會聯想到一些很骯髒的事，想到自己會不會像電視裡那些很放蕩的女人一樣，和大哥的朋友調情，然後做一些不敢說的事（指發生性關係）」，這也是很好的題材，可以談論遇見自己喜歡的異性而有許多幻想，是很正常的事，不用擔心自己（像母親所說的那樣）是「放蕩」的女人。另外，病人曾提到：「自己對異性的認識，覺得自己像動物一樣，還詢問你她會不會變成花癡。接著又談到了自己與異性相處時的一些性幻想，幻想自己脫掉衣服主動親近異性，並和男人發生性關係等」，這也是很好的題材，可以討論如果和陌生人在公共場合脫掉自己的衣服，是不好的越軌行為，且是失控的情況；但與自己喜歡的男人結婚後，跟自己的丈夫這樣親近，是很正常的行為。如果能如此區別而採取行為，就不是花癡。

而病人提到：「過去曾交往過一個男朋友，後來覺得不合適，就沒再來往。不過當時交往時，他們兩人曾有過接吻等親密行為，現在回想起來就覺得噁心」，也是討論為何覺得不合適（是否擔心母親反對或批評）以及為什麼覺得「噁心」的好時機，可以想辦法去更改、消除其厭惡感的經驗。總之，這些病人在每次會談中所提出有關男女之間的事情與經驗，都是很好的材料，可以幫助病人重新認識與體驗，從負向的檢驗更改為正向的經驗。這樣一次又一次地去體會，就可以逐漸更改病人負向的情感、看法與反應，獲得治療的效果。

治　療　者：後來患者又進一步分析現在怕見陌生男人與童年的一次遭遇有關，患者回憶大約十歲左右，在鄰居家被一個男孩子捉弄調戲，但他未得逞，此後便害怕見到那個男孩。

督導者評：這又是很好的題材，可以好好地將其運用於治療上。可以讓病人重新體驗當時的情況，但是以不同的方式，讓病人覺得被男孩捉弄調戲是女孩學習如何與男孩應對接觸的機會，不用馬上看成是不好的事，也不需要害怕男孩。提供和母親不同的說法，可以對抗負向的經驗，協助正向經驗的彌補性發生，是「情感糾正」的治療技術與方法。

治　療　者：最後，我告訴患者下週放假，患者的治療可以提前，也可以在假日後進行，結果患者選擇了提前。而在假日後，患者又來過兩次，沒有明顯的進展，還剩兩次治療，可是患者卻放棄，也就停斷了治療。

督導者總評：這是很好的案例，可以讓我們分析與討論病人與治療者間所發生的情感關係，以及如何處理這樣特殊關係的情況。從病人先後提供的成長資料與病情來看，我們可以建立「病情整體性了解」〔即：運用所得臨床資料，包括潛意識層次的內精神材料，而動態性地去解釋問題發生或情結產生的前因後果，稱之為動態性個案解析（dynamic case formulation）〕如下：

病人自幼與能幹的母親關係不好，總是被管制，缺乏支持，限制對其心性的發展，且不信任、無法對母親（同性）認同，進而學習如何成為女性。另一方面，患者對被母親與外婆看不起的父親，富於同情與喜愛，但可能被母親阻擋，結果產生親子三角關係上的情結問題，沒有好好解決，一直影響病人的心性發展，即：對異性感到興趣，卻又無法接受其興趣與慾望，看成是骯髒且不該的事情。病人與母親很相似，有強迫性行為。當患者覺得無法處理自己對異性的慾望而感到髒時，就會症狀性地出現怕髒的症狀，可說是繼發性的問題。

因此，整個治療的重心宜放在如何協助病人矯正對異性的興趣與慾望的問題。

回顧整個治療的過程，可以從中看出病人所提供與描述的問題在逐漸演變。即：從強迫性意念的問題，談到家裡的人際矛盾，逐漸提出自己對異性的興趣與慾望問題，可說是從邊緣問題逐漸集中到核心問題。同時，一開始就和治療者發生轉移關係上的問題——喜愛而想接近，但又覺得不該、也害怕（重複對父親的關係），同時也不敢信任（轉移對母親的問題）。可是對治療者的情感與關係逐漸濃厚，也逐漸表露，但治療者沒有及時處理，也未理會，最後讓病人（害怕而）脫離治療關係。

一般來說，對於病人的轉移關係，有時不但不容易察覺，就算察覺了，也不知如何把握與處理，這是常見的現象，也是督導上很需要協助的課題之一。如何透過（或利用）所發生的轉移關係來矯正病人對人的關係問題，是很重要的治療策略之一。在此案例中，對這名病人是很好的治療機會，即利用病人與治療師發生的關係而加以指點、解釋、澄清，並糾正其關係，體驗健康、成熟性的（男女）關係，對此病人是最好的治療。換句話說，如何透過所發生而觀察到的「關係」來治療關係上的問題，是「關係治療」的要件。

對於治療者來說，能詳細地記錄並回顧每次會談的內容與經過，是難能可貴的，而且能好好地接受督導者的評論與建議，顯示是自我能力健強且富有學習動機的醫師。至於督導者能坦率直言地批評與指點，也是看在你可以坦然接受督導而進行討論。假如這個個案在治療中，能每次會談後就得到督導者的督導，或許就會有更清楚的治療方向與要領，尤其是可以了解如何面對與處理，並好好利用轉移關係而施行治療了。

治療者總體會：透過本案例的督導，我獲得了若干體會，即在心理治療過程中，如何與病人建立治療性關係，是很重要的事情，是保證治療成功的關鍵。身為治療者必須時時都很注意患者所說的每個細節，去分析和認識患者的問題，不能單純地只注重症狀的描述或關心臨床上的診斷。治療者特別要注意治療過程中，患者與治療師之間所發生的轉移關係，並且及時為患者進行解釋和說明，適當地處理，將其運用於治療上。總之，我覺得督導對提升治療者的技術很有幫助，同時也能協助治療者決定如何掌控治療的方向。

個案二：與父親吵架而想跳樓自殺的年輕男人

〔之一：有關「治療者與病人關係」上的督導〕

說明

這是美國夏威夷精神科門診治療的個案，主要牽涉到治療者宜扮演何種人物角色來輔導病人，建立「治療性」的關係，達到治療的效果。督導者的功能之一，就是要協助治療者討論與了解如何調整並樹立適當的「治療者與病人」間的關係，使其變成有「治療性」的關係。

這名年輕男人與自己父親的關係向來不好，長年被嚴格管制，且常被過分批評而無法接受，最後與父親吵架後，企圖跳樓自殺。為了治療這名與父親關係不好的病人，治療者必須扮演和病人父親剛好相反的角色，即：不過分管教、不隨意批評與貶低病人，讓病人能有信心且放心地向治療者傾訴，不用害怕，也不會覺得被過分管教。換句話說，讓病人和這樣（有治療性）的治療者（仍代表權威，但與父親截然不同且相反的權威者）長期接觸、相應以後，可以改善他無法適應權威者的問題。

病情簡介

這名個案是十七歲的年輕男子，名字叫馬克。馬克的父親是美國白人，母親是日裔美國人，因此，馬克是美日的混血兒。馬克雖然只有十七歲，但個子很高且粗壯，看起來儼然像個大人。馬克有個年紀比他大將近十歲的大姊，由於姊姊在十幾歲還是國中生時，曾認識並結交壞同學，一起做些越軌的行為，包括濫用藥物、男女關係不檢點等。父母受了很大的刺激，害怕兒子馬克到了國中也會變成這樣，因此，馬克小學畢業後，父母就不讓他上國中，而是留在家裡接受教育部認可的自我學習課程，由母親親自輔助學習。馬克的父母信奉一種特殊的基督教，遵守教義，行為要很規矩且生活嚴謹，不看電影、不抽菸、不喝酒，更談不上藥物濫用，絕對遵從父母也是其中的教義。

馬克就在這樣的家庭環境中度過了青春期，將近五年多的時間。馬克除了自己學習母親指定與監督的功課外，白天多半跟隨父親做事。父親經營清潔事業，必須到訂合約的公司進行清潔工作，馬克就跟隨父親一起去打掃。父親按週給馬克一點工作費，讓他可以買些零用品，但不允許他在空檔自己外出，和朋友來往。馬克每週都必須跟隨父母上教堂，與教友們來往，生活很嚴謹，沒有娛樂。

不僅如此，馬克的父親對馬克很凶，不僅常指使他工作，要求工作勤快，還批評馬克不夠負責，將來沒有前途。馬克的父親常對馬克說：他小時候是如何認真工作，今天才能成家立業，且父親也常批評現代的年輕人嬌生慣養，只知花父母的錢，不肯吃苦。這番話馬克聽了不止上千遍，聽得很煩且逆耳，但馬克從來不敢頂嘴，因為父親一不高興就會甩他巴掌，說他不尊敬父母。

這次事件的發生是因為馬克天天工作覺得太無聊，有一天心血來潮想向父親借車出外散散心，可是父親不答應，還說他上次借車時，不小心把車子撞壞了。不知何故，馬克居然開口對父親頂嘴，被生氣的父親打了一巴掌，馬克一氣之下就跑到頂樓，不管三七二十一地往下跳。幸好馬克很幸運沒有摔死，只扭傷了脖子，且手腳有點擦破皮，馬克的家人馬上叫救護車，把他送到急診室。經由醫師檢查後，除了治療手腳的破皮外，斷層掃描的結果發現，馬克脖子的脊椎有點受傷，因此，外科醫師要馬克戴上保護脖子的護頸套約兩個月；還安排馬克住院觀察數天，以確定腦部沒有損傷。同時安排馬克接受精神科的照會，決定馬克出院後必須到精神科門診接受心理輔導。

在精神科門診負責治療馬克的是日裔的男性年輕住院醫師，經由精神檢查後發現，馬克並沒有精神疾病的症狀，便在環境適應障礙的診斷下進行心理輔導，且接受督導教授的指導。

督導討論

住院醫師：目前在會談時，馬克不太敢和我說話；他的父母在場時，更是不敢開口說一句話。面對這樣的病人，我該如何對待他？

督導教授：身為治療醫師，最主要的功用有幾項。首先，你要始終站在馬克的立場，替他發聲；尤其是和父母一起進行會談時，你要輔助馬克去表達自己的意思。假如馬克無法或不敢面對父母表達自己的意見時，你必須替他開口，代他向父母要求或向父母建議，就好像你是馬克的代理人、代言者、保護者。

住院醫師：然後呢？

督導教授：你和馬克單獨會談時，必須特別用心去扮演和馬克父親完全相反的人物，不過分管制馬克，也不要總是批評他、不負面地貶低他，而是正向地鼓勵他、時時支援他，要他能自主自立。扮演這樣的角色樹立有「治療性」的關係，才能糾正馬克與權威者的相處關係，並改善他的問題。

住院醫師：你的意思是，我不用太注意如何分析馬克的問題，做指點、要求他改變其行為，糾正他對權威者的看法與態度？

督導教授：這些治療工作還是要進行，可是除了這些例行性的輔導工作外，最重要的是建立「治療性」關係，利用治療者與病人的關係而去矯正馬克的心理與行為。

住院醫師：你是說，這位病人的主要問題就是與權威者的關係問題，因此，必須依靠且透過（病人和治療者間的）「關係」來治療關係上的問題。

督導教授：你說的對，你掌握到要點了，這是治療者在治療任何病人時，都必須時時考慮與注意的事情，不要忽略了。但對於青少年階段的病人，尤其是像馬克這樣與父親有特別明顯關係上的問題時，最主要就是依靠「病人與治療者間的關係」來改善他與權威者間的關係。彌補病人未曾接觸、經驗的良性（權威者）人物，來緩衝、抵消與自己父親所建立的非適應性（病態性）的親子關係，這是治療上的要點。

住院醫師：我懂了，但要治療多久才可以？

督導教授：因為病人與其父親所建立的非適應性親子關係已經好幾年，因此，治療者提供新的（治療性）角色，讓他透過這樣的新關係與經驗而更正，也需要很長的時間。至少要提供半年至一年的治療期間，才能看到基本的成效。

住院醫師：是因為這牽涉到性格上的糾正，所以才需要比較長期的治療嗎？

督導教授：沒錯，這是急不得的事，必須以長期心理治療的模式進行輔導。不過此次治療有個優勢，就是你的病人還年輕，性格還未完全固定下來，仍有彈性，所以可以嘗試治療。

住院醫師：我在門診接受訓練約有一年，我會盡量利用這段時間為他治療。

督導教授：好極了，但有一點必須知道，你的病人因為長期沒有自主自立的習慣，突然要他練習開口表達意見，甚至向父母建議，是不容易的事。如果強迫他過早改變行為，他在心理上會不適應，也會感到不舒服。因此，要慢慢來，讓他逐漸習慣才行。治療者在剛開始時，要採取比較積極主動（但不具過分攻擊性）的角色，緩慢地誘導病人。

等到病人比較自發自立時，再慢慢扮演比較被動（但不要過分消極）的角色，可以相對地協助病人轉變成比較主動且積極。換句話說，要看病人好轉的情況隨階段調整治療者所要扮演的相對角色。

住院醫師：我知道了，我會注意的。

治療經過

這位住院醫師果然很有耐心地對病人治療將近一年的時間，病人與治療者建立了良好的關係，很信任治療者。病人也逐漸改變不敢講話、不敢提出意見的傾向，轉變成勇於表達想法與意見的年輕人。

在治療半年後，經由父母的許可，馬克開始到外面找工作，但事情並未如預期中順利。在新工作場所中，馬克不習慣也不懂如何和老闆或同事相處，尤其是跟女性同事相處，不知如何和她們談話或接觸。這是因為馬克長年被拘禁似地居住在家裡，很少有社交活動，或結交朋友的關係。經過治療者的鼓勵，馬克慢慢嘗試，將近一年的時間，情況才逐漸好轉。

在這治療期間，住院醫師都記得督導教授在一開始所提供的建議——扮演「治療性」的治療者，依靠與病人的關係進行輔導，並治療病人與權威者的非適應性關係。

督導者的評論

負責治療馬克的治療者，他的個性剛好很圓融、溫柔，不會強迫他人且對人很有耐心，懂得如何提供他人情緒上的支援。因此，要他扮演和馬克的父親相反的性格與角色並不費力，可說易如反掌。倘若這名住院醫師剛好性格比較剛強，跟馬克的父親一樣喜歡訓話、逼迫人，且喜歡控制他人的話，扮演了與馬克父親一模一樣的角色，那麼其治療效果就不會那麼顯著。

此外，這位住院醫師能了解如何按階段調整他與病人的關係，從主動的角色慢慢轉變成比較被動的角色，隨階段鼓勵病人從比較被動轉變成比較主動的年輕人。

在本個案的討論中，把治療的要點放在如何建立「治療性」的關係。但是並未提到針對此個案所需進行的其他治療工作，包括如何為父母提供諮詢與輔導，如何協助病人逐漸離開父親而到外面自己找工作等現實層面的操作等，這些內容將在第十四章個案一：「與父親吵架而想跳樓自殺的年輕男人（之二）」中另加詳細說明與討論，可以讓讀者參考而有綜合性的了解。

個案三：要求掛最後一號看診的女病人 朱金富

第一次會診

治 療 者：這名病人叫柳小花（化名），女性，三十五歲。患者獨自一人就診，會診一開始，患者自述最近幾個月來睡眠不佳，心理很痛苦，有時還衝動地想離家出走。治療師進一步詢問原因時，患者敘述丈夫是一家公司的老闆，而患者是丈夫生意上的幕後幫手，公司生意很好，患者自己開小轎車過來看診的。在各方面患者認為都很好，但令患者痛苦的是：她的丈夫總是擔心性生活對身體不好，因此，夫妻兩人的性生活很少，可是患者的需求比較強，但丈夫每次總是應付或推諉，說縱慾對身體不好或推託工作勞累等。患者和姊妹們說起此事就覺得很痛苦。

督導者問：這位丈夫不喜歡房事，擔心性生活對身體不好，這是（中國社會裡）常見的理由嗎？

治療者答：一般來說，並不是常見的理由，但也不排除有些社會人士受傳統觀念的影響，認為射精有害身心健康，可能導致腎虧。

督導者問：是否可能還有其他原因？

治療者答：丈夫可能是同性戀者，所以對異性不感性趣。

督導者問：假如丈夫真的是同性戀者，那麼這位妻子如何面對這種情況，會變成是治療的另一個方向，是嗎？

治療者答：是的。

督導者問：假如我們退一步想，這位中年婦女在第一次會談裡，見到還不熟悉的男醫師，開口沒多久就談起自己性生活的問題，表明自己的性生活無法滿足、很痛苦，你認為是怎麼一回事？

治療者答：可能這是她很痛苦的問題，很想趕快解決。

督導者問：（在中國社會裡）一般婦女是否會很快就開門見山地談論有關自己的性問題？

治療者答：比較少。

督導者問：這麼說來，還要考慮其他哪些可能性？

治療者答：可能是罹患邊緣性格問題或癔症性格的女人，隨便開口說話，缺少自我控制。或是想和治療者談性的問題，以誘惑治療師？

督導者答：這些可能性都有，要看一般社會情況女人是否容易開口談論這種比較私人性的性問題，也要看病人開口談論時的表情與眼色而定，要仔細觀察、多方考量後，才做判斷。

督導者又問：這位女病人長得如何？長得漂亮很誘惑人嗎？當時病人像這樣提起她的性問題時，你的內心有什麼反應？

治療者答：她的長相屬於大眾化，而比較注重打扮。

督導者評：在治療過程中，不但要仔細觀察病人的談吐內容與表現，也要隨時觀察你自己本身的反應，可以作為心理診斷的另一種根據，即病人的談吐表現會引起他人如何的反應，但也可因此注意你自己（治療者）對病人有何私人性的反應，以及可能發生的「反轉移關係」，這樣可以了解並懂得如何處理。例如：年輕貌美的寡婦向年輕男醫師訴說自己很孤單，希望有男人安慰她時，很容易挑起男治療師的內心幻想，想自告奮勇地安慰這樣孤單寂寞的女性。這時，治療者必須小心地控制並處理自己內心的幻想，不可影響治療的過程與關係。

同樣地，女治療師看到可憐的年輕男病人，也可能產生像母親般、私人性的憐憫心或同情心，就得提高警覺，處理治療師自己內心的反應。否則很容易發生治療師與病人間非職業性的關係，會引發問題。

治　療　者：病人繼續訴說，數個月前，她在網路上認識一位在美國求學的中國男士，兩人透過網路聊得很開心。且患者加入某個成人網站，每次丈夫不在家，患者就上網和網友聊天。網站上網友們都很寵愛患者，有時患者還會脫光衣服透過視訊與網友聊天，患者覺得感覺很好，而且有時還會手淫得到高潮。

原本患者想到美國找那名網路上認識的男士，但被對方拒絕，表示在國外生活很不方便，也很苦，對方還表示自己也比較忙。患者只好打消念頭，繼續在網路上和對方聊天，可是事後內心又覺得好像很不好。

我詢問患者和丈夫的夫妻感情，患者說基本上還不錯，孩子們也長大了，所以她一個人獨自在家，而丈夫一心放在生意上，且家裡的經濟條件也很好。我還問她丈夫是否有外遇，患者說沒有。患者還告訴治療師，她最近考慮到上海買房子，然後在上海居住，這樣可以和丈夫分開，讓孩子也轉學到上海。

督導者問：病人是真的想詢問你的意見，或只是提一下有這樣的想法？

治療者答：不太清楚。

督導者問：假如病人是在詢問你的意見，你如何回答？

治療者答：我會回答這是家庭的大事，應該和家人商量或溝通後再做決定。

督導者評：有些病人常會向治療者提出問題，且是關係到人生中需要做決定的重大事情，希望能得到治療者的指點，好做具體的決定。就像過去傳統習俗中，心裡有疑惑就到廟裡抽籤，想得到（超自然）權威者肯定的指示。

從治療的角度來說，一般原則是：治療者只幫助病人去檢討事情的各方因素，考慮正反面的結果，幫助病人自己做人生大事的決定。可是針對這名病人，還得考慮這名女病人向男醫師提出這樣的問題，是否在探討醫師內心的意向、是否對她有何存心等。因此，必須很小心地處理，尤其要注意不要去表現個人的想法與意願。例如說：「你最好還是留在這裡，繼續來讓我看診」這樣的回答，因為這等於在暗示治療師本身私人、個人的意願，剛好讓病人得到所需的私人性資訊，所以要特別留意！

治　療　者：會談快結束前，我建議患者做心理問卷檢查，患者同意了。檢查結果顯示，患者有輕微的焦慮和抑鬱情緒。

督導者問：為何需要這名病人做心理問卷檢查？有其必要嗎？

治療者答：只是想透過心理問卷檢查進一步證實患者的情緒問題，排除是否為情緒障礙。另外，也有增加對患者收費的想法，這是國內目前心理治療常用的方法。

督導者評：有時治療者對病人的治療沒有把握，尤其是不知如何進一步去探討其心理問題的根源或性質；或不知如何進行心理治療；或對處理病人的問題感到有些棘手、無法應付時，就會想辦法用檢查或開藥來解決當時面對的困難或尷尬。其實如果還有時間，可以與此病人探討她過去的心理成長經過，以及年輕時與異性的關係、如何與丈夫認識、結婚時兩人的夫妻關係如何、性生活如何等；也可以了解一下丈夫的個人背景，以及對病人的感情等，可建立比較完整的病情了解，幫助治療師決定此病人的治療方向。至少，在會談結束前，宜向病人說明準備如何進行輔導、詢問病人自己對治療有何建議等，完成初步的治療合約，以免有出入，產生日後的失望。

治　療　者：最後，我詢問患者是否想服用一些有助於睡眠的藥，患者表示願意接受藥物治療，就這樣結束了第一次的會談。

第二次會談

治　療　者：患者準時來到診斷室，但一直在外面等候，表示準備等最後一名病人看完診後，才接受諮詢。患者就這樣一直等到治療師為前面幾名病患看完診後，才進診斷室。她一進來說：這幾天睡眠有比較好一些，但情緒還是不穩定。還詢問我是否同意她到上海買房子定居的計畫，我告訴患者，治療師在諮詢過程中，不會替患者做重大事情的決定。

不過，我還是告訴病人：我覺得到上海買房子不是簡單的事，最好還是和丈夫商量一下。

最後會談快結束時，患者還告訴我，她最近在網路上還認識了一名男醫生，後來知道兩人住在附近，那位醫生是教授。有一次那位醫生出差回來時，患者和對方在賓館裡會面，並發生了性關係。我問患者是否喜歡那位男士，患者回答喜歡，但兩人後來就沒再來往了。

督導者問：這位中年女病人來看診，上次她告訴治療師如何透過網路，越洋與一名中國男士來往，且脫光衣服誘惑對方；現在又說和住附近的男醫師發生婚外性關係，你覺得這個女病人是怎麼樣的女人？這在臨床上的心理診斷上必須思考：這名病人是否罹患邊緣性人格問題，隨便亂說話，與現實脫節，或有其他性格上的問題，對自己的性行為很放縱？同時也要慎重地考慮、檢討，這名病人一直向你敘述這些放蕩的行為，有何動機？尤其是向你表示，她最近還和一位男醫生上賓館，其用意為何？是否也在暗示可以和男治療師上賓館？

治療者答：或許是。

治　療　者：會談結束後，患者等我下班，然後問我是怎麼來上班的。我告訴她是騎自行車過來的，結果患者要求要開車送我回家，我拒絕了，還推說有其他的事要辦，就自行回家了。

督導者問：當時這位女病人向你提議要開她的車送你回家時，你心裡有何反應？你為什麼用她「要求」送你回家，而沒說她「建議」或「邀請」你要送你回家，是否覺得病人有很強烈性的要求，會讓人覺得很難拒絕這個有強烈性格而（就如她自己所說的）喜歡幕後指揮丈夫（男人）的女人？換句話說，是否對她的「轉移關係」覺得難以招架？

治療者答：當時我明顯地了解到是患者對治療者的轉移關係的發生，只是不知該如何向患者解釋或說明。

督導者評：你當時能拒絕其邀請，是很對的行為。你所用的理由是你很忙，這是一般社會常用的禮貌性拒絕理由。可是假如下次病人又做出同樣的要求，你是否還會用同樣的理由？或是該直接向病人說明治療者按職業規矩不可和病人有私人性的來往關係，這樣比較妥當與乾脆，且可以一勞永逸？或者，更進一步和病人討論其邀請治療者的動機與意義何在？可以成為運用於治療上的談論與分析的材料。

個案總評論

督導者總評：很顯然，這名女病人所主訴的問題是有關性的問題，是對性無法滿足的煩惱。可是臨床上的問題是，我們無法馬上判斷，這是她真的煩惱，或是以這樣的藉口來誘惑男治療師。所以我們只能就幾個可能性來討論。

第一個可能性是丈夫有性的問題，例如性無能或是同性戀者，不喜歡和妻子有性關係，讓病人在性方面無法得到滿足而覺得痛苦。當然，首先值得考慮的是，治療師可以提議與病人的丈夫單獨見面，進而了解丈夫的情況，但通常這樣的病人並不歡迎治療師這樣的提議，擔心會讓丈夫知曉自己婚外情與放蕩的性行為。假如病人同意讓治療者與其丈夫見面，那麼可以在會談時打探其情況，了解病人的丈夫不喜歡性生活過多的理由：是否因為習俗觀念而想保護身體；或有生理上的問題；或是有（沒有表露的）同性戀的傾向，所以對女性沒有性趣等。假如丈夫沒有這些問題，而只是為了擔心性生活對身體不好，可以就此方面進行觀念上的輔導，同時協助丈夫了解為了維持夫妻關係，性生活是很重要的一環，不可忽略。假如病人的丈夫有實際的生理或心理上的困難，無法正常行房事，針對此種情況，治療者的輔導方向就必須引導病人思考，如何在這樣的情況下處理與適應她的問題。是否因為與丈夫的「感情」還好，而繼續婚姻的關係，依靠其他方式發洩自己的需要；或是得到性滿足很重要，而選擇和丈夫分居，甚至離婚，另外再找男伴或再婚等，幫助病人思考比較重大的決定。

在這樣的情況下，病人提議搬到上海是解決的一個辦法。無論如何，在心理治療的施行上必須考慮，要如何與丈夫單獨會談，或和病人一起進行夫妻會談，經由夫妻會談的方式進行問題的探討與輔導。

另一個可能性是，這名病人有濃厚的性的慾望，且喜歡發生婚外性行為，以滿足她特殊的心理需要。也就是說，靠偷情來滿足其心理的快感與滿足感。有些女性有這樣的心理需要，就像男性喜歡在外面拈花惹草一樣，滿足個人內心的需要，有些女人也想和其他男人發生性關係以滿足其心理上的需求。尤其是年幼時有親子三角情結上的問題未解決（還想爭取父親的歡欣），所以會特別對偷情產生興趣；成年後，還會持續這樣的心理——想找丈夫以外的男人以滿足其偷情的心理需求。針對這樣的性癖問題，雖然較難治療其性格上的問題，但其輔導方向就不相同。

最後一個可能性是和前者有關，只是其對象是治療師，即病人一開始就想誘惑治療師（代表有權威、象徵父親的男人）。有些女病人在其他地方得不到心理上的滿足，就想從治療師身上得到心理上的安慰。但有極少數的女病人不只想得到心情的滿足，而是想得到性的滿足，所以想誘惑男性治療師，靠偷情以滿足其慾望。這名女病人的個案多少有這樣傾向，因此，其求醫行為就有許多怪異之處，例如要特地等最後一個病人看完診，才要看診（以便有多餘的時間可以和治療者談，且可以邀請、提議送治療師回家，可以有機會誘惑治療師）。而且開門見山地在第一次會談，就表明自己無法從丈夫那裡獲得性的滿足，並且還說明如何誘惑網友等。這些都是充滿性誘惑的資料，所以治療者一開始就要有所警戒，了解這名病人醉翁之意不在酒，而是另有他意。

在心理治療上，如何與病人保持適當的職業性關係，是很重要的一項課題。如果超出了職業性的關係，進入私人性的人際關係，就不容易進行職業性的輔導，會影響治療的作用與成效，同時也會犯下醫德與倫理上的錯誤，嚴重時還得接受司法的制裁。但什麼是職業性關係，什麼又是非職業性關係，有時這中間並無明文的區別畫分，且隨社會與文化背景的不同，需要適當地調整。例如：與異性病人見面時，是否要握手？病人送小禮物，是否可以接受？病人家屬請醫師吃飯，是否接受邀請？這些都是需要個別小心衡量與判斷的。但假使異性病人邀請（甚至要求）開車送治療者回家（或甚至到其他地方開賓館），這都是很極端的例子，是不可接受的情形，很明顯是超出職業性關係的情況。問題是，面對這樣的情況，治療者該如何做判斷與決定。而在此個案中的治療師能正確地拒絕這名女病人，是很對的事情。

唯一的考量是，該如何向病人解釋與拒絕，以免傷害病人的自尊心，而仍能讓病人持續來看診，接受其所需的輔導，治療其內心問題。有少數的病人能度過這樣的難關，與治療者展開正常的關係，接受真正的治療，解除自己的情結問題。

另外，值得一提的是，在講究法律與醫德的社會如美國，還是偶爾可以見到，有些特別的女病人專門刻意找男醫師看診，想辦法誘惑男醫師發生男女關係，然後向法院告發男醫師有醫德問題，藉機爭取大筆的賠償金，可說是變相的職業婦女，因此必須特別小心。

治療者體會：透過本案例的督導，我了解到在心理治療過程中，發現患者與治療師之間的轉移關係時，治療師不能回避或簡單地應付推託，必須好好處理。例如在本個案中，當患者要求開車送我回家時，我應該及時和患者討論和解釋這種情況發生的原因為何？而不是簡單地推託自己有其他的事情。另一個問題是，對於患者自述丈夫不願意過性生活，我一直認為有兩種可能，其一是真的像患者所說的那樣擔心性生活會影響身體，還有另一種情況，就是患者本身的需求過多。不過，究竟是何種可能，就不得而知，需要去探討與澄清。可惜在中國社會裡，性的問題是比較隱私的話題，我雖然知道該如何進一步了解事情真正的原因，卻不知該如何進行。督導者對此問題沒有做進一步的具體指導，而只是就患者的敘述做了幾種假設的推測。

督導者答：這個問題比較複雜。因為男女間的性慾是相對的，無法容易得到具體的答案。從會談的技巧上來說，目前只能先穩定治療者與病人間的動盪關係，使其不受神經症性的轉移關係的影響，即病人想誘惑治療者的企圖消失了以後，病人內心真的想接受治療時，才能與這名女病人好好談論她內心的問題，包括她對自己性慾望的想法等。需要花費一段治療時間的過程，才能得到成效。可是有很多病人還未到達這樣的境界，就停止治療了。

第 9 章

治療者本身情結問題的督導

在上一章中，我們就「治療者與病人」關係上的督導進行討論。我們曾說明「治療者與病人」可發生各種性質的關係，例如：為了輔導專業上的需要而遵循的「職業性關係」；由於雙方彼此不同的個性而相互形成的「個性相應關係」；為了治療而刻意樹立的「治療性關係」；以及基於病人的「轉移關係」或治療者的「反轉移關係」而呈現的特殊關係上的問題等（詳細內容請參見第一章）。有時也會因為治療者本身的心理情結而對病人產生某種特殊的情感與關係，影響治療過程的正常發展。在本章中，我們舉兩個案例說明此種情況，以及如何由督導者協助治療者處理與克服此種性質的關係問題。

個案一：過分照顧女病人的年輕男醫師 朱金富

說明

這是一個實際發生的案例，在某大學醫院的精神科門診裡，由一位從外地來進修的醫師所治療的個案。因此，只知道病人的大致病情，以及病人與治療者之間發生的若干情形，但可用來討論受訓治療者缺乏上級領導醫師的適當督導時，可能產生的一些問題，特別是治療者該如何適當地對待異性病人。

個案資料

一位女病人，二十一歲，是藝術學校的學生。患者長得很漂亮，皮膚白皙，身材高挑輕瘦，患者在母親的陪同下就診，治療者是一位從外地來大學醫院短期進修的年輕男醫師。

患者的母親先向治療者說明女兒的病情，患者自幼聰明漂亮，學習成績良好，很受周遭人的喜歡，小學在學校是文藝股長，經常參加演出。後來父母讓患者參加藝術班，三年前考入某藝術學校，在學校裡因為經常參加訓練，必須控制體重，因此患者開始節食，有時一天只吃一餐，但每隔一段時間，患者就會到超市瘋狂購買許多食品，主要是蛋糕和飲料，然後大吃大喝。但吃完後，緊接著患者就會覺得後悔，要用手指或棉籤刺激咽喉，把食物吐出，也因此導致身體逐漸消瘦。後來變成了習慣，每次用餐後就會不由自主地嘔吐，結果近半年來，經常覺得身體軟弱無力，月經也變少了，而且無法上課，所以前來就診。

治療師三十多歲，是一位年輕、英俊的男醫生，接待患者後，非常認真地傾聽患者母親的病情介紹，然後和患者交談。患者自述，一開始主要是想控制體重，後來變成每次飲食後就會不由自主地嘔吐，現在身體過分消瘦、難看，情緒也低落、不想出門見人。治療師對患者的狀況表示關注和理解，根據患者的情況診斷為神經性厭食，治療師並安慰患者，表示以前曾經診治過類似的病人，是可以治好的。會診後，治療師為患者開立藥物處方，並建議患者定期到門診接受心理治療。家屬要求是否可以每次都由同一名治療師看診，治療師表示可以，只是由於工作的情況，門診時間無法固定，所以將自己的手機號碼給了家屬，讓患者每次想來醫院就診時，就事先打電話給治療師，讓醫生可以找時間過來看診。

經過藥物治療和數次的心理治療後，患者的情緒明顯改善，飲食狀況也有好轉，後來患者說來醫院看診不用由家屬陪同，可以獨自前來接受治療者的治療。治療師對這名病人的治療很認真且熱心，病人隨時來，就隨時為她看診。由於患者症狀有所改善，所以家屬還曾親自向治療者表示過感謝之意，讓這名治療師自己感到很有成就感。但在一次偶然的機會，上級的醫師發現這名治療師在和患者會談時，患者痛哭流淚，而治療師抓著患者的手進行安慰和鼓勵，患者對治療師非常感激和依戀，且來醫院會診治療的時間和次數逐漸增加。

由於這名治療師是外地來大學醫院進修的醫生，進修結束後就回去了。治療者可能並未告訴患者即將結束進修而回到原本的工作崗位，因此患者仍繼續來門診，結果打醫生的手機也找不到人，就這樣來了門診數次，都沒找到治療師，患者回家後，心情很難過且情緒不佳，並且拒絕服藥。

不久，患者的病情再度復發，被母親送到醫院接受治療。這次接診的是一名女治療師，但患者表示對以前的治療師很滿意，要求是否可以請原來的治療師為她繼續治療。當女治療者告訴患者，原來的治療師已經不在這裡上班，患者就要求是否可以給她治療師的地址或電話，但女治療師拒絕了患者的要求，還告訴患者應該繼續接受藥物治療，不能就這樣自己決定停藥。患者表示願意繼續服藥，但後來患者沒有再來就診，因此是否繼續接受藥物治療或是另找了其他的治療師，就不得而知。

督導者評論

聽了這個案例的治療經過，發現有許多值得討論且應該檢討的地方。讓我們就幾個要點討論如下：

病情的解釋與了解：要施行心理治療，首先要了解的不只是病人的臨床診斷（即神經性厭食），還要進一步了解病情發生的理由及其演變經過，包括這名病人的基本心理狀態與性格上的特點。根據其母親的描述：「病人自幼聰明漂亮，學習成績良好，很受周遭人的喜歡，小學在學校是文藝股長，經常參加演出……」我們可以由此了解，這名病人自小有兩樣特點：一是外表長得漂亮，討人喜歡；另一點是喜歡在別人面前表演。這樣的描述，讓我們得知這位病人在心理與性格上有個特點：自幼就有「自愛」的氣質，在乎別人對她的看法，依靠他人的喜歡及自己的外貌來建立與維持自信心和尊嚴。換句話說，具有「自戀性格」的特徵，喜歡依賴他人來證實自己存在的價值，情緒上較幼稚，且這樣的傾向還受到母親的間接鼓勵。

問題是當病人進入藝術學校後，和許多富有同樣傾向、長相漂亮且喜歡表演的同學相比，自己顯得不夠好，因此就想辦法節食，希望改善自己的外型。可是和一般神經性厭食的患者有相同的行為，即一方面拚命節食，卻又忽然暴食，暴食後又後悔，故而企圖引發嘔吐，結果導致每次吃飯就會產生「條件反射性」的嘔吐反應。由於這樣惡性循環的結果，造成病人經常嘔吐、體重過輕，形成了神經性厭食的後果。換句話說，病人的病態是自己製造的，原本是想滿足希望變漂亮的慾望與目的，但是採取的方法不適當，且操之過急，就變成過分消瘦的病態症狀；而此種神經性厭食的產生，與其「自戀性格」有基本上的關聯。因此，要治療這名病人，除了思考如何治療臨床上的神經性厭食的「疾病」外，還須特別注意如何對待並處理富於自戀且情緒幼稚、需要依賴他人的「心理與性格」上的特點與問題。

總結來說，如何和病人一開始就保持職業性、適當的治療者與病人間的關係，而去輔導富於自戀傾向且需要依賴他人（特別是她所崇拜的權威者）的病人，是關鍵所在。這和治療有邊緣性格障礙、癔症性格的病人都是需注意的要點。

治療師對病人的熱心：治療者對病人關心與熱心，是很好的事情，是成功施行心理治療的基本條件，但問題是，什麼樣程度的關心與熱心才適當，要如何關心並照顧病人，才合乎職業性且不超出職業性關係的範圍與程度，不會演變成私人的關懷，都是必須注意辨別且小心執行的問題。否則，不恰當的熱心不但沒有幫助，有時還會遺害病人。

在這裡要提出來澄清的問題是，所謂「適當」、「合宜」的治療者與病人間的關係，並非是絕對的準繩與規定，而是隨著社會與文化的看法而有所不同，是需要調整的。例如：醫師見到病人是否要握手、病人送醫師小禮物是否可以接受等，端視社會的一般習俗而參考決定。像在信奉伊斯蘭教的社會風俗習慣上，男女不得有體膚的接觸，傳統的婦女還必須裹上頭巾，不能在丈夫以外的男人面前露出頭髮，在這樣的文化環境中，男醫師就不能隨便和女病人握手；可是在比較開放的社會，就沒有這樣的禁忌。

了解這一點以後，我們再討論並評論本個案中，治療師的各種行為問題。病人希望醫師會保證自己的病症是可以醫治的，而治療師也想安慰病人，為病人提供病情可以好轉的「希望」，而鼓勵病人努力把病治好，這是醫療上的用意，也是人之常情。可是從臨床上來說，醫師不能太肯定地向病人保證可以醫治好。我們只能表示會盡量治療，希望可以好轉；否則，醫師提供不確實的預後推測、保證能治癒，是不符合醫德的行為，和「老王賣瓜，自賣自誇」的商業廣告沒有差別。

這名治療師在會談一開始，就「安慰患者，表示以前曾診治過類似的病人，是可以治好的」，這些話本身沒有太大的毛病，但表現出這位治療師已在表現想費心討好病人的心理動機，需要反省且注意。

病人希望由同一位醫師繼續看診，是很有道理的要求，也是心理治療上必然的條件。這名治療師答應由他為病人持續看診，這是很好的決定，但「只是由於（治療師）工作的情況，門診時間無法固定，所以將自己的手機號碼給了家屬，讓患者每次想來醫院就診時，就事先打電話給治療者，讓醫生可以找時間過來看診」，這樣的安排是否適當值得考量。雖然醫師這樣的安排是讓病人「方便」，但也方便病人可以「隨時」來找醫師看診。因此，醫生得按醫療上的一般規定，經由說明，請病人盡量定期（例如：每週一次）來看診，而不是隨時想來就來。否則，對有依賴性質的這個病人來說，就很容易發生問題。而「患者對治療師非常感激和依戀，且來醫院會診治療的時間和次數逐漸增加」，這就是治療者沒有事先規定與限制病人來看診的時間，是對病人過分熱心與寬待的後果。

至於「由於患者症狀有所改善，所以家屬還曾親自向治療者表示過感謝之意，讓這名治療師自己感到很有成就感」，由於我們對家屬如何感謝這位治療者沒有具體資料，而不能針對這點進行評論，希望家屬是依一般社會習俗送治療師普通的小禮物，就不會有什麼問題。但值得一提的是，「治療師自己感到很有成就感」一事，如果病人的病情很快就好轉而讓治療者很滿意，這是可以了解的事，並沒有可議之處；但假如治療者「很在乎」病人是否好轉，就得注意治療師對病人是否有「過分」關心的傾向。太過分關心病人是否好轉，而在病人好轉後，就感到很有成就感，根據這點，要檢討治療師是否把自己的心情與感情過分投注在病人身上，因為治療師將自己的感情過分投注在病人身上時，容易發生關係上的問題。

最後要提的是：「上級的醫師發現這名治療師在和患者會談時，患者痛哭流淚，而治療師抓著患者的手進行安慰和鼓勵。」由於我們不知道患者為何痛哭流淚，無法判斷與評論治療者為何那麼關心地安慰病人。但一位年輕男醫師抓著年輕（漂亮）的女病人的手安慰著，這樣的行為可能超出社會的風俗習慣，屬於比較過分的親近行為，是需要避免的治療動作；而上級的醫師發現此種情況後，宜隨即加以督導。

且治療者恐怕未注意，也未想到：一位年輕、心情不好、喜歡依賴他人、很想得到他人關心的女病人，可能暗地喜歡上年輕、英俊、可依靠且關心她的男醫師，因此來醫院會診治療的時間和次數逐漸增加，而在會談中痛哭流淚，取得醫師的特別關心與安慰。因此，這名治療師不該陷入這樣的關係，而是應該避免與此病人有體膚的接觸。

進一步來說，這名治療師也要自行檢討，是否也暗地喜歡上這位美麗且需要被拯救的女病人，所以拚命想幫助她，產生超出職業性的關係。必須反省自己是否潛意識地受到想滿足、拯救這名可憐女子的慾望驅使，而不知適當地止步。

我們不知道這位治療者的個人背景與心理狀況，無法討論他對這個女病人如此熱心與關心，是他對心理治療不熟悉、缺少職業性知識與訓練的關係，還是他的個性使然，會對每個人都好，或是受個人心理或心情上的需要（例如：當時他自己內心空虛，需要被人感謝而獲得成就感等），或者受「反轉移關係」的影響，受到過去與某類似的重要人物的經驗，而重複其同樣的關係所致。

對治療者離開與停止治療的安排問題：很顯然，這名治療者在結束進修而離開後，這位需要依賴他人（而且迷戀治療者）的病人就崩潰了，病情再度復發。我們無法得知當時治療者是否有向病人事先交代與說明，將離開大學醫院返回原本的工作崗位，且後續會安排其他的治療者繼續治療病人；但我們確實知道此病人發生了問題，她想找離開的治療醫師，還想要地址或電話，想和離開的治療師取得聯繫，就像是被遺棄的小女孩，掙扎著想找回失去的依靠者。

心理治療的操作，不僅要注意如何開始治療，也要關心如何結束。特別是對有依賴心理或曾遭遇遺棄創傷的病人，更需要特別注意與安排。一般來說，在治療期間過了三分之二時，就必須積極地討論並準備結束治療工作。換句話說，預定治療十次會診的病人，在第七次會診時（即最後三次會診前），就得開始提出若合適的話就可結束治療的事，讓病人早有心理準備。同時還必須和病人討論，是否需要轉介給其他的治療師繼續進行治療。否則，如果未做好結束前的準備工作，會讓某些病人病情惡化，無法面對治療結束的情況。

特別是像這個個案中的病人，素來就有依賴性格，需要他人的崇拜與愛護，況且有許多徵象都說明這名女病人已經對治療師產生「迷戀」的感情，格外需要好好處理與準備治療者即將離開而無法繼續治療的問題。否則就像這名女病人無法接受「被遺棄」的挫折，病情復發，又回到原點，猶如沒有接受過治療一般，前功盡棄。

督導的問題：對此個案，值得一提的是，心理治療訓練過程中，督導的需要性。被訓練的治療師除了實際治療病人，且透過自己的臨床經驗以獲得真正的體驗外，還須時時接受富有經驗的師長們的臨床督導，以改善治療的要領，避免不宜發生的錯誤，尤其是如何與病人保持關係等相關問題，這樣才能提高治療技術，順利進行適當而有效的心理治療。由於病人對治療者所表現的轉移關係，表面上和治療者本身的性格無關，也和治療者如何對待病人的實際關係無關，因此常被忽略，或令人覺得怪異而不知所措。這種病人對治療者所發生的轉移關係，治療者往往不知道且不知如何處理，更需要督導者的協助。

同樣地，治療者也可能在不知不覺間對病人產生反轉移關係，進而影響治療的操作與進行。所謂「反轉移關係」和「轉移關係」的性質與現象都相同，只是反轉移關係是源於治療者一方，因為治療者有時也有本身的心理需要，或根據過去與其親近的人的關係而過分關心或討厭病人，而嚴重影響治療。該如何讓治療者避免這類不妥當的病人與治療者間所發生的關係，是督導者的責任，也是初學的治療者需要時時接受督導的道理。

個案二：討厭男病人的年輕女醫師

說明

這是美國夏威夷的個案，一名女住院醫師很討厭她所輔導的一位男病人，轉而向督導教授報告，並請求協助的例子。

女住院醫師是日裔美國醫師，名叫山本，是接受精神科專業訓練已第三年的住院醫師，在門診治療外來患者已有將近一年的經驗，對病人的治療可說是比較有經驗與好表現的住院醫師。這名女性住院醫師年輕、貌美，個性活潑、富於情感，交談時善於表露情感，大致來說，包括病人都很喜歡她。但不知何故，山本醫師對分配給她治療的這位男性病人卻感到很頭痛，不知如何是好，因此請督導教授特別為她督導。山本醫師自述內心越來越討厭這位病人，每次與他會談，心情就會很緊張，而且很不想再看這名病人；而病人也直截了當地表示，認為治療的醫師看不起他，且對他沒有治療意願，很不滿意醫師的輔導。

督導教授聽了這樣的情況後，覺得有必要趕緊了解其問題的性質，以協助並解決這位醫師所面臨的困難，因此答應和住院醫師一起為病人看診，參加會談，以了解其究竟，進而改善問題。首先，督導教授請這位住院醫師簡要報告病人的情況。

病情簡報

病人是美國白人，男性，名叫詹姆斯（化名），年紀大約四十，未婚。事實上，病人是同性戀者，且過去有藥物濫用的習慣，因為共用針頭感染愛滋病病毒，已有數年。可是由於詹姆斯及早接受愛滋病病毒的藥物治療，因此目前的健康情況基本上還好，愛滋病還沒有真正發作，只算是愛滋病帶原者。可是詹姆斯的心情因此而很憂鬱，心裡覺得沒有將來，因為不知何時就會離開這個世界，所以每天都過著非常憂鬱、消沉、孤單、沒有目標的生活。

詹姆斯的經濟來源倚靠公家的補助金過活，但補助的金額不大，所以詹姆斯必須很節省，有時手頭很緊，他就打電話給住在遠地的父親，請求老父親幫忙。但父親從小就對他不是很好，總認為詹姆斯沒出息，是人生的失敗者。因此，詹姆斯很怨恨父親，除非不得已，否則他都不會和父親聯繫。

詹姆斯自從感染愛滋病後，就很少和過去的朋友們來往，獨自住在簡陋的單房公寓裡，就如他自己所形容的，猶如關在牢籠裡的生活，只是每週按時間來門診看診一次，可說是他唯一的出外活動。

督導會談

督導教授：你為詹姆斯這位病人看診幾次了？

住院醫師：大概有四、五次。

督導教授：一開始的情況如何？是馬上就討厭他嗎？

住院醫師：起初還可以，可是越來越討厭他，心裡總希望他會打電話到門診取消約定的會談。可是他總還是按約定的時間前來，而且每次都提早半小時就在候診室等候會談，從沒取消過會談。

督導教授：你是哪一點不喜歡他呢？

住院醫師：我不太知道。現在只要一看到他，我就很討厭他，也害怕他，很不想和他談話。

督導教授：害怕他什麼？

住院醫師：在上次的會談中，他還開口批評我，說我不喜歡他，對他這個病人沒有感情，對他的治療不認真，所以很不滿意……

督導教授：那你如何回答他？

住院醫師：我情不自禁地回答說，他是不認真接受治療的病人，只會訴苦、抱怨，一點都不想改善自己的問題，天天只會待在公寓裡，不聽醫師的建議出去做些活動……

督導教授：結果呢？

住院醫師：他發起脾氣，對我大吼，說我做醫師的，不了解他，也對他不好……

督導教授：那你自己反省，你是哪一點不喜歡他？是因為他是中年男子？還是因為他是同性戀？或是因為他是愛滋病患者？或是其他的原因？

住院醫師：這些都有可能，但最主要的是，我討厭他這個人，他總是抱怨、訴苦、總是想獲得別人的同情、想依賴他人、想獲得別人的關懷……我受不了這樣沒出息的男人。

督導教授：你心裡認為有出息的男人應該是如何？

住院醫師：應該有點骨氣、肯做、肯吃苦，不要依賴他人，且能腳踏實地……

督導教授：而他剛好與你所認為有出息的男人正好相反，不符合你心裡所想像的有出息的男人，也就因此而討厭他？

住院醫師：可能是的。

督導教授：看來，你對詹姆斯這個病人有心理上的特別期待，希望他是個獨立自強的男人，而忘記他是病人，是需要依賴你，也需要你幫助的病人了。

住院醫師：這是不是我的「反轉移關係」所產生的問題？

督導教授：很有可能，我們待會兒再討論這個問題。我們了解了，你是因為對詹姆斯存有事先的期待，而他不符合你的心理期待，所以不高興。

住院醫師：嗯，讓我想一想……

督導教授：你是女醫師，他有沒有提起過你是女人這一回事？

住院醫師：他曾恭維過我，說我長得很漂亮……

督導教授：詹姆斯恭維你是漂亮的女人，你有什麼感覺？

住院醫師：我就是很討厭這點，我才不要他說我漂亮。他是病人呀！

督導教授：看樣子，你們兩人彼此之間無形中形成了特殊的感情與關係，因此，他會向你抱怨，而你討厭他，形成負向的治療關係，需要趕快處理並解決。

住院醫師：是的。

督導教授：我們需要趕緊向病人澄清他對治療者的期待，也要說明治療的目標，這樣輔導才能上軌道。

住院醫師：好的。

共同會談經過

住院醫師：詹姆斯，你好！這是我的督導教授，今天我請他參加我們的會談。

病　　人：好的，教授，你好！

督導教授：你好！你和山本醫師會談，接受治療已經有幾次了？

病　　人：已經有四次，今天是第五次。

督導教授：你覺得會談進行得如何？

病　　人：不瞞你說，不太好。我們上次的會談還相互批評，我說醫師對我不好，醫師說我不好好接受治療，會談變得很尷尬，充滿火藥味……

督導教授：這就是山本醫師請我來參加你們會談的理由。你為什麼會說山本醫師對你不好呢？

病　　人：我希望醫師可以對我比較關切，不要太凶，總是批評我不參加外面的活動、不想進步，這樣會讓我覺得很生氣。

督導教授：山本醫師對你所說的話，讓你聽起來就好像是你父親總是批評你不好一樣？

病　　人：對，我父親老是說我沒出息，而讓我很不高興。我要的是醫師可以對我好、耐心、體貼，不要批評我。

住院醫師：我並不是在批評你，而是在想辦法幫助你，讓你脫離目前孤單的生活，不要覺得人生沒有目的。

病　　人：可是我目前所需要的，是希望有人不會看不起我，會好心地和我談話，讓我心情好一點，等到心情變好了，我自然而然就會想辦法改善我的人生。

督導教授：你覺得山本醫師哪一點看不起你呢？

病　　人：我到了快四十歲的中年，一生都沒有成就，是同性戀，又是愛滋病的病人……

督導教授：山本醫師，你是否因為這些原因而看不起詹姆斯？

住院醫師：我從沒有看不起他的心理。只是害怕他會對我說話很凶、會評論我；尤其我不喜歡他恭維我……

督導教授：你為什麼恭維她呢？

病　　人：因為她的確很漂亮。還有，我希望恭維她以後，她會對我比較關心。

督導教授：許多女性醫師不喜歡被病人恭維好看。醫師不是靠好看，而是靠醫術好，所以以後就不要再恭維她漂亮；如果你真要恭維她，就說她是好醫師就好。不過，我聽起來，你內心裡並沒有很討厭你的醫師，只是想多得到她的關心吧，是不是？

病　　人：對。

住院醫師：我也不討厭你，也不是看不起或認為你沒有出息，只是想幫助你早點改善你的生活，脫離目前自卑、孤單、覺得沒有希望的生活。

病　　人：我了解了。

督導教授：今天你們能彼此把話說清楚，也把治療的目標說明白了，以後就照這樣進行會談，不要再彼此發生誤會與衝突了，好嗎？

病　　人：好的。教授，謝謝你。

會談後督導

督導教授：我看你的病人還滿喜歡你的。

住院醫師：真的嗎？

督導教授：我要你了解一件事情，有時討厭是喜歡的反面，沒有喜歡就不會那麼帶感情地去討厭，而且有時是靠討厭來保持距離、牴觸喜歡的感情的。這位病人在某種層次裡喜歡你（每次都按約定來會診，還早半個小時在候診室等），想要和你接近，希望得到你的特別關心，可是當他得不到特別的關照，就發脾氣。

可是你要想想，他對你這麼不高興地表示怨恨，是不是「轉移關係」的表現？是不是他對於很想要父親的幫忙，卻又很怨恨的情感與關係上的轉移？假如是如此，那麼詹姆斯對你的抱怨就不是完全針對你個人，而是轉移的結果，你就不用對他那麼生氣？

住院醫師：我從沒想過這一點。

督導教授：還有一點需要檢討的，就是你和詹姆斯這位病人的個性與氣質上的相配問題。你的個性有什麼特點？

住院醫師：我不太懂你的意思……

督導教授：我覺得你是比較敏感、注重情感，也容易表達情感的人……

住院醫師：你是說我的性格比較是屬於戲劇型性格的人？

督導教授：是的，而病人也和你一樣，是注重情感、喜歡表達情感的人。因此，你們兩人都有相同的性格與氣質，結果兩人搭配在一起，就容易發生衝突不調和，產生情感上的矛盾現象。

住院醫師：那我該怎麼辦？

督導教授：你認為呢？

住院醫師：我要注意控制討厭他（病人）的情感，並注意我是否是反轉移關係而對詹姆斯有特別的情感表現。

督導教授：現在我們來談談反轉移關係的問題。

住院醫師：你是說探討我過去接觸的人中，有沒有類似像詹姆斯這樣的人，所以才會讓我對詹姆斯發生轉移性的感覺與關係？

督導教授：是的。

住院醫師：讓我想一想……我父親是很能幹、苦幹的人，對自己和家人都很負責，所以我很敬佩他。

督導教授：是很有出息的男人。

住院醫師：對。可是我倒是有個叔叔，一輩子沒結婚，也從不好好工作，總是來我們家向我父親要錢，要了錢就亂花，我們都很討厭他。

督導教授：是很沒出息的男人。

住院醫師：是不是我把對叔叔的討厭心理轉移到我的病人身上了，所以我才會特別討厭他。

督導教授：很有可能。

住院醫師：那我就不要對詹姆斯那麼討厭，也不要對他那麼苛求。要注意我的內心情結與問題。

督導教授：很好。

追蹤報導

日後，住院醫師向督導教授報告她與病人詹姆斯的關係有顯著的改善。他們不再彼此相互批評對方的不好，而且還可以笑嘻嘻地相互說些好話，輔導進行得很順利。

數月以後，詹姆斯不但開始拜訪從前的老朋友，也開始有社交活動，還改變他對父親的怨恨態度。他練習寫了一封給父親的信，表達對父親的關懷，可是他覺得不太好意思，所以一直沒把信真的寄出去。只是到了過年時，詹姆斯第一次主動打電話問候父親，並沒有向父親要錢，只祝福他老人家新年快樂。另一方面，詹姆斯倒是寫了一張賀年卡給山本醫師，謝謝她的照顧。

第10章

分析解釋與指點有關的輔導

我們在第一章中提過，治療者經由病人敘述病情，加上學術知識的運用，得知病理的來龍去脈後，治療者的下一個步驟與課題就是決定如何向病人適當地解釋、說明問題的根源與情結上的問題，希望經由這樣的指點說明幫助病人了解自身的問題，進而考慮如何糾正或改善。可是步驟的順序，以及在何種情況與階段，該以什麼樣的技巧與方式向病人解釋、說明、指點，這些便是治療上的技術，也是輔導上的策略。假如是採用分析性治療時，必須對病人的心理做深層的探討，分析潛意識境界的精神材料，揭發連病人本身都沒有意識到的心理情結，然後為病人「指點」（interpretation）。這是必須謹慎進行的治療模式，因為病人了解到自己潛意識境界的動機或慾望時，難免會很難接受與面對，經常會產生感情上的「阻抗作用」。因此以何種方式，經由逐漸指點，讓病人能漸漸了解與接受，是臨床上的要領。

假如病人的自我功能還很堅強，對外能應付現實的情況，對內可以面對自己的慾望，就比較可以直接指點；可是如果病人的自我功能還不穩定，無法區分現實與自己的內在慾望，尤其是罹患邊緣性格障礙或精神病患者，就不一定要去揭發病人的潛意識慾望，以免造成病人的自我無法接受。

因此，臨床上要如何判斷，是否指點病人有關病情的情結、如何解釋病情、如何觀察並處理阻抗現象，都是督導者需要協助治療者的課題。以下有三個例子可用來分別說明病人家屬如何發生強烈的阻抗現象，而影響輔導工作的進行，或導致病人本身病情惡化的情況。

個案一：被指點病情而發生阻抗、停止輔導的父親

病情說明

這是在美國夏威夷實際經歷的治療個案，一位大約四十歲的日裔父親，帶著他十三歲的女兒（目前是國中二年級學生）來門診求診。女兒的名字叫真理子，向來是很乖巧的女孩，在學校功課還不錯，沒有行為上的問題。可是近半年來，卻經常無故離家，一、兩天不回來，也不上學，讓父親很擔憂，最後經由學校老師的建議，將女兒帶來門診接受心理輔導。

真理子在第一次的會談中，表情看起來很緊張且很無奈，不知如何和初次見面的治療者談話。但經由治療者用心會談、建立關係，並說明輔導的目的並不是要追究及處罰她的行為問題，而是要協助解決她的困難後，真理子總算開口說話，對答如流，是個個性很好的女孩。

根據真理子父親的敘述，他和妻子（即真理子的母親）這一年來的關係不好。半年前兩人曾在家中發生一次很嚴重的衝突，因為妻子懷疑他在外面有女人，結果兩人發生口角。當時情緒激動的妻子找到家裡平時擺放的手槍，朝自己的頭部開槍自殺，結果滿屋子都是血。真理子當時剛好在家，目睹母親開槍自殺、頭破流血的景象，因此心情上受到很大的驚嚇，幾乎有兩、三天的時間都不講話、不吃飯，也睡不好，經常半夜作噩夢，驚叫而醒來。

經過這場驚人的事件後，真理子的父親發誓，他日後要照顧女兒一輩子以彌補他的過錯。

輔導經過

治療者和真理子單獨會談時，經過醫師的細心引導，真理子才向醫師表示她內心所在意的是：她的父親自從母親自殺後，因為愧疚，便將全副的精神都放在照顧女兒上，可是照顧得有點過分，讓真理子難以接受。例如：父親自己要燒飯、洗衣服，不讓真理子做家事，真理子提議由她自己洗自己的衣服，特

別是內衣，但父親認為家裡衣服用洗衣機洗，他們父女兩人的衣服一起洗，不但方便，又省電、省水，還是堅持由他包辦洗兩人的衣服。

還有，真理子曾向父親要錢買內衣，因為青春期剛發育，所以需要穿特別的內衣，可是父親卻不給錢，因為怕真理子不會買，還要親自帶她到百貨公司採購，讓真理子覺得很難為情，擔心被女性內衣褲專櫃的女性顧客或服務員嘲笑。

後來，稍微遲疑了之後，真理子才吐露她最近常逃家、夜裡不回家的真正原因。真理子表示，她已是發育的女孩，但父親半夜裡卻還會到她的臥室，察看她是否有蓋好被子，以免著涼。雖然真理子向父親表示反對，請他不要這樣做，可是父親不理會她的抗議。最近讓她更無法忍受的是父親還親她，讓她很害怕又討厭，因此，晚上就不敢回家睡覺。她覺得父親好像把她當成女朋友或妻子似地對待她，讓她很不放心。她曾當面向父親提議，認為他該找個女朋友，想辦法再婚。但父親卻說，他這一輩子不會再看其他的女人一眼，只會照顧女兒。

從真理子那裡得知這些問題的真相後，治療者就和真理子的父親進行會談。治療者首先向真理子的父親說明：他對女兒如此關心是好事，但必須了解女兒已經進入青春期，需要和父親保持若干心理與體膚上的距離，要把真理子看成是已經成熟的女性，要讓她有私人的空間，也要劃分男女的界限，否則會讓女兒感到不舒服。接著治療者還向真理子的父親說明，真理子在這個階段無法反對父親的行為，為避免不好的事情發生，只好採取逃家的行為。

最後，治療者還很具體地建議真理子的父親，在家要如何和女兒相處，例如：女兒的內衣褲可以讓她自己洗。真理子想買內衣褲或胸罩時，最好給她一筆錢，讓她自己到百貨公司購買；如果真的不放心，就請真理子的姑媽陪伴，讓她學習如何購買內衣褲。要特別尊重女兒的私人天地，不要隨便進入她的臥室等。

真理子的父親聽了醫師的解釋與提議後，覺得很有道理，便答應會注意並改變他對待女兒的行為。等治療者和父親談妥後，治療者便請真理子和她父親一起進行會談，當面澄清要遵守的事情，包括由姑媽和真理子多接觸，彌補缺少的母親的角色，而父親則和女兒保持近而不親的行為與關係。真理子聽了覺得還算滿意，也口頭答應不再發生夜裡不回家的行為。

表面上，這個個案的家庭輔導還算進行得很順利，不但了解問題的真相，也提供適當的建議，好像已經把困難解決了。可是不到幾週，真理子又發生夜裡不回家的行為，半夜在街上徘徊，不敢回家。經由探問，真理子自述：從上次會談後，父親的確有改變他的行為，讓真理子洗自己的內衣褲和胸罩。但有一天，父親在外喝酒，很晚才回家，結果父親有點醉醺醺的，回到家以後，還是跑進她的臥室，還對她親嘴，讓真理子很害怕，所以就逃出家，不敢回家。

聽到這樣的消息，有點著急的醫師就和真理子的父親會談，當面指出他的行為問題。醫師很直截了當地說：「你失去了妻子，好像就把女兒當成是替代的女朋友似的，過分親熱，不肯讓她離開你。」真理子的父親聽了，瞪大眼睛，沒多說什麼，可能自覺不好意思，之後也就不再帶女兒來接受輔導了。

結果，治療者很後悔，覺得不該過分且過於直接地指出真理子父親的內心情結，因而產生了阻抗作用，也覺得很遺憾與可惜，就這樣失去了這個需要繼續輔導的個案，也不知其後果如何。

日後追記

就這樣經過半年的時間，在一個偶然的機會，治療者在街上遇到這位父親。經過幾句寒暄後，真理子的父親對治療者說，自從上次最後一次會談，經由醫師指出其內心癥結後，他心裡就有所領悟，馬上安排真理子到姑媽那裡借住，父女倆每週末相聚一次，保持適當的關係。最重要的是，他聽取女兒的建議，開始交女朋友，希望將來找到適當的對象後就再婚。

如此看來，治療者對真理子父親的解析與指點的內容是很正確的，也產生了很大的作用。可是回想起來，當時的指點太過直接、時間上也過早，或技術上不得要領，因此，真理子的父親被直接指出內心癥結時，一時無法接受，因而產生了很大的阻抗現象而逃離了輔導。而從病人的反應，治療者事後也得到了教訓，即是要指點病人的病情，就算指點的內容是正確的，但指點、解釋時要有技巧，同時也要考慮病人的心態是否已經成熟可以接受指點。本個案對治療者來說，可說是從病人的反應結果而事後得到自我督導。

事後，治療者仔細回想，認為當時應該先和真理子的父親談論他為什麼不交女朋友的心理，先處理他對妻子自殺的愧疚情結，然後指出他過分親近女兒，像是企圖透過對女兒的好來彌補失去的妻子，應該要醒悟過來，並勸他應該交女朋友，和女兒保持適當的距離，幫助女兒成長。透過這樣逐步探討、解釋、說明與建議，或許真理子的父親就可以漸漸接受，而不會因為直截了當的指點解釋而產生強烈阻抗，由於羞愧而脫離了輔導的過程。

個案二：被醫師指出患有精神病而病情更惡化的華裔女病人

說明

這是發生在夏威夷精神科醫院的實際個案，是有關一名華裔女病人罹患精神病的例子。根據醫院的醫療與教育制度，病人由住院醫師負責診治時，會隨著住院醫師的輪流調動而每隔一段時間更換主治的住院醫師。這名女病人住院後，原本由懂中文的華裔住院醫師負責治療，但後來就改由美國白人的住院醫師負責治療，問題就是在更換新住院醫師的情況下產生的。由於這名女病人不會說英文，而新的住院醫師不懂中文，因此，住院醫師與病人間的談話與溝通都是經由翻譯，但同時懂中文及英文的翻譯專業人員不多，且素質參差不齊，有些又很少接受精神科的專業訓練，所以僅只是一般的雙語翻譯而已。

病情簡要

病人是大約三年前從中國大陸舉家移居的華僑，女性，約四十多歲，我們稱呼她為李太太（化名）。李太太家中有三人——她和丈夫，以及三歲的小女兒。李太太本身的學歷並不高，只有小學畢業，在大陸和丈夫結婚後，便跟著丈夫從事農業工作，三年前，偶然有個機會，一家三口就移居到夏威夷。

李太太一家人移居到夏威夷後，李先生一直找不到工作，只靠李太太在一家縫紉公司工作的少許收入來維持家計。由於李太太一家人在美國的生活不如想像中好，事實上比他們在大陸的生活情況還差，所以很後悔舉家移居到美國。李先生就在這樣情緒抑鬱之下，產生輕生的念頭，跳樓自殺了。李太太無法面對突如其來的喪夫之痛，情緒變得很不穩定，思想與行為也變得有些怪異，因此被縫紉公司解僱了。在這樣的情況下，李太太的精神狀況變得更差，患了精神病，無法照顧她三歲多的女兒。最後鄰居報警，以疏忽照顧幼小孩童的名義，經由社福人員的安排，將李太太的女兒送人撫養。李太太失去女兒後，尋女心切，在街上四處徘徊，看到一戶人家約三歲大的女兒，就當成是自己被帶走的女兒，強行要把小女孩帶回家。結果經由對方家長報警，李太太被送到州立精神病院來接受治療。

住院後情況

李太太住院後，醫院裡剛好有位懂中文的華裔住院醫師，因此就由這名住院醫師負責診治，雙方以中文溝通。經由住院醫師的臨床檢驗，發現李太太罹患的是妄想型精神分裂症，病人除了言語混亂以外，還有許多妄想。例如：她認為她的丈夫是因為說話不謹慎、批評了美國，因此被美國的警察逼到跳樓而死的；她也認為她的女兒是因為這樣被美國政府抓去當人質，目的就是讓她不會做出對美國不好的行為。

此外，李太太還認為她目前居住的地方（醫院）是一所「學校」，住在宿舍裡的「學生」（病人）都被安排要上課（接受工作治療），而她被安排到縫紉班接受職業訓練，這樣她從縫紉班畢業後，將來就又可以回縫紉公司做事。負責治療李太太的華裔住院醫師並未正面向病人說明，她患的是精神病，或者她所想的都是妄想，只是勸她要天天服藥，把腦子治好，將來就可以出院再回縫紉公司上班。且這名華裔住院醫師也未向李太太說明，她目前所住的不是學校宿舍，而是精神病院；也未向病人說明，她每天去參加的縫紉班並不是職業學校的課程，而是精神病院例行工作治療的一部分。因為住院醫師認為李太太罹患精神病，對現實的接觸能力不好，如果突然打破病人的妄想，不但沒有成效，也無益處，所以一切等病人的病情好轉再做打算。

雖說如此，但因為李太太很信任住院醫師，並且聽從住院醫師的話，天天服藥，因此精神狀況日漸改善，胡言亂語的情況也比較減少，不再說丈夫是被美國警察逼死的事情。按情況看來，再過幾個月，病人的精神狀態就會恢復，可以出院。

可是這時這名華裔住院醫師在此醫院的訓練即將結束，要轉調至其他醫院繼續接受專業訓練，就向李太太告別。接著，李太太就被剛調來的住院醫師接手診治，這位新來的住院醫師是美國人，不懂中文，因此，就依靠中英文的翻譯人員和病人溝通。

經由翻譯人員的翻譯，這位美國住院醫師發覺李太太誤認醫院是學校，而她是來學校接受職業訓練的，對自己罹患精神病毫無所知，因此，就透過翻譯人員讓病人知道自己罹患了精神病，來醫院接受治療。豈知這位翻譯人員並未接受過精神科專業訓練，就用中文大聲且直率地告訴病人：「醫生說你是精神病人，所以被關在精神病醫院！」結果，李太太聽了這樣驚人的宣告，心情忽然轉壞，又開始相信她真的是被美國政府迫害，才會被當成精神病患關進瘋人院裡，目的就是要她的命。李太太的精神狀態再度崩潰，又開始語無倫次，恢復先前嚴重的精神病狀態；而負責治療的美國住院醫師則覺得莫名其妙，不知如何是好，只好加重藥量，並考慮假如藥物治療的成效不彰，就改以電氣昏迷治療。

這個例子說明，給予病人（特別是罹患精神病，對現實接觸不佳的嚴重病人）現實性的指點解釋，病人不但無法接受，還會產生負向的結果。就像案例中的李太太，失去自我的平衡，且精神狀態再度崩潰，恢復原先嚴重的精神病狀態。雖然這是無意中造成的結果，但也提醒我們，要為病人進行解釋或指點，必須考慮病人的接受性、適合性，要隨病人自我的接受能力而逐漸解釋，並視時機進行。因為雖然指點的內容可能很正確，但若提供指點的時機、解釋的技巧不合適，卻可能引發意想不到的不良效應，這是臨床上必須注意的要點，也是督導者可以協助治療者的地方。

個案三：被揭露內心情感而氣憤自殺的精神病女患者

說明

這是督導教授沒有提供適當的督導與建議，而病人氣憤自殺的例子。有時精神病患者會對治療者產生某種特殊的情感，可是當被揭露時，病人的「自我」無法面對與接受，反而會引起很大的情緒反應，一發不可收拾。因此，對精神病患者不要輕易提供深層心理的分析，指點出病人自我無法面對與接受的情結內容。

還有，臨床經驗不夠的督導教授，有時單憑片段的學理知識而提供治療者不適合臨床上使用的提議，會對病人的治療產生不適當的結果。此例正可說明這一點，提醒擔任督導教授者必須時時注意督導的工作。

本個案發生在四十年前，當時還使用電氣昏迷療來治療精神病患者。主要是由住院醫師負責為自己的病人進行電氣昏迷治療，通常電氣昏迷治療每週施行兩、三次，是在早晨進行。病人按醫囑不吃早餐、空腹（以免治療時會嘔吐）、穿簡單的衣物，方便進行治療。如果患者是女性，則不化妝、塗口紅，好讓醫師觀察臉部反應。

個案簡介

病人是二十多歲的未婚女性，因罹患精神分裂症，住院接受電氣昏迷治療。在兩週的時間內進行了六次電氣昏迷治療，病人的病情已有顯著的改善。負責治療的是一名年輕的男性住院醫師，而擔任其指導的主治醫師是對分析精神醫學很有興趣的年輕教授。

在例行的病房回診中，負責照顧此病人的護士報告病人有特殊的行為——在早晨每次要去接受電氣昏迷治療前，總要換上漂亮的衣服，並且還塗口紅。擔任督導的主治醫師就單憑他所知道的分析學理，推測此女性病人對電氣昏迷治療有所誤解，因為是由年輕的男性住院醫師為她治療，治療後會昏迷一陣子，病人可能以為是接受什麼特別（和性有關）的治療，所以就要穿上漂亮的衣服，並且塗口紅，將自己打扮漂亮去診療室。

督導教授根據此推論，便建議改由其他住院醫師為病人施行電氣昏迷治療，看看病人會有何反應。沒有經驗的住院醫師便聽取督導教授的建議，告訴女病人，明天開始將由其他住院醫師為她施行電氣昏迷治療。當時病人並沒有多大的反應或表示意見，可是當晚病人就從病房裡逃出，翌日清晨被發現在公園裡上吊自殺。

事後討論

根據病人的劇烈行為，很明顯可以得知，這名女病人對男住院醫師決定不親自為她施行電氣昏迷治療有很強烈的情緒反應，居然想辦法逃出病房，並在公園裡採取自殺的行動。從結果來看，督導教授的推論可能是對的，即女病人可能對（電氣昏迷）治療有不同的解釋（可能把治療誤解成一種與性有關的治療）；且病人對該名男性住院醫師有特別的情感，所以每次接受治療時，就會很高興地特別打扮。可是她覺得自己的內心情感可能已被住院醫師發覺，而且被遺棄（由其他醫師施行治療），所以才會憤而採取如此激烈的自殺行為。換句話說，該名女病人覺得被醫師揭發了她內心對醫師的感情，而又被遺棄，因此內心氣憤、無法接受。

在此案例中，雖然醫師口頭上並未直接揭發女病人內心的情感，但要改由其他醫師來為病人進行電氣昏迷治療，無形中就是給病人一個信號，洩露並指點出她內心的感情。然而問題是，從實際的臨床上來說，並不需要這樣探測且間接地揭發病人的內心情感，對病人不但沒有好處，反而會產生不良的效應。此案例可說是督導教授只懂得片段的分析性精神醫學的學理，而缺少全面性的運用性臨床知識的表現。

一般來說，對此類罹患精神病的病人，不需要、也不可去揭發、指點並暴露其內心裡無法接受的感情，這會讓病人的自我無法面對，覺得尷尬且氣憤，無所適從，於是病人只好以劇烈的行為（自殺）來處理自己難堪的狀況。

第11章 兒童與青少年輔導的督導

本章將討論的對象是兒童與青少年，主要是透過兒童與青少年的輔導進而討論督導的相關事宜。本章總共有三個例子，其特色是都由同一位治療者詳細報告她所治療過的個案，由督導者加以督導與評論。由於被督導的治療師對「被督導的」過程與方法逐漸熟悉，也知道如何善用督導，因此在「被督導」的模式上逐漸有所改變。即剛開始的第一個案例，治療者總是被督導者詢問或評論而進行督導；在第二例時，就逐漸演變為自己主動向督導者提出想知道的問題，請督導者回答，或自行回答後，再由督導者評論是否合適；到了第三個個案時，治療者已有「被督導」的經驗，治療者便開始自己提問，也企圖自己回答，包括對個案整體病情的分析與了解、操作上的問題，以及與治療方向選擇有關的自我評論，就像自己是督導者一般，進入將來可自己為自己督導的境界。這是本章特殊之處，用以說明督導模式的演變與被督導的治療者之成長。

個案一：聰明、漂亮，但失去兩個父親而憂傷的女孩 林紅

說明

此個案由治療者對病人共進行五次會談，由治療者仔細回顧並敘述每次會談的詳細經過。督導者在適當的地方進行評論或向治療者提問，請治療者回應，表示督導的經過。

第一次會談

治　療　者：我所治療的這個女孩十二歲，上小學六年級，名叫小美（化名），小美的母親獨自提前來向我預約的門診。因為是下午第一個會談，當我來到診室門口時，小美的母親已經帶著小美在門外等候。看到我時，小美的母親起身打招呼，這時小美走上前來，身體略微前傾，彬彬有禮地向我點點頭說：「阿姨好！」小美出眾的容貌令我大吃一驚，一看就覺得是極漂亮且聰慧、很有教養的女孩，我頓生幾分好感，熱情地邀請他們進診室。但小美的母親說是「孩子」的問題，就叫小美進診室和治療者談，母親自己在外面等候。一開始，小美略顯拘束，但在我的邀請下，還是落落大方地坐下。我注視著她，讚歎道：「你長得真漂亮！」

督導者問：你為什麼說她「真漂亮」？

治療者答：小美確實很漂亮，這是我發自內心的感覺，由衷地讚賞；同時，我也希望能藉此盡快與她建立良好的治療關係。

督導者問：你希望與她建立良好的治療關係而這麼說是很好，可是當時你有沒有想到對一個女孩這麼說，會有什麼作用和影響？還有，你是否想過這個孩子會讓你發出這樣的讚賞，那她在她的生活圈中，是否也容易讓周遭人有同樣的感覺；而他人對她的這種感覺，又如何影響她的生活？

治療者答：我沒有想過。

督導者評：沒關係。在會談中，治療者說的每句話或一舉一動，往往都會對病人有很多影響，我們不知道你誇獎她很漂亮，對她有何種作用，現在暫且不得而知，必須等一段時間再來看看（後來發現有許多特別的意義）。同時，也要考慮到病人對治療者的關係、讓治療師產生的反應，這些都可以作為心理診斷的材料，可以利用病人與治療師間所引發的「關係」，而推測病人與他人的關係又是如何，這些都是值得觀察、注意與體會的寶貴診斷性資料，並可用來作為治療上使用。

請你繼續說明會談後續進行的情況。

治 療 者：我誇獎小美之後，她淺淺地露出一絲笑意，仍舊彬彬有禮地回答：「謝謝阿姨！」這個很特別的女孩子已經打動了我，是什麼樣的事情讓這樣一位天使般的女孩有煩惱？我希望能夠幫助她。

我關切地問：「聽媽媽說你自己要求來看心理醫生，我很佩服你有這樣的勇氣和智慧，因為現在有很多人都會有顧慮，就算有問題也不願意來求助，那麼，你為什麼自己要求來看診呢？」

我的話才剛說完，小美就像打開話匣子一般，滔滔不絕地敘說著。整個初次會談的時間幾乎不容我說上幾句話，小美自始至終都平靜且理智地述說著她的喜怒哀樂，沒有憤怒的指責，也沒有開懷的喜悅，平淡得彷彿在述說別人的故事。只是有兩次說到感性之處，她默默地落淚了。

小美告訴我，她有很多煩惱：「我喜歡玩，但媽媽不允許。媽媽也很體諒我，但是沒辦法，因為快升國中了，我覺得挺累的。媽媽的要求太嚴了，做數學題時，要用尺畫分數線與等號；字跡要工整；要用鉛筆記筆記，這樣寫錯了比較容易訂正；鉛筆最好不要斷鉛；不要用鉛筆在尺上亂畫。喝水、吃東西時，身體要前傾，杯子要稍微傾斜，以免滴在桌子上；在公共場所不能大聲說話。每當我與媽媽有不同意見時，媽媽會說：『我是你媽，你就得聽我的。』媽媽管很多，讓我覺得很鬱悶，只要做錯了，她就會給我一巴掌。有時媽媽冤枉我、打我，我覺得非常委屈，但我知道她是為我好。」

督導者評：看來病人把她的問題擺在她和母親的關係上，是受不了母親的嚴格管束，卻又無法抱怨的矛盾狀態。她的母親有可能是擔心在治療者面前被自己的孩子批評，所以才沒進來參加會談；或是母親對孩子有許多不滿之處，但不方便在孩子面前訴說孩子的問題，這些都是值得考量的地方。

治 療 者：小美的思路清晰，表達能力超強，一口氣說出這麼多的煩惱，但並沒有伴隨強烈的情緒反應，而是伴隨著得體的肢體語言。她與母親的關係活靈活現地展示在我的眼前，讓我覺得母親的問題看來比較大！

治療者問：我聽小美傾訴了這麼多煩惱，內心有個疑問：在我看來，她母親非常過分，讓她受了很多委屈，但她為什麼卻表現得如此平靜呢？

督導者答：最主要的原因就是病人年齡的關係，病人正處於青春期，還不習慣公開批判父母。另一個原因可能是因為長年被母親嚴厲管教，「超我」的功能比較強，不敢太隨便批評人家不好，表露不悅的感情。

治　療　者：我一直很專注地傾聽，不時點頭。待小美的陳述告一段落，我以同理心回應道：「看來你在家裡有很多煩惱，那麼在學校裡有煩惱嗎？」聽了我的問話，小美的話匣子又打開了，但她的描述沒有剛才那麼快的語速，而是語氣略顯低沉。

督導者評：對年輕、幼小的孩子，除了探討其在家裡與家人的關係與適應外，還得探討在學校裡的情況，特別是與同學相處的情形以及與老師（權威者）的關係。因此，在這個時候把話題轉移到學校的情況是很妥當的。

治　療　者：小美告訴我，「有，太多了。在學校很難找到知心朋友，同學們都會在背後議論我：『四眼烏龜、王八、甲魚、賤、多事』，我都會忍，但同學在背後罵我『三陪』（註：即指聲色場所中以陪舞、陪酒、陪坐為職業者），讓我覺得很委屈。我實在不想聽到他們罵我，但為了人際關係，我沒有上去踹同學。老師也叫我忍，老師會對我使眼色，我就會主動問老師，我是不是有什麼地方做錯了，請老師告訴我，好讓我可以改過。」原來小美的名字和「甲魚」諧音，所以有與其相關的「外號」，但為什麼有同學說她「賤」、「三陪」，其實小美也說不出緣由。但看得出來，小美和老師的關係不錯，她本身也期盼能和同學有好的人際關係，為此，小美寧可委屈自己。

這時，小美話鋒一轉，「在學校也有很多開心的地方，我是學校的帶操員。二年級的時候，有一次在學校做體操時，一位體育老師指著臺上的帶操員問我：『你會不會羨慕，想不想當帶操員？』我高興極了，就跟著老師苦練，確認每個動作都確實做好，我不能讓老師丟臉。從我站到臺上那天起，我就覺得自己又更上一層樓了，也覺得自己又能為學校、班上做更多的事。我不怕辛苦，願意多做一點事，我平常都會幫同學當值日生；如果下午上體育課，中午同學休息時，我就會一個人把體育室收拾好。如果發現插座壞了，就會告訴老師，以免同學觸電了。但不知為什麼，班上選「三好生」（學業、體育、品行三樣都好的學生）時，我老是墊底。我有舞蹈的專長，曾代表學校高年級（四到六年級）參加舞蹈比賽，為學校贏得榮譽，讓我覺得非常驕傲。我是帶操員，認識我的人很多，低年級的同學也常圍著我，我很高興，也覺得很有成就感，因為付出了這麼多是有收穫的。從三年級開始，我一點一點爭取，當上了學校的『大隊委』（學生代表）。每次有這種機會時，我都會特別珍惜，只要是交給我的工作，我都會全力以赴做好。」說到這裡，小美美麗的大眼睛閃爍著光芒，秀美的臉頰綻放著光彩。

我對她能有這樣的成就深感欣慰，也為她高興，但她的早熟令我同情和心疼，這麼小的孩子，怎麼可以承受如此沉重的壓力和負擔？我還沒開口，小美又顧自傷心地說：「但老師的眼睛是雪亮的，我做的事她都看在眼裡，我和老師就像親人，而別班的同學就像兄姊，但我在自己的班上，就只有一、兩個好朋友。只要一回到班上，同學們的眼神都會讓我受不了，彷彿就像在說：『小美怎麼那麼瘋啊？』如果我考試得高分，同學就會說我家裡一定有考卷。有一次同學投票我得了二十五票，結果有同學馬上站起來說：『她根本就做不好，不夠格得這麼多票。』在班上我很不開心，雖然我的成績好，品行好，就因為我太突出了，所以選不上『三好生』。」小美很氣憤，也很無奈，但她的語氣一直很平靜。我不知該如何安慰她才好，一個與母親和同學相處有這麼多煩惱的女孩，那她與父親的關係又是怎樣的呢？

督導者評：很好！這個小孩談了她的母親，沒談起父親，所以你這樣思索是很好的。會談的要領就是不但要探聽「陽」的部分，了解所顯露的資料，還得探索「陰」的部分，探討沒有表露或隱藏的影子。一般來說，病人願意把比較不痛苦的事情先說，然後再談比較不好說、富於痛苦的資料。

治 療 者：小美告訴我：「我四歲時，父母就離婚了（實際上，從後來小美母親的講述中得知，在小美還不到兩歲時，她就賭氣離家，一個人到外面居住），所以我就被安排和奶奶一起住，一直到快上學時，才跟隨媽媽住。繼父就像朋友一樣，也把我當成親女兒對待，但並未負起責任（小美的意思是繼父沒有負擔家裡的經濟）。有一次，媽媽和繼父吵架，吵得很凶，我很害怕；但我沒想到，就在那天晚上，他們真的分手了。我知道，現今社會上，每五個孩子中就有一個沒有父親，但失去兩個父親的孩子應該不會很多吧！」說到這裡，小美第一次流淚了。她接過我遞給她的紙巾，仍不失禮地向我點點頭說：「謝謝阿姨。」

「母愛肯定是無窮無盡的，我媽把她的一顆心都掏給我了，每次（因處罰）打完我，她都會告訴我：『你就是我身上的一塊肉，你疼我也疼。』我原本不相信，但有一次媽媽打完我後，以為我睡著了，結果她看著我自言自語說：『小美，媽媽真的不想打你，媽也很心疼……』當時我的眼淚就流下來了。我媽太愛我了，打完我還那麼後悔。」小美的眼角又滲出淚花，她凝視著遠方動情地說。但小美隨即聲調一變，正色道：「但我已經感覺不到媽媽的愛了，有時媽媽很不講理，從不往好處想。我一句話才說了一半還沒有說完，媽媽就急了，她就是這樣……而且她也不允許我辯解，我老是因為這個哭。哭其實也是一種發洩的方法，但媽媽不允許我哭。在她心裡，她從來沒錯過，老說我胳臂往外彎。我跳舞跳得很好，我也喜歡跳舞，我本身不想學奧數（即奧林匹克數學，是比較難的數學），上奧數課也覺得是活受罪。我寧願將一節奧數課換成三節舞蹈課，但媽媽不允許我不上奧數。」當小美說起跳舞時，全身綻放光彩，她說喜歡在舞臺上的感覺。

「班上有一個男生住在外公家附近，我和他一起玩，媽媽就說我在『調情』，我不明白是什麼意思，但我知道這不是一個好詞。阿姨，對不對？」我只能點點頭，我真的不知該如何回答，可悲的愛孩子愛到骨裡的媽媽，可憐無辜的孩子。

督導者評與問：談到父親的事情時，我們才知道小美先後失去了「兩個父親」——即自己的生父與繼父，這對小美來說，可說是非常重大、連續性的心理創傷，因為小美失去了父親，所以母親就加倍照顧她（以過分管教的方式來「照顧」小美，並對她有過多的期待）。小美的母親或許一方面企圖彌補內心的遺憾（因離婚而感到對不起自己的女兒），另一方面可能透過女兒來滿足自己未曾滿足的慾望（或彌補自己的過錯？），這是一般常見的母親會有的反應。至於小美是如何應付連續失去父親的創傷呢？

治療者答：小美在學校裡會盡量討好（男）老師，靠好的表現爭取男老師（父親的代表）的關心。她對年輕的體育老師非常關心，聽同學說這個老師是「孤兒」，因為同病相憐的緣故，小美很同情這個老師。她打聽到老師的生日，在老師生日當天，請媽媽買了一個蛋糕送到學校，讓老師覺得很窩心，小美還告訴我：「老師說，這是多年來第一次有人幫他過生日，讓我感動得流淚了。我告訴媽媽，以後每年都幫老師過生日好不好，結果媽媽答應了，我非常高興。」

治　療　者：因為時間的關係，第一次會談就只能到此結束了，最後我詢問小美現在的感覺如何？她回答：「說了這麼多，現在感覺輕鬆多了。」我看著小美，真誠地說：「我非常感謝你對我的信任，願意和我分享你內心的話。今天我已經基本了解你的情況，知道你有哪些煩惱，我能理解這些煩惱讓你很不開心。但我要說的是，其實這些煩惱並非只有你一個人才有，在我們每個人的成長過程中，都或多或少會經歷到，包括我自己在像你這麼大的時候，也有過很多和你現在一樣的煩惱。即使沒有人幫助，大多數人也能順利度過，但如果有我們的幫助，會走得更順利一些。你很明智，願意主動來尋求協助，但心理治療不是一次就能夠解決所有的問題，需要連續幾次才可以學習如何正確地認識和應對這些問題。現在我願意盡我所能來幫助你，那麼你的意見如何？」小美表示她也願意繼續接受治療。

督導者評與問：治療成人時，治療者通常要避免談論自己的事情，特別是說出自己也有過同樣的問題。因為治療者透露自己過去也患有和病人相類似的問題，容易讓病人疑惑，擔心治療者自己都有問題，怎麼能去治療病人？因此，通常不會像這樣表露自己也有過同樣的問題。但是在治療少年或青少年的病人時，治療者這麼說，可以幫助病人覺得自己的問題並不嚴重，就連治療者都曾經經歷過。但關鍵是，不但要說明治療者有過相同的問題，還必須說明治療者自己如何（成功地）去處理問題或脫離困境而成長，好讓年輕的病人可以認同、模仿與學習治療者，發揮治療的功效。當時你說自己小時候也有過煩惱，是怎樣的意圖而讓你說這句話的？

治療者答：我當時主要是想幫助小美意識到自己的問題並不嚴重，減輕她的心理負擔，增強她繼續接受治療的動機。

治　療　者：最後我和小美的母親進行兩分鐘時間的單獨會談，小美母親的表情明顯非常焦慮，著急地問我：「怎麼樣了？」和孩子的冷靜形成鮮明的對比。首先，我對這次治療沒有足夠的時間和她會談表示歉意，告訴她，因為孩子要說的話太多，所以占用了較多的時間。孩子遇到的只是成長過程中的一些問題，所以請她不必過於擔心，但需要一段時間來調整。而且因為小美年紀還輕，也需要她的支援，才能保證有更好的治療效果。小美的母親表示她能夠理解，還說小美願意繼續接受治療。但由於我最近的看診時間已經預約滿了，所以約好二十天後進行第二次會談。

督導者問：你告訴小美的母親：「因為孩子要說的話太多，所以占用了較多的時間。」如果這句話要重說，怎麼說會比較好？

治療者答：「你這個孩子很用心地談她的問題，她自己覺得很苦惱，也很願意改變現在的狀況，並希望能和媽媽建立更好的關係，所以用了大部分的時間；可是，我還是很想找時間和你談談，希望下次會談可以有時間和你多談。」

督導者評與問：看來首次會談進行得很順利，你用心地讓這個孩子能和你很快地建立起關係，讓她把自己的煩惱都向你傾訴，可說是成功的一半。但治療師要更進一步去思考：為何小美對你表現得那麼有禮貌，並且能好好地談論自己的問題，表現得是個「好病人」，除了她很聰明、受過良好的管教外，是否還有其他因素？

治療者答：她很想和我（治療者）相處得好，就像和學校老師相處得很好一樣（目的是想拉近與代表所失去的父親同樣的人物的距離），有可能是「轉移關係」的一種表現。

督導者問：你的解釋很正確，是轉移關係的表現，也可以讓我們作為心理診斷的根據，了解她為何費心地和老師要好。

還有，在第一次的會談中，小美的母親說是「孩子」的問題，就叫小美進來和你談，而她（母親）則在外面等候，這是比較不尋常的現象。通常母親都會想先和治療者談談自己的孩子有什麼問題，然後再請治療者為這個「有問題」的孩子看診，但小美的母親卻一開始就讓十二歲的孩子進診室談自己的問題，而她則在外面等候，你覺得這有什麼涵意？以後要如何對待這樣的母親？

治療者答：小美的母親一開始就說是「孩子」的問題，可能潛意識裡否認自己也會有問題；而她不願意和孩子一起進行會談，而是要求在外面等，有可能擔心與小美一起談會引發衝突，她也很害怕與小美發生衝突，家醜外揚。不過在第二次的會談中，小美的母親說出了她的擔心和害怕，她說：「我都快崩潰，實在受不了了。」至於以後要如何對待這樣的母親，我想可能要對她多一點支持，要顧及她身為母親的面子（因為這位母親很要面子）。

督導者又問：小美很會討老師的歡心，也拚命尋找讓老師接受與欣賞的機會，而且讓治療師一開始就很欣賞她，還馬上說她「很漂亮」、誇獎她，你想這到底是怎麼一回事，和以後的治療有什麼連帶關係？

治療者答：就如我剛才所說的，是「轉移關係」的表現，在日後的治療中必須注意且妥善運用。要向病人指出她這樣費心地和老師、治療者等上級的人保持好的關係，會讓同年齡的同學嫉妒，這也是同學罵她「賤」、「三陪」（女生和男老師要好、討好男老師）的原因，協助她小心避免這些負向的結果。那麼，她具體要怎樣做才比較合適？我有些困惑，因為對像她這樣年齡的孩子，要如何指導她在老師和同學之間找到恰到好處的平衡點呢？

督導者評與答：小美靠自己的外貌、才智與勤快來爭取學校老師的喜歡（彌補自己失去的父親），可是也由於這樣而引起同學的嫉妒與嘲笑，她現在來看診，也是在表現她如何能很快地贏得治療者的好感，並讚美她，這是相同的道理。因此，我們現在就可以了解，你在會診一開始就情不自禁地讚美小美，其實就是在複小美在學校裡和老師所發生的關係，只不過是「轉移」到治療師的身上了。

至於學生和老師要保持何種關係才適當，通常視學生的年齡與社會上的習慣而定。例如：十多歲的學生送老師生日蛋糕，這樣的行為是否太過，就要看社會的一般看法與習慣如何。有許多社會可能會認為這是過於「私人性」的行為。同樣地，中午同學在休息時，小美自己一個人把體育室收拾好，雖說是為大家做事，但也可能是招來別人看不順眼的「好行為」。最主要的是看同學們的反應，假如會引起同學們的嫉妒，就表示和老師的關係過分親近，有必要調整。

一般來說，在治療過程中，很難替病人一一具體地指定與劃分何種行為才「合適」，我們只能向病人講解病人採取的（過分）行為的心理理由，以及調整與節制的需要，進而減少同學們的負向反應。等病人了解後，就算是十幾歲的孩子，通常也會懂得並注意如何調整實際的行為。

第二次會談

治 療 者：第二次會談，我主要是和小美的母親進行會談，了解媽媽的看法。小美的母親身材不錯，長相也很出眾，但仍掩不住滿臉的焦慮。還未坐好，小美的母親就急切地說：「昨天因為寫升中學用的簡歷，小美與我發生衝突，結果她抓了一把『可樂定』（是醫生開給小美用來治療抽動症的藥）就吃了，急得我直撞牆。」在我的再三追問下，小美的母親堅持認為她只是念了小美幾句，小美就採取這樣極端的作法。小美的母親很傷心，抱怨道：「現在她像家長，我像孩子，她經常大聲地訓斥我。一旦涉及到她的個人利益，她經常就會無法控制，也不管是在大街上，就像瘋了一樣對我大吼，就連旁邊人在看她也毫不在乎。在家裡也一樣，我求她別吵了，讓鄰居聽見不好，可是沒用，她根本不在乎。例如，今年過年時到朋友家拜年，上車時，我問她：『你把家裡的門關好了嗎？』可能我的口氣硬了一些，結果她一路上就不理我。到了朋友家，我告訴朋友，她一路上是怎麼耍脾氣的，結果她當場就鬧起來了。我的朋友都說：『小美，你媽帶你不容易，你不能這樣對你媽。』結果她歇斯底里地說：『活該，誰叫你要生我！』而且她還瞞著我，把掌上型電動玩具帶到學校，她自己倒是沒玩，但借給同學玩，被老師沒收了，我才知道。她這學期還在學校自己繡了一個十字繡，她的手很巧，繡得的確很漂亮，但您說她的心思有放在功課上了嗎？而且她還瞞著我，這是欺騙的行為呀。她在這段時間吃了兩次藥，說她不想活了，她原本不是這個樣子，是個很乖的孩子，但這半年多，就像變了一個人似的。我都快崩潰，實在受不了了，她是怎麼了？是得了什麼病嗎？我挺擔心，有點害怕。」說到這裡，小美的母親抱著頭痛苦不堪。

督導者評：看來，這位母親和一般的母親一樣，只顧孩子書本上的學習，以為功課好就是好孩子、是將來成功的條件。很少想到或知道孩子能夠對遊戲、藝術、體育、社交活動有興趣，也是情緒發展的重要條件，EQ（情商）和 IQ（智商）同樣都很重要，是將來成人與成功的要素。但一般的父母多不喜歡子女對家長不老實、隱瞞，覺得那是很大的罪過似的，很少有父母能體諒和了解這是青少年應付困難的心理機制之一，並不是很嚴重的問題；尤其是父母管教很嚴格，而子女難以應付或難以得到父母的了解與接受時，不得已就採取這種適應的方式。因此，孩子說謊，做父母的就要考慮自己的管教是否過於嚴格了。另外，也要考慮與了解青少年和同齡朋友來往，是很重要的社會化行為。換句話說，小美的母親應該要高興小美和同學要好，還有來往與社交關係，而不該鑽牛角尖地只顧慮說謊和學習的問題。

對治療者來說，在為有男女關係或婚姻問題的病人看診時，最好要接觸雙方，看看雙方的看法。而對於親子關係問題時，也同樣要聽取孩子與父母雙方的說法，才能全盤地了解真相。同時要了解一件事常有各種不同的面向，所謂「公說公有理，婆說婆有理」，不能單憑片面之詞。現在我們聽了小美母親的敘述，就可以了解小美所說的，只不過是她所知道、所經驗、想說的一面（沒說她和母親爭吵、給母親找麻煩的部分）；而小美的母親所說的，也是她所觀察、所顧慮、所煩惱的另一面（沒看到、也沒很了解女兒所不滿的部分）。

小美對母親說：「活該，誰叫你要生我！」你認為這句話到底想表達什麼意思？

治療者答：這句話是在小美情緒失控的情況下說出來的，小美潛意識裡可能認為是母親造成她失去兩個父親，導致她現在很痛苦，渴望父愛卻難以得到，這句話是在表達她對母親的強烈不滿和怨恨。

治　療　者：小美的母親繼續說：「我的個性比較急躁，所以我勸她不要學我。老師也反映說她斤斤計較，只要一不高興，立刻就反應在眼神和行為上，無法按捺住。而且她凡事不愛往樂觀處想，喜歡往不好的角度去想，還常說：『這個世界對我不公平，我是為別人而活的。』她漂亮、自信，聽不進別人的意見，我說話的口氣的確比較凶，但也是為了她好啊。她長得確實很漂亮，所以我擔心她會出事。我現在沒有上班，每天親自接送她上下學，如果她長得比較普通，我倒是比較放心。」說到這裡，小美的母親滿臉焦慮，對孩子出色的容貌沒有絲毫的開心。

督導者問：小美說：「這個世界對我不公平，我是為別人而活的。」你認為這句話表現她內心何種不滿？還有，小美的母親說：「她長得確實很漂亮，所以我擔心她會出事。」這又是為什麼？

治療者答：小美的話表明了她是為「母親」而活的，時時都受到母親過分的期待與限制，而沒有自己的空間，得不到青少年期最渴望的獨立自主的心理需求。

至於小美的母親的話，是表明她年輕時沒有從自己的母親那裡學到如何長大為女性，以及學習如何與異性交往，導致先後和兩個男人的婚姻都失敗。因此，很害怕自己的女兒也會犯同樣的錯誤而格外小心。另外，從潛意識的層面來說，也可能不喜歡女兒比自己漂亮，而產生嫉妒；也擔心女兒漂亮，會被男人騙、吃虧，重複自己與男人經歷過的問題，因此特別提高警覺。

治　療　者：小美的母親說：「我從小父母離異，由母親一手帶大，後來上中學時，母親去世了，我便到爸爸家。父親是軍人，平時我很怕他。我的丈夫大我七歲，結婚時只想早點有自己的家，當時我爸爸和婆婆都不同意我們兩個結婚，我們是偷拿戶口名簿出去登記的。因為婆婆說我長得漂亮、條件又好，不會和她（相對比較差的）兒子好好過，所以不同意。後來我結婚時做出承諾，如果我先提離婚，就賠他一筆錢。丈夫婚前就愛酗酒，但當時沒意識到這是個問題，只是想有個家，有人呵護自己。結婚後，丈夫經常在外面喝酒，夜不歸宿，孩子一歲九個月時，在丈夫夜不歸宿的某天夜裡，我離家出走了，在外面租了兩年的房子分居。因為我不敢讓爸爸知道我要離婚，每到節日還要和丈夫、孩子一起到爸爸家吃頓飯。後來阿姨（繼母）知道了真相，便告訴爸爸，爸爸讓阿姨把我叫去，爸爸哭著說：『傻孩子，你別這麼苦了自己，想離婚就離吧！』」說到這裡，小美的母親流淚了。

「終於得到爸爸的許可後，我在小美四歲時，和丈夫離婚了。當時我在公司上班，賺的錢比較多，離婚時，我還按照婚前的承諾賠了丈夫一筆錢。離婚時，丈夫不肯把小孩給我，還說寧可掐死也不給我，所以孩子就一直是由奶奶帶大，每次我去看她，都會買很多東西。後來，他（離婚的丈夫）娶了一個比他小十五歲的妻子，在小美快上小學時，我終於要回了撫養權。法院判他一個月要給我六百元（人民幣）的生活費，但他只給了兩年。」

「我的第二個男朋友是與第一任丈夫分開八個月後認識的，但我受不了他到處尋花問柳。分手後，我的一個朋友才告訴我，他曾與四個女人同居過，其實朋友很早以前就知道，但不敢告訴我。我是一個糊塗的女人，他有一半的時間不在家裡睡，我都沒發現他在外面有女人。直到三年多前，我因為想抽菸，在他辦公室的抽屜找打火機時，發現了保險套和他與其他女人的合照。我像瘋了一樣，我受不了，因為我賺的錢比他多，他住在我家裡，我提供他生活所需。我想分手，但孩子喜歡他，為了孩子，我忍了三年，直到半年前，我們在一起九年，最後還是分手，是他提出來的。分手時他說：『我喜歡新鮮的，我知道你漂亮、身材好，但我喜歡一個人頂多一年。』我任性、武斷、愛發脾氣，在他夜不歸宿時，我根本無法入睡，一遍又一遍不停地撥他的電話，後來他乾脆就關機了。」

「我有我自己的問題，我希望小美能健康成長、好好學習、能有好的品行。朋友們都很關心我，知道我不是壞女人，家裡的人也都對小美很好，他們對小美的期望很高，我不想讓他們失望。我現在寧可帶小美在家裡待著，也不願意帶她到朋友家串門子，人家看著我們也難受。」

督導者評：我們可以很清楚地知道小美的母親本身就經歷過許多波折，如：父母很早就離婚，由母親一手帶大，但母親又去世，只好和父親住在一起，卻又很害怕，只想趕快結婚逃出家裡。也就是說，這些早期的人生經歷影響她自己的心理與婚姻關係，也繼續影響著她與女兒的關係，可說是一家三代所產生並延續問題的好例子。從小美母親的身世經歷，我們可以體會到她為什麼想要小美十全十美、要成功（因而過分管束），不要像她那樣失敗；包括擔心小美的男女關係、擔憂自己的女兒過早和男孩接近，「擔心她會出事」，重演她過去與兩個男人的失敗婚姻。

治 療 者：小美的母親說：「小美也像我一樣，對所有的同學都很關心。她生日那天，要我幫她買四十根棒棒糖，分給全班同學吃。她的體育老師是孤兒，在老師生日那天，她要我買一個蛋糕送到學校，還問我，我們以後可不可以每年都幫這個老師過生日。前一段時間我帶她到哈爾濱看冰燈，回來時，買了二十多斤哈爾濱的紅腸（當地特產），小美一路都不肯歇手，她自己背著，生怕我累，看得我都心疼。」聽到這裡，我對小美的母親說：「看得出來，你對女兒的評價很高，你也很心疼她；同樣，你女兒很懂事，也很心疼你。不過，你們這種感受會經常對彼此表達出來嗎？」小美的母親表示很少對彼此表達，同時也很疑惑，問我有必要表達嗎？我向她解釋了親子之間表達情感的重要性，尤其是要表達正向的感情，讓對方知道。

我問小美的母親對治療的期望。小美的母親說：「希望小美能凡事都往好處、快樂處去想，能夠放開心胸、學會解脫；她現在做事都不想後果，與同學打架也一樣，不愛聽了，就大聲嚷嚷，我希望能改變她這一點；我也希望小美不要有輕生的念頭。她第一次服用了十七片『嗎叮啉』（一種治療胃病的藥），這是第二次服藥，我很擔心這些。」

面對這樣一對善良而不幸的母女，我滿懷同情。我告訴小美的母親：「看得出你是個善良的人，你的孩子也非常出色，我希望好人都能過好日子。我們不僅心地要善良，為人處事也要講究方法和技巧，這樣才會有比較好的結果。你擔心小美的心情我能理解，因為你希望小美能過得好，但如果不注意態度與方法，結果就可能適得其反。六年級的女孩已經進入了青春期，會要求更多的尊重和理解，如果得不到，就可能表現出反抗，這是很常見的反應，所以你不必過於擔心。對孩子來說，青春期也是很難熬的階段，需要家長更多的理解。其實想想，我們小時候不也是有過同樣的感受？所以孩子長大了，關鍵就在於我們做家長的要學習調整管理孩子的方式。您還算很幸運，來的還是時候，現在孩子才剛剛進入青春期，是比較好的治療時機，相對也比較容易改變。但我要告訴您，想要孩子改變，身為家長的也需要有相對的改變，我們做家長的要和孩子共同成長。想當個稱職的家長是有很多技巧的，但目前做家長的還沒有機會接受專門的培訓，所以有些問題不知如何處理也是在所難免，很多家長也像你一樣有相同的困惑。不過沒關係，您目前已有這樣的意識，而且既然我們有緣相識，我願意協助你們一起走出困境。現在我們就從您提出的這三個期望著手，一起探討如何正確認識問題、處理和孩子的關係，解決和孩子的矛盾衝突，好嗎？您的心態要放鬆下來，這樣才能減輕孩子的心理壓力，對孩子的改變會有好處。」小美的母親頻頻點頭，眼角有些濕潤。

督導者評：這段對母親的說明與指點很好，把問題的性質與治療的方向做了很好的交代。唯一要注意的是，不僅要聽取母親對治療的願望，還得聽聽孩子的希望，雙方的想法都必須納入考量並且協調。如果可以的話，最好在母親與女兒一起時，讓雙方各自敘述自己對「對方」的期待，同時也說出「自己」想更改的地方。這樣母女雙方才會知道彼此的願望，經由溝通與協調而訂立目標會比較好，這也是家庭治療時常採用的技術與方法。

治療者：小美的母親出去後，換小美進來，我向她解釋上次和她談的比較多，所以這次和媽媽多談一些。小美表示能理解。我問她有關媽媽提到吃藥的事，小美說：「我告訴我一個知心好友說我媽媽打我，結果她告訴她媽媽了，然後她媽媽對我媽媽說：『孩子大了，別老是打孩子。』我媽媽聽了非常生氣，認為我到處說她的壞話。我向她解釋我只和一個好朋友說過，當時是因為談起家長可不可以打孩子的話題時談到的，不是在說她的壞話。但媽媽一生氣，根本不聽我解釋，還刺激我，說我有病，而且還動手打我。我實在受不了，抓了一把『可樂定』（治療抽動症的藥）對她說：『你再打我，我就吃下去。』結果我媽看著我說：『那也是你自己造成的。』我一氣之下就把藥吞了下去。媽媽又動手打我，逼我把藥吐出來。我最不希望媽媽打我，有些孩子沒有我出色，但他們在家裡也從不會挨打。」

小美繼續說：「我知道她（母親）著急，恨鐵不成鋼，但她的態度與方法令我無法接受。她對我生了三個小時的氣，根本不值得，她只要先弄清楚事情再生氣也不遲，就算當面向她解釋也沒用，她反而說我腦子有毛病，和她根本有理說不清，經常容易把開心的場合激化成衝突、矛盾。就像抽動症主要是和心情有關，受到驚嚇就容易出現抽動的症狀，媽媽老是擔心這件事，但是我自己也控制不住，她老是拿這件事和我吵，經常為我製造緊張的氣氛。其實就算我做錯事了，難道不能心平氣和好好說嗎？我什麼事都可以隨媽媽安排，唯獨這點我無法任媽媽安排。」

小美又說：「我媽媽不會以其他方式來處理事情，只會在氣頭上用話刺激我，說一些令我傷心的話。她知道我因為票數少沒選上『三好生』，說我『賤』，還逼我說出自己錯在哪裡。我媽媽知道我在學校做的事很多，但她說我『賤，誰叫你那麼多事？』真的讓我無法接受，讓我覺得很委屈！我喜歡學校的生活，越累我越快樂！」

面對這樣一對明顯母親存在較多問題的母女，我的感情天平已經偏向了女兒。我覺得有些力不從心，該如何採取巧妙的辦法盡快改變母親的認知和行為，我認為這是問題的關鍵和難點所在。

我向小美轉達了她母親的三個期望，小美聽了表示自己做事會往好處想，只要媽媽不先大聲嚷嚷，她就可以控制自己的情緒；小美也表示以後不會再吃藥了，她並沒有輕生的想法，而且吃進去再強迫往外吐，是很難受的。我對小美的想法表示理解，也告訴小美：「媽媽和孩子確實需要共同改變，這是必要的。但畢竟媽媽多年來已經習慣了，要她改變難度更大，所以要孩子先改變，而且要堅持住，好嗎？我們先從不和媽媽大聲嚷嚷開始，能做到嗎？」小美表示願意努力。

最後，小美向母親當面表示，以後她做事會往好處想，也不會再吃藥了，請母親放心。而且小美也表示，只要媽媽不先大聲嚷嚷，她就可以控制自己不大聲嚷嚷。小美的母親也表示願意努力，最後母女倆拉著手，心平氣和地離開了診療室。

望著他們遠去的背影，我彷彿可以感覺到他們母女之間的感情裂痕逐漸在癒合，我衷心祝福他們能開始新的生活，願好人一生平安！

督導者評：這段治療會談進行得很好，能幫助母女雙方都知道彼此要改變她們的反應方式，也澄清了目前最需要改變的地方。而最難能可貴的是，你讓她們兩人能和諧地接受建議，心平氣和地回家。

只有一點值得提的是，你說：「面對這樣一對明顯母親存在較多問題的母女，我的感情天平已經偏向了女兒。我覺得有些力不從心，該如何採取巧妙的辦法盡快改變母親的認知和行為，我認為這是問題的關鍵和難點所在。」一般來說，治療者在治療一對男女或一家人時，要避免思考與判斷哪個人是「病人」，而拚命想改變那個「病人」的問題。依照「系統學」的看法，問題的發生都是經由相互的關係而產生，並非單方面所引起，而是一連串的事件所引發的。小美母親的問題是和她自己的父母關係有關，也和她的婚姻有關，是連續性而傳遞下來的問題。而小美也是同樣的情況，小美所面對的，是她先後喪失兩個父親以及母親對待她的方式有關，這些都是連鎖的反應。因此，最好不要先認定哪個比較有問題，而是兩人都必須共同且同時改變，這是系統學的看法，也是在治療男女或家人的關係時，可考慮的想法。

第三次會談

治　療　者：按照約好的時間，十天後進行第三次治療。

我讓小美的母親先進診療室簡單介紹情況。小美的母親略微有點歉意地表示孩子好像沒什麼改變，還是會發脾氣。小美的母親說：「前兩天我帶她和（我的）朋友一起去吃自助餐，我也沒說她什麼，她就生氣了，自己一個人端著盤子坐到別的座位去了。我和（我的）朋友說她（小美）就是這樣，說生氣就生氣，結果她就什麼也不管地大聲和我嚷嚷，連我朋友都看不過去了。我實在受不了了，我真想離開她，讓她一個人生活吧。我的身體本來就不好，再這樣下去我的身體會受不了，我快崩潰了。」小美的母親抱著頭，淚水奪眶而出。我向小美的母親提示我們有三個目標，目前其中一個問題比較大，其他兩個問題這段時間看來問題似乎不大，所以我建議小美的母親多從積極的角度看待問題；而且問題是要逐步解決的，所以要允許孩子和自己慢慢改變。接著我提出想了解小美的想法，想弄清楚對於這次的「衝突」小美有什麼看法。

小美進了診療室，表情看起來比較輕鬆。我問小美這段時間過得好嗎？小美掩飾不住滿臉的喜悅和驕傲，她告訴我：「我在學校挺快樂，我們學校和新加坡一所學校是『姊妹校』，那所學校的校長來訪問，我負責跳舞、獻花，我覺得很高興。」但小美一提起母親還是一肚子怨言，「在家裡，我媽永遠和我過不去，一件小事就和我大小聲。問我任何事都要馬上回答，不許回答『嗯』，要回答『是』。如果我沒聽見，等她問我第二遍時我才回答，媽媽就會問我：『為什麼第一遍不回答？』如果我說：『媽，我們可以坐下來好好談。』媽媽就會說：『我和你沒辦法好好談。』當她念我時，她可以先靜下心想想我說的話有沒有道理，而不是不等我說完，就拿席子打我的頭。」

小美說：「我和媽媽永遠都是有理說不清。有天下雨，我們在家門口停好車後，媽媽說要拿傘到另一邊的車門接我。我說不用，告訴她我這邊可以下車，我媽媽說：『那下車吧！』我下車後，就往家裡走，又聽見她喊『回來』，我以為發生什麼事，就趕快往回跑。結果我媽說：『是誰讓你先走的？滾！』我一聽到她叫我滾，我自己就又往回走，然後媽媽就追上來打我，我覺得太委屈，所以就還手了。後來我才知道媽媽怕下雨淋濕我的羽絨衣，可是依我的想法，我覺得她的行為實在不可思議，難道打了我，羽絨衣就不會濕了嗎？其實只要告訴我錯在哪裡就行了，難道非要打我不可？而且她也沒有仔細向我解釋道理，所以我說：『媽，你能仔細和我說嗎？』結果她回答：『都幾年級了，還要我說。』其實我知道媽媽很疼我，她希望我穿得漂漂亮亮的，那件羽絨衣打折後還很貴，逛街時我試穿了，媽媽問我喜不喜歡，我沒有說喜歡，因為太貴了，後來媽媽自己去買回來了。那天媽媽接我回家的路上，我看著那件媽媽新買的羽絨衣，當時我看著車窗外就哭了，我覺得媽媽對我太好了。」

小美又接著說：「我從不開口向媽媽要東西，就算喜歡也會強忍著不跟媽媽提，我會告訴自己：『媽媽賺錢很不容易，家裡沒有錢。』但媽媽還是認為我不懂事，我覺得很委屈，到底怎樣才算懂事？在學校跳舞彩排〈媽媽的愛〉，隨著旋律起舞，聽著聽著我就哭了，我一想到媽媽的愛，我就哭了，我多希望能像其他孩子一樣擁有很多東西。」「我也擔心媽媽的身體，她很容易頭疼，肝有血管瘤、腎有腎結石。我不希望她抽菸，不想要她的肺再有問題，我希望能多和她相處一段時間。」「前兩天媽媽帶我和她的朋友一起去吃自助餐，我覺得外面的夜景很美，就端著盤子獨自坐到靠窗的座位欣賞夜景。其實我根本沒有生氣，但媽媽卻說我在生氣，還當著大家的面說我經常這樣。她莫名其妙地和別人說我不好，她太自以為是了，不了解情況就大聲嚷嚷。後來她氣也氣過了，但我根本就沒有做錯，等我說明白了，她又覺得她不能向女兒認輸，所以還是大聲嚷嚷。」

小美又繼續說：「我很希望當我火氣上來時，她能沉住氣；而當她火氣上來時，我能沉住氣，我很希望我們雙方都能沉住氣。她既然不講道理，我也只能對她不講道理，如果我全讓著她，她會變本加厲，會更過分地對我大聲嚷嚷，我的耳朵都快受不了，更何況是我的心裡。原本十次有九次我違心地道歉說：『媽，對不起，我錯了。』結果她會回答：『之前你在做什麼！』道歉與不道歉結果都一樣。現在一開始我會讓著她，可是如果她對我大聲說話，我也會大聲說話，不讓著她，還會壓著她一點。通常她說話時，不許我插嘴，可是我說話時，她肯定會插嘴。我希望能和媽媽和睦相處，但雞和猴原本就是相沖的，我也看得出媽媽有盡量在改變，往好的方向發展，但一有不順心，還是會受不了。」「其實花三分鐘的時間講明白，總比花一、兩個小時吵架卻還是沒弄清楚好。吵架對我和對媽媽的身體都不好、對鄰居也不好。我最討厭媽媽和我較勁，太耗時間了。我曾勸媽媽不要抽菸，結果媽媽說要我跪下來才行，為了媽媽，我就真的跪下了。但她卻說：『你這是威脅我嗎？』很傷我的心。」說到這裡，小美流淚了。

我已經被這個懂事的女孩對媽媽的愛深深感動了，小小年紀的她看待問題如此理智和全面，著實令我心疼。她在苦苦嘗試尋找解決問題的辦法，她發現與母親對抗所帶來的益處，但她同時也在承受為此所付出的身心折磨。該如何減輕她內心的矛盾和衝突，怎樣盡快幫助這對母女走出困境呢？

當著小美和母親的面，我真誠地表達了我的想法：「小美對媽媽的愛令我很感動，媽媽也同樣深愛著小美，既然你們都深愛著彼此，有這麼好的感情基礎，你們之間的矛盾和分歧是很容易解決的，我很有信心。我認為你們最大的問題是缺乏必要的溝通，所以有很多誤解存在。」我分析了在「自助餐」衝突中，小美和母親的誤解所在，建議他們加強溝通，有話當面說出來，盡量不要互相猜測，這樣容易導致誤解和衝突。

此外，我也向小美的母親表達了小美認為媽媽「有盡量在改變，往好的方向發展」的看法，指出三個治療目標中，有兩個在這段時間解決了，還有一個也逐漸在改變，建議她積極地考慮問題，希望增強她的信心、繼續努力。並再次強調逐步解決問題的必要性，允許自己和孩子慢慢改變。

督導者評：治療的會談進行得很好，包括如何繼續了解問題的性質、困難的關鍵，以及如何對這對母女進行輔導，有清楚的治療方向。

從病情的角度來說，很明顯，這位母親不知如何對待青春期的女兒，只懂得管制與處罰，而不懂溝通與協調的方式，這可能和她自己小時候被父親帶大的方式相同，所以沒有學習到與經歷過的模式（而她自己採用的方式是隨便找個男人結婚，逃出那個家）。有不少父母在孩子小的時候，還知道如何「養育」孩子，但到了孩子進入青春期以後，就不懂如何「管教」、「溝通」、「相等的對待」已經快進入成人的孩子，所以才會導致親子間的衝突與矛盾，是青春期會經歷的風暴期。因此，很需要輔導這樣的父母如何去對待青春期的子女，而不是只顧嚴格的管訓，產生你爭我鬥的局面，爭執誰有權，你管我或我被你管的情況。

在治療的方法上值得回顧一下，到底是如何進行的。即：多半的時間是治療者和母親或小美分別談話，進行「兩個對象」的並行會談，然後再由治療者擔任兩者的溝通與仲裁者，替母女雙方說話，進行彼此的輔導。可以說是並行性地進行兩個「個人」的心理輔導。可以考慮的另外一種方式是，採用「母女兩人」的共同輔導。也就是多半的時間都和母親及女兒一起會談，由他們彼此說出（他們所見的）彼此間的問題，商討如何協調、處理與解決的方法與對策；最重要的是，在會談中去實際嘗試如何改變他們彼此互動的反應，包括如何溝通與協調等。換句話說，在治療者當面協助下，實際採取方式改變適應的行為。也就是說，進行「經驗性」的輔導，實際練習並經歷如何適應，以便回家後，可以持續在家中練習與保持。因此不是說理的認知性輔導，而是採取實際行為的認知與行為上的輔導，是要求雙方同時改變彼此間的溝通與行為的治療方法。假如採取這樣的治療模式時，治療者必須擔任督促者與協調者的角色，且要特別注意維持母親的尊嚴，不可過分讓母親覺得（在孩子面前）沒面子。

第四次會談

治 療 者：按照約好的時間，五天後進行第四次治療會談。

小美認為自己看問題可以看開一些了，能夠從母親的角度想。小美自述：「媽媽也有一些改變了，雖然和媽媽偶爾還是會有一些衝突，媽媽有時還是會傷到我的自尊，但在發生衝突時，媽媽會說：『小美，你覺得媽媽說的有沒有道理呀。』媽媽沒有大聲嚷嚷，可以好好和我說話，我的心一下子就軟了，心裡特別溫暖，真希望以後能永遠這樣。是媽媽給了我美貌、身材、悟性、愛，就像到了天堂一樣。」

與小美滿意和幸福的表現相反，小美的母親一臉落寞地說：「我現在能不吭聲就不吭聲，怕她歇斯底里的。但她做事還是一樣沒有自覺，像參加區裡的舞蹈比賽，一次都沒練……」

督導者評：經過這樣的輔導而改變母親對待女兒的管訓行為後，由於這位母親覺得自己喪失了過去存在的權威，因而降低了自己身為母親的尊嚴與地位，會產生覺得傷心、寂寞與憂鬱的心理現象。這是在治療過程中，由於母女雙方的關係改變（改善），母女「系統」的關係改變所帶來的必然結果。因此，在此階段，要特別去支持感到喪失長者權力而抑鬱的母親，讓她不會因此太難過。

治 療 者：小美說：「昨天，我在屋裡練舞，結果媽媽看了就說：『你跳得不好、沒本事，才會拿二等獎，沒拿一等獎。』我覺得很傷我的自尊。」

督導者評：如果治療者是同時在治療小美與其母親時，可以當場討論小美希望母親如何說（誇獎她還練習跳舞，很好）；如果小美的母親不知該如何正向地鼓勵自己的女兒時，治療者可以示範，讓小美的母親模仿與學習。而且很重要的是，要小美馬上向母親說感謝的話，去「獎勵」母親的正向反應（不要讓母親覺得委屈）。

治療者答：謝謝您的建議。在下次會談時，我會向小美和她母親提出「共同會談治療」的建議。因為身為治療者，我對小美和她母親的各自情況以及她們存在的問題都已大致了解了，且他們對彼此的問題也都有一定程度的認識和積極的改變。所以，我認為是可以嘗試母女共同會談的時機了。

第五次會談

治 療 者：按照約好的時間，兩週後進行第五次治療，我提出「共同會談」的建議，小美和其母親都表示同意。

會談開始時，小美的母親一開口就怒氣衝天地抱怨小美今天的單元測驗成績退步了，就是因為小美在考試前一天沒有按照她的要求好好複習；而小美與媽媽針鋒相對，毫不相讓，並指出自己已經複習了，雖然承認這次考得不很理想，但上次單元測驗考了九十六分，媽媽也沒有像這次這樣不滿意，這次考了九十四分，為什麼媽媽一見面問了成績後，就開始喋喋不休地批評和抱怨她？小美的母親振振有詞地說：「誰叫你考試成績退步了？」小美也針鋒相對地說：「我上次考九十六分，這次考九十四分就是成績退步，那如果我上次考九十四分，這次考九十六分，你就不會說我了，是嗎？我真後悔上次為什麼考九十六！」母女雙方爭執不下，整個會診室硝煙彌漫。

我明顯感覺到小美的母親問題是很嚴重、更占主導性的問題。母親對孩子沒有合理的期望，對孩子提出的要求缺乏理性，她對孩子的學習成績的關注已經到了不可理喻的地步。且從媽媽的抱怨中，我也感覺到她對治療有了一些牴觸的想法。她說如果是以前，她會強制命令小美複習功課，但是現在她看到小美沒有好好複習，儘管自己心裡很著急，也會克制不說出來，怕女兒不高興，擔心與女兒發生衝突。結果看到小美的成績的確退步了，所以她再也無法克制。我從媽媽的言談中，看到她對於不能再像從前那樣控制小美的一切而不知所措和心有不甘，彷彿小美的成績退步兩分讓母親終於找到了一個理由：離開她（母親）的控制，對小美並沒有好處。這樣，她就為重新回到過去完全控制小美的狀態找到了理由和藉口，也就可以堂而皇之地擺脫由此帶來的寂寞和憂鬱的心情。

對於這樣一位母親，我能夠理解她此時此刻的心情，但是在這樣特別關鍵的治療階段，該如何支持小美的母親，讓她不要太難過，能夠有信心堅持治療下去呢？對於這樣激烈爭執的場面，且明顯女兒的話很有道理，身為治療者，我該如何處理，才能既保全母親的面子，又能夠推進治療的進展？我的心裡有點著急。

督導者評與答：雖然治療者改變會談方式，在會談中同時和母親與女兒會談，但是由於母女當場激烈爭執、互不相讓，把平時在家裡爭吵的情況搬到會談的場所，而讓治療者不知所措，這是很不容易面對的事情。從治療角度來說，可以看到這對母女實際爭吵的場面，可以實際地觀察到他們是為何而吵，且是如何吵、如何處理爭吵的情況，這是難得的機會。可是現在的問題就在於兩人爭吵得很厲害，讓治療師不知如何控制。

一般來說，在技術上可以在會談開始前，事先要求他們發生爭吵時，要聽取治療師的指揮與控制，要能隨時停止並平靜下來，相互檢討她們是如何而吵起來，有什麼方法可以溝通，免得只是一味爭吵。治療師必須要能比較積極地控制會談的場面，不讓氣氛變得無法收拾。治療師還要提供與示範如何溝通，並當場讓他們具體學習。還有，對比較尊重父母權威的東方家庭，必須特別注意要為父母維持面子，不要讓子女過分批評長輩，讓父母無法接受而惱羞成怒，情況就不好收拾了。

還有，治療師要適當地運用「改觀重解」的技術，幫助他們從不同的觀點或角度去看，看到正向的層面，例如：考試考了九十四分，就說恭喜，是考了很高的分數，比八十分還高，而不要與先前的九十六分比較。

治療者：看到她們激烈的爭執，我不得不建議小美先出去冷靜一下。我和媽媽談到小美考了九十四分，其實分數也不低，與九十六分只有兩分之差；而且學習成績適當地浮動是可以理解的，所以建議她在心態上要放鬆下來，不要過高地要求孩子。結果小美的母親很急迫地反駁我：「其他的孩子在週末的時間都報名了課外輔導班，我對她這樣的要求還算高嗎？再說，不這樣要求行嗎？如果考不上北大怎麼辦？」我問小美的母親為什麼一定要小美考上北大，她毫不猶豫地說只有這樣才會有更好的前途。

面對小美的母親望女成鳳的想法，以及她對分數執著追求的難以理喻，我無語了。接下來，我與小美的母親共同回顧她當初對治療的期望，看看小美產生了哪些變化，哪些是我們現階段要特別關注的。第一，希望小美能凡事都往好處、快樂處去想，能夠放開心胸、學會解脫；第二，希望小美做事能先想後果，不要與別人大聲嚷嚷，可以控制自己的情緒；第三，不希望小美輕生。在這段時間，小美沒有再發生過輕生的問題，也比較能控制自己的情緒，對母親歇斯底里的情況也少了；現在小美的情緒比較好了，就算考九十四分也能往好處、快樂處去想。反過來，如果小美一直對自己不滿意，考九十四分還是不高興而難以解脫，那會怎樣呢？

小美的母親似乎已經完全忘記當時治療的三個期望，她還沉浸在「如果考不上北大怎麼辦」的情緒狀態中。我在治療過程中經常遇到像小美的母親這樣的家長，在剛開始的治療時，家長提的要求並不高，因為孩子問題的嚴重足以令家長降低他們的要求。但隨著治療的進展，孩子原有的嚴重問題逐漸好轉，家長卻看不到孩子的進步，反而對孩子更變本加厲地提出過高的要求，嚴重制約著治療的效果。

督導者評：提醒小美的母親有關當初的治療期望是很好的。可是我們要知道，當初的期望是理智上的要求，但是遭遇到深層的情感問題時，理性的目標就容易被遺忘而消失，失去其作用。小美母親的感情問題是很複雜且矛盾的。一方面她很希望女兒出色，替自己爭一口氣；但同時潛意識地又壓抑女兒，總是要批評女兒不好，唯恐女兒會變得很好（比她自己更好）。因此在其內心天平似的擺動中，會讓你覺得很難幫助母親內心的矛盾。但身為治療者，要小心不要對家人貼標籤，指出哪個家人的問題比較嚴重且是主導的，否則，治療者對某個家人的感情會顯露出來，如果讓家人體會到時，無形中會影響治療工作的進行。

上次已經提過，從系統的觀念上來說，在治療中，如果其中一個人好轉，另一個人跟不上時，會變成阻抗，影響治療的效果。因為身為父母的，大人的性格難改，也比較不肯接受他人的建議時，相對在治療上就比較困難。因此，治療者必須預見這個問題，可以提前要家長做好這方面的心理準備，以免措手不及。

治 療 者：對這對母女，我有特別的感情。我希望善良的他們能盡快走出困境，過著美好的生活。小美在診療室中告訴我，她其實深愛著母親，「在學校我也經常想，我現在上學，媽媽一個人在家裡是不是很孤獨？事實上，我非常希望有爸爸，但我不想讓她為難，讓她傷心。每次媽媽提起時，我也不能這樣告訴她。」但小美對媽媽已經逐漸失去信心，她認為母親不可能改變了。

考慮到他們家境有經濟上的困難，為了幫助他們能夠堅持治療下去，也因為小美對自己內心體察的深刻，我提出建議今後免費為他們治療，要求小美和媽媽每次都要寫治療的體會。但非常遺憾的是，從此這對母女就再也沒有來過我的診療室了。直到現在，我還牽掛著他們。

督導者總評：治療者對病人有一份濃厚的感情，很希望他們好起來，這是很好的事情。可是假如其感情過分強烈（從同感心進到同情心），就容易影響治療的操作，失去其客觀性。而且如果病情沒有好轉，治療結果不滿意，治療者就會感到難過，所以要一開始就保持比較淡然與中立的感情來對待病人。

還有，從結果上來說，我向你提議採取母女一起參與共同會談，或許對這對母女來說有些過早，或者治療者對共同會談的經驗不足、沒有把握，因此不容易進行。這位母親覺得治療師要求身為母親的她要改變自己的行為（特別是放棄管制女兒）就覺得受到威脅，而產生阻抗現象，這或許就是他們不再來繼續接受治療的原因。另外一個可能的原因是在母女共同會談的場合中，小美在治療者面前和自己的母親正面地爭執、吵架與反抗，讓母親覺得尷尬、難為情，失去做母親的面子，覺得尷尬而不願意再來。無論如何，我們必須記得，小美的母親在年輕時，無法應付自己很害怕的父親，就結婚離家，藉此「脫離」權威者的管制。因此，現在面對相似的情況，覺得受到治療者的要求而無法應付時，就採取脫離的行為，所以不來接受治療也說不定。換句話說，小美的母親把她自己與父親的情感與關係「轉移」到治療者身上，一碰到困難，就採取脫離的行為而停止治療關係。

從整個治療的過程來看，你能時時表現敏銳的觀察與理解能力，能很深切地體會這對母女的心理處境，且能誘導他們往正確的方向進行改善，是很難能可貴的。有時病人停止治療，但還是會運用治療者曾提供的意見而事後繼續自我改善。至少小美知道自己的行為基本上並沒有那麼糟，也會減低受到母親嚴重批評的影響。小美已經知道自己過分討好老師，是因為心理上的需要，對她在學校（特別是和班上同學間的來往關係）的適應有負向結果，相信她自己會小心調整的。最重要的是，經由你的體貼與關懷，多少補足了她先後喪失（兩個）父親的情感與關心。換句話說，雖然很遺憾這對母女沒有繼續接受治療，但治療並未白費工夫，所以你不用覺得可惜或掛心。

事後回顧起來，從治療過程的進展情況來看，或許治療者有點求好心切而操之過急，想要求小美的母親盡快改變她對待小美的「病態性」教養行為，而未提供母親本身個人所需的支援工作。我們不可忘記，小美的媽媽自少年時就失去母親，長大成人就為脫離父親而結婚，先後兩次結婚都離婚而失去兩任丈夫，這些事情雖然表示她可能有性格上的問題，但也表示她是很孤獨的女人，因此目前就把全部的精神都放在女兒（小美）身上。接受治療後，卻又要她放棄（至少放鬆管教）唯一的親人（女兒），這是很痛苦且不易的事。治療者不能單從「兒童精神醫學家」或「青少年治療者」的身分認定「小美的母親」有問題，同時也需要從「成人治療者」的角度提供這位大人（母親）所需的心理支援與幫助。換句話說，提供這位母親多一點個人性的支援性治療工作，穩定她的心情，再慢慢指導她如何面對與處理青春期的女兒，或許比較合適也說不定。

治療者對被督導的體驗與心得的總評

這是治療者在學習心理治療的過程中，第一次被督導的案例。回顧此案例的整個治療過程，我體會到自己（治療者）深受小美心地善良、舉止得體、美麗又聰慧的影響，而感情上向她傾斜（即：向孩子認同），無形中把小美的母親當成是有問題的「病人」。同時，當時對「系統學」的觀念還不熟悉，也未小心考慮母親可能產生的反應（呈現強烈阻抗作用），對小美的母親提供有效且及時需要的支援，這可能是治療無法繼續進行而停斷的主因，也是今後必須特別注意的。

此外，督導者讓我對「轉移關係」的觀念有了切身的體會。不僅要注意小孩對老師、對治療者的轉移關係，也要注意母親與治療者的轉移關係，且其性質各有不同，需要不同的注意與處理。

督導者對我整個治療過程的分析和評價非常細緻且有深度，協助我澄清了很多細節上的疑問，釐清了治療的方向，對治療有更多整體上的把握。督導者能有技巧地提供對我善意的意見，而讓我（被督導的治療者）不感到自己有過錯或缺點而難過，並為我提供支援，這是很重要的。督導者的悉心指導幫助我認識到自己治療的局限性，同時也幫助我了解並認識自己治療的優勢和長處，讓我能滿懷信心做好日後的心理治療工作。

老實說，小美和她母親是目前為止最令我（治療者）心疼的來訪者，我深深地同情她們的遭遇，急切地希望能夠幫助她們，卻未能給予她們所需的協助，這一直是壓在我（治療者）心頭的痛。這次能有機會接受督導，體會個案的困難及母親的矛盾心理，以及可能停止治療的理由，也讓我的歉意稍減一些，獲益匪淺。

最後，我體會最深且想說的一句話：「身為治療者，只是有一顆助人的心是遠遠不夠的，要學習和掌握的知識與技術還很多很多……」

個案二：恐懼、記仇、愛報復、讓老師頭痛的小男孩 林紅

說明

此個案由治療者對病人進行會談醫療總共十二次。由治療者按每次會談的經過仔細回顧，向督導者敘述會談的詳細經過，尤其是剛開始的六次會談。由督導者聽取後在適當之處評論或向治療者提問，請治療者回應。在第六次會談後，由督導者針對此個案的治療經過與方式做總評論與建議。至於第七次到第十二次的會談，主要用來說明治療繼續進行的經過。督導者最後還評論如何結束治療工作，也請治療者報告被督導此個案的心理經驗與體會。

第一次會談

治 療 者：我所治療的這個男孩子十一歲，上小學五年級，名叫小新（化名）。是某學校校長來找我，告訴我這個孩子很令他班上的老師頭痛。上課時會站桌子上、中午吃飯時喊著「大便」，有時還說要自殺。班導師已經找過家長，建議到醫院尋求專業人員的協助，家長表示非常願意，所以校長希望我能幫忙進行治療。聽起來問題似乎比較嚴重，這樣一個孩子是否有精神方面的疾病存在呢？帶著這樣的疑問，約定了第一次會談的時間。

督導者評：是的！校長所描述的這個孩子的行為問題的確有點奇怪，「中午吃飯時喊著大便」是不尋常的行為；上課時會站在桌子上，也是脫離現實的動作，需要仔細考察他的行為問題與其他精神狀態，注意是否有兒童精神病的徵兆或是嚴重的行為異常，然後決定是否可以經由心理輔導來協助這名小孩，或需要藉由服藥控制他的精神病狀態。這是治療師的第一項課題。

治 療 者：第一次會談時，媽媽、爸爸和孩子準時來到診療室。爸爸和媽媽看起來很大方得體，孩子個子瘦瘦小小的，一看就很機靈，但不是很情願的樣子。我開門見山地問孩子願意來這裡嗎？孩子有點遲疑地說：「不願意，我本來就沒有病。」我馬上回應他：「你說得對，並不是有病才要來這裡。我先自我介紹，我是做兒童青少年心理健康工作的，主要是協助孩子學習如何與老師、同學和家長相處，如何處理孩子在學校和家裡遇到的煩惱。因為我們每個人在成長的過程中，都或多或少會有一些煩惱，所以我們教孩子學習如何正確認識自己、理解別人、調整情緒、緩解壓力，學會傾聽、溝通和解決衝突等。有關這類的課程已經在很多學校為孩子們上課，也很受孩子們的歡迎，因為他們有很多這方面的煩惱。那麼，你有這方面的煩惱嗎？」在我解釋的過程中，可以明顯感覺到孩子的變化，他由開始比較緊張和警覺的狀態逐漸放鬆下來，接續我的問題馬上回答：「我也有，在學校同學都對我有敵意，家裡外婆和爸爸對我也不放心。」

督導者評：在第一次會談中，一開始就找機會向病人與家屬說明與澄清會談的性質與目的，這是很好的。尤其這個孩子是受學校校長的「命令」而被父母帶來的，心裡一定很恐慌，治療者能觀察到這個孩子「很不情願的樣子」而做必要的說明，並向孩子解釋治療者的身分與專長，這是很好的開始，可以和此病人建立良好的關係。

治　療　者：媽媽接著說：「這學期老師反映他上課大叫，讓其他人都無法上課，所以老師把我們請過去。」我問小新：「是嗎？這是怎麼一回事？說說好嗎？」小新有點羞澀地說：「我很恐懼、害怕。」小新害怕什麼呢？經過追問，原來在同學們都坐下後、正式上課前，教室的安靜會令小新非常恐懼，他怕牆後會有把刀伸過來，感覺外面好像有人要把門砍破，進來亂砍人，所以會大叫一聲。我問他：「大叫有什麼好處嗎？」小新彷彿鬆了一口氣：「好處是什麼事都過去了。」我頻頻點頭說：「我能理解，叫出來就不會那麼害怕了，是嗎？看來對你的確有好處，那有什麼壞處嗎？」小新毫不猶豫地回答我：「壞處就是會影響別人上課，影響大家的紀律，大家也會注意我。注意也有分好的和壞的，我不想吸引壞的注意。」「我明白了，其實你也不想像這樣在教室裡大叫，影響別人上課，但你實在沒辦法，是嗎？」小新彷彿遇到知音一樣，頻頻點頭：「我怕同學說我傻，說我有精神病。」我關切地問：「有同學這樣說你嗎？」小新有點沮喪地說：「有！」原來，在小新上二年級時，有一位年輕的數學老師曾這樣說過他，後來也有同學這麼說。接著，小新憤憤地說：「老師越不喜歡我，我就越給老師惹事，老師還讓我坐他旁邊。」我笑著問：「你喜歡嗎？」小新像個小大人一樣回答：「當然不喜歡，因為人家一看就知道是壞孩子。」突然，小新很興奮地說：「新的班導師對我很好，中午帶肉給我吃，有時還給我蘋果。老師對我這麼好，我可不能對不起她。」隨後，小新還神秘地靠近我，得意地說：「老師還封我官！」「是嗎？恭喜你！」我主動伸出手，用力地握了握小新的手，用像他一樣興奮的語氣說：「什麼官？快告訴我。」小新略顯羞澀地說：「江老師助理。」我笑著說：「官還不小嘛，我看得出來，江老師對你特別照顧。啊，我有個問題，那麼同學們服你嗎？」小新得意地說：「那也沒辦法，他們服就服，不服也得服，是江老師讓我當的。」我笑著說：「那以前其他同學當官的時候，你怎麼對別人的？」小新如實回答：「誰當頭我就挑誰的毛病。」我問：「為什麼？」小新回答：「挑他毛病讓他下去，我才可以升上來呀。」好可愛的孩子，看他一副認真的樣子，我忍不住笑了。

督導者評：小新的母親開始訴說這個孩子在學校裡表現的行為問題後，治療師能平靜地（不批判的語氣）讓病人接著自己說明他的看法與理由，而且你能採取「同理（心）」的角度與態度去了解小新的心境，表現得和（只會處罰他的）老師或（不懂孩子心理，也不知如何去了解的）父母全然不同的角色，是會談成功的開始。

從臨床的立場來說，這個少年患有恐懼的意念：「怕牆後有把刀伸過來，感覺外面好像有人要把門砍破，進來亂砍人」，可是這只是恐懼感，並非幻想或妄想的性質，只是受恐懼的意念而忘掉現實，所以大聲喊叫，企圖打破自己在沉靜的場合中會發生的恐懼「意念」。這是有些孩子在青少年階段有時會呈現的「神經症」症狀，往往是短暫性的（強迫性）恐懼，預後好，會隨著年紀的增長，腦神經比較成熟後，就會自然消失的症狀。

這個孩子基本上還跟現實保持良好的關係，並不像是罹患早期精神病的樣子，對自己的「異常」行為有可「了解性」的說明，可了解是心理「反應性」的症狀，可以繼續施行心理治療。

在會談中，你說小新還神秘地靠近你，得意地說：「老師還封我官！」而你（治療者）也用像他一樣興奮的語氣說：「什麼官？快告訴我。」這段會談的過程表現病人與治療者已經建立起治療上所需的「共盟」關係，能在「情感」的層次上相互溝通，扮演你問我答的相配角色，是很精彩的部分。第一次會談能進展到這樣的關係，是很難能可貴的。

從臨床上的心理診斷來說，這個孩子能和新的班導師建立良好的關係（也可以和治療者很快地建立好的關係），表示（只要別人對他好）他有能力和別人建立良好的人際關係；同時還知道如何應付他人，也能說明自己的行為動機，都是表示有相當健康的「自我」的功能，是預後比較好的條件。治療者敘述：「好可愛的孩子，看他一副認真的樣子，我忍不住笑了。」再度表示這個病人有能逗人高興的能力，也表示你喜歡這個孩子，這都是治療結果可觀的預兆。

治 療 者：看來這個孩子的問題應該不太大，那麼校長和老師的反映又該如何解釋？在這樣比較輕鬆的氣氛中，我覺得是該問到這些關鍵問題的時候了。我故意輕描淡寫地問：「我聽說你有時上課時會站在桌子上，這是怎麼回事啊？」小新馬上說：「因為老師都不叫我回答問題。第一次這樣舉，老師不叫我；第二次這樣舉，老師也不叫；第三次我這樣舉，老師還是不叫；後來我就跺腳、站在椅子上、桌子上了。」小新邊說邊向我示範他的手如何由規規矩矩的標準手勢，到胳膊伸直到空中，再到身體離開座位站起來，直到最後整個身體站到桌子上的過程，描述得清楚且明白，我也放下心來。我又接著問：「那麼，中午吃飯時喊著『大便』，又是為什麼呢？」小新有點不好意思，一板一眼地說：「目的是讓那些我討厭的人噁心，吃不下飯，但沒達到我的目的。」

督導者評：向病人詢問症狀或問題時，要從小問題或比較輕微的症狀問起，逐漸往比較嚴重的症狀或奇異的問題去探問。尤其是針對比較敏感的病人，包括小孩，都必須特別注意這個要領，你能這樣進行治療，是很好的會談技巧。

治 療 者：在整個會談中，小新的爸爸和媽媽始終在一旁饒有興致地聽著我和孩子的對話，不時發出感慨：「原來你是這麼想的，真沒想到。」

督導者評：父母對會談有如此的反應，也是好的現象；但同時，在心理診斷上也說明，平時父母對這個孩子不知如何去溝通與了解，這也是問題的根源之一。

治 療 者：第一次會談就要結束時，我告訴小新，和他談了這麼多，辛苦他了，請他先出去放鬆一下，我要和爸爸、媽媽談，待會兒再叫他。小新高高興興地跑出去了。我問小新的父母來就診主要想解決什麼問題？爸爸搶著說：「這孩子挺聰明的，但就是報復心特別強，總是挑別人的毛病，在學校比較淘氣，在家裡也常無緣無故發脾氣，我們也搞不清是怎麼一回事。其實我們對他的要求也不高，但他自己總是不滿意。今天我們也了解了不少他的想法，第一次聽他說，以前從沒想過、也沒這樣問過他，我覺得他還挺信服您（指治療者），什麼都和您說。我們早就想找合適的醫師好好和他談，但一直沒找到，如果您有時間的話，我們希望能多談幾次。」小新的母親也同意，表示對第一次的治療覺得滿意。我問小新的母親：「孩子有說過要自殺的話嗎？」媽媽說：「他在學校受了氣，回到家就反覆問我：『媽媽，你愛不愛我？哪天你不愛我了怎麼辦？你如果不愛我了，我就自殺！』」我小心地追問：「有發現他採取過行動嗎？」小新的母親表示沒有發現過，認為他只是說說。

我向小新的父母總結今天的看法和建議：「小新確實很聰明，領悟力也很強，但想法相對幼稚、偏激一些，也缺乏社交技巧，例如如何正確認識自己和理解他人、與人溝通和解決衝突的技巧等。現在是比較好的治療時機，小新的年齡還不大，還沒到青春期，班導師又很好配合，你們身為父母的也願意積極治療，這些都是對治療有利的因素。最關鍵的是，看得出小新願意接受我的建議，而且他也有能力領悟和改變，如果小新也願意的話，我願意繼續為他治療。但想要孩子改變，家長也必須要有所改變，孩子的問題並非完全是孩子的因素，今天的時間不充裕，我們以後慢慢談，我希望你們要有這樣的意識。」小新的父母都表示已有這樣的意識，願意學習這方面的知識。

督導者評：這是很好、也是準確的心理診斷。從小新的說話方式與談吐的內容，我們可以推測他的智慧很高（智商在一百二十左右，也就是說，十一歲的孩子有十三歲左右的智慧），但從他的情緒與行為表現來看，是相對比較幼稚（還在九歲左右的情緒發展，情緒智商相對比較低），所以才會在學校發生這些心理與行為上的問題。問題是為何小新的情緒發展比較幼稚，還需要進行探問與了解。通常來說，被家人（母親或奶奶等人）過分寵愛的孩子，情緒發展會遲緩一些。但小新又有恐懼、記仇、想報復的心理，一定有個家人（如父親或繼父等）對他比較嚴厲，讓孩子覺得害怕。因此，孩子有想被寵愛、但又害怕的雙重情緒問題。

治 療 者：最後，當著小新的父母的面，我對小新說：「你是個很可愛又悟性很強的孩子，我挺喜歡你的，我們今天有緣認識了，我很感謝你告訴我那麼多心裡的話。你很信任我，是嗎？」小新看著我，點點頭。我繼續說：「今天我了解了一些有關你的情況，知道了你的一些煩惱，其實這些煩惱並非只有你一個人才有，我們每個人在成長過程中都或多或少會有一些。因為我是研究兒童心理的，所以會有更多的辦法來幫助你。你很幸運，還有很多小朋友也有煩惱，但爸媽都沒想到要帶他們來尋求幫助。不過不可能一次就解決所有的問題，需要一段時間才行，你爸媽都願意再帶你來，我也願意繼續幫助你，現在要徵求你的意見了。」小新高興地說：「好的，還要再來。」約好一週後進行第二次治療。

第二次會談

治 療 者：會談時，小新的爸媽和小新準時來到診療室。小新已經沒有第一次剛來會談時的拘謹和不情願，看起來很開心的樣子。一家三口就坐後，我說：「小新好福氣，爸媽陪你一起來，很多孩子的爸爸是不來的。」聽了我的話，小新對著父親又是撇嘴又是翻眼：「他對我才不好呢，總是打我、罵我。」小新的父親一臉無辜地笑著說：「我打過你幾次啊？還說我總是打你。」媽媽也在一旁幫腔：「對啊，我也沒記得爸爸打過你幾次呀。來，你說說看。我也學會林大夫的說話方式了。」小新的媽媽學得還真像，讓我很有成就感。小新瞥了父親一眼，悻悻地堅持：「反正你總是打我。」看著眼前的這一幕我笑了，我要為孩子說話：「我相信小新這麼說一定有自己的道理，說說看，好嗎？」在我的鼓勵下，小新終於嘟著嘴說：「在我三、四歲時，因為中午不睡覺，就經常挨打、挨罵。」聽了小新的話，小新的母親笑了：「唉呀，三、四歲時候的事，你還記著呢，你這孩子可真會記仇，老記著某天某日同學、家人對你不好，都記得清清楚楚呢。報復心還特別強，對別人的災禍總是幸災樂禍，自己想往上爬，卻老想靠踩著別人。」小新跑上前摀住母親的嘴，不讓媽媽繼續往下說。看起來小新和媽媽挺親近，媽媽一口氣說了這麼多壞話，他也沒急。小新的父親告訴我：「在他小的時候，我確實經常打他，但這兩年已經意識到打他不好，所以不怎麼打了。」小新反駁說：「誰說的？這禮拜你還打我。」小新的父親笑著說：「對，我正好要和林大夫說說這件事，你告訴林大夫，我為什麼打你。」原來，這週一早上，小新的媽媽出差不在家，爸爸想好好表現表現。因為兒子愛吃速食麵，所以小新的父親一大早就起床，為了兒子的健康考量，特地切了好多菜，煮了滿滿一大碗速食麵。本以為小新會誇幾句，但小新似乎毫不領情，什麼也沒說。週三晚上，因為另外一件事，小新的爸爸認為兒子應該要表示感謝，但小新還是無動於衷。這時，小新的父親看著我說：「我們平時很注重對孩子進行感恩的教育，所以我就和小新談，告訴他應該要怎麼做。我也提到那天我費心煮了那麼好吃的速食麵，他卻沒有任何表示，這樣不好，人應該要常懷感恩之心。原本我一開始並沒有想打他，只是想和他談談，但他不僅不知錯，還一副滿不在乎的樣子，不屑一顧，氣得我後來就動手了。」我問小新：「你怎麼想的？」小新還是滿不在乎的樣子：「沒有必要每次都要感謝。再說，他放了那麼多菜，也沒有媽媽煮的好吃。」

督導者評與問：有幾件事要提一下，看來這家人已經進入另一個治療階段（或程度），願意開始談論他們家裡所經歷的問題。這個孩子（病人）以控訴的角色揭開家中的問題（常被挨打），而這樣把家醜外揚時，最不好受的是被指責的人（父親），可是父親是一家之主，有其權威與面子，因此，要小心地維護他的尊嚴，不得讓他在眾人面前撕破臉，覺得很難為情（發生阻抗）而產生不想治療的負向結果。因此，不要讓（放縱）兒子拚命去控訴與揭發（討論挨了多少次的打），而是把重心放在為何孩子會被體罰，父親覺得需要處罰孩子的問題，並談論將來如何處理這樣的情況。這是家庭治療的一個重要要領，即：不追究任何人，只考慮如何改善。

治療者的基本角色與任務通常是替比較懦弱的（病人）孩子說話，保護他；可是也要很適當，千萬不可侵犯家長的權威，不可讓父母覺得治療師只站在孩子那邊而跟孩子認同與「聯盟」，共同打擊父母。

還有一點要指出的是，父母以何種水準來對待孩子的問題。小新的父親是把十一歲的孩子當成是二十一歲的成人，要求他能了解父親的用意，能向父親感謝他的特別費心與用意，這已經產生對待的水準上的差距，也是問題的來源之一。父母要能適當地調整自己對孩子了解的水平、體會與同理，才能達到合適的來往關係，不會產生誤會與衝突。

小新嘟著嘴說：「在我三、四歲時，因為中午不睡覺，就經常挨（父親）打、挨罵。」為什麼三、四歲的孩子不睡午覺，父親會那麼生氣？

治療者答：因為睡午覺有利於身體健康，這是公認的，所以父親就要求孩子睡午覺。

督導者問：是否還有其他原因？父母是否也要睡午覺？

治療者答：不知道，不過通常父母也要睡午覺的。

督導者評：三、四歲的孩子正處於所謂的「性蕾期」，是孩子與父母會產生特別情感的發展階段，即男孩子想和母親特別親近，而排斥父親。由於男孩子很想得到母親的寵愛，而父親也就有所反應，特別想處罰這樣和母親黏在一起的男孩子。雖然我們不知道他們這一家是如何安排他們的臥室，誰和誰睡，但有機會時值得探問，經由這樣具體的事情來了解其親子的三角關係的階段是如何度過的。從會談中，我們觀察到：（媽媽在揭穿小新的問題時）「小新跑上前摀住母親的嘴，不讓媽媽繼續往下說。看起來小新和媽媽挺親近，媽媽一口氣說了這麼多壞話，他也沒急。」可見小新和媽媽的關係特別親近，是小時候（從口慾期以來）被母親嬌寵過的遺留現象；而這也是小新的父親對小新要特別管教的心理動機也說不定。換句話說，並不是單純不睡午覺的（表面）問題，而是親子三角關係情結的（深層）問題表現。

治　療　者：這一次的治療主要是針對家人要如何發揮同理心相互了解的問題而討論，也就是小新要能站在父親的角度與立場，去體會父親的辛苦與用心良苦，能適當地對父親表達感謝之意；同時，父親也要能從孩子的角度與立場，認識到家長認為好的事情，孩子未必也會認可。例如：爸爸認為辛辛苦苦在速食麵裡放了青菜是好事，但小新並不喜歡，所以小新會不領情也就不足為奇了。

小新的父母表示，以前從來沒有像這樣換一個角度看問題，覺得很有收穫。約好一週後進行第三次治療。

第三次會談

治　療　者：這次會談，小新的爸媽和小新都準時來到診療室，小新的母親一進門就高興地說：「這週小新表現得特別好，週六那天颳大風，我帶他上華數課（華羅庚數學），他主動要求搭一塊錢（人民幣）的公車，還主動幫我擋風，讓我覺得好感動啊，這可是破天荒第一次，以前從沒有過。」我看著小新，故作驚訝地說：「是嗎？真為你高興，來，我們握握手，恭賀你有偉大的進步。媽媽這麼說，你的心情如何？」小新羞澀地說：「很高興。」我進一步引導說：「好，以後孩子做了好事，爸爸媽媽就要表達出來；同樣地，當爸媽做了好事，小新你也要表達出來，好嗎？我們一言為定。」小新的父母和小新都表示同意。

我關切地問小新：「這一週過得如何？」小新說：「爸爸不像以前那樣打我了。」小新的母親又出面為小新的父親辯解：「你爸爸有打你嗎？」小新不服氣地說：「爸爸就是有打我，還說要把我的腿打斷！」媽媽說：「那都是什麼時候的事了？四年級有打你了嗎？」小新理直氣壯地說：「四年級打得很多。」媽媽質疑地追問：「那你說，你爸爸打過你幾次啊？」小新掐著手指頭、晃著腦袋，認認真真地算了一會兒，說道：「一年打了我四次，一共三十二下，有二十二下打得特別疼。」爸爸被小新的舉動逗笑了：「因為擔心你害怕，所以你媽媽不在家時，我沒打過你，你好好想想。」我也笑了：「你怎麼算得那麼精確啊？」小新一本正經地說：「我有個本事，就是別人打我、罵我，我全都記下來了。」我又問：「為什麼要記下來呢？」小新的母親插話說：「這孩子特別敏感，心眼小，總覺得別人對他不好。他和外婆的關係也不好，說話特別忤逆，還和外婆說：『你活不久了。』氣得外婆要打他。」小新氣呼呼地說：「是外婆先罵我的。」媽媽說：「那你也不能這樣和外婆說話呀！」

第四次會談

治　療　者：第四次會談時，小新的母親和小新準時來到診療室，小新的母親表示小新的父親出差了，所以很遺憾不能前來。不過，小新的母親很高興地表示，最近小新和爸爸的關係好多了，沒有那麼多的衝突了。

小新的母親表示，今天有一個新問題。「今天中午老師撥電話給我，告訴我下午班上有『教學觀摩』（其他學校的老師來參觀上課的情況），小新不敢去上課，怎麼說他都不肯去，老師沒辦法只好把我找到學校。還好，小新最後還是去上課了。所以我想，今天正好可以和林大夫談談這件事，不知道你有什麼樣的看法？」小新有點膽怯地說：「我怕管不住自己，會影響班級榮譽。」接著，小新又高談闊論起來：「你知道嗎？教學觀摩可是有很多老師會來參觀，萬一出了什麼麻煩，可就丟臉了，老師也饒不了你。」小新的母親表示，小新一向游離在班級之外。我同理地對小新說：「我能理解你的想法，你的班級榮譽感非常強，就怕自己做不好，讓全班丟臉，是吧？」小新似乎沒想到我能如此理解他，驚異地瞪大眼睛看著我，連連稱是。我又引導他：「好，現在你剛上完一堂教學觀摩，你說說看，你有讓班上丟臉嗎？」小新回答：「我就是怕自己闖禍，所以一動也不敢動，能撐一分鐘是一分鐘，然後一分鐘一分鐘地撐到下課，整個人都快癱掉了。」我回應他的話：「看來你並沒有闖禍，是嗎？」誰知小新又得意起來：「我還回答了好幾個問題呢。有一題全班都不舉手，可是有那麼多外校的老師在後面觀摩，沒人回答問題老師多沒面子啊，所以我就舉手了。老師叫我起來回答，我的腿直打哆嗦，不過別人看不出來。我答對了，後來又連續答對了好幾題問題，今天我是回答問題最多的一個，老師還表揚我。」小新邊說邊掐著手指算自己一共回答了幾個問題。看到小新勇敢地戰勝自我，我由衷地為他高興。我還要繼續強化小新體會戰勝自我的感受，我說：「看來今天的教學觀摩幸虧你有去上，不僅沒讓班上丟臉，而且還爭光了，對吧？你有什麼體會嗎？」小新還沉浸在成功的喜悅之中，一本正經地回答：「在外人面前要好好表現自己，讓別人留下好印象是很重要的。」我繼續引導：「你自己事先都沒想到會有這麼好的結果吧？所以，有些事情我們光想可能會覺得很可怕，但一定不要自己嚇自己，不要只是想，要勇敢地做，做了之後往往會發現沒有想像中那麼可怕。」小新頻頻點頭。

督導者評：假如小新能控制他自己幼稚的情緒，就可以發揮他聰明的長處。

治 療 者：是的。

治 療 者：小新的母親表示還有另外一個問題：「期中考成績出來了，我對他的語文成績不滿意，才七十多分，他問我滿意嗎？我反問他自己滿意嗎？他如果說不滿意也就過去了，可是沒想到他滿不在乎地說滿意，所以我對他說：『你滿意，我可不滿意。』他就歇斯底里地發作了，大哭大鬧說：『連媽媽都不愛我了！』」我誠懇地問小新：「你滿意嗎？」小新低下頭說：「我不滿意。」我又問：「那你為什麼告訴媽媽，你滿意呢？你是怎麼想的？」小新瞥了母親一眼，說：「媽媽從不會被我的好言好語所蒙蔽，可是我心裡不願意承認自己考不好，所以故意裝得好像滿不在乎。」小新的母親恍然大悟：「原來他是用表面的不在乎來掩飾內心的不滿意，故意表現一副輕蔑的模樣來掩飾自己。嗨，你幹嘛這樣繞一大圈。」

第五次會談

治 療 者：這次會談只有小新的父親和小新一起來會診。小新的父親表示，小新的母親出差了，這段時間孩子滿好的。我問小新還好嗎？小新鎮定自若，滔滔不絕地講述：「這段時間我表現得很好，沒讓班上被扣分，人緣也變好了。我發現人的潛力是無窮的，只有享不了的福，沒有吃不了的苦，很多想不到的事，現在都做到了。我要讓別人覺得『因為我的存在，會讓他們更快樂』。我現在是江老師的助理，江老師讓我管『差生』（班上表現差的學生），我已經摸透這些差生的心理，他們只想應付老師，只想趕快應付著寫完作業，然後去玩。所以，管理他們必須講究方法，因此我買了一盒拼圖，每交一次作業，就獎勵一塊。不能一次獎勵太多，否則我也買不起，我和爸爸提了這件事，爸爸同意我才買的。就這樣，也沒有花多少錢，他們還挺聽我的話。但也有些態度很強硬，我管不動的，就去找老師；對於那些經常被家長打的，我就用鼓勵和溫暖來對待這些人，他們特別容易被激怒，要讓他們慢慢從歧途上回歸到正途，不能永遠看著他，應該讓他自己明辨是非。」聽著小新有條有理、頗有難度的激勵體系，我簡直難以把眼前這個早熟又聰明、對生活有這麼多獨特見解的他，與一個多月前看待問題簡單、偏激的他相提並論。

我不時地給予積極的回應：「你真有辦法，連我都覺得很有收穫。尤其是你能根據同學的特點，採取不同的方法，真是不簡單，我很佩服你。不過，盡量少花錢，最好不花錢，花錢不是最好的辦法。何況你還沒有賺錢，當官也很不容易吧！」小新說：「剛當上官，有很多人會挑我毛病，所以我做事也很謹慎，只要不出錯，他們再怎麼挑也沒用。挑不出毛病，他們就編造謠言，所以我現在與好學生、中等生和差生都要團結。我們班上有個特別傻的，就連別人問他有沒有穿內褲，他都會回答，讓全班哄堂大笑，但我想要幫助他，不想取笑他。」

坦白說，小新今天所表達的想法，大大出乎我的意料。小新的心胸開闊了許多，處理問題的方法也機智靈活了一些，是一個已經有能力適應學校生活的小新！我注視著小新的眼睛，以對大人說話的口氣誠懇地說：「小新，我今天非常高興，我看到你在改變、在成長。你能夠更客觀地看待事情了，你的思路也更開闊了，你說過的很多話都讓我留下深刻的印象，例如：你認為『很多想不到的事，現在都做到了』，過去你想到的很多事情都顧慮重重，不敢去做；而現在才過一個月的時間，很多想不到的事情，你竟然都做到了。你的成長也超乎我的想像，我相信你會有所改變，但沒想到你改變得如此之快，且進步神速，我由衷地為你高興。來，我們握握手，祝福你。你之前提到的名言我記住了，我也有一句名言送給你，『世上只有想不到的事，沒有做不到的事』。想到了，再一步一步努力去做，你的目標就一定能夠實現。還有一句話，我也覺得很感動，你說你想『讓別人因為你的存在而感到快樂』，你心裡不再只有自己，可以容納更多的人了，你的心胸開闊了，不再那麼計較，你也覺得更快樂了，是嗎？」小新像大人一樣看著我，鄭重地點了點頭。

督導者評：從小新的用字遣詞來看，他的智慧很高。雖然他只有十一歲（小學五年級），但所用的詞句與思考形式約在十四歲左右（國中二年級的水平），可見智商將近一百三十左右（以十一歲除十四歲得1.27）。因此，治療師和小新的會談無形中也相對地使用比較高的文句與言語來進行。一般來說，對孩童進行心理輔導時，治療者必須費心（職業性的「退行」）以符合孩童年齡的思考與言語來和孩童病人溝通，這樣才能平行性地達到溝通的要領。至於和這個很聰慧的小新，你無形中就提高談話內容與語句的水準來進行溝通，是對孩童病人會談時，比較少見的情況。還有，配合這位病人的情況，你無形中把會談的內容擺在屬於比較「超我」的層次，談的多是「道理」、「原則」等材料；但必須注意，也要顧慮到「自我」的層次，處理情感等方面的事情，否則有時會傾向於教導式的會談。此外，小新的智商雖然在一百三十左右，猶如十四歲國二學生的水平，但情緒智商卻相對較低，還只在小學四年級左右的情況，所以要多協助他在情感方面的進步。這必須依靠情感上的來往與情緒上的模仿，以及人際關係的改善而督促情感的成長與同理心的發展。

治　療　者：小新的父親對治療表示非常滿意。他表示，從我和小新的談話中，他們了解了很多小新的想法，也學習以這樣的方式和小新溝通，目前在家裡也能和小新多談一些，和小新的關係也好多了。小新的父親還告訴我：「孩子在學校遇到很多的事情，也會回來和我們商量，例如：要幫同學買點小獎品，都會事先徵求我們的意見，我建議他不要買太貴的，而且最好不要一次性、要能累積，所以後來他才會買拼圖，一次給一塊，要多次才能湊成一個完整的拼圖。」看來小新不僅已經能夠逐漸接納父親，而且父親的人生智慧已經開始對小新產生了影響，怪不得小新成長得那麼快！我對小新的父親分析了在小新的變化中，他的角色對小新產生了非常重要的影響，所以我肯定他的功勞，也希望他繼續努力，以他已經相當成功的事業中所累積的人生智慧盡可能多影響小新，特別在即將到來的青春期，這點會更重要。因為對男孩子而言，母親的影響力會越來越小，父親的影響力會越來越大。小新很幸運，有這樣一位成功、可以效法的父親；但父親必須讓孩子有學習的機會、引發孩子學習的熱情、引導孩子逐漸學會以大人的方式處理問題，這對孩子的成長至關重要。

我注意到在小新講述的過程中，小新的父親不時會限制說：「好好和林大夫談，手別亂動。」因此最後，當小新不在時，我建議小新的父親應該多表達一些積極的建議和愛，而消極的限制則少一點，這樣對小新的成長更有助益。

第六次會談

治 療 者：這次會談仍只有小新的父親和小新參加，因為小新的母親出差還沒有回來。小新的父親表示，這段時間小新很乖，但有一個問題希望我能幫忙解決。小新的父親說：「小新背英語單字時，背了兩遍還沒背下來，就會開始鬧情緒，很明顯可以看出他很心煩。如果再叫他背，他就不背了，索性把書扔一邊，賭氣不背了。當然這不是什麼大問題，有很多同事的孩子也有類似的問題，我也覺得現在很多獨生子女都可能普遍存在這種做事無法堅持到底，遇到困難就容易放棄的問題。事情雖然不大，可是影響學習，也影響情緒，我們也很為難。」我轉向小新問道：「你希望你背幾遍能夠記住？」小新用肯定的語氣說：「一遍，最多不超過兩遍。」我問：「為什麼？你是怎麼設定這樣的目標？」小新說：「我想破金氏世界紀錄，我看到一個人的紀錄是三遍，我想超過他。」我對小新想破金氏世界紀錄的想法表示肯定，表明他很有理想，但是理想要一點一點不斷努力才能實現，而不是一下子就能達到的。我建議他先了解自己記憶力的客觀情況，然後為自己制定一個經過努力可以達到的目標。例如：如果原來要背十遍才能記住，現在就要求自己八遍記住。有了切合實際的目標後，還要想辦法增強記憶力，例如：注意力要高度集中、心理要放鬆等。訓練一段時間後，如果達到目標，就給自己一個小小的獎勵，然後再定更高一點的目標。這樣不斷努力，就會逐漸接近自己的目標，但目標一定要切合實際，想一遍就記住，這個目標就定得太高了。小新的悟性的確很強，我的話才剛說話，他馬上就接口總結：「語言是花苞，行動是果實，決心是種子，努力才是肥料。」我說：「你總結得太精闢了，說慢一點，我要把這段話記下來，我已經有不少『小新名言』了。」小新的臉上洋溢著光彩，一字一句地又重複了一遍，也開始舉一反三了：「我做數學題也是如此，以為自己會全做對，一旦做錯，心情就很不好。」我繼續引導：「心情不好對你有什麼影響嗎？」小新回答：「心情不好，我就不願意繼續做，就連做錯的題目也不願意改。」

督導者評：從輔導的過程與結果來說，這是治療很成功的案例，能很早就做好臨床上的準確診斷，排除精神病的可能性，以心理問題的性質治療這個個案是成功的一半。治療師能和病人很快地建立起良好的治療關係，有好的「聯盟」形成，也是值得一提的要點。父母都能向你學習，改變他們與孩子的溝通及關係，也是預後良好的條件之一。從整個輔導歷程來說，這個輔導是採取支持、認知與行為治療的原則而進行輔導，再加上善用病人與治療者所建立的正向「關係」而施行治療。

就整體個案病情了解的角度來說，這名個案面對的（在學校的）問題是，由於智商過高而情緒智商較為幼稚的不協調產生的行為問題。由於個案很聰明、想表現（過分想表現以爭取老師的寵愛、同學們的關注），但因為得不到而產生負向的行為，這是在班上較一般人特別聰明的孩子常會遭遇的情況。

從分析的立場來說，這名個案在年幼時，曾得到母親過分的寵愛，但長大後，母親（覺得需要和已經長大的男孩保持距離）開始退卻，不提供孩子想要的關心，再加上孩子在學校得不到老師（母親的代理者）的關心，便感到傷心，回家就要母親口頭上保證還愛著他（否則就想死）；或是在學校胡鬧，想爭取老師與同學的關心。個案很聰明，想靠聰明來爭取老師的歡欣，但有些老師並不如此反應，因此，他拚命想舉手表現，老師越不理他，他只好以極端的行為來獲取老師的關心與自我表現的機會。至於個案的父親，我們只聽到他如何處罰、威脅小孩，甚至想打斷小孩的腿（讓小新心裡害怕牆後有把刀伸過來，覺得外面有人想把門砍破，進來亂砍人的象徵性威脅），父親對這個孩子只有相對與排斥的心理與行為表現。這說明孩子與母親過分接近而造成父親排斥孩子的心理。換句話說，這個孩子在面對性蕾期的親子三角關係情結的問題還沒有好好處理，而繼續著父親與兒子的相對與恐懼的情感關係。面對這樣深層心理問題的孩子，在青少年時期有時會產生短暫性的（強迫性）恐懼症，害怕被（大人）迫害。個案在學校害怕「牆後會有把刀伸過來」，或「感覺外面好像有人要把門砍破，進來亂砍人」，都是和親子情結上帶來的恐懼（被閹割）有連帶關係。

先前已經提過，這次對個案的輔導，是採取比較認知、行為、支持與教導的形式而進行，比較沒有分析性的探討。由於成效良好，所以沒有特別的批評。但如果想更上一層樓的話，可以再加上分析性的探討，對個案的父母進行親子關係與情結上的輔導，或許會有進一步的成效。

此個案的輔導，基本上都是採取家庭會談的模式，讓父母與孩子一起參與會談，這是很好的決定。主要可以讓父母有機會觀察治療師如何與小孩（病人）溝通、建立關係，讓父母可以從中學習與模仿。如果能舉一反三，家長可以在家中繼續其輔導的工作，也就事半功倍了。

至於學校的老師，尤其是新來的班導師，無形中已經採取比較合適的辦法來應付並處理這個智商特別高（情緒智商還低）的孩子，讓他擔任特別的角色，善用他的智慧與領導能力，並督促個案在情感上的發展與成熟，可說是有心理衛生見解的好老師。

督導者問：關於背英文單字的事，父親聽了小新的說明，有什麼反應？

治療者答：小新的父親恍然大悟地說：「我今天明白了，為什麼改錯對小新來說是特別困難的一件事。」小新很苦惱地看了父親一眼，說：「爸爸說：『做到是應該的，做不到才不正常。』我也覺得為什麼我就不能全對呢？總是出那麼多錯。我經常作夢，夢到一大堆考卷上都是鴨蛋，我很想超越爸爸。」爸爸在一旁笑著說：「一般孩子都是嫉妒其他小朋友，但小新很奇怪，他總是和我們大人比。我和他媽媽在工作上有一些成績，也得了獎接受表揚，回家後，我和他媽媽兩人彼此說著都很高興，他聽了反而不高興，連對我們都嫉妒。」小新睨了父親一眼，嘟著嘴說：「他們太優秀會讓我有壓力。」

督導者問：你覺得小新的父親講這段話有什麼意義？

治療者答：我認為這段話揭露了小新愛嫉妒、報復心強、沒有安全感、恐懼等一連串令家長和老師難以理解、頭痛且看似極端的「反常」行為的根源——小新一直想超越父親。

督導者解釋：到孩童階段以後，有些小孩開始會向大人報告自己夜裡所作的夢，可以透露小孩深層心理潛意識中想什麼、害怕什麼，是很好的分析材料。小新在夢裡總是認為自己沒出息，考試都是得鴨蛋，無法超越父親，而小新的父親也指出小新總是和他比較，而且不高興自己比不過父親，還嫉妒父親的成就。充分顯露了我們先前推測的，即小新在性蕾期面對親子三角關係上的情結還未處理，還持續想和父親比賽，卻覺得無法超越。從這樣的資料，我們可以證實先前的推測是正確的。從結果來說，我們還可以進一步推測，由於小新的父親也相對在和兒子比較，唯恐小新會表現得比他更好，所以拚命批評與要求，也過分地威脅與處罰，讓小新無法從父親那裡得到需要的支援與鼓勵，反而缺乏安全感。事實上，有些大人（父親）自身缺乏自信心，也就會壓抑自己的子女以彌補自己所缺乏的自信心。當然，母親的態度與行為也很重要，如果小新的母親很需要感情，而把全副精神都寄託在自己的兒子身上，過分的接近與寵愛，無形中也會令自己的丈夫不滿意，甚至嫉妒，也因而加強父親對兒子的負向情感與關係。換句話說，父母的個人心理，再加上夫妻間的關係，便綜合性地促成與子女的關係，也影響子女的心性發展。

從臨床的資料來看，今日的母親好像和丈夫會維持較好的「聯盟」關係（孩子批評父親時，總會聽到母親在替父親說好話），近年來這樣的發展傾向（是很正常且健康的夫妻關係）卻威脅到兒子的心理，讓他很擔心母親不再愛他。因此，屢次要求母親保證還是愛著他，否則他就不想活了。

我們這樣的分析，和治療的實際操作沒有直接的影響，但如果能了解到這個分析性的要點，治療師可以比較積極地去協助父母處理他們自己的個人心理需要，也可以協助他們處理與面對正處於青少年階段而未完全解決性蕾期情結的兒子。如此一來，便可以進一步協助與輔導父母。

治療者回評：聽了督導者如此深刻且透澈的分析，讓我覺得就像點亮了一盞明燈，眼前豁然開朗。我的治療一直在支持性、認知和行為的層次徘徊，一直未深入到分析性的層次。

督導者再評：心理治療不一定都要以精神分析的方式進行，尤其是針對幼小的孩子或青少年，因為他們不容易討論與面對潛意識的材料。因此，進行支持性、輔導性的治療也是很合適、正確的。但如果小孩碰巧透露潛意識的原本性的精神材料（如夢或幻想）時，可以好好利用這些寶貴的資料進行動態性的分析工作，讓我們對個案的整體病情有比較透澈的了解，間接協助我們決定輔導的方向。

治療者問：這些寶貴的資料確實非常難得，能一針見血地揭示問題的根源。但我有所顧慮的是，如何以家長能夠接受的情況與水準而進行說明與輔導？

督導者答：這是很好的問題，是治療師必須注意與考慮的事情，治療者從病人身上獲得資料，建立動態性的病情分析後，如何適當地向病人（或家屬）進行解釋與指點是另外一件事情，也是治療上「指點解釋」的技巧。針對此個個案來說，對個案不須做任何解釋，頂多說明一個人不必要太和其他人比較，只要自己做得好就好。但對個案的父母卻可以比較進一步地解釋：小孩的夢經常顯示其內心不安，小新一直擔憂、害怕自己（在學業上）沒有好的表現，心裡有過重的負擔，這樣的心理負擔又被另一個慾望影響而更加嚴重，那就是「想超越父親」。一般孩子在孩童期時，通常都會和自己同性別的父母競爭（例如：兒子和父親、女兒和母親），希望能超越自己的父母。針對這樣的情況，身為父母要能以較寬容的胸懷對待孩子、鼓勵孩子，而不要因為自己內心的問題而和孩子拚命競爭，此種水平與性質的解釋，一般父母都可以了解與接受。但千萬不能以精神分析的「伊底帕斯」情結說明親子三角關係的相互矛盾，而直截了當地說明兒子對父親有敵意的傾向，這樣露骨的指點只會嚇壞父母，讓他們聽不懂，是治療上指點的錯誤。

治　療　者：接下來，我與小新及其父親一起討論適當的壓力對人會產生的好處，以及過大壓力的害處，也與小新的父親和小新共同探討「做到是應該的，做不到才不正常」的局限性，強調要關注過程，努力、用心做事情的重要性，而不必過於關注結果。引導小新和他父親明白要求過高，尤其是要求只許成功不許失敗的結果，會導致害怕失敗而不敢面對現實。一旦失敗，例如：沒有記住單字、做錯數學題，就會選擇逃避。所以建議小新將他的名言「語言是花苞，行動是果實，決心是種子，努力才是肥料」應用在日常生活中。後來，小新告訴我，他還想到了一個很適合形容此一過程的詞——「水滴石穿」，看來小新是真的領悟了。小新的父親也很誠懇地表示感謝，認為今天的收穫很大，弄清楚了小新行為的原因，也認識到家長在此一過程中對孩子的影響，願意回家和孩子的媽媽一起分享今天學到的方法，以新的理念共同引導小新。

在治療中，可以同時遇到這樣有悟性、能夠舉一反三的孩子，以及敢勇於承認自己的問題、且樂於積極改變的家長實屬難得，他們的存在已經使治療的過程成為一種令人享受的過程。身為治療師，我也醉心其中。

第七次會談

治　療　者：這次會談時，小新和媽媽準時來到診療室，小新的母親表示小新最近表現挺好的，沒什麼大問題，在家裡和學校的表現都不錯。讓媽媽尤其感到高興的是，小新與父親和外婆的關係好多了，而且老師也沒再請家長到學校。以前小新的數學作業不敢讓父母檢查，害怕檢查會找出他的錯誤，現在情況好多了。

但小新在一旁嘟囔著說：「我不想當人，想當狗。」原來今天下午上體育課，老師要求大家繞著操場跑四圈，小新不想跑卻又沒有辦法，所以很不高興。而且小新還表示每天都得背《新概念英語》的課文，令他心煩，所以不想當人了，如果當狗就不用做這些他不願意做的事情了。小新的母親表示，小新在校外補習《新概念英語》，每週老師都讓學生背誦一篇課文。因為課文的確很長，所以小新一看見就心煩、唉聲歎氣的，很不願意背誦。媽媽說那就別背了，但小新又怕週末上課老師會檢查，不願意被老師批評，所以覺得很矛盾，就不想當人了。因此小新的母親希望我（治療者）可以幫忙想辦法。

首先，我對小新的心情表示理解，每個人都會遭遇一些矛盾的情況，覺得左右為難，但逃避不是辦法。因為我們逃避不了，況且也不可能想變成狗就真的變成狗，而且就算真的變成了狗，狗也有很多狗的難處，所以，我們只能面對現實，想辦法解決問題。我提出我想到兩種解決的方法，再讓小新補充。第一種就是不學《新概念英語》了，我的話才剛說完，小新就表示反對。我問為什麼不可以不學？小新有條有理地表示升中學時會派上用場，他想上一所好中學，那就必須先苦後甘。我先誇張地認可小新能夠為了長遠目標而提前做打算，這樣的孩子將來一定會很有出息；繼而無奈地說：「看來只能選擇第二種辦法了，那就是繼續學《新概念英語》，而且你還想學好，將來上好中學。」小新表示認同。我說：「既然如此，我們就一起想辦法幫助你如何更容易記住這麼長的課文。」到目前為止，小新的積極性已經被充分引發，因為背誦英語課文不再是能夠逃避的事情，也不是母親的事情，而是小新自己的事情了。他必須主動想辦法，而我和媽媽都會協助他。很快地，我們共同想出了具體的辦法，包括：把很長的課文分成若干小段落，每天背一部分，堅持天天背，而且是在固定的時間背誦，以便能夠堅持到底。我還建議小新，一定要開始展開行動，有困難可以再調整，邊做邊想更好的辦法。

如何巧妙地發揮孩子的積極性，讓孩子由被動轉為主動，把責任交還給孩子，是家長特別要學習的。在孩子面前，家長和治療師要善於「示弱」，而不是一味逞強，往往能收到意想不到的效果。因為每個孩子都有解決問題的巨大潛能，對此，我們應深信不疑，並善於挖掘。

小新不再愁眉苦臉，而媽媽也非常高興。我向小新的母親建議，以後可以兩週來一次，間隔逐漸拉長，最後小新和家長便可以完全獨立應對生活中的挑戰，這是我最大的心願。小新的母親同意兩週來一次，逐漸延長間隔，但還是希望能定期前來，至少在小新小學畢業前不要間斷。小新的母親表示，他看到小新明顯的變化，也覺得受益匪淺，希望在上中學前，能將小新的心理調整到比較好的狀態，也認為這會對孩子的一生會產生深遠的影響。

督導者評：由於輔導工作已經有相當的進展，父母及小孩三人都覺得有相當的改善，在問題持續改善的時刻，治療者能開始建議把會談的次數逐漸拉開，是很好的措施與想法。當家長每次都要求治療者替他們想辦法時，治療者能逐漸轉而讓孩子（或家長）自己想辦法，而不完全依靠治療者的教導與幫忙，這是在此治療階段可以適當多採用的辦法。輔導過程到了中、後期，要逐漸幫助小孩或家長能「自己」想出處理的辦法，並自行嘗試，這是輔導上需要多進行與採用的技巧，以便準備輔導結束後，病人能建立自己幫助自己去適應問題的習慣。

治　療　者：有興趣的是，小新的班導師江老師看到了小新的變化後，便建議班上另一名孩子也到我這裡接受治療。小新和這個孩子是「死對頭」（關係非常不好），小新向我探聽消息：「他和你都說什麼了？」我笑著說：「這要保密，很抱歉，我不能告訴你。同樣地，我們談的內容，我也不會告訴他，這是我們的規定。」儘管小新有點失望，但他還是很高興，我想他一定更放心了。

督導者評：治療病人要遵守保密是基本的要求，對年輕的孩子更必須如此，以免他們擔心自己私密的事情被揭露而影響治療。處於青春期的年輕人對自己的事情會覺得很需要保密。

第八次會談

治　療　者：兩週後，小新和母親一起來診療室，小新的表情一副樂不可支的樣子，他說在學校一天到晚都幫同學取外號，這讓他樂得連飯都吃不下去了。

小新的母親表示，今天有一個問題要解決，因為本週末學校舉辦冬季長跑比賽，小新為了讓自己的班級能得到好名次，這幾天都在動腦筋想各種辦法。我說：「集體榮譽感強，這是好事啊。」但小新的母親表示，小新想的都不是正經的辦法。原來，小新所在的班級長跑成績一向不好，面對即將到來的比賽，小新煞費苦心想了許多辦法，例如：在其他班級的跑道上放石頭，好讓自己的班級得好名次；或是讓班上參賽的男女各六名隊員喝瀉藥，這樣即使倒數第一也有好理由，輸了也不會覺得那麼丟臉。我對小新為班級榮譽著想的精神給予肯定，但啟發小新分析他想出的兩種辦法的利弊和可能帶來的不良後果，引導小新做事情要考慮是否正當以及事情的後果，因為後果是他必須承擔的。同時鼓勵小新勇敢面對現實，勇於接受生活中的不完美，因為沒有人是十全十美的，也沒有十全十美的班級。

督導者評：這些資料充分顯示小新的幼稚心理與性格，在自己遭遇困難時，就會思索各種不正當的辦法應付，可說是小時候曾被嬌慣過的孩子的心理特點，也表示未接受到父母的教訓，經由「內射作用」而吸收何謂正當且較成熟的處理問題的方法。一般而言，這是被嬌慣而調皮的孩子的特徵，是情操幼稚的表現，而他樂在替別人取外號，也是同樣的調皮現象。在會談中，只提到小新的想法，但未聽到小新的母親所做的適當反應（管教與善導），只擔心這是個問題卻不知如何處理，因此這是輔導母親的好機會，讓她了解並嘗試如何向小新說明，鼓勵小新以正當的（比較成熟的）方法和他人比賽，而輸贏則不是那麼重要的道理。

第九次會談

治　療　者：小新和她母親仍準時來到診療室。因為就快期末考了，小新的母親反映，小新很想考好，但又不知道如何考好，所以情緒較為緊張，希望我能給予幫助。我詢問學校的心理課是否學過應對的辦法，小新像大人一樣說得很清楚：「學校的心理課說得不具體，實用性不強。例如調整情緒的問題，最多只會說到調整情緒的重要性，但應該如何做卻說得不多。」所以，這次會談主要是和小新共同探討考前有效複習，以及考場上的心理放鬆與答題和檢查技巧，強調功成於細心，重在過程中每一環節的努力，而不要過於關注考試結果。我和小新約好假期休息，開學後再繼續會談。

督導者評：如果因為長時間的假期要停止治療會談時，可以提供一些在家裡可以進行的（心理）作業，讓病人可以在家裡持續輔導工作。

第十次會談

治　療　者：這是新學期開始後，小新的母親帶小新來診療室進行會談。

小新表示，期末考採用了我所教的應對考試的辦法，對自己的表現有覺得比較滿意。小新的母親也反映，其實小新做題的正確率比原來高出很多，但有時還是不敢讓家長檢查，允許自己只能做對而不許做錯。小新的母親也指出，小新有時還是不能正視自己不行的現實。另外，小新表面上與同學的關係不錯了，但有時還是覺得有同學要陷害自己，而且有時還是很敏感。例如：放學後回到家，小新把餅乾吃完了，外婆說：「都吃完了。」結果小新理解成外婆在罵他是飯桶，因此與外婆發生爭執。

督導者評：從會談中屢次得到的資料顯示，小新和外婆經常發生衝突。由於外婆也是家庭中的一份子，對小新的生活與成長有所影響。因此，也可以探討並分析到底是什麼情況，造成小新與外婆的關係不好。通常外婆都很寵愛自己的孫子，尤其是男孫，可是對小新卻好像不是如此。經由打聽或許可以了解一下，同時也可以間接地多了解小新的母親與外婆的關係是友善或敵對的問題。

治療者答：小新的母親表示，小新兩歲前和爸爸媽媽一起住在奶奶家，由於奶奶的身體不好，所以無法幫忙照顧小新，白天還把一歲不到的小新送到保母家托養。小新兩歲後，情況有所改變，小新和父母改到外婆家住，一直到目前為止都和外婆一起住。外婆本身的性格有些問題，習慣在心煩時，不論對象是誰，張口就說罵些狠話。外婆對小新的父親（即女婿，姓李）愛慕虛榮的個性特別看不過去，覺得小新的父親脾氣不好、愛面子。一直到現在，外婆還會當著小新的面說小新的父親幾句，讓小新的父親臉色很難看。有時外婆也會當著小新的面說小新是「李家的雜種」，小新很不愛聽，覺得外婆不喜歡他。此外，外婆還有這樣的個性，明知說中了別人的痛處，卻還偏要往裡面挖（即變本加厲地繼續說，讓別人痛上加痛）。因此，小新與外婆的衝突不斷，例如：小新的食慾好，外婆就會說：「喲，真能吃啊！」小新就急了：「什麼，你罵我能吃！」小新的母親表示，外婆說話不好聽，但沒有惡意，就拿她自己來說，不論外婆說什麼，她都不會放心上，要小新也學她。但小新轉動眼珠氣憤地說：「誰叫我遺傳到外婆呢，就讓外婆有個對手吧！」小新當著母親的面告訴我：「我不喜歡外婆，她特別愛誇大事實，而且是誇大我的缺點，對我的優點視而不見。有時還會無中生有，說我不寫作業、愛看電視，還當著同學的面罵我『王八蛋』。我外公對我比較好，而且通常都不會批評我。」我建議小新嘗試和外婆溝通，小新翻了翻眼睛，說：「她才不會聽我的意見，還沒等我開口，她就像掃垃圾一樣把我的話掃走了。」小新邊說邊詼諧地以雙手做出「掃走」的動作。小新覺得外婆不喜歡他，覺得外婆喜歡爸爸，但小新的母親說：「其實外婆對丈夫（女婿）是客氣。」因為小新的父親工作忙碌，平時很少在家。

督導者評：根據母親所提供的資料，我們可以了解小新和外祖母的相處有矛盾的問題，但外祖母的年紀大，個性不好，想必也無法更改。建議小新和外婆改善關係，實際上是不太容易，也是不太可能的事，只要建議小新和外婆保持適當的距離，把外婆當成「老人家」而適當地接受其開口罵人的習慣、體諒她，或許比較可行。另外，如何（用同理心）體諒他人（尤其是缺點），也是心理成熟的一項課題。

從分析的角度來說，我們可以了解外婆、父親與小新（男孩）形成了三角關係上的情結，小新的外婆批評小新的父親，而小新不滿意外婆，無形中是在袒護其父親。只是這個三角關係並非親子的成員所形成，而是外祖母、父親與男孩三代的成員，是女性（外祖母）負向對待兩個男人（女婿與孫兒）的情況。由於問題不是太大，輔導上不用太費精神處理這些癥結，只是要注意小新的父親必須能提供小新好男人的榜樣，讓小新能模仿與認同；同時小新的母親能提供好女性的榜樣，以減低外祖母對男人的負向威脅。

治 療 者：我建議小新的母親要給小新時間慢慢改變，在這個過程中出現一些反覆甚至是短暫的退步都是可能的。必須多理解和接納孩子，尤其是孩子與同學或外婆發生矛盾時，必須給孩子情感的支援，同時引導孩子運用同理心，從對方的角度思考問題，學習理解和包容。多看到孩子的進步，堅持不懈以積極的態度引導孩子。

第十一次會談

治 療 者：三週後，進行第十一次會談，小新的母親帶小新前來。小新的精神狀態非常好，小新的母親表示，小新報名參加了準備報考的中學的輔導班，剛上過兩次課。第一次上課作業寫得認真，提高題（難度較大，可以自己選擇是否做的題）也做了，上課老師提問，有一道特別難的題，別人都沒做出來，只有小新一個人做出來了，引起了老師（五十多歲的女教師）的關注。第二次上數學課時，老師指定小新當數學小老師，負責收發作業。小新的母親幽默地說，從此小新就像被注射了強心針一樣，精神抖擻，認為自己真的成為頂尖的好學生了，對數學也產生濃厚的興趣，對自己的要求也很嚴格。這次考試考了九十二分，還很不滿意。

我故做驚訝地說：「是嗎？這麼高的分數，為什麼不滿意呢？如果是我，一定很滿意，看來我們看待問題的方法是不一樣的。好，先看看我是怎麼想的。」我一本正經地向小新示範：「我數學一向不是特別好，這次考了九十二分，我對這個分數非常滿意，心情也很開心。我遇到事情總喜歡往好的方面想，你呢？」小新說：「我凡事都往壞處想，我考了九十二分，沒有達到自己的要求：九十五分，所以對這個成績無法接受。」我又問：「你的要求是怎麼制定的呢？你平時的數學成績非常好嗎？」小新的母親表示，小新平時的數學並不怎麼好，只是因為這次老師特別關注他，所以他才對自己提高標準。

我與小新分析從積極角度思考問題的意義，引導他遇到事情盡量往好的方面想。對數學產生興趣是好事，但不能僅僅是因為老師的關注，如果以後老師不像現在這樣關注自己了，那怎麼辦？必須要先有心理準備，畢竟全班有這麼多的學生，不能要求老師只關注自己，這樣對其他的孩子也不公平。我引導小新更全面、客觀地思考問題，並養成做事是為了自己好，而不是為了討好別人，是心理成熟的另一項目標與課題。

我問小新這麼好的輔導班，他現在小學的同學有一起去上課的嗎？小新聽了連忙靠近我，囑咐我千萬別告訴別人，否則「又要多一個競爭對手」！

第十二次會談

治 療 者：三週後，進行第十二次會談，小新的母親帶小新前來。小新的母親表示，今天學校舉辦「春遊」（春季旅遊），小新不想去，他只要一想起春遊的事就痛苦萬分。老師找我們勸他，我們還答應他，如果他參加春遊，回來就幫他買禮物，小新勉強答應了。但老師怕小新反悔，還派同學看著他。小新的母親表示，從一年級開始，只要有團體活動，小新都不願意參加，能逃避就逃避。我問小新不願意參加的原因，小新說：「我擔心自己去萬一發生危險，出了什麼事，就有我的事（即擔心自己承擔責任）；如果我不去，那出了什麼事，也不關我的事。再說，春遊也沒什麼意思，和他們話不投機，而且我們班上有些人老喜歡惹事。例如：撒野的×××（一個同學的名字）！」說到這裡，小新一副義憤填膺的模樣。

我詢問小新最近有什麼變化嗎？小新不假思索地說：「我現在知道什麼是幸福了，老師叫我們寫作文〈幸福在哪裡〉，我寫我當數學小老師，只要解出數學題時就覺得是『幸福』。幸福基本上是建立在艱苦地付出之上，正所謂『種瓜得瓜，種豆得豆』，在哪裡真正付出了，就會有收穫的幸福。」我看著小新像滿腹經綸的哲學家一樣剖析著「幸福」的涵意，完全出乎我的意料之外，但令我倍感欣慰。看得出這完全是小新從生活中所領悟的。小新由最初只在意結果，到現在則更關注過程中的努力，而不過於在意結果，如今終於體會到艱苦付出之後必然收穫的結果就是「幸福」。我相信，在今後的人生道路上，小新會越走越順利的。

小新的母親還表示，小新自從在課外輔導班當了數學小老師後，就像變了一個人似的，回到家裡都很認真地寫作業，遇到難題也不會放棄。如果是以前，他早就放棄不做了，現在自己會堅持繼續做，而且解出答案後特別高興。如果真的想不出來，小新也會讓我們幫忙想。小新的母親還笑著表示，她現在又多了一個任務，要幫小新研究數學題。現在每次上課，小新的作業都做得最好，不僅每次都交，而且所有的題目都做對，正確率最高。這時小新在一旁自豪地說：「現在同學都把我當參考答案來對了。」

小新的母親還說，因為小新的父親數學更好，能提供小新更多的幫助，因此，小新與父親的關係明顯好轉。小新滿臉喜悅地告訴我：「爸爸不會揍我了，會幫我做數學題，最近還答應幫我辦專利的事（小新自己發明的專利）。」

小新的母親表示，小新來我這裡接受治療後，情緒比原來好多了，也比較開心。小新在一旁糾正母親的話：「我這叫『心理調整』，不叫『治療』。」我接著小新的話說：「小新說得對，我們小新從一開始就沒有病，只是在做心理調整，來幫助成長，你們同學知道你來這裡嗎？」小新說：「知道，有人說我有病來治療，我就告訴他們，我是來『心理調整』，不是『治療』，我看我們班有些人比我更應該來。」我說：「每個人在成長過程中，都會遭遇一些困難，你很幸運，你爸爸媽媽願意帶你來這裡做心理調整。但是，很多孩子可能比你遇到還要多的困難，但他們卻沒有你這麼幸運，因為他們的家長不懂得孩子需要做心理調整。」小新的表情告訴我，他真的體會到了自己是幸運的。

小新的母親告訴我，透過小新的治療，她對孩子的心理健康更加關注了。在參加我的講座「親子溝通技巧」和「解決衝突有策略」後，因為我沒有開家長培訓的系列課程，所以小新的母親目前在參加一個坊間辦的家長培訓班，已經連續參加了五次，費用相當高，但她已經體認到對孩子的價值。小新的母親再次表示感謝，還表示希望能定期來治療，將小新的心理調整好，相信對孩子一生會有深遠的影響。

對此，我喜憂參半，左右為難。喜的是我的付出得到了認可，憂的是適宜的治療終點該如何界定？我提供醫療服務的能力（資源）有限，每週只能會談有限的幾個家庭，如何使我所能提供的醫療服務達到最優質的組合，我真的有點為難。

治療者問：通常是如何決定終止治療，並如何終止比較適當？

督導者答：（故意不回答答案）你自己怎麼想？

治療者答：我想，對處於不斷發展中的兒童或青少年來說，在不同的成長階段都會有相對應的問題，尤其是已經來求助的孩子，往往問題都比較複雜，短期的治療會有所作用，但不可能解決所有的問題。特別是家庭和學校環境對孩子的成長也會產生重要的影響，如何透過治療促進整個家庭的成長，使孩子學習到必要的技能和能力，例如：正確地認識問題、良好的溝通和靈活處理問題的能力等，以有效應付生活中不斷出現的新問題和挑戰，都是至關重要的。我認為每個成長中的孩子和家庭都需要心理健康方面有效的專業指導和幫助。但身為治療者，我們的精力是有限的，我們每週只能會談有限的幾個家庭，如何使我所能提供的醫療服務達到最優質，在有限的治療時間內產生最大的效益，一直是我所迷惘的問題。換句話說，對於一個來訪者，我該如何安排相應的治療時間，如何開始、進展和終止比較適當；對於所有的來訪者，我如何平衡安排我的治療時間，這些都是我必須思索的問題。

小新和他的父母都是非常理想的治療對象，就我內心來說，我非常願意幫助他不斷成長，且小新的父母也願意持續接受治療，那麼我應該如何處理，這讓我很矛盾。

督導者答：是否需要長期治療必須依據幾個方向來思考。治療者的興趣與時間、病人的需要與動機、病人病情的種類與治療難度和治療效果，以及治療費用等因素，都必須綜合考慮。任何孩子的輔導，尤其是心理發展上有問題的孩子，其治療期間越長越好，不但可以解除症狀性問題，還可以處理心理與性格發展上的問題。但實際上要持續多久，還要考慮上述各種因素，包括家長的期望等。以小新這個個案來說，已經治療了十二次，經過將近半年的時間，其主要的問題已有相當的改善，而且父母也有可觀的改變。因此，是可以考慮逐漸進入末期的階段，準備治療的結束。

治療者問：那麼要如何終止比較適當？在治療末期該做些什麼？

督導者說明：心理輔導的模式到了中末期以後，輔導的方式要逐漸改變，就像剛才我給你的反應，不即刻提供答案，反而只問你自己如何想，鼓勵你自己去思考或推測答案，而不是一味地只想提供答案、灌輸知識。在治療過程中，經過中期以後，治療師就要逐漸採取此種方式與技巧，協助病人（以及父母）自己思考、自己尋找答案，不要只依靠治療者提供答案；治療者只評論病人自己所想到的結果是否適當。換句話說，逐漸協助病人（與父母）能不依靠治療者而可以自己找答案，得到自己處理問題的要領。有時治療師可以提醒病人（或父母）思考與推測：治療者可能會如何指示，經由病人自己的「投射作用」而推想出如何解決問題，這是治療中後期要開始採取的治療技巧與方式；到了末期更需如此，以準備治療停止後（沒有治療者時），病人可以自行繼續輔導自己。換句話說，要開始培養病人可以指導、輔導自己的能力。象徵性地來說，在病人的腦子裡移植過去治療者所指導的方式，這樣在停止輔導後，病人還可以持續對自己的輔導工作。

治療者回應：是，我了解了。

督導者總評與治療者回應

督導者（對整個個案治療的）總評：

這個個案能在十二次會談治療而得到很明顯的效果，是難能可貴的。就如先前說明過的，你能很早就做出準確的臨床判斷，包括整體性病情的了解，以及和病人（與家屬）建立治療性的良好關係，協助病人如何敘述自己內心的想法與感覺，並協助家長（大人）能聽取病人（小孩）所說與所想的，都是治療成功的基本條件。而治療師能「職業性」的退行，和孩童病人溝通，這是很重要的治療技術。從治療效果的角度來說，你能幫助小新如何好好善用他的聰慧，而同時提供支援輔助他幼稚的情感發展，這是輔導的要點。

如果還可以的話，就是協助小新的父母了解他們宜如何相互協助，處理親子間的三角關係，幫助小新的心理能健康成長與情感的成熟，即小新的母親要與小新的父親建立比較穩定的「父母聯盟」，共同對待兒子，支援並穩定父親身為男人與成人的信心，而不至於過分地與自己（幼小）的兒子處處比較、競爭，導致依靠處罰而壓抑小新，反倒是應多多鼓勵與提拔自己兒子的成長。

假如能把這個情結上的基本要點向小新的父母雙方做解釋，讓他們了解小孩（小新）到了孩童期以後所遭遇的心理困難，應如何誘導小孩度過目前的少年期，以準備進入青春期及日後的青年期。而母親必須持續保持對小新的關心與支持，但必須改變是對身為「少年」的小新的支援與關懷，而非過去對小新「孩童」時期的溺愛，必須開始與小新保持心理上適當的距離。小新的母親要幫助小新能與同性的父親親近，模仿並認同父親，養成男性的心理，幫助其心理健康成長。如何向小新的父母解釋，並讓他們雙方有心理上的指標可循，是處理現在的問題與準備將來的應付工作，也是停止治療前，可以進行的輔導工作。

至於治療工作如何結束，在技巧上來說，把輔導的方向交代清楚以後，就可以開始結束治療。但如果可以的話，可以建議病人與父母繼續接受追蹤性的輔導，即剛開始時每隔一、兩個月左右來會診，經過一段時間後，如果情況順利，就改為每兩、三個月回來會診，檢討停止按週輔導後，小新如何持續發展，並提供隨時所需的輔導意見。如果能如此持續一或兩年，等到小新經過青春期以後才完全停止，是最理想的情況。畢竟是數年來所累積的問題，是需要經過數年的「心理調整」，但實際上該如何追蹤，還得看各種因素而做決定。

本例和本章的個案一相比較，其治療過程較為順利，結果也令人滿意。仔細分析比較，可以發現許多因素有利於治療，可作為日後的參考，尤其是對病人的選擇，以及對治療結果的預測等。

個案一（小美）的母親有明顯性格上的問題，對孩子的管教與期待很嚴格，其家庭缺乏父親來緩和與補救原本存在的問題。相反地，個案二（小新）有雙親，他們的個性基本上較為成熟與穩定，父母雙方都能和諧地合作，建立聯盟一起對待孩子，過去只是缺乏養育子女的知識，經過輔導後可以馬上更正。因此，雖然個案一開始的病情症狀看起來很嚴重，像是精神病一般，但有明顯可理解的心理因素，經由輔導就能迎刃而解，而獲得良好的改善。

對治療者本身來說，治療者有喜歡講道理的傾向，針對青少年的個案採取認知性的「教導模式」的輔導。還好，個案較為聰慧，能跟隨治療者在同樣的認知水平上，平行使用「講道理」的模式相互討論，進而接受輔導；而治療者本身也善於建立相互的關係，維持「情感」上的交往與相互作用，無形中補足並平衡其教導式的輔導操作。

治療者（對被督導的體驗與心得的）總回應：

對我來說，這是治療比較順利、成功的個案，但同時也是我原本存有疑問較多的個案。小新為何表現出如此令人費解的病態行為？而小新的行為與父母、外祖母和老師又是什麼樣的關係？事後回顧性地向督導者報告，共同探討案例及接受治療全程的督導，神祕的窗子被一扇扇打開，從學理高度分析小新表面行為問題的內在原因，是我（治療者）最大的收穫。

一個月後追蹤性會談的報告

對這樣一個已經有良好成效的案例，如何思考繼續治療的問題，我原本有些困惑。在接受督導者的建議後，我按照小新父母的要求，讓小新與其父母改為接受每個月一次的追蹤性輔導。

一個月後，在第一次的追蹤會談中，小新高興地告訴我：「爸爸現在好多了，原本會揍我，現在不會揍我了。不僅不會揍我，每天一進門，就會噁心地喊『乖兒子』，聽起來很假。」小新滿臉喜悅地模仿父親，得意洋洋的神情溢於言表。小新的母親補充說，其實小新的父親對小新很在意，但因為工作忙碌，平時很少在家。原本爸爸由於望子成龍，只要小新沒達到他的期望，他便會揍小新，且小新想做什麼事，都必須服從父親的主觀意志。只要他念小新兩句，孩子不聽就不行，一急就會動手打小新，所以小新覺得爸爸很煩。只要父親一說要上班，還沒準備好，小新就主動打開門，把爸爸往外趕。現在小新的父親以正向教育為主，會鼓勵、表揚小新，小新也不討厭父親了。小新的母親頗有感觸地說：「對於小新上中學的問題，我們夫妻也已經達成共識，因為小新的爸爸是某著名高校的客座教授，所以學校答應讓小新上他們學校的附屬中學。剛開始小新的爸爸很高興，希望孩子能上這所一流的好中學，但我認為要以小新發展的客觀現狀來考量，不要把家長的意願過多地加在小新身上。原本小新的爸爸認為『兒子各方面都必須超越他』，所以放棄這所好中學，小新的爸爸心裡很難受，也很難接受這樣的選擇。其實動用關係讓孩子上一流的中學只是滿足家長的虛榮心，現在小新的爸爸心態也恢復正常，認為小新到學校就是學習，能學到什麼程度算什麼程度，而不是非要多好不可。」小新在一旁饒有興致地聽著我和媽媽的對話。不時地插嘴：「以前我上一年級時，沒考到一百分，就會被爸爸訓話，明星學校教學的進度很快，也沒有作業，老師只管好學生，不管成績差的學生，不像小學的老師都把注意力集中在成績差的學生身上。別讓我上了明星中學又跟不上進度。」小新的母親繼續說：「我們夫妻的心態有調整，轉變也很大。原先小新的爸爸對小新有很多批評，會揍小新是因為他沒有達到爸爸的很多要求，也導致小新很叛逆。現在我們一家和樂融融，也很好。小新很多時候都能從大人的角度來思考問題，原本他是做不到的。」

看來，正如督導者所說的，小新的母親能與小新的父親建立「父母聯盟」，共同協助、寬容和鼓勵小新的成長，而不是過分地和小新比較與競爭。我笑著問小新為什麼現在不和爸爸比較了？小新非常認真、一板一眼地說：「現在我改變主意了，反正我也比不過他，就不和他比了。我現在唯一的要求是怎麼做，以後長大才會有口飯吃。」小新的母親笑著說：「每個人都得吃飯，但每個人吃的飯可是大不相同，就爭取吃好點吧！」我對小新和他父母的改變表示肯定，這代表他們一家人的「心理調整」已經到了一個新階段，小新馬上接過我的話說：「我現在已經逐步從解決問題到預防問題的發生。」

這次的治療，我按照督導者有關中、末期的輔導方式的建議，以提出更多的問題來引導和鼓勵小新母子思考或推測答案，讓他們自己解決問題，也獲得意想不到的良好效果。小新一家人由過去的「戰火不斷」到如今的「和樂融融」，由「解決問題」到「預防問題」，身為治療師的我已別無所求，我充分享受著工作的快樂……

個案三：因早戀而痛苦、學業也放棄了的國中生 林紅

說明

此個案由治療師對病人進行總共八次的會談醫療。與本章前兩個案例相同，是由治療師按照每次會談的經過仔細回顧，向督導者敘述會談的詳細經過。但由於治療師已經有前面兩例接受督導的經驗，因此，在此案例中，不只是由督導者聽取後在適當處評論或提問，治療者也學會自己自動地向督導者提出所關心的問題，請督導者回答，表現出積極接受督導並善用督導的情況。最後，由督導者針對此個案的治療經過與方式進行總評論，也請治療者報告被督導此個案的整體心理經驗與總體會。

第一次會談

治 療 者：我所治療的這個男孩子十四歲，上國中二年級，名叫小東（化名）。第一次來就診時，就讓我留下深刻的印象。陪著小東來看診的媽媽看起來很著急，與母親形成鮮明對比的是小東面無表情，而且行動非常緩慢，一點精神都沒有。

小東的母親表示，最近小東的學習成績一落千丈，還離家出走，在校外打架被學校處分，而且小東不想上學了，小東的母親實在沒有辦法，不知如何是好，所以前來求助。小東的母親說著說著眼眶泛紅，不時地看看小東。而小東始終沒有看母親一眼，眼睛無神地看著前方，就好像沒有聽到一樣。

我看到這個情形，覺得小東需要幫助，於是主動提出建議：「一般來說，我們都是家長和孩子分開談，這樣比較方便。小東，由你來決定是你先談，還是媽媽先談？」小東還是沒有什麼表情，有氣無力地說：「無所謂。」但小東的嘴角還是流露出一絲微笑，感覺他稍稍放鬆了一點。這時，小東的母親主動提出由小東先談，因此，小東的母親退出了診療室。

督導者評：這是很對的決定與措施。通常年齡較小的孩童被父母帶來時，首次見到生疏的治療者，心裡會覺得不安，最好和父母一起看診一段時間，可以乘機觀察父母如何對待孩子，以及孩子如何和父母相處，等孩子習慣與治療者接觸後，再決定是否讓父母與孩子分開看診。至於年齡較大的青少年病人，情況卻不同。由於青春期的孩子在心理發展過程中，剛好是強調自我獨立的階段，往往已經變得不喜歡在父母面前談自己的內心私事，尤其是在異性父母（即母親）面前吐露自己內心的隱私，而寧可和外人（治療者）談，因此，讓父母與青少年病人分開會談，是比較合適的。尤其是小東這個個案在母親面前表現出無精打彩的模樣，是值得嘗試讓母子分開會談。

治　療　者：小東坐在我面前，整個人看起來很散漫，似乎連轉動眼珠子都很困難。到底是經歷了什麼樣的事，能讓這樣一個正值青春年少的孩子如此頹唐？為了讓小東進一步放鬆、打開話匣子，我的身體稍稍前傾，注視著小東的眼睛，誠懇地說：「看得出來，你一定經歷了一些事。我能理解，像你這麼大的孩子有些話不想和父母說，但是，有煩惱不說出來，都悶在心裡，誰也受不了。我先自我介紹，我是從事兒童青少年心理健康的工作，主要是協助孩子學習如何與老師、同學和家長相處，如何解決自己在學校和家裡遇到的煩惱。今天，我們有緣相識，我很願意幫助你，而且我也會尊重你的要求，對你告訴我的事情保守祕密，這是我們的職業道德。」

治療者問：我這樣解釋恰當嗎？

督導者評：很恰當，而且是很需要提供的解釋，尤其是保密對青春期的孩子來說，非常需要且有用。此外，介紹治療者的身分與功能，對年輕人也是很有幫助的。尤其是治療者是女性，就必須先說明治療者是以職業性的關係來和患者會談，對不同性別的年輕（男）病人有所幫助，可以減少他們跟異性（女）治療者相處與會談的尷尬。

治　療　者：聽到這裡，小東看了我一眼。我抓住機會繼續往下說：「對剛才媽媽所說的內容，你有不同的意見嗎？」小東緩緩地點了點頭：「基本上是這樣。」我說：「好，那你能告訴我是怎麼一回事嗎？」

原來，小東在上小學時，學習成績一直很好。升中學時，由於沒有考好，為了能上好一點的中學，不得已離開北京到外地念國一。小東自認為是「被家長逼著去的」。國一上學期時，小東的學習成績算是中上，但國一下學期時，小東的狀態不好，上課無法克制自己，想睡覺，平均一天睡兩節課。到了國一期末時更嚴重，學習成績在一千人中，由一開始的二百多名，退步到三百多，最後接近四百名。由於外地學校的學生複雜，所以小東要求轉學回北京。

「現在我一點羞恥心都沒有了。例如，在學校因為遲到而被點名批評，我都不覺得怎麼樣，也沒什麼感覺。以前會覺得很丟臉、慚愧、會反省自己，但現在我覺得無所謂，好像是在說別人，和我沒關係似的。而且「中小學生常規」上所有的條目我全都具備了，沒有一條沒有（意即觸犯了所有的規定）。」小東一臉苦笑，有點自嘲地說。

我疑惑地問：「為什麼變化這麼大？有什麼特別的原因嗎？」小東笑了，平靜地向我述說了他頗具傳奇色彩的「早戀」。「國一下學期，我接到一個女孩發給我的（手機）簡訊，上面只有簡單的兩個字『你好』，我以為發錯了，所以沒理她。後來有一天，我因為感冒在家休息，躺床上覺得很無聊，結果又收到她的簡訊，就開始和她聊起來了。她也是國一的學生，當時只是交朋友而已，也沒想太多。國一暑假，我們兩人見了面，剛開始也不覺得她特別好，那時我對於戀愛還是天真、浪漫的想法，認為戀愛只屬於小說裡面，應該是完美的。」

小東感慨地說：「整個暑假變得太多了。」按照小東的說法，這個女孩非常成熟，小東無法自拔地愛上對方，但從沒向這個女孩表白。由於這個女孩是在北京，為了能和對方在一起，小東向父母提議，堅持國二要轉學回北京。小東的母親透過關係聯繫了一所好中學，只要小東考試的分數還過得去，就可以入學。但小東在考試時，根本沒有答題，他只想轉進這個女孩所在的學校。但這個女孩所在的學校不收插班生，小東沒辦法，只好轉入另一所學校。

開學後的前兩個月，小東每天中午都到那個女孩所在的學校，站在校門口，只為能看她一眼。但實際上小東從沒有表白，也沒有和這個女孩有任何實際的接觸，例如：沒有一起吃過飯。有時小東能看到這個女孩和同學一起走出學校，有時見不到，就這樣過了兩個月。

十月下旬的某一天，小東在家裡與母親爭吵，小東賭氣離家出走，到同學家裡住了一個晚上，因為沒有帶書包，所以第二天無法上學，小東就到那個女孩的學校玩。沒想到遇到一群流氓，故意找碴、動手打小東，而且將小東打得傷勢嚴重，結果小東因為蹺課，並在校外打架，所以被學校處分。小東也因此心理不平衡，開始結交愛打架的朋友，更沒有心思用在功課上了。所以，就如小東的母親所言，小東的學習成績一落千丈，而且離家出走，在校外打架，被學校處分。而且小東覺得上學對他來說太困難了，因為他的心思不在學習上，所以不想上學了。

基本上了解小東的情況後，我說：「你才十四歲就經歷了這麼多事情，太不簡單了。每個人在第一次有感情問題時都會不知所措，就連大人也很難處理，你能夠堅持做到今天這個地步，已經很難得了。你說自己一點羞恥心都沒有了，實際上你會這麼說，就表示你在反省自己。這個學期，你沒有心思學習，功課退步很多，所以你覺得上學對你來說很困難，才會有點想逃避，是嗎？」小東感覺到我能理解和接納他的難處，便點了點頭。我又接著說：「換成是任何人，只要一學期沒有學習，功課都是會退步的。好在你原先的基礎很好，只是落後了這一個學期；而且我看得出來，你很聰明，學習能力不錯，只要能把心收回來，放在學習上，我想，學校功課的掌握對你來說並不困難。」小東點頭表示認可我的話。我繼續說：「其實我們回頭想想，我認為你所說的早戀是要劃上問號的，因為實際上，你和這個女孩之間什麼事也沒有真的發生。在你這個年齡就經歷了這麼多，為你的生活帶來了一些麻煩；但壞事也可能是好事，要看你怎麼想。從另外的角度來思考，你比同年齡的人累積了更多的經驗，我相信你以後不會再像這次一樣處理感情的問題了。提早經歷也未必是壞事，如果在中考或高考的關鍵時刻發生這樣的事，就更麻煩了。你現在才國二上學期，還有時間調整狀態，我對你很有信心，也願意幫助你一起走出困境，你願意嗎？」小東表示願意。我接著說：「學習的事對你來說並不困難，但我認為怎樣讓你盡快脫離那些愛打架的朋友可能會比較難。一個人一直在軌道上走很簡單，但一旦脫離軌道想再走回來，難度就更大了。」小東說：「我盡量不去找他們。」我說：「很好，這是個好辦法，但只是你不去找他們還不夠，更重要的是，如果他們來找你怎麼辦？」小東若有所思地望著我。我又說：「我們必須有這樣的心理準備，不能太心急，要允許自己慢慢進步。慢一點沒關係，只要是往原來的軌道走就好，要堅持住，總會有走到的時候。你現在才國二，還來得及走回來，但一定要堅持，千萬不能放棄，好嗎？」小東表示願意努力。

我與小東的母親單獨會談，媽媽表示，小東原本的成績非常好，自理能力強，和媽媽的溝通良好。但現在學習成績一落千丈，有自己的主意，難以溝通，也不知道小東一整天都想什麼，總是愛理不理的。在徵求小東的同意後，我簡單地告知小東的母親有關小東的狀況。小東的母親很驚訝地表示，她從沒想到是這樣的情況。我把和小東約定的治療方案告訴了小東的母親，希望她能配合並給予小東相對的支持。我還向小東的母親特別指出小東目前的問題、治療的關鍵，以及對治療成效有利的因素，以引起母親的重視，並增強她的信心。我還指出現在正值寒假期間，必須抓緊時機，積極治療。同時，特別叮囑小東的母親不要心急，因為物極必反，欲速則不達，必須允許小東慢慢改變。

督導者評與問：你在聽取病人的問題後，並未責備他的過錯，且能把病人所遭遇的困難說成「壞事也可能是好事」，對這位病人來說，是很好的治療措施。經過這樣的「改觀重解」，可以為病人帶來正向的看法與希望，是很有助益的，可以協助病人脫離一時遭遇的困境。再者，能提議首先和壞朋友切斷往來，然後再去擔心如何恢復功課，在先後處理問題的觀點來說，是很正確的策略。

治療者唯一必須注意的問題是，到此為止，病人所提供的所有資料與我們所知道的事情中，缺少了提到一個人，那是誰？

治療者答：父親！

督 導 者：是的。在會談中，我們不但要聽取病人或家屬所提供的資料，以獲取表面可見的資料外，還必須注意病人沒有（或避免）提及的事情或人物，有機會時，還必須去追究。針對小東這個個案來說，他和母親都未提到小東的父親，但對青少年的男孩來說，父親往往是很重要的角色與關係，因此，我們心裡必須思考為何「遺漏」了父親的事，沒有提及，這樣才能幫助我們進行全盤性的病情了解。

第二次會談

治 療 者：十天後進行第二次治療會談，這次也是小東的母親陪小東一起來（後來的幾次治療均如此）。

媽媽先讓小東進來會談，主動要求在外面等候。小東還是沒精打采的，雙眼無神，講起話來的速度緩慢，似乎連嘴巴都不願意張開。我關切地問小東：「看來你的精神不大好，有沒有生病？」小東笑了一下，眼神流露出一絲溫暖：「沒事，從發生『那件事』後，就一直這樣。」我繼續追問：「你能具體說說，以前的你和現在的你有什麼不同嗎？」小東露出一絲苦笑：「以前我做事很有熱情，現在整天都懶洋洋的，不想動，也不想出門，就連從臥室的床走到臥室門口，我都要走半天。正確地說，是一點一點慢慢地挪出去，我不知道自己被什麼東西困住了，還是被封鎖了，也說不上是為什麼，反正很多熱情突然間都消失了。」小東若有所思地緩緩敘述著他的困惑，內心的痛苦溢於言表。我告訴小東：「我能理解你現在的狀態，因為這是一段感情結束後，每個人幾乎都會出現的狀態，尤其是初次陷入感情的人。」小東有點不解地看了我一眼，我接著說：「因為職業的原因，我見到很多像你這樣的孩子，有些比你的問題還要嚴重，睡不著覺，一個晚上就能抽完一盒菸。如果真心投入一段感情，當失去時，一定會很痛苦。何況你還只是個十四歲的孩子，就算是成年人，也是會如此。」我向小東舉了我所治療的一個中學生的案例，如何由最開始的極度痛苦狀態逐漸走出陰霾，讓小東了解其目前的消極情緒狀態在這種情況下是一般常見的現象，進而肯接納自己有消極的情緒。但由於這種情緒對人們是有害的，所以我與小東探討並告訴他學習調整情緒的方法，必須做到能與消極情緒和平共處，最終將走出消極情緒，開始全新的生活。尤其是透過與他同年齡個案的經歷，讓小東樂於接受和模仿，並增強其信心。

治療者問：在這裡，我向來看診的小東舉我所治療與他相似的其他案例，您覺得這樣的作法好嗎？

督導者答與反問：你自己怎麼想的呢？你為什麼想到舉這個案例給小東聽，有何作用？

治療者答：我的目的是以相似的個案激勵小東，讓他先能接納自己的現狀，同時對治療樹立信心。

督導者評：治療年輕的孩子或青少年的病人時，舉別人類似的情況及他們如何度過遭遇的困難，在基本上是很好的輔導措施。因為年輕人對生活經驗還很缺少，也不知道大家是如何經歷與解決自己的痛苦，因此，提供其他人的案例，特別是正向的經驗是很好的方法，可以協助病人學習與認同。唯一的建議是，不用提及是「你所治療的病人」，而說是「你所知道的其他小孩」即可。這樣可以避免病人擔心治療者是否會把自己的情況說給其他病人聽，而擔心自己的隱私不會受到保護。

治療者答：您的回答立刻就說中這個問題的關鍵，太感謝您了！在我治療的過程中，我心裡就隱隱有些顧慮，但卻又理不清我的顧慮究竟是什麼？所以我才會向您提出這個問題，您的回答正中核心，我所顧慮的正是怕小東會擔心我把他的情況也告訴其他人而影響他對我的信任，影響我們的治療關係。謝謝你的說明與提醒！我知道日後要怎樣做會更合適了。

治療者（繼續報告）：小東對我的引導和分析有所認同，他還告訴我：「我現在的品行有問題，所做的大部分事情都是違背良心，純屬『流氓行為』，有時『流氓心態』會突然就爆發出來。」我不解地請小東舉個例子來說明。小東說：「例如，我心情不好時，只要看誰不順眼，就會無法克制地上前動手打人；但只要有音樂，大部分的情況會緩和下來。尤其當我特別生氣時，舒緩的音樂能讓我緩和下來。」綜合小東所舉的例子，我繼續分析這仍是消極情緒對他的影響，並非是他所認為的「流氓行為」。我還告訴他：「媽媽也告訴我，你一直是個懂事的孩子，你遵守學校的校規，對自己的要求很高，向來是家長、老師心目中的『好孩子』。但這段時間你的生活出現了一些麻煩，你的情緒不再像原來那樣穩定，你會有控制不住自己的時候，有時會做出你的價值觀告訴你不該做的事情，所以你會認為自己的『品行有問題』，出現『流氓行為』。但實際上，如果你真的品行有問題，你就不會認為自己品行有問題，你見過哪個流氓會說自己是流氓的。」我的一席話把小東逗笑了，他明顯放鬆了很多，還告訴我：「我現在只要求自己盡量把狀態調整好，可以好好學習，其他亂七八糟的事都不要想。」我為小東的變化由衷感到高興，我建議他針對現在很難動起來的狀況，先有意識地參加一些體育活動，像是到運動場打球，或到適合他年齡的健身場所，讓身體先行動對心理的恢復會有幫助。我還告訴他：「你媽媽還惦記著你，留點時間給媽媽吧！你認為有哪些是不能告訴媽媽的？」小東表示所有談話內容都可以和媽媽說。

督導者評：從小東所描述的精神狀況來說，臨床上很明顯他是患有抑鬱症。這種抑鬱症的來源是由於過早戀愛所導致，但不能完全都歸罪於戀愛這件事。由於小東無法和喜歡的女孩在一起而心灰意冷之外，所附帶產生的連鎖性問題，包括：功課不好、無法上學等問題，以及隨便和壞朋友往來導致行為偏差的問題，幾乎全都是很糟糕的事情，讓他著急、不滿與後悔，連鎖性的問題讓小東消沉、頹喪，呈現出青少年抑鬱症的現象。不過，青少年罹患抑鬱症，和成人的抑鬱症相較，有個特點就是，青少年不僅表現出抑鬱的情感，還會因為心情不好，而採取許多負向行為，包括發脾氣、不念書、蹺課、和人打架或濫用藥物等。因此，是青少年所表現的抑鬱症病情。有時可以考慮使用抗抑鬱劑來進行治療（但必須注意抗抑鬱劑可能對青少年產生的副作用，例如：增加自殺的趨勢），同時要進行心理輔導。還有，鼓勵病人從事運動也是個好主意，因為經由軀體的運動，可以改善抑鬱的情緒。

治 療 者：小東的母親文文靜靜的，說話的聲音也不高，稍稍有點羞澀的模樣，小東這點很像媽媽。小東的母親告訴我，在小東兩歲時，她和小東的父親離婚了，小東一直住在鄉下由奶奶獨自帶大，爸爸也不管。小東十歲時，小東的母親在北京做生意，生意上軌道後，為了小東長遠的發展打算，便把小東接到了北京。剛來時，小東聽不懂也不會說北京話。小東的母親回憶當時有那麼多的困難，但小東都沒有讓她操一點心。小東在學校和同學、老師都相處得很好，學習成績也很快就跟上進度，媽媽從沒有因為學習的問題與小東發生過衝突。小東的母親還說，小東非常自動自發，因為她工作忙碌，所以小東學會了煮飯，不僅煮自己的份，還幫母親也準備一份。過年時，小東的母親要到大年三十的下午才能回家，小東從沒有怨言，也從不會向母親提出額外的要求。有時媽媽都覺得對不起小東，認為小東實在太懂事了。說到這裡，小東的母親流淚了。

治療者評：小東的母親總算把一開始沒提及的、有關父親的資料說出來了。

督導者解釋：對！現在得到在第一次會談中「還沒有提及的」資料，也就是小東早期如何（因為父母離婚）「喪失」父親的事情，然後又接著（母親來都市謀生）「喪失」母親（改由奶奶帶大），最後（後來由於母親把小東接到北京）又「喪失」奶奶，經歷重複性「喪失」的心理創傷。

治療者問：為什麼強調是「喪失」？

督導者反問：你認為呢？

治療者答：喪失的意思是……我還是不太了解。

督導者評：因為這個病人臨床上表現出抑鬱的情況，而抑鬱的主要病理是遭遇了喪失重要人物所產生的心理結果。換句話說，小東在早期階段曾失去父親、母親與奶奶，然後又失去母親與學校，經過這些連續性有關「喪失」的心理創傷，所以對喪失很敏感。這次過早迷戀女孩子，可說是對喪失的一種補償，企圖和其他女人接近以獲得溫情。但從結果上來說，卻得面對失戀，又遭遇喪失，且是比較嚴重的喪失，因此，情緒就變得很憂鬱。所以，小東所表現的心情與行為反應（包括所謂的「早戀」），不但多是和「喪失」有關，且日後的治療重心與策略宜多擺放在如何協助小東處理和因應與他所遭遇的「喪失」有關的問題，因此，治療者的腦子裡要擺放這個與病情有關的關鍵性觀念。

治 療 者：因為小東沒有考上北京理想的中學，所以母親和小東商量，要小東到外地上學，在學校住宿。沒想到小東從此產生巨大的改變，不但學習成績一落千丈，還有自己的主意，和母親難以溝通，也不知道一天到晚到底在想些什麼，總是愛理不理的。以前是說話算數、特別懂事的孩子，現在完全變了樣。

督導者評：就剛才我們已經提到的，小東又再次遭遇了「喪失」，與重聚不久的母親分離，再度喪失母親也「喪失」了自己好不容易已經適應的（北京的）學校，被安排住到外地的學校。難怪小東就心情抑鬱，無法好好適應新學校，呈現抑鬱症的現象。

治 療 者：小東的母親流著眼淚表示，她忙忙碌碌、辛辛苦苦地獨自在北京打拚、賺錢，不就是想讓小東有美好的前程？原本孩子非常懂事，讓她覺得再苦、再累也很高興且有動力；但這段時間小東變了樣，讓她覺得看不到希望，所以心情非常難過。小東的母親不知道自己這麼受累還有什麼意義？不理解為什麼小東不愁吃喝，經濟條件這麼好，卻會出現這麼多的問題。

我對媽媽的心情表示理解，對她獨自一人辛辛苦苦為小東創造良好的學習條件表示欽佩。但小東的母親也應重視的是，隨著小東年齡的增長，僅有豐富的物質條件是不夠的，應該對小東的心理成長逐漸給予更多的關注。孩子在想什麼或是他的喜怒哀樂，身為家長的都必須了解，尤其是當小東面臨困難時，需要家長及時給予有效的指導和幫助。如果小東的母親對小東在學校遭遇的麻煩知情，並給予及時的幫助，那麼小東所受的傷害會更小，且能恢復得更快速，這是以後必須特別注意的。同時我也讓小東的母親理解：小東現在的情況是青少年在壓力下常見的情緒和行為反應過程，所以不必太心急，要多理解和接納，幫助孩子樹立信心。

小東的母親表示，身為母親的她已經覺得對小東的教育，尤其是心理方面經常感到力不從心，在很多方面都不知該如何引導孩子。原本她一直沒想過要再婚，因為第一次的婚姻讓她受到太大的傷害，所以想一個人帶孩子獨自過活；但最近她有點動搖了，認為也許該幫小東找個父親。我對小東母親的感受表示理解和認可，也向她說明有關青春期孩子的發展特點。我也建議小東的母親，不論是為了孩子還是自己，都可以考慮再次走進婚姻生活。但由於有孩子，問題會更複雜，關係更難處理，所以要提早有心理準備。我也向小東的母親表示，我會在適當時機為小東心理建設，讓小東多理解母親工作養家的不易，以及再找一個父親對小東成長的意義，因為小東的理解和配合，對整個家庭關係的處理是非常重要的。小東的母親聽了，也很感謝。

治療者問：單親家庭的孩子往往更容易發生問題，尤其是青春期的男孩子，需要向父親學習如何成為男人。但面對母親的再婚，男孩子往往會抵抗、不願意。像小東的母親目前面臨的情況，該如何指導她更妥善地處理這些問題呢？

督導者答：母親是否再婚，是攸關個人人生的重大事情，原則上治療者必須避免替病人提議做什麼樣的決定。治療者只能站在輔導者的立場與角度，協助病人去看事情可能發生的各種好壞情況，間接協助病人自己做重大的決定。不過有件事情值得馬上提出，那就是提醒小東的母親千萬不要因為小東需要父親而再婚。決定再婚應該要看自己是否想要再婚，且是否有適當的對象。小東的母親在她的人生中做了許多「安排」，例如把小東寄放在奶奶家撫養、接小東回北京念書、又安排小東到外地上學等，一直靠「安排」事情來處理問題，反而比較少考慮到心情上的需要與後果。如果她想再婚，應該是要為了自己心情上的需要，而不是為了兒子需要父親而考慮的另一種

「安排」。

其實單親家庭不一定就容易發生問題，還要看單親如何和子女相處，且如何處理孩子的心理需求。父母的離婚或再婚對子女的心情都有或多或少的影響，且隨著子女的年歲與性別會有不同性質與程度的影響。

針對小東來說，在他兩歲時，父母離婚，是口慾期之後階段的心理經驗，是比較單純地「喪失」的創傷；假如發生在五、六歲的性蕾期，其心理反應就不同（例如：五、六歲的孩童可能會在心裡認為是自己不好，才導致父母吵架而分離，而歸咎於自己）。

同樣的道理，孩子對父母的再婚也會隨著孩子的年歲而有不同的反應。目前，小東是十四歲青春期的男孩，如果小東的母親再嫁，小東對母親的新丈夫會有各種複雜的心理反應。他可能覺得母親對另外一個男人有興趣，而覺得自己被遺忘導致產生情緒上的反應，產生性蕾期常見的三角嫉妒情結上的問題。如果這位新父親對待小東很好，也可能讓小東覺得得到一個彌補性的父親，而感到高興，高興自己有個好繼父。因此，關鍵是小東的母親如何找到那樣的男人，而這個男人又如何進入他們的家庭生活與感情圈裡，且和小東發生何種人際關係。

小東的母親這時會提出這樣的問題，可能已有心上人也說不定。因此，可以詢問這方面的相關資料，並一起探討這個心目中的對象是什麼樣的男人，是否適合做新丈夫、繼父等，也可以進一步做協助性的輔導。

治療者問：您的回答非常全面且客觀，深具前瞻性，現在想來小東的母親可能當時確實已有意中人，但我不知該如何對小東的母親進一步輔導。因為我看診的對象是小東，我主要是從事兒童青少年的心理輔導，而孩子的問題又往往與父母有千絲萬縷的聯繫。該如何把握對小東母親輔導的深度與時間分配等？

督導者答：雖然你說的沒錯，你是以兒童精神醫學者的身分為小東看診，因此，照理宜有始有終地以小東為主要重心而進行輔導。但小東的母親該找什麼樣的男朋友或是否再婚，很明顯都會影響到小東的心理狀況，因此，是應該幫助小東的母親目前所面對重要的再婚問題。你可以放心地擴大範圍，幫助小東的母親面對她的心理困擾。如果小東的母親提及的心理問題關係到她本人的問題，屬於她私人性的困擾，和小東沒有直接關係的話（例如：與上司如何相處等），那就考慮建議小東的母親找自己的治療師。

第三次會談

治　療　者：十天後進行第三次會談治療。小東的精神狀態明顯好轉，小東表示最近上健身房，感覺不錯，對運動也有一定的興趣。心情放鬆了許多，也慢慢練習，增強體力及抵抗力，盡量堅持讓自己持續下去，並從健身中找到了一些快樂。但小東表示，他目前暫時還無法進入學習狀態，且上學期的課堂上，他大多在睡覺，腦子裡也裝不進什麼東西，時間全浪費掉了。這學期馬上就要開學了，他覺得很矛盾，不知該如何是好，而且也不是很想休學，但也靜不下心來學習。

治療者問：看到小東正走出情緒的困擾，積極想辦法面對生活的現實，我由衷地為他感到高興。但老實說，此時我覺得有些出乎意料。小東怎麼會這麼快就能走出「被封鎖住的狀態」呢？

督導者反問：那你是怎麼想的？除了治療師處理輔導順利與成功這些普遍的因素外，你認為還有什麼特別的因素嗎？

治療者答：我認為一方面小東原本的個性就很好，他本身的心理彈性不錯，較易於恢復；另一方面，對媽媽的理解以及媽媽的改變可能也有著重要的作用，媽媽的情感支持使他能夠較快地從「喪失」中走出來。

督導者評：這些都是很正確的推論，也是一般的因素。我問的是，還有什麼特別的因素是身為治療者需要知道的？

治療者反應：我不太了解您的意思？

督導者建議：你可以思考病人與治療師有何種關係，而幫助治療上的恢復？

治療者反應：是不是轉移關係？

督導者回答：是的。你提供一個很好的「重要人物」的角色，關心他、支持他、指導他，彌補了他所喪失（缺少）的「母親」，也彌補了他所迷戀的女同學。

治　療　者：在具體和學校有關的問題方面，即小東是應該「上學」還是「休學」的矛盾和困擾，我引導他應用「如何做決定」的方法來思考和判斷。在紙上分別寫出上學的好處和壞處，以及休學的好處和壞處，由他自己權衡上學和休學各自的利弊，然後做最後的決定。但在這過程中，必須讓小東了解任何一個選擇和決定都不會只有利，或只有弊。在享受自己的選擇結果利益的同時，還要無條件地承擔相應的弊端。即使事先未了解到或思考過一個選擇的不良後果，但這個後果是客觀存在的，也是我們必須承擔和面對的。

在治療的過程中，小東提出想發展自己的興趣——學音樂，我對他想發展更多興趣的想法給予充分的肯定，協助他認識到全面發展的必要性，以及學習音樂對個人一生的意義，鼓勵他去嘗試。小東無限嚮往地傾吐他的心聲：「我小時候就想學一種樂器或聲樂，一直有這個想法，想多見識見識，小時候學會了很多東西，長大後會有好處的。」

治療者問：在治療過程中，我有一種強烈的感覺，小東小時候有很多夢想長期以來一直處於被壓抑的狀態。他有著浪漫的情懷，有很多的追求，但在奶奶身邊時，沒有條件可以去滿足。一直到小東十歲時，他才來到母親的身邊，那時他已經非常懂事了，不好意思向母親提出自己內心真正的需求，這樣長期壓抑的結果無可避免就導致國二這次的「大爆發」。所以，我認為幫助小東學習明確表達自己的需要和要求的必要性和方法，並協助小東的母親理解如何真正關心小東、適度地滿足小東的需求，這些在治療上都是很重要的。是不是這樣呢？

督導者答與問：這是對整體病情了解的一種解釋。另外還可以思考小東累積遭遇的「喪失」創傷和這次的「早戀」（或實際上是單戀）有關的解釋。依你看如何就喪失與單戀的角度來做整體病情的了解與解釋呢？

治療者答：小東一次又一次地經歷喪失，所以內心非常敏感、脆弱，他懼怕喪失並渴望得到，這種心理太強烈了，以致他碰到這個女孩似乎對他沒有感情，而他卻非常有意，因而產生單戀情況。在一剛開始會談時，我確實以為這個女孩扮演了很不光彩的角色，因為小東描述了很多對這個女孩的不滿。但後來我意識到主要是小東自己的問題，所以有很多交往的細節，小東自己都說不清楚，我在這裡便沒有多說。

督導者評：由於小東從小連續地遭遇好幾次的「喪失」的痛苦創傷，喪失了父親、奶奶、母親，也包括學校（老師與同學），一直無法彌補這樣喪失（重要）對象的挫折，所以導致有憂鬱的心情與行為。可是最後偶然碰到對他有興趣的女孩，且是年紀比他大一些、較為成熟的女孩，讓他情不自禁地迷戀其中，想彌補自己所喪失的女性對象（母親）。但因為得不到，所以除了情緒上的痛苦與頹喪外，（由於年紀的關係）讓小東在此青少年時期便產生各種行為上的問題，以「行動化」來表現心情上的痛苦，成了自暴自棄的孩子。因此，從某種角度來說，小東的早戀並不是（性蕾期或異性期）對異性對象的真正（成熟）愛戀，而是由於早期的喪失而彌補性地產生迷戀的現象。換句話說，小東所迷戀的女孩，是母親的代替性人物，是屬於口慾期性質的黏密現象。

這樣的解釋還可以很適當地說明：目前在治療過程中，小東和治療者所產生與呈現的「轉移關係」，即獲得了他所遺失的「母親」的替代對象，不但愛護他，並支持、指點他，是很理想的（成熟且很需要的）母親角色。這樣來了解病情的性質與治療上的治療機制後，治療師接著要考慮並注意什麼事情？

治療者答：如何處理轉移關係的問題。

督導者答：在治療上必須善用所形成的（正性的）轉移關係來輔助這個病人，但不需要向孩子解釋。不過，很重要的是，你必須開始考慮將來如何結束治療，不讓他再次遭遇另一次的「喪失」。

治療者問：是否需要向小東的母親適當地解釋「轉移關係」的問題？

督導者答與反問：你認為呢？

治療者答：我認為這種正性的轉移關係需要向小東的母親做適當的解釋。一方面讓小東的母親對治療的機制能有基本、正確的認識，增強治療動機和信心；另一方面，讓小東的母親有意識地向治療師認同與學習如何愛護、支持並指點小東，協助小東的母親成長為理想、成熟的母親。

督導者評與問：很好。那麼，你該如何具體地向小東的母親說明？

治療者答：我會試著向小東的母親解釋：「小東的情緒困擾已明顯好轉許多，他正在考慮是否要上學的問題。對於小東的改變，我真的很高興，我可以看出身為母親的您也很高興。那麼，我們有必要好好思考小東為何在這段時間會有這麼多的煩惱？他又為何會在這麼短暫的時間裡有這麼快的進步？

成長歷程對每個人都有著重要的影響。小東從出生到現在，先是失去父親的照顧，後來又失去奶奶的照顧而來到您身邊，為了他的學業，您費心地把他送到外地的學校，所以他又離開了媽媽，同時還離開了熟悉的老師和同學，這一連串的挫折讓小東很容易產生憂鬱的心情與行為。所以您的孩子特別需要您穩定的支援和愛護。尤其是小東現在正值青春期，媽媽不但要在生活上關心、愛護他，還要在心理上支持並指點他，心理上的幫助對青春期的孩子相對來說更重要，這點可能是您過去不太重視的。身為專業人員，我對小東心理的幫助恰好彌補了這一點，我們看到他有了很大的進步。但我的幫助畢竟有限，只能在有限的治療時間內協助他，而且我的作用是幫助您和孩子一起成長。身為母親的您要學習如何做成熟的母親，為孩子提供所需的、持久的支援和指導。」我覺得這段話說起來又長又累，請您指點怎樣說會更好？

督導者答：你的解釋很好，至少意思是很正確的，但在技巧上可以較簡單且精確地說明，例如：「小東小時候和父親分離，接著又和母親分離而被送到奶奶家，後來為了來北京和母親重聚，又跟奶奶分離……現在單戀又失戀、分開，在情感上很需要母親的照顧。其實小東需要的不僅是母親替他安排，還需要母親對他情感上的關心，你說是不是？」

一般來說，越簡單的語句，越容易讓人聽進去，產生比較大的效果。俗語說「一針見血」就是這個道理。長話短說會讓人聽得進去，也容易記住，成效也較大。在輔導時對病人提供解釋與意見，也是同樣的道理，使用關鍵語簡潔表達最好。日本有名的詩詞（俳句）：「青蛙，噗通（一聲），跳進池水。」只用幾句話就表達出其情景與韻味，也很令人欣賞。此外，我國有許多成語也是很簡短，但卻能表達深厚的涵意，「塞翁失馬」、「外國的月亮比較圓」等，都是大家熟悉的短句，又如：「千尺深崖，可到底；一寸肚皮，猜不透」，也是很精譬地揭發人心不容易摸透的道理。因此，「小東失去了父親、奶奶、單戀的女孩，現在需要的是情感上關心他的母親」，這也是說中要點且有力的解釋。話長，過於說理，容易失去聽眾；而話短，切中情感，成效大。

還有，有關用字遣詞方面的問題，「成熟」這句話可以用來鼓勵年輕人，但對大人就不太妥當，因為會顯得表示眼前這位大人有些「幼稚」，需要長大成熟的意思，帶有負向的涵意。因此，與其說是「學習如何做成熟的母親」，還不如說「做個孩子所需要的母親」。同樣的道理，「喪失」是治療者所使用的專業觀念語句，對病人或家屬解釋則可以改用「離別」或「分離」等一般通俗的用語即可。

治　療　者：我明白了，解釋最好是簡潔又明瞭。後來小東向我表示，他對學習的感覺有些陌生，還告訴我，他希望把學習音樂當成自己的職業，認為只要能養活自己，有固定的收入就可以了，且目前國內音樂教師的薪水也不錯。我告訴他：「這個想法未嘗不可，因為一個人能夠一生從事自己所熱愛又擅長的職業是很幸運的一件事，我個人就深深體會到這一點。我喜歡和孩子在一起探討如何面對成長中的一些煩惱，因為我喜歡，所以我從不覺得辛苦；相反地，能給你們一些幫助、看到你們的變化，就能讓我非常開心。你想追逐從事音樂的夢想很不錯，但我建議你還是要先把中學的學業完成，等中學畢業後，再選擇去學習音樂。」小東表示，他只是害怕自己無法適應學校，但他知道還是得要上學。我再次囑咐他不要太心急，如果覺得實在無法上學也不要太勉強，因為目前還在調整中。

治療者問：面對孩子無法回到學校的問題時總令我很為難，一般我都不會強迫孩子一定要馬上回學校。因為大部分來我這裡看診的孩子，往往家長都已經軟硬兼施，使盡了各種招數，整個家庭系統、甚至學校系統都還有很多尚待解決的問題。所以我通常都會慢慢來，不太敢硬碰，不知有沒有更好的辦法？

督導者答：就按照你的想法，慢慢讓小東回學校是可以的。但我們必須謹記，從臨床經驗來看，蹺課或輟學的學生一旦脫離學校越久，就越不容易回到學校。因此，小東回學校的問題也不能耽擱太久，還是鼓勵他能早點回學校，只是要讓學校的老師有事先的準備，讓小東有漸漸跟上課業的可能性。只要小東順利回學校後，能在三至六個月的期間逐漸恢復到原本的水準即可，這樣的期待也不會給孩子過大的壓力。我們也不要低估孩子的潛力，只要孩子對學校的學習有興趣，這種因為心理因素而短暫輟學的孩子，通常都會比較快恢復上學的。

治　療　者：接著我請小東的母親進診療室，當著小東的面，與小東的母親共同分享小東的變化。小東的母親對小東的明顯進步也非常高興，但她比較著急的是因為就快開學了，小東是否會回學校上學。我告訴媽媽不要太著急，因為小東的轉變已經很大，除了我們看到，也要讓孩子能感受到自己的變化，這樣他才會有信心繼續改變，我們要允許孩子慢慢改變。我坦誠地表示，小東的進步已經超出我的預料之外，小東的母親也笑著表示認可。至於是否要恢復上學的問題，就由小東用今天學習的「做決定」的方法來決定，媽媽可以從旁協助。小東的母親和小東都同意這樣的作法。

有關學習樂器一事，我也向小東的母親表達了小東的真實想法和我的看法，並徵求媽媽的意見。畢竟學習音樂的費用非常昂貴，得考慮到家庭的經濟負擔與承受能力。小東的母親表示經濟上沒有問題，只要小東願意學，她大力支持；但她也提出如果小東要學就一定要堅持到底，不能半途而廢。小東爽快地答應了，滿臉喜悅。我看著這對母子開心的模樣，故意以羨慕的口氣對小東說：「你真幸運！媽媽毫不猶豫就答應你了，不是每個家庭都能這樣的。有的家裡沒有錢，有的家長不肯出錢，你媽媽說只要你願意學就支持你，太令人感動了。以後你有什麼想法可以多和媽媽談，媽媽一定會支持你、愛你的。」我又轉向小東的母親：「媽媽最好也多主動了解小東的想法和要求，鼓勵小東主動表達，如果有些要求是無法達到的，也可以直接向孩子說明你的態度和理由，這也未嘗不可。」

第四次會談

治療者：十天後進行第四次會談治療。出乎我意料之外的是，小東按照學校的開學時間順利上學了。小東輕鬆地告訴我：「我很高興可以和平常一樣上學。」我囑咐小東，因為上學期的功課落後了許多，所以要主動想辦法把落後的功課盡快補上，這樣也有利於這學期新知識的掌握。小東表示，已經打算讓現在讀大學的朋友（小東剛來北京上小學時請的家教）幫忙把四科主科惡補一下，有不會的問題就問他。聽到小東有這樣的打算讓我放心多了，看著小東的眼睛，我說：「從一開始，我就覺得你會改變的，這也是我願意為你繼續治療的原因，但我沒想到你改變得這麼快。你確實很聰明，我相信只要你調整好狀態，學習對你來說不是太大的困難。但你畢竟功課落後了許多，必須要有心理準備，功課也是要慢慢才能趕上的，如果最近一段時間的考試成績不很理想，也不要太緊張和不開心，因為這是很正常的現象。距離高中考試還有一年半的時間，只要你堅持努力，一定還來得及。你很有打算，已經在考慮找人幫忙惡補，看到你這麼有想法，我對你更有信心了。不過，我想除了學習之外，如何應付過去的朋友來找你，也是你要特別注意的。千萬要把握住自己，好不容易才走到今天，一旦再和他們走在一起，想再走正途，難度就會更大。」小東表示他可以理解。

小東的母親要求單獨會談，她表示目前對小東的表現很滿意。但媽媽說她剛交了一位男朋友，小東的態度不很積極，這讓她有點為難，希望我能給予幫助。

我再次與小東單獨會談，我開門見山地問小東對母親找男朋友的看法。小東有點激動地說：「那是她自己的事，和我無關。」因此，我向小東分析了母親的用心良苦，以及再找一個爸爸對小東成長的意義，使小東理解身為人母的不易，希望他能夠多支持和配合，因為他的態度和行為對整個家庭關係的處理是非常重要的。

督導者評：對媽媽新交的男朋友，最好多了解一下，包括多大年紀、是否結過婚、個性如何、和小東的母親是如何認識的，以及對小東的存在有何看法等。因為這個人將對小東有很大的影響，而且治療師可以比較積極地協助小東的母親如何向小東說明，並且如何讓媽媽這位新男朋友和小東接觸、會面。

第五次會談

治　療　者：兩週後進行第五次的會談治療。小東高興地說：「今天上午的數學課，我一整節課都沒分神，讓我特別開心！其他課程也一樣，聽課的效率越來越好。」小東與同學的相處也不錯，在學校也很高興。

只是前幾天與母親發生了一次爭執，小東認為母親說話太過分，一氣之下就跑到同學家待了一天，但晚上又自己回家了。我笑著說：「又離家出走了，你媽媽沒去找你，怎麼又自己回去了？」小東有些不好意思地說：「冷靜下來後，我仔細想想，覺得自己也有錯，也沒什麼好離家出走的，而且還有作業沒寫，就回家了。」我說：「你進步不小呢，處理問題理智多了。」對小東的表現我給予肯定，並引導說：「其實我認為『離家出走』是最沒有用的辦法，因為它解決不了問題。離家出走了，問題還是在，只逃得了一時，早晚還是要面對。當然，氣頭上暫時回避一下也是可以的，但最關鍵的是要主動去解決問題。」小東點了點頭表示認同。

督導者問：小東和母親發生爭執，是什麼樣的爭執？你為什麼還沒去了解就開始提供意見？你想想，小東在這個時機點和母親發生衝突，是否有特別的意義？

治療者答：是因為功課的事，小東認為媽媽又在「囉嗦」，他不想聽，覺得母親很煩，所以出口頂撞；媽媽也不甘示弱，所以小東一氣之下就離家出走。小東的母親也笑著告訴我，她覺得自己也有責任，所以我看不出有何特殊的意義。

督導者回評：目前小東的母親交了新男朋友，我們要注意小東是否為此和母親鬧脾氣。且小東會氣得離家出走，一定是情緒上有很大的波動，而小東的母親交男朋友這件事，對小東來說有可能會是很大的情感衝擊，需要特別注意。

治　療　者：對於小東和母親男友的關係，小東笑著說「他在討好我」。

督導者問：小東為什麼笑著說「他在討好我」呢？

治療者答：因為在三角關係中，小東贏得勝利，所以他很滿意。

督導者建議：小東和媽媽男友的關係是很重要的，要如何讓小東不覺得母親因為有了新男友，而把感情與注意力都轉移到男友身上，而對他的關心變淡了（覺得被遺棄，又「喪失」了母親）。同時要如何讓小東接納與面對一個新的家庭成員，而不產生對抗與嫉妒，是和如何恢復上學同等重要的輔導課題。如果小東的母親對這個男人真的很有意思時，值得考慮並建議小東的母親把男朋友帶來和治療師見面，一方面可以了解並協助他們，也可以協助這位男友如何和小東親近的問題。

第六次會談

治療者：三週後進行第六次會談。小東明顯開朗許多，言談間也成熟了一些。期中考考完了，小東和母親對期中考的成績都不滿意。在我的引導下，小東認知自己已有比上學期進步，對母親的不滿意也能理解，因為「每個家長都希望子女的成績可以更好」。小東還表示：「自己會主動學習、主動找家教補習，有時也是為了避免媽媽囉嗦。」

小東也認為「自己已經不像以前那樣，各方面都有好一些了」。剛開學時，一節課四十五分鐘，小東只能聽十分鐘課，現在能聽三十分鐘了。他還表示，「我也是逼著自己多聽，這樣多少也能有進步。而且我現在和媽媽挺能開玩笑的，兩人經常打打鬧鬧的。現在不管別人怎麼招惹我、損我，我就會告訴自己算了，過一會兒就沒事。原本我很會記仇，也不管好壞，都會加倍還給那些招惹我的人，現在我已經好很多，也不太記仇了。」

小東逐漸成熟，基本上已能應付生活的挑戰了。而且，由於我的治療時間很緊湊，所以，接下來小東和母親一起參加了兩次由我帶領的小組互動活動「親子溝通技巧」和「解決衝突有策略」。

督導者評與問：那很好，可是，你有沒有考慮到如何準備結束這個個案的治療？如何結束轉移關係而不讓小東再次面臨「喪失」而病情退化，再度發生問題？

治療者答：治療的時間間隔已經逐漸拉長，小東開朗、成熟了很多，獨立面對生活挑戰的能力也明顯提升，這些都是結束治療的有利因素。但是正如您所說的，對這個個案，結束治療時最主要考量的是如何結束與治療者的關係，不讓小東再次面臨「喪失」而再發生問題。因此，我讓小東的母親有足夠的時間學習如何成為成熟的母親，且在這個過程中，我逐漸退後並協助小東的母親逐漸向前。同時也逐漸改變輔導的方式，鼓勵小東和母親自己思考和尋找答案，逐漸幫助他們能不依靠治療者而學習自己去處理和解決問題。如此一來，就算停止輔導，他們還是可以繼續自己對自己的輔導工作。

督導者評：非常好！

治療師接受督導的體驗與心得

由於前面已經連續接受兩個案例的督導，我（治療師）已有被督導的經驗，也和督導者比較熟悉，因此，在此案例的督導過程中，身為被督導者的我經常會比較自動發問，而督導者也會經常反問，引導我自己積極思考、主動尋找答案。這樣一唱一和，彼此呼應，既有橫向的拓展，也有縱向的深入，對於這樣的督導模式，我覺得茅塞頓開！有時我的問題問得很含糊，但督導者卻能立即抓住關鍵所在，提供我最合適的指導，讓我非常佩服。

本案例也是治療相對成功的個案，但我的疑問仍然很多：在治療一開始我的解釋和處理是否合適？為什麼來看診的小東能在短期內就發生出乎我們意料之外的明顯變化？如何把握對整體病情的了解，以及該如何指導小東的母親妥善處理再婚的問題？督導者能以其深厚的學術底子和豐富的實踐經驗一一為我解開謎團。這其中不乏我因為不理解他的觀點而提出的質疑，但有更多令我拍案叫絕的見解！督導者對整體病情與治療機制的透澈理解，指點我認識並在治療上如何發覺並善用病人與治療者之間的轉移關係，又引導我能放心擴大範圍，幫助個案的母親面對與孩子有直接關係的心理困擾，包括指導她如何處理再婚的問題等，督導者把我已經了解和尚未了解的諸多疑問都分析得清清楚楚，令我折服。在這個案例的督導過程中，我學習到的實在太多，同時也讓我體會到，督導者與被督導的治療師必須能建立良好的相互關係，在相互尊敬、相互學習的氣氛下進行輔導，是輔導順利與成功的要件。這和治療者與病人在建立良好的關係後，便能進行順利的輔導工作，是一樣的道理。

還有，身為被督導者，要能從心理治療的督導中學習到舉一反三，從一個案例所學習的知識與經驗，遷移和應用到其他案例。我也知道必須做到深刻的理解和游刃有餘地應用。未來我要走的路還很遙遠，但我會不斷努力、堅持不懈！因為，督導讓我對心理治療工作有了更多的理解和熱愛。

第12章

婚姻治療的督導

婚姻治療也稱為夫妻治療，主要是針對夫妻關係上的問題而提供輔導。其輔導的方式可以和夫妻雙方一起進行會談，或只和夫妻一方單獨會談，隨其需要和另一位配偶會談，如此適當地交替施行。但婚姻治療的重心是擺放在夫妻或一對男女「關係」上的問題，而不過分注重「個人」本身的心理問題。因此和個人心理治療相較，在輔導的模式與技術上明顯不同。針對男女雙方或夫妻施以關係上的輔導時，其觀點、學理與技巧將和個人輔導有所不同，須把焦點放在男女雙方如何溝通、表露情感、扮演角色、建立夫妻間的聯盟、如何維持契約性的約束、如何養育子女，以及如何一起對待外來的人（包括父母、親戚、朋友等）和外來的問題等。而且在督導的技術上，也必須特別注意一些基本原則與特殊技巧，避免輔導上發生問題。例如：多強調雙方彼此正向的看法，避免相互的負向批評或貶低；盡量多注重目前如何改變，而少追究過去的錯誤等。治療者必須注意不要替夫妻決定他們之間的重要事情，例如是否分離或繼續維持關係等人生上的重大事情，而只協助他們衡量各種情況的好壞與利弊，以及可能面對的困難，間接地協助他們自己決定重大的事情。因此，婚姻治療的督導和個人心理治療的督導也就略有不同，需要對婚姻治療有經驗的督導者來進行。下面我們列舉兩個案例，描述夫妻治療上遭遇的問題與困難，以及治療上的督導要領。

個案一：因提議暫時分居而對治療者發脾氣的妻子 朱金富

說明

本個案的治療者和病人實際上只有一次治療會談，企圖協助此對夫妻解決問題。經由第一次會談和夫妻雙雙接觸後，不久，沒經過安排，病人和她的姊姊突然出現在診療室。在第二次接觸時，病人向治療者表達她對治療者在上次會談時所提議的反應。治療者就這兩次的情況事後向督導者報告，並得到督導上的意見。

第一次會談

治療者報告：這一對夫妻兩人一起前來看診，夫妻雙方的年齡都在四十歲左右。丈夫是某高校的教授，妻子的身材偏瘦，兩人坐下後，丈夫先開口說話。

督導者問：為什麼丈夫先發言？

治療者答：當時徵求兩人的意見，丈夫說他先說，妻子表示同意。

督導者評：有時是妻子故意謙讓，讓丈夫先開口，看丈夫會說些什麼，然後才開口，有其目的。實際上誰先開口都無所謂，但可以讓治療者觀察並判斷他們夫妻間的相互關係，以及權勢的分配情況，診斷夫妻間的關係。

治療者繼續報告：丈夫是學校教研室的主任，負責教研室的工作，而教研室有一名三十多歲的女教師，這位女教師的夫妻關係不好，有時會和她的主任（即此對夫妻的丈夫）聊天，傾訴自己的不幸，患者的丈夫傾聽，表示同情。有一次該名女教師寫了一張有關自己苦惱的紙條給這位主任，結果妻子在幫丈夫洗衣服時，從丈夫的口袋裡發現這張紙條，從此妻子開始懷疑丈夫不忠，每晚丈夫回家時，妻子就會反覆追問丈夫是否和那個女的有性關係。丈夫始終否認，並表明和那位女教師只是同事關係，因為自己是主任，有時會對下屬表示關心，沒有做出什麼出軌的事。但妻子總是不信任丈夫，每晚都要因為此事爭執到深夜，使得丈夫隔日上班時都會覺得精神不濟。這種情形已經持續數月之久了，而妻子也為此不願意和丈夫有性生活。

督導者評：這關係到夫妻面對其中一方是否有婚外情而產生的情感問題。我們要注意夫妻雙方的說法，不能只聽單方的描述。

治 療 者：是的，丈夫在說明問題後，我便轉頭向妻子詢問是不是這樣的情況，妻子回答大致就是這樣的情形。妻子表示自己自幼乖巧、聰明，家庭條件較好，父親是有勢力的政府官員，和丈夫結婚後，丈夫很多的發展機會和前程都是靠她父親的幫助。

妻子還表示，她和丈夫結婚前沒有和任何男人談過戀愛或有過密切交往，婚後把感情全都給了丈夫，主要的精力都放在家庭生活上。現在已經四十歲，孩子都已經上中學，可是突然發現丈夫不忠，讓她心裡覺得十分痛心。如果丈夫真的有外遇的話，她想和丈夫離婚，但丈夫堅決否認有此事，妻子表示高度懷疑。由於妻子的情緒很不好，目前已經不願意上班或做家務，整天總是在想這件事。

督導者評：婚姻問題和個人的心理問題有所不同，要以不同的模式進行了解。隨時要以婚姻關係是由夫妻雙方相互反應而表現的立場來了解，也要懂得事情不會有什麼絕對或不對，常是「公說公有理，婆說婆有理」，是夫妻雙方各自在不同的角度、知覺與經驗而描述他們的問題。再者，夫妻會談時，治療者必須趕緊判斷的是，這對夫妻的感情是否嚴重被破壞，沒有希望恢復；或還有可能可以解決他們的問題，且是否有足夠的動機想處理雙方之間的問題。

透過這對夫妻雙方的先後描述，治療者可以感覺並推測其婚姻關係尚未完全被破壞，雙方內心都不想離婚，而只是妻子發現丈夫可能有外遇，對丈夫的愛情動搖，心裡一時極端煩惱的狀態。因此，不要只聽他們口頭怎麼說，還要仔細體會他們彼此的口氣、姿態與態度，依靠「非言語」的溝通表現來做診斷。

治　療　者：這時治療者向妻子建議，是否可以觀察一段時間，看看丈夫是否真的對妻子不忠。結果，妻子表示自己已經觀察了幾個月，沒有發現可疑之處，但就是對丈夫口袋裡的紙條感到懷疑，強烈要求丈夫承認此事。此時治療者認為很難進行會談，便徵求雙方同意治療者和丈夫單獨會談，以便了解丈夫的說法。

督導者評：此時夫妻雙方分開會談也是可行，但也必須和妻子單獨進行會談，以維持兩方的平衡。治療者和任何一方會談後，都必須向另一方做些解釋與交代，且一定要多做建設性的建議或談話內容，例如：以丈夫較好的口氣將談話內容告訴妻子，將妻子好的願望告訴丈夫，如此督促並維繫他們恢復正向的感情。

治　療　者：當我單獨和丈夫會談時，重複向丈夫詢問相關情況，丈夫否認和辦公室的女老師有性關係；丈夫還訴說，現在妻子每晚都像審犯人一樣糾纏不休，搞到深夜，已經影響到他的工作。丈夫認為妻子可能精神有問題，因此要求我為她治療。而我問患者的丈夫如果承認有外遇會發生什麼事呢？丈夫表示，妻子很可能會要求離婚。我又問丈夫，是否兩人可以先不離婚而暫時分開一段時間，看雙方的感受如何。丈夫覺得可以嘗試，會談結束後，這對夫妻一起離開。

督導者評：你和丈夫單獨會談後，怎麼沒和妻子單獨會談，並交代與丈夫單獨會談的結果？治療者的功用之一，就是以中間人的立場協助夫妻之間進行溝通。因此，你和任一方單獨會談後，一定要恢復雙方一起會談的情況，並做最後的溝通與交代。

還有，你最後和丈夫單獨會談時所做的建議非常糟糕。因為妻子的內心十分不願意離婚，也不希望丈夫真的承認有外遇，在心理雙重矛盾下才會拚命追究此事。此時丈夫也非常苦惱妻子的反覆追問和猜疑，而你的建議正好合乎丈夫的需求，也正是妻子害怕會發生的情況；再加上丈夫很可能會冠冕堂皇地向妻子說是醫生的建議，所以妻子會把對丈夫的怨恨轉嫁到治療師身上。

還有一點必須注意的是，在婚姻治療時，要放棄個人心理治療的觀念，不再考慮夫妻雙方哪個是「患者」，而另一個是患者的「配偶」，必須考慮雙方都是接受輔導的對象。雖然這個丈夫想辦法把妻子說成是精神有問題，但身為治療者千萬不能隨丈夫的口氣而把妻子認為是「患者」，否則無形中就把丈夫看成是沒有問題的人，而認為是妻子有問題，失去夫妻間的平衡。所以我們只能說，妻子在情感上表現得較為難受的情況，而夫妻間的問題是雙方因素造成的，必須以這樣的觀念來進行夫妻治療。

第二次會談

治療者報告：患者（妻子）和她的姊姊一起前來會診室找我，也不管我正和其他的患者談話，患者就對我破口大罵、說醫生缺德等等；患者的姊姊表示，上次患者和丈夫一起前來諮詢，結果回家後，丈夫就對患者說，醫生要他和患者分開。這個結果患者難以接受，整夜無法入眠，覺得活著沒有意思，想自殺，所以今天來就是要找醫生出這口氣。

我想解釋，可是患者不聽，在大吵大鬧一陣子後，才在姊姊的勸說下離開。患者的姊姊還說，如果患者發生意外的話，要醫生承擔法律責任。

督導者評：第二次吵鬧的發生是意料之中的事，因為妻子（內心）十分害怕離婚，而丈夫卻找到藉口（表示是醫師提議的），要和她分居。

督導者總評與建議

這是一個非常有意思的個案，很適合用來討論。從後果上來說，治療者應該一步一步地進行輔導，即一開始要在夫妻會談的場合中，容許妻子有機會發洩對丈夫的不滿，讓丈夫有機會認真聽取妻子內心的傾訴與煩惱；而治療者要表示同理心，體會妻子情感上的痛苦，這樣就能減輕妻子內心滿腔的痛苦，也可以穩定她的情緒。如此一來，才能進一步討論該如何重新建立他們夫妻之間的關係與情感。接下來要讓丈夫當著妻子的面表達他對家庭的責任感，並表示不願意離婚的願望。可是也要讓丈夫敘述他目前被妻子反覆審問的煩惱，並討論如何盡早結束這樣的負向關係，例如：可以建議丈夫向妻子道歉，因為他想照顧下屬教師的行為導致妻子的不愉快，也要丈夫向妻子保證他對妻子的忠心。這樣公開的表示，可以幫助妻子穩定情緒；同時治療者也要幫助妻子了解丈夫反覆強調自己沒有外遇，也想維持夫妻關係，不可過分繼續審問而損壞了夫妻間的關係。

總之，治療者應該幫助妻子平息她過分的情緒反應，並協助這對夫妻共同尋找補救問題的辦法，脫離目前情感困難、沒有出路的困境。

個案二：定期企圖自殺的丈夫與抱怨幾乎被遺棄的妻子

說明

這是發生在夏威夷的實際個案，是外科病房住院的日本男病人，因為前幾天在家中突然企圖自殺，將自己的雙手及脖子割傷，結果被妻子發現而送來急診處，之後住進外科病房治療的案例。雖然個案的傷口已經好轉，但由於是企圖自殺的病人，依照醫院的規定，個案被安排接受精神科會診，才能決定病人是否可以出院，或是否需要精神科的門診治療。

擔任精神科會診的住院醫師是一位美國（歐裔）白人女醫師，由於女醫師發現這名日本男病人不太懂英文，只有患者的妻子可以說些簡單的英文，因此想請會說日文且懂得日本文化的精神科教授一起會診。會診的目的主要是了解病人企圖自殺的動機，檢定其精神狀態，以提供日後的醫療建議。

由於會診中發現此位病人精神方面並無異常，尤其也沒有抑鬱的情況，而是有計畫地企圖自殺；而妻子對丈夫的行為非常驚訝，不知如何面對。因此，會談的目的就在施以即刻式的夫妻輔導。由於住院醫師是和教授一起進行輔導會談，可說是進行了共同治療的模式。但由於和病人及其妻子主要是以日文進行會談，再由教授簡單向住院醫師翻譯與解釋，因此教授扮演的角色是會診醫師、共同治療者兼專業翻譯者。

會談之前及會談之後，住院醫師和指導教授一起進行討論，並接受督導，也是督導教學的例子。

會診前的病情報告

住院醫師：這是很特殊的個案，不僅言語上的溝通有困難，且對此病人所採取的行為不太容易了解，可能需要透過文化上的層次去體會，因此很想請教授幫忙。

督導教授：你見過病人了嗎？

住院醫師：見過一次，也看過病人的外科病歷了。

督導教授：好的，那請你就你所知道的病情簡單地報告一遍。

住院醫師：這名病人是從日本移居來此的日本人，名叫田中（化名），今年五十四歲，已婚，但無子女。病人在日本曾和前妻結婚十年，離婚後，和目前的妻子認識而再婚，並移居到夏威夷，從事貿易事業，經濟情況還好。目前的妻子較年輕，年紀約三十多歲。

督導教授：病人從前是否曾到精神科求診，或是否曾罹患抑鬱症？

住院醫師：都沒有，聽說病人的精神狀況一向良好。妻子也沒有注意到有何異常。

督導教授：這次病人企圖自殺是如何發生的？又是怎樣被發現而送來急診處？

住院醫師：是妻子發現丈夫躺在浴室裡，到處都是血，所以趕緊報警，叫救護車送來急診處的。在急診處發現病人身上到處都有刀傷，雙手、脖子連身體都有相當深的刀傷口，在進行外科醫療後，轉到外科病房住院。目前病人的傷口都已好轉，所以請精神科會診，再決定是否可以讓病人出院。

督導教授：你見到病人時，病人的表現如何？

住院醫師：看起來還好，聽說病人會念、也會寫簡單的英文，但英文會話不太行，所以我們講話速度過快時，他只能聽懂一部分，且不太習慣以英文交談，所以很難徹底了解病人的精神狀態。

督導教授：那病人的妻子呢？

住院醫師：不在，剛好有事外出了。但我已經以手機聯絡，請她在我們會診前趕回來，她的英文理解能力還不錯，聽說在旅行社上班，主要負責日本來夏威夷的觀光旅客。

督導教授：好，那麼我們現在就到病房去看病人。會談時，我預料可能多以日文和病人談，這樣才能比較真切地了解病人的本意，也可以協助他表露和他們情感較有關係的事。但我會盡量同時為你做簡要的英文翻譯，讓你知道會談的內容與進行的情況。我用英文幫你翻譯或討論時，會較小聲交談，不會影響會談的氣氛；而且我和你交談時，會把臉繼續朝向病人或家屬，以便注意觀察他們的表情。你以共同會談者的身分請隨時參加會談，也可以提出問題；如果有要緊的事情需要我們彼此討論，我也會視時機隨時為你解釋或討論，但如果可以等的話，會談後我們再仔細好好詳談。

住院醫師：好的。

會診經過

病人躺在病床上，脖子和雙手到處都有繃帶。病人的妻子原本坐在床邊的沙發上，看到醫師走進病房，趕緊起身，並且向我們鞠了個大躬，表情非常嚴肅。整個會談大部分的時間都是以日文進行，偶爾教授會以英文小聲地為住院醫師做簡要的翻譯或討論，但在此就不書寫翻譯的地方，以保持會談進行的程序與情況。

住院醫師：田中先生，你們好。我上次來看過你，我是精神科的住院醫師，這位是我們的教授，他會講日文，所以我特別請他來和你會談。

督導教授：（用日文說）你們好！

病　　人：（趕緊從床上坐好，鞠躬，以日文打招呼）教授好！

督導教授：你的傷口怎麼樣了？好點了嗎？

病　　人：好多了，謝謝！外科醫師說，我可以出院回家了。

督導教授：（朝太太問）你可以聽得懂英文嗎？

妻　　子：可以是可以，但還是不太行。請教授繼續用日文說，這樣對我先生比較方便，而我聽起來也比較清楚……

督導教授：那麼我們就以日文會談，但我會不時為住院醫師做簡單的翻譯，讓她知道我們究竟在談些什麼。這樣她也可以參加會談，好嗎？

病　　人：好的！

住院醫師：（朝妻子問）你是如何發現丈夫企圖自殺的？

妻　　子：事情發生當天，下午我和往常一樣下班回家，平常先生都是比我早回家，但我沒看到他，不過我注意到在客廳的桌子上擺放著兩份文件。一份是英文的，是寫給警察局；另一份是日文的，是寫給我的。我發現是自殺遺書，立刻就變得很緊張，我跑進浴室，發現我丈夫穿著內衣，全身都是血，昏倒在浴缸裡，所以就趕緊打電話……（開始哭泣。）

住院醫師：（趕緊拿衛生紙給妻子擦眼淚。）

督導教授：（轉向病人問）你們結婚多久了？

病　　人：快三年了。

督導教授：你們夫妻關係還好嗎？最近有發生什麼問題嗎？

病　　人：還好，沒有問題。

住院醫師：田中太太，你說呢？

妻　　子：還可以，沒什麼問題。

住院醫師：你們夫妻之間有事情會相互溝通嗎？

妻　　子：平時都可以。可是這次我完全不知道他有輕生的意圖，這讓我很驚愕……

督導教授：你為什麼想自殺呢？

病　　人：這是我幾個月來的計畫。因為我從年輕時就決定這輩子不要活超過五十五歲，所以老早就計畫今年我生日（邁入五十五歲）的前一天就要自殺，離開這個世界。

住院醫師：為什麼不要活過五十五歲？有什麼特別的原因嗎？

病　　人：沒有，但我認為一個人不用活太老，活到五十五歲就很好了。

督導教授：你的個人願望很不尋常。有些人罹患抑鬱症可能會有厭世的念頭，你過去有患過抑鬱的情況嗎？包括最近的情形？

病　　人：從沒有。

住院醫師：（朝太太問）你認為如何？

妻　　子：他一直都很好的。

住院醫師：聽說你是經營國際貿易，事業還好嗎？

病　　人：還好，最近受了日本景氣的影響，有點差，但不要緊，沒有經濟上的困難。

督導教授：你說你準備自殺已經有好幾個月，是怎樣準備的？

病　　人：我開始書寫遺囑，以便有個交代。

住院醫師：寫兩份遺囑嗎？

病　　人：是的，一份是以英文寫的，是寫給警察局，表明我是自殺，不會牽連到我妻子；另一份是日文的，是寫給我太太，詳細說明我們的財產要如何移交給她，吩咐她如何使用，這樣她日後可以好好過活，不會有經濟上的困難。

督導教授：看來你很照顧太太，可是太太會怎樣想？田中太太，你對先生這樣仔細安排財產問題，並替你考慮你日後的生活，你有什麼感覺？是否很感謝？

妻　　子：一點都不感謝！

督導教授：（故意引導妻子內心的反應）你丈夫自殺還替你安排如何使用財產，你怎麼一點都不感激他？

妻　　子：他走了，把我一個人丟下，就算把錢留給我有什麼用？

督導教授：（故意讓妻子向丈夫表達她對丈夫企圖自殺行為的心情反應）你不感激？你用日語再好好向你先生表明你一點都不感激的感覺！

妻　　子：（一邊哭泣一邊很生氣地說）你把我一個人丟下，讓我變成寡婦，就算留給我很多的錢也沒有用。

督導教授：（特別強調，並替妻子直接表達她的意思）你說：你想要的是你先生而不是錢，是不是？

妻　　子：（放聲大哭。）

督導教授：（再度替妻子說明她的本意）田中先生，你聽清楚了嗎？你太太說，她想要的是丈夫你這個活的人。沒有了丈夫，只有錢留給她，她還是很孤單、寂寞，無法依靠錢而得到幸福。

住院醫師：你要懂得女人的心理。

病　　人：（也流淚哭泣。）

督導教授：你有這麼好的妻子，卻做出這麼愚蠢的行為，讓她擔憂受怕了，你怎麼說？

病　　人：（邊哭泣邊向妻子說）我很對不起你，很抱歉……

督導教授：你能勇敢地向太太道歉，是個男子漢，也是很好的先生，相信你會得到你的好太太的原諒的。可是日後該怎麼做？醫師，你認為呢？

住院醫師：從今以後就放棄自殺輕生的念頭，要計畫如何好好和太太過一輩子，千萬不要再讓太太失望與難過了。今天大家能坦誠公開地表達彼此的感情與想法，這是個很好的開始，太太也放心，醫師也放心多了。我想先生的精神方面沒什麼問題，所以我們會向外科醫師建議，等傷口好了以後，隨時可以出院。但最好還是找精神科醫師，在門診持續接受輔導一段時間。

妻　　子：在夏威夷是否可以找到能說日語的精神科醫師？

督導教授：我可以推薦幾位，待會兒我請住院醫師給你名單和電話號碼，等你們出院後就可以找他們會談、接受輔導。那麼我就先告辭了。

病　　人：謝謝教授。

督導教授：（和丈夫握手。）

妻　　子：非常謝謝教授。

會診後的督導

住院醫師：謝謝教授和我一起會診。這是一個很精彩的會談，不僅解決了診斷上的疑惑，還施行了現場即刻所需的夫妻輔導，也讓我學習並體會夫妻會談的要領。

督導教授：婚姻輔導和個人輔導有所不同，在技術上常使用的一種技巧就是要替不習慣表達與溝通的配偶說話，表露其內心的意願，協助夫妻之間的溝通。還必須協助夫妻體會、了解彼此的需求，有適當的同理心。一般的日本夫妻，尤其是丈夫，較不習慣彼此溝通內心的感覺與情感，這對夫妻就表現出這樣的情形與問題，所以要協助他們能直接溝通，表達自己內心的想法與情感，希望對這對夫妻能有幫助。

至於先生為何會有事先計畫輕生的念頭，且事先長期規畫，這在臨床上很需要去追究與探討。但在這樣夫妻會談的情況下，不用去探討個人的心理問題，而是需要協助這對夫妻盡早溝通，需要立即去解決困難，這也是婚姻輔導的要點。

住院醫師：我從未和教授共同會談，進行輔導工作。我今天的表現如何？

督導教授：非常好，雖然大部分的會談是透過日文進行，但你卻能迅速掌握治療的方向與輔導的策略，並和我合作而進行輔導，這是非常好的表現。尤其你是女性醫師，對妻子較能表達同情與支持，這是很好的處理方式；而我是男性醫師，就不適合在病人面前對他的妻子過分體貼。

因此，在進行夫妻輔導時，有男女不同性別的共同治療者，也有其好處。此外，由於我的年紀比病人還大，而且是教授，所以我可以比較放心地向丈夫直接提供評論與建議。可是你比較年輕而且是女性，那就不同了，對待年紀比你大且又是男性的（東方）丈夫，就得較客氣一些。這是治療者在治療病人時，必須在性別上有所考慮的。

住院醫師：你認為這名病人會接受心理輔導嗎？

督導教授：很難說，因為當時病人對這樣的建議並沒有直接表示接受，而是妻子提問是否能找到會說日文的輔導者，我們只能盡量提供專業的意見，希望他們能聽從並接受輔導。可是要知道，許多男性並不是那麼喜歡接受心理輔導，尤其是日本男性更是如此，所以必須利用機會及時提供輔導。這次的會診就是基於這樣的情況與理由而趕緊對這對夫妻進行輔導。

住院醫師：我了解了，再次謝謝教授。

結尾說明

本個案提供了一個很特殊的臨床案例。一般來說，患抑鬱症的病人容易產生自殺的念頭，並採取輕生的行為，但反過來說，企圖自殺的人不一定都罹患抑鬱的情感問題，而且採取自殺行為與社會的文化背景、觀念常有密切的關係。一般來說，在日本的社會，通常人們對自殺較熟悉，且習慣上採用自殺來處理問題，因此，才會出現這樣特殊的個案也說不定。

但從教學與督導的立場來說，本個案提供了如何透過共同會談及督導而進行督導的模式的機會，也說明夫妻輔導上採用的方式和一些技術上的特殊之處。本個案也說明倘若有言語上的困難時，該如何透過現場翻譯來進行會談工作，可說是提供了許多題材來幫助我們討論與學習。

第 13 章

家庭治療的督導

不論是夫妻治療或家庭治療，其共同點就是將重心放在如何協助一對男女、夫妻或一家人處理他們所面對的人際關係。治療的焦點是如何協助他們彼此溝通、表達情感、扮演適當的角色，以及如何分配職掌權力、如何建立彼此間的聯盟，與如何向內認同而一起應付對外遭遇的問題等等。在實際的輔導操作上，為了達到這些治療的目標，可有不同的輔導進行方法，即：可以針對各個成員或配偶進行「個人性」的輔導，改善各個成員對婚姻或家庭所面對的心理困難，或和配偶、家人一起進行「群體性」的會談與輔導。倘若要進行群體性的會談，要與一對男女、夫妻或全家人（包括父母與子女）一起會談時，其輔導技術會有所不同，與個人性會談有全然不同的要領。例如：治療者必須考慮系統學的觀念、人際關係上的各種因素，要比較積極地去控制會談的方向與情況、注意會談成員的平衡性關係，並處理群體成員所表現的阻抗現象等。由於治療醫是以單一身分應付眾人，可能較吃力，因此需要有對婚姻輔導或家庭治療有臨床經驗的教授來指導與協助。

以下我們將舉兩例來說明家庭會談的情況，尤其是關係到如何因應和父母、子女們一起舉行的家族會談時可能發生的困難，以及如何處理的情形。

個案一：罹患末期癌症而將死亡的婦女及難以溝通話別的家人

說明

這是一位剛被分配到門診學習如何施行心理治療的年輕女性住院醫師，特別找教授幫忙共同為一家人看診的案例，這是由內科醫師介紹來精神科門診接受家族會談的個案。一位年近五十歲的日裔婦女罹患了癌症，且病情已到了末期，沒有復癒的希望，被癌症專科醫師預測只剩幾個月的生命，因此被安排住到安樂院等待臨終到來。由於內科醫師從病人那裡得知，她很想和丈夫及子女討論她將不久於世的事，必須做些交代，又覺得很難和家人溝通，尤其是無法與個性向來倔強不易溝通的丈夫討論，因此醫師提議找全家人來精神科門診接受家族會談。

個案簡介

病人是生長在夏威夷的第三代日裔，不太會說日語，平時在家都以英語和家人交談溝通，病人年近五十，在二十多歲時就嫁給目前的丈夫。婚後育有一男一女，女兒目前十九歲，即將大學畢業準備踏入社會，還沒交男朋友；兒子今年十六歲，是即將考大學的高中生。病人的丈夫也是在夏威夷出生的第三代日裔，姓福井，在某公司上班。福井先生的個性較倔強、有主見，不太喜歡開口和人聊天，平時在外工作認真，回家也很少和家人談話或說笑，被妻子稱為是家裡的「將軍」，意思就是高高在上要家人尊敬他、妻子服侍他，很難和他隨便聊談家裡的瑣事。

很不幸地，病人（福井太太）在半年前罹患癌症，雖然立即接受藥物治療，但成效不佳，身體每況愈下，癌症已經擴散至全身，整個人消瘦、被疼痛折磨，雖然服用大量的止痛劑，但有時還是很難受。

負責治療的癌科醫師已經向病人及丈夫說明預後不佳，預測只剩兩、三個月的生命，醫師建議從普通的綜合醫院轉往安樂院。所謂的安樂院是專門為臨終病人設置的病房醫院，院裡有基本的醫療設備以應付醫療所需，但醫護人員較少，環境設計得比較像家庭式，方便家人來訪或陪伴病人，是讓病人安靜居住、等待臨終的地方。

病人知道自己所剩時間不多，便希望能和家人好好談談，交代臨終的事，但卻發現不太容易和家人談，尤其是無法和長年一起生活的「將軍」丈夫談論。主治醫師聽了病人的掛念後，建議他們來精神科門診接受家庭會談，協助他們一家人進行溝通。病人同意這樣的安排，而家屬也都表示願意聽從醫師的建議，一起到門診參加家庭會談，也就這樣約定了會談的時間。在精神科門診負責輔導的是一位年輕的女性住院醫師，而負責督導的則是年長的男性教授。

會談前的討論與督導

住院醫師：這名病人安排給我，由我負責家庭會談，但我從未有過家庭會談的經驗，不知如何進行，所以想請教授幫忙，是否可以一起來進行家族會談？

督導教授：好的。但有幾件事我們必須事先討論，有所準備。

住院醫師：哪些事？

督導教授：這是不尋常的家族會談，有個事先預定的特別目的，而且有時間上的限制。

住院醫師：因為病人的身體狀況不好，來會診的次數不一定，有可能只能舉行一次或頂多兩次的家族會談？

督導教授：是的。還有，我們必須考慮如何對待要保持尊嚴而又不太習慣開口暢談的「將軍」丈夫。

住院醫師：如何應付這樣的丈夫或父親？

督導教授：要尊重他，不要讓他覺得被請來參加會談是被家人指責、被輔導人員教訓，必須讓他維持一家之主的尊嚴。

此外，你是女醫師，對這樣通常有尊男輕女觀念的日本男性要避免過分批判他，讓他承受不了。不過你可以站在女性的立場，多幫助妻子，幫她說些她可能想說的內心話，而我則以男性的身分多替丈夫考慮。

住院醫師：你的意思是說，我們兩個共同治療者運用我們性別的不同，而和家族不同性別的成員維持各個「聯盟」的關係？

督導教授：你說的對，但並不要很死板地這樣扮演平行性的聯盟或認同，也可以是交叉性的聯盟或認同，你替丈夫說話，我幫妻子表達感情，看情形而定。但重點是我們是共同治療者，必須扮演互補的角色，而不要變成相互對抗而有所牴觸的「兩個」治療者。此外，依據家庭治療的系統觀念，我們不能先入為主地認定哪位成員是「病人」，而哪些是家屬。因為依據系統學的理論，各樣行為的發生都是幾個人相互發生反應而產生的結果，每個成員都不是病人，只是透過某成員而表現出病態性的問題而已。但針對我們將要施行家族會談的這個家庭，我們可以不遵循這個觀念，可以利用母親是癌症患者，是軀體性的「病人」，是即將去世的家人，而多給予照顧與支持。還有一點我們要小心的是，雖然先生是有名的「將軍」，個性倔強，不善於表露情感，但這並不是說丈夫的心裡沒有感情；況且與他結婚二十多年的伴侶即將去世，他的內心一定有所感觸，可是因為他素來是個大丈夫、是個「將軍」，所以就不太肯、也不願表露（男人不該表露的）「懦弱」的感情也說不定。我們要留意。

根據病人的描述，她和丈夫不易溝通談論富於情感的事，因此，在策略上，我們可以先探問病人（母親）要如何談她去世的事，從較容易且沒有問題的溝通開始，逐漸把重心移向丈夫與妻子間的交談問題。

最後還有一點，我們必須謹記，這位妻子再過幾個月就將離開人世，所以我們對這個家族不用過於要求他們做「治療」的工作，也不用要求他們改變極大的行為模式。最主要的是將重點放在情感上的溝通，讓他們有機會說些想說的好話，有好的交代。

住院醫師：這樣我都懂了。

家庭會談進行的情況

住院醫師：大家好，我是門診的住院醫師，這位是我們的教授，今天我們兩人一起和你們進行會談。首先，很謝謝你們都來參加會談，尤其是福井先生還特別請假來參加會診。這位是你們的大女兒嗎？

妻子（病人）：是的，她叫雅子，大學快畢業了。

住院醫師：那很好，你們是不是還有個兒子？

妻子（病人）：是的，他高三。因為過幾天就要參加學校的籃球比賽，所以沒有辦法過來。反正他年紀還小，對家裡的事不太關心，所以也不用操心他……

督導教授：（看到先生一直沒開口加入談話，就面朝向先生說）福井先生，你們夫妻結婚多久了？

丈　　夫：二十三年又十個月。

督導教授：二十三年又十個月？你記得真仔細。是否再過兩個月就是你們的結婚紀念日？

丈　　夫：是的。

住院醫師：那太好了。

督導教授：我們今天請大家來，就是想協助你們談談你們家裡的事。看來你們有個很幸福的家庭，但很不幸太太生病罹患了癌症，內科醫師有沒有向你們說明預後的情況？

丈　　夫：癌科的醫師已經告訴我們：她大概還剩幾個月，下個禮拜就要住到安樂院，都已經安排好了。

住院醫師：（朝病人問）最近身體如何？還疼嗎？

妻　　子：有時還是很疼。胃口都不好，不太想吃東西。

督導教授：看樣子，我們得爭取時間做各種的準備，是嗎？

丈　　夫：我太太已經寫好遺囑了。

住院醫師：那好。除了遺囑，還有什麼事想交代或準備的？

丈　　夫：什麼事情？

督導教授：你們夫妻或家人有沒有機會談談你們對事情發生的感覺，或對將來如何安排以及想交代的事？

女　　兒：我最近有機會和媽媽談過她要去世的事，她也和我談她對我將來的希望……

住院醫師：那好極了。

督導教授：你和媽媽談了什麼？

女　　兒：她去世後，我會懷念她的……（心情有點激動，說話已有鼻音，話還沒說完就流淚了。）

住院醫師：（遞給女兒衛生紙擦眼淚。）

督導教授：媽媽，那你對這麼好又孝順的女兒交代了些什麼？

母親（病人）：我對她說，我去世後也會繼續看著她、照顧她，希望她大學畢業後可以找到好工作，然後交個好的男朋友，將來可以結婚……

住院醫師：你真是個好母親。

督導教授：你和你先生也談過了嗎？

妻子（病人）：（沒說話，看著先生。）

丈　　夫：她說她對這輩子的婚姻都很滿意，去世後，還是會關心我，在天上照顧我。

督導教授：那你和你太太說了些什麼？

丈　　夫：還沒說。

督導教授：假如你沒有顧忌的話，現在是否可以利用這個機會和你太太說說你心裡想說的話？

丈　　夫：她知道我要說的話……

住院醫師：可是女人還是喜歡從丈夫口中聽到丈夫親口說的話。（看著病人）對不對？

妻子（病人）：（點頭。）

督導教授：你要想像這是最後的機會，可以面對面和她說你想和她說哪些話？

丈　　夫：我想告訴她，我很謝謝她這輩子當我的妻子，照顧我和子女。

督導教授：（點頭）很好。可是你不要對著我說，你要不要對著你太太當面和她說？

丈　　夫：謝謝你照顧我，也照顧孩子……

妻子（病人）：（流淚）我也謝謝你。

督導教授：我聽說有些日本丈夫不會煮飯，都是靠太太煮飯、照顧他。福井先生，你會不會煮飯？

妻子（病人）：他從來都不會煮，現在我生病沒辦法煮飯，他才開始練習煮飯。

住院醫師：（朝向女兒）你爸爸飯燒得如何？

女　　兒：不太行。他不會炒菜，也不知道怎麼切菜、調味，只會用電鍋煮飯。

督導教授：可是起碼他有心學煮飯，這樣就很不錯了。至少將來沒有人為他煮飯時，他還可以自己煮，應付三餐。我不知道是不是可以提這個話題，但我想問太太，將來你去世之後，你會希望先生再續弦和別的女人結婚嗎？

妻子（病人）：這要看他自己怎樣想。

督導教授：那身為妻子的你很大方。剛才你先生提到你已經準備好遺囑了，你對自己的喪事有什麼希望與交代的？

丈　　夫：她說要火化，把骨灰擺在離家不太遠的公墓，方便家人掃墓。

住院醫師：那喪禮呢？

妻子（病人）：我只要親近的親戚和朋友來參加，不用鋪張。家裡要節省開銷存點錢，讓兒子念大學。

督導教授：看來你們對各種事情都已有所準備，今天也有機會讓你們溝通彼此的想法與感情，做日後的準備。如果你們覺得還需要再來會診，就撥電話給醫師。謝謝你們來，也希望大家多保重並相互支持與安慰，度過困難的人生階段。

會談後的討論

住院醫師：這個家庭比我想像的還好，家族會談並沒有什麼困難發生。謝謝你一起參加，幫助了我。

督導教授：沒什麼，因為福井他們這個家庭的每個成員都人都很好，平時每個人的心理狀態都很健康，只是不習慣溝通、表達內心的情感而已。而且我們兩人合作得很好，所以沒有遭遇會談上的問題。其實這家人在有關比較現實與具體的事上都已經討論且安排好了，我們只要協助他們在情感上的溝通而已。

住院醫師：你向他們提起妻子去世後，丈夫是否考慮再婚的事，是否有什麼目的與作用？我覺得這是很敏感的話題。

督導教授：因為這是將去世的妻子內心裡通常會想到、也會掛慮的事，所以治療者可以協助她提出來討論。我本來心想或希望丈夫會說他很愛妻子，這輩子不會想再婚，這樣可以安慰即將去世的妻子，但丈夫卻一點反應也沒有，也不會搭腔，所以事後想來，是有點冒險性的嘗試。你想想看，萬一（糊塗而老實的）丈夫回答，他不會煮飯，所以想再娶個女人來照顧他打理家事，那就很糟糕，會談就沒有往好的方向進行了。

住院醫師：對了，我想起內科醫師曾告訴我，病人曾抱怨丈夫的個性太強，她受了許多氣，才會氣到得癌症。這件事我們在家族會談中是否也該幫助她提出來討論？

督導教授：不要提出來，因為從醫學的立場來說，沒有人會因為心裡受氣而罹患癌症的，但有不少生病的人難免會責怪他人，尤其是受家人影響而生病，這是心理遭遇壓力、創傷或面臨事故時，常會表現出的心理現象。

住院醫師：是不是「否定、懷疑、責怪、悲傷、抑鬱、接受」等一連串心理反應過程中所表現的責怪現象？

督導教授：是的，因此需要協助病人處理這樣的心理反應，但最好是以個人心理輔導的模式與場合進行，協助病人接受自己不幸的遭遇或事故，而不要去責怪家人。特別是這樣的話題若在家庭會談中提出，要立即處理這樣責怪他人（配偶）的現象，以免讓家人的人際關係變得更糟，反倒沒有好處。

從太太在背後抱怨所說的話，和她在家族會談中都沒有抱怨而只說客套話的情形來看，可以幫助我們了解一個人的心理是很複雜、有不同的層次，且在公眾場合所說的，和在私人場所所說的，有很大的差距，有時甚至是相反的。因此，治療者不但要了解這種表裡的差異，還必須思考在家人在場的家族會談中，要讓家人談論到哪個層次的問題。我們早就說明過，這次的家族會談不是要治療他們的情結性問題，只是協助他們在病人臨終前如何把握機會彼此溝通、表達感情，是屬於心理上的「儀式」，而不是探討深根情結的分析與治療。

住院醫師：我明白了，謝謝你的教導。

（治療者）日後追記

經由這次家族會談後，病人和女兒再次找我（治療者）進行一次會談，讓我有機會和病人討論並解釋病人把癌症的發生歸罪於丈夫脾氣不好這件事上。在會談過程中，病人屢次表達肚子痛，看來病人的癌症為病人帶來許多的痛苦，因此我吩咐病人要按照主治醫師的醫囑服用止痛藥，在此病情階段不用再擔心止痛藥是否會成癮的問題，可以服用，避免不必要的痛苦。我也從病人口中得知，病人後天就要住進安樂院，準備過完人生的最後階段。

個案二：孩子揭露家醜而家長不肯再接受家庭治療　陳一心

說明

此個案是罹患強迫症的青少女，由於其強迫行為問題，被母親帶來看診，並接受藥物治療及心理治療，包括家庭治療。但治療者在和父母及患者一起進行家庭會談時，患者無意中突然說出小時候和外公發生的尷尬事情，結果母親再也不帶孩子前來看診，離開了治療。事情發生後，經由治療者報告，探討分析此個案停止治療的原因。

治　療　者：我所治療的病人名叫貝貝（化名），十三歲，是今年就讀國一的青少女。因為反覆整理書包、怕髒、洗手與購物等問題而被母親帶來就診。

根據患者貝貝的母親周女士（化名）所描述，她本身是獨生女，因此，結婚後與丈夫一起住在娘家，患者的父親算是被招贅。周女士夫妻一直依賴父母生活，等到女兒貝貝讀小學四年級時，由於他們和父母對貝貝的管教意見不一致，且丈夫不願再與老人同住，所以他們自己購屋，與父母分開住。但每天仍依賴父母接送女兒貝貝上學、照顧貝貝的午餐。貝貝就讀小學五年級時，開始好洗手、怕髒，不許其他人碰她的東西，否則便大發脾氣。剛開始時，大人並不在意，以為貝貝是任性，但後來貝貝的症狀越來越嚴重，因為無法正常學習，且每週都會強迫性地上街購衣，買回家後又不穿，父母覺得貝貝「有病」，才帶她前來門診求醫。被診斷為強迫症，開始進行藥物治療與心理治療，包括家庭治療。

在心理治療中，發現貝貝家中關係複雜，表面上一家人和和氣氣，但暗中衝突很多，包括老人家與父母對貝貝的養育方式的衝突，以及貝貝的父親與外公外婆不親近等問題。雖然治療者提議進行家庭治療，但其困難大、阻抗多。

在家庭會談中，當著父母的面貝貝提到自己的病因是因為在幼稚園時，有一次外公將舌頭伸入她的嘴中，要求「嚐嚐是什麼味道」，當時年紀小不懂事，就照做了。但長大後，到了小學五年級時，突然想起此事便覺得很髒，開始不讓外公碰她的東西。後來情況越來越嚴重，只要有任何人碰到她的東西，她就會覺得髒、不想用，必須再買新的；東西買回來後，只要有人碰了一下，貝貝就會覺得「東西舊了」，要再重買。

貝貝表示，她後來還經歷兩次創傷性刺激，被「男性欺負」：有一次在搭乘公車時，站在她身邊的男人用陰莖磨擦她的屁股，讓她覺得很噁心並討厭；另外還有一次是她在街上買報紙時，有個男客人趁買報紙時，故意摸她的手，也讓她感覺很不好。她曾將這些事情告訴母親，但母親都不管，所以她怕上學，覺得自己很髒，怎麼洗都洗不乾淨。

在會談中，貝貝的母親聽到貝貝的描述與訴苦時，一開口就表示她不相信貝貝所說的。治療者當時並未要求貝貝的母親接受貝貝的解釋，只是仔細聆聽貝貝對母親陳述事件時發生的細節，然後對貝貝的父母說：「這是貝貝的回憶和感受，不一定事情就是這樣。」貝貝的母親回應說：「外公不可能那樣，以前怎麼沒聽你（指貝貝）說過？」維持半信半疑的態度。可是對貝貝所提被男人欺負的事，貝貝的母親反應說：「那兩件事貝貝倒是說過，當時我認為沒什麼大不了的，所以沒重視。」可是這次家庭會談後，意想不到的是，之後他們就突然中止一切治療，不再來醫院拿藥與進行心理治療。

督導者評：這是青春期發生強迫症的個案，整個病情的來龍去脈報告得很清楚，除了藥物治療外，也是適合施行心理治療的案例。從病情的了解上來說，我們可以知道貝貝的心性發展遲緩，雖然年紀已進入青春期的發育階段，但還不容易接受與面對異性階段的心理課題，即：能自然地接受對異性的興趣，而不覺得難為情。

有關病人的家庭背景方面，雖然我們較少知道貝貝父親的情況，包括如何和貝貝來往、接觸、養育與管教等情形，但就所知的片段資料，可以推測貝貝的父親和貝貝少有來往，無法提供女兒對異性父親宜有的興趣，協助女兒對異性的正常注意與關心。至於母親，似乎也未負起同性母親的職責來保護女兒，當貝貝向她說明被男人「欺負」時，她也不懂如何向女兒說明與安慰，也無法說明如何應付這些異性的「欺負」行為。換句話說，父母雙方都未盡到宜有的角色與功能來協助年輕的女兒經歷心性的發展。

值得注意的是，貝貝描述的各種所謂創傷性的事件，包括被外公將舌頭伸入病人的嘴中（發生類似接吻的行為）、被男人在公車上用陽具磨擦屁股，或買報紙被男客人摸手等，與其解釋為是病情發生的「原因」，還不如說明是病人心性發展遲緩而不知如何適當處理這些經歷的「現象」與「結果」。也就是說，當病人的強迫症發生後，對異性的接觸覺得很髒而無法接觸，這些都是經由回顧性回想出來的創傷事件。換句話說，不能按病人自己的解釋而認為其強迫症是由於外公親她的嘴，讓她覺得很髒而生病的。尤其是當時病人並未覺得被外公親嘴而產生很討厭的情緒反應，只是後來才認為是

「病因」的發生。

但從臨床上的角度來說，在家庭會談中，（年幼）病人面對父母敘述小時候和外公發生的事情，即被外公「性騷擾」，針對這樣突然的控訴、揭露家醜，可說是會談中的緊急情況，需要即刻且適當地處理。否則父母聽到後會覺得驚訝及難為情，也擔心孩子是否會繼續暴露家裡其他許多不能談的醜事，所以就趕緊停止治療，不敢再來會談。

另一個原因是病人訴苦說自己被男人欺負，而母親沒有「理她」，沒有盡到為人母的職責來安慰與保護自己的女兒，讓病人的母親覺得難為情，所以就不好意思繼續來看醫師。不論原因為何，這些都是會談上需要即刻處理的事情，否則就會變成家庭治療的阻抗問題，會讓父母停止治療，不肯再繼續接受輔導，這些是一般家庭治療常見的情況。

從治療模式的角度來說，針對罹患強迫症的貝貝，除了藥物治療外，或許可施行個人心理治療，協助她如何進行心性方面的成長，能接受對異性的興趣而不覺得嫌惡。至於貝貝的父母，就偶爾和他們分別會談，提供諮詢式的輔導，注重如何對待女兒的強迫行為及對異性的嫌惡行為。像這樣以親子分開會談的模式進行輔導，或許貝貝的父母就不會因為害羞而停止治療也說不定。換句話說，事後想來，宜注重針對患者的藥物治療與個人心理治療，協助患者在心性發展上的困難，而不一定要關心家庭裡的人際問題以家庭會談的模式來進行治療操作。

治療者反應：我同意督導的分析。在此個案中，由於事情發生得很突然，我沒有預料孩子會在父母面前指責外公或批評母親，結果讓父母，尤其是（被貝貝指責的）母親會覺得那麼難為情，所以會談中沒能及時妥善處理母親的害羞。現在想來，家庭會談後，或許應該和父母一起會談，幫助父母了解貝貝的心理問題，並協助他們不要那麼在乎目前患病了以後小孩個人的解釋與指責。

第 14 章

輔導進展過程上有問題的督導

治療師能對即將治療的病人的病情有大概的了解，能抓住其問題的要點，治療師便能掌握治療的方向，並樹立輔導過程階段的進行策略。所謂治療的策略，就是要決定哪些事情要以何種先後程序來進行，而哪些事最好要暫時避免，而哪些事要盡早且盡力追究與更正等等，這些都是策略的考量。一般來說，治療的方向須先照顧目前病人困擾的問題，協助解除其心情上的痛苦，同時還要考慮如何減除症狀、改善病情，接著才正視問題的來源，思索是否需要更改根本的癥結、改善適應問題的模式與防禦機制，或調整基本的性格問題。有經驗的督導者對初學者可以提供有關策略性的建議，可說是督導的重要課題之一。下面列舉兩例用來討論有關輔導策略上的督導。

個案一：與父親吵架而想跳樓自殺的年輕男人

〔之二：有關「治療進展過程」的督導〕

說明

這個案例是第八章中個案二（有關「治療者與病人關係」上的督導）所討論的案例，在第一部裡其主要目的是用來說明治療者所要扮演的角色，以及樹立「治療性的」關係來輔導病人。在本章中，以同樣的個案來說明：在病人進行治療的階段與建立輔導過程的策略有不同的作用。在此所討論的病人病情和治療者與先前的介紹相同，只是督導教授和住院醫師的討論著重在如何按階段策劃，並進行不同的輔導工作。因此，前後參閱第一部與第二部的此案例，可以綜合性地了解對此個案的整體性治療與其所提供的督導。

病情簡介

這名個案是十七歲的年輕男子，名字叫馬克。馬克的父親是美國白人，母親是日裔美國人，因此，馬克是美日的混血兒。馬克雖然只有十七歲，但個子很高且粗壯，看起來儼然像個大人。馬克有個年紀比他大將近十歲的大姊，由於姊姊在十幾歲還是國中生時，曾認識並結交壞同學，一起做些越軌的行為，包括濫用藥物、男女關係不檢點等。父母受了很大的刺激，害怕兒子馬克到了國中也會變成這樣，因此，馬克小學畢業後，父母就不讓他上國中，而是留在家裡接受教育部認可的自我學習課程，由母親親自輔助學習。馬克的父母信奉一種特殊的基督教，遵守教義，行為要很規矩且生活嚴謹，不看電影、不抽菸、不喝酒，更談不上藥物濫用，絕對遵從父母也是其中的教義。

馬克就在這樣的家庭環境中度過了青春期，將近五年多的時間。馬克除了自己學習母親指定與監督的功課外，白天多半跟隨父親做事。父親經營清潔事業，必須到訂合約的公司進行清潔工作，馬克就跟隨父親一起去打掃。父親按週給馬克一點工作費，讓他可以買些零用品，但不允許他在空檔自己外出，和朋友來往。馬克每週都必須跟隨父母上教堂，與教友們來往，生活很嚴謹，沒有娛樂。

不僅如此，馬克的父親對馬克很凶，不僅常指使他工作，要求工作勤快，還批評馬克不夠負責，將來沒有前途。馬克的父親常對馬克說：他小時候是如何認真工作，今天才能成家立業，且父親也常批評現代的年輕人嬌生慣養，只知花父母的錢，不肯吃苦。這番話馬克聽了不止上千遍，聽得很煩且逆耳，但馬克從來不敢頂嘴，因為父親一不高興就會甩他巴掌，說他不尊敬父母。

這次事件的發生是因為馬克天天工作覺得太無聊，有一天心血來潮想向父親借車出外散散心，可是父親不答應，還說他上次借車時，不小心把車子撞壞了。不知何故，馬克居然開口對父親頂嘴，被生氣的父親打了一巴掌，馬克一氣之下就跑到頂樓，不管三七二十一地往下跳。幸好馬克很幸運沒有摔死，只扭傷了脖子，且手腳有點擦破皮，馬克的家人馬上叫救護車，把他送到急診室。

經由醫師檢查後，除了治療手腳的破皮外，斷層掃描的結果發現，馬克脖子的脊椎有點受傷，因此，外科醫師要馬克戴上保護脖子的護頸套約兩個月；還安排馬克住院觀察數天，以確定腦部沒有損傷。同時安排馬克接受精神科的照會，決定馬克出院後必須到精神科門診接受心理輔導。

在精神科門診負責治療馬克的是日裔的男性年輕住院醫師，經由精神檢查後發現，馬克並沒有精神疾病的症狀，便在環境適應障礙的診斷下進行心理輔導，且接受督導教授的指導。

督導討論——如何建立治療的階段性策略

住院醫師：我剛接手這名病人時，原本還擔心病人是否有精神異常的狀況，所以才會採取這樣激烈的行為，居然跳樓自殺。且主治醫師告訴我，病人在外科病房剛住院時，醫師和他交談，他都不太肯開口，只是兩眼瞪著天花板，好像是僵呆的精神狀態。但目前在門診為他看診，他多少會和我談話，經由仔細的精神檢查，病人並無幻聽或妄想等精神病症狀，思路還清楚且無奇異的思維。看來，住院當時應是創傷事件發生後的短暫精神休克、情緒不穩定的狀態。

督導教授：是的，聽你的敘述，這名病人不太像是罹患精神病的病人，可能是因為長期和父親有矛盾衝突，最近因無法忍受，才會情緒突然爆發而採取極端的行為反應。因此，值得進行心理上的治療，包括對父母的輔導。但還是必須持續觀察病人的精神狀況，必要時要考慮藥物治療。

住院醫師：針對這樣的病人，我應該如何按步輔導及治療他？

督導教授：目前最要緊的是，提醒病人要遵守外科醫師的吩咐，戴好保護脖子的護頸套，千萬不要嫌難看，必須讓脖子脊椎的創傷有時間可以痊癒，以免傷到神經產生手腳麻痹的問題，並囑咐病人接受心理輔導是很重要的事。

住院醫師：然後呢？

督導教授：接著就趕緊利用事件剛發生、父母還很緊張的時刻，為父母提供他們所需的解釋，支援他們，並且同時利用父母對兒子馬克還很關心的時候，對他們進行輔導，建議如何改變對待馬克的方式。即不要過分管制，要讓馬克能有點自主自立的生活，以度過青少年的發展階段。

在對病人的父母進行輔導時，必須注意身為父母的，也有他們長年以來的看法與態度，和他們的宗教信仰與價值系統。因此，一方面要尊重對方的觀點，但另一方面要幫助他們領會他們對待兒子的方式需有所改變，否則會影響兒子的心理健康。

如何對父母施行諮詢與輔導，將是很吃力的工作。必要時，我可以參加會談共同輔導父母。至於病人馬克，則可由你進行個人輔導就可以。

住院醫師：那太好了。除了對父母提供諮詢與輔導，我對病人該如何進行治療？

督導教授：首先要和病人建立關係，讓他知道你是站在他那一邊，是要協助他爭取他想向父母要求的事情，即給快成人的他一個生活的空間，讓他學習能自我獨立，不要太依賴父母的管制。例如：和病人討論是否繼續和父親一起工作，或自己到外面找工作才好等問題。

住院醫師：據我所知，馬克想到外面找工作，不想和父親共事。

督導教授：在對這名病人進行輔導時，要注意這名病人已經長年沒有接觸外界生活與適應，需要逐漸練習才行，不能單靠腦子裡怎麼想，還得靠實際學習如何行動才可以。通常都不會一試就成功，可能需要經過屢次的嘗試，經由失敗而學習到成功的要領，因此，要協助病人做好逐步改進的心理準備。

住院醫師：你想馬克的父親會贊成他到外面找工作嗎？

督導教授：我想馬克的父親剛面對兒子想跳樓自殺的事件以後，心裡必有所悟，一定會聽取兒子的意見而讓他到外面找工作，不會堅持要兒子繼續跟隨他做事。雖然他腦子裡會這麼想，可是內心可能還不太情願，不願意讓兒子脫離他的管制。如果馬克一開始在外面找工作不順利時，父親的內心可能會以看好戲的心態嘲笑兒子。因此，治療者必須協助馬克的父親從內心裡支持兒子的嘗試，肯定兒子在外找工作的努力。

住院醫師：這很有意思，我沒預料會有這樣的事發生。

督導教授：因為情感不一定立即跟著理智走的。

住院醫師：還有一件事，我不知如何處理與輔導，是有關他父母的宗教信仰問題。馬克的父母堅持馬克要和他們一樣誠心地信奉所信仰的特殊基督教，可是馬克並不太信奉父母的宗教，他希望自己能對宗教有自由的選擇，但又不敢表達自己的意見。

督導教授：這的確是很難且微妙的輔導課題。一般來說，治療者不可涉入病人或家屬的宗教信仰問題，因為這是屬於比較私人性的問題，就像是否要結婚或離婚等私人性的重大事情，治療者最好要避免為病人做直接的建議，但這個課題遲早都必須面對與處理。

由於馬克的父母所信仰的宗教教義是強調信徒要尊敬並遵從父母的旨意，馬克的父母就是靠這樣的教義而名正言順地管制馬克，而馬克也非得接受父母的管訓。換句話說，馬克不想信奉父母的宗教，也就是在暗示他不贊成子女需要絕對服從父母。因此，從治療的目標來說，幫助馬克不用信奉父母的宗教，就等於在幫助馬克的自我獨立，符合輔導的最終目標。但在技術上，治療者不能直截了當地贊成並支持馬克對宗教自由的意見，而得罪馬克的父母。我們要記得，馬克還未成年，假如馬克的父母不願意馬克接受治療，不替他支付治療費，馬克就不能持續來接受指導。治療者要抓穩負責出錢的家長，這是輔導兒童或青少年的病人時，必須注意的共通點。

因此，從治療的策略上來說，不要和病人的父母爭論宗教的問題，可把課題延後再討論。目前只能對馬克解釋：我們的社會是宗教自由的社會，這個問題可以延後到你長大成人後再慢慢自己做決定。但這樣的暗示，也間接地在支持馬克的個人想法，同時也配合獨立自主的治療總目標。

住院醫師：我了解了，還有什麼課題在治療的過程中需要輔導的？

督導教授：結交異性朋友的問題。

住院醫師：為什麼？

督導教授：要知道馬克已經十七歲了，按照美國社會的一般習慣，他早就應該學習如何與異性朋友交往，但由於馬克從國中開始便一直在自我學習，只有和父親到外面工作，所以幾乎都沒有和朋友來往以及社會化的經驗，包括與異性交往。因此，等馬克到外面找工作時，還必須多練習如何與朋友來往，包括如何和女孩子接觸、談話、交際等事情。但有關這一點，你必須讓父母有事先的準備，尤其是讓馬克的母親有心理準備。

住院醫師：為什麼？

督導教授：因為我們一直在談馬克的父親，幾乎都忽略了他的母親，可是我們要記得，馬克的母親一直在監督馬克在家學習的功課，和馬克有密切的接近機會。假如馬克將來有了女朋友，還得輔導母親如何面對與接受馬克的異性朋友，減少她在情感上吃醋的現象，要讓馬克能離開母親和其他女性交往。這是每個家庭中，母親和兒子要隨著成長的階段而適應的心理課題。

住院醫師：我現在清楚了，也對如何治療馬克這個病人有了大致的輪廓，如何先後隨階段的演變而進行各種治療上的課題，就像有張地圖，可循地圖進行輔導的旅程。

督導教授：總之，這是根據問題的性質而事先可以思考的全盤治療策略，但這只是事前可以預想到的輪廓或地圖，實際上還必須根據各種現實情況隨時彈性調整。

治療的實際發展

根據這樣的階段性進展策略，我（治療者）便開始其輔導工作。在一開始的兩個月中，幾乎每週都進行家庭會談，主要是為馬克的父母提供諮詢與輔導。很意外的是，馬克的父親一開始就很合作，且能了解其身為父親有需要改變之處。但馬克的母親卻顯得有些困難，馬克的母親一直很擔心馬克是否還會發生輕生的行為，希望我能為馬克進行藥物治療，並要求我要保證馬克不會再發生問題行為；且馬克的母親不太願意思考身為父母必須注意的事項，只想要求兒子不可胡思亂想、要念書、要工作、要信教，很明顯，馬克的母親是較難輔導的對象。但慶幸的是，馬克的父親能間接地協助妻子，督促她能對孩子放心，並與兒子逐漸拉開距離，讓兒子能學習獨立。

對父母的輔導有了大致的結果以後，從第三個月開始，我便開始注重病人的個人心理治療。最重要的是，我聽從督導教授原先的提議，以較支持性的態度對待馬克，少評判、多鼓勵，協助馬克能有信心地表達其意願，學習如何對權威者有適當的應對（詳情參閱第八章個案二：「**與父親吵架而想跳樓自殺的年輕男人（之一）**」。

到了第四個月以後，我開始和馬克討論如何到外面找工作，不再與父親共事。經過兩個月左右的求職，馬克終於找到一份超級市場的工作，但做沒幾個星期，馬克就覺得工作太辛苦，而且與一起工作的女同事相處得不好，最後放棄這份工作，又回去與父親一起共事。

雖然馬克到外面找工作一事並未順利，但出乎意料之外的是，馬克與其父親的關係有顯著的改善，不僅會彼此交談，有時還能說笑。最後，馬克的父親決定幫馬克加薪，還叫馬克考慮兩三年後，等他退休時，接管清潔公司；不過馬克並沒有立即答應父親的建議，但開始考慮上夜校以提高其職業能力，或許將來可以嘗試較有技術性的工作。

治療進行六個月以後，由於情況一直很順利，輔導的次數改為每兩週一次，後來就改為每三週一次，並開始談論如何結束輔導之事，可說是輔導進行令人滿意、有成就且將結束治療的個案。

個案二：知道將更換治療師而常來電的病人

說明

本個案在門診接受住院醫師的輔導已經快一年，在這期間，住院醫師屢次和督導教授見面、談論治療的經過，也接受督導上的建議。最後當住院醫師的訓練課程即將受訓畢業，預定把還繼續需要在門診治療的病人轉交給另外一批住院醫師繼續接受治療時，就在此交接的階段，此病人經常打電話到門診，造成即將離開的住院醫師不知如何處理這樣情形，只好向督導的教授請教。

督導情況

住院醫師：這是我在門診治療快一年的病人，過去我常請你為我督導的個案，由於治療的情況還算順利，所以最後的三個月沒和你討論及麻煩你督導。但最近又出現一點問題，想請教你目前要如何處理。

督導教授：好的，是哪位病人？

住院醫師：你還記得我治療的病人叫小張，是韓裔年輕男子，這名病人去年企圖服藥自殺而被送來急診室急救，後來被安排到門診接受心理輔導……

督導教授：對！我想起來了，是你一直在鼓勵他能恢復參加社交活動的病人，他近來怎麼樣了？

住院醫師：如你所知，我即將完成成人精神科的訓練，下學期就轉去接受兒童精神醫學的訓練，無法在門診繼續為成人病人看診。因此，所有需要繼續治療的病人，包括小張，我都已經預備轉給新來門診的下一批住院醫師繼續診治。但不知什麼緣故，小張最近一直撥電話到門診留話給我，一開始聽了留話我還會立刻回電話給他，但最近他打電話的次數變得很頻繁，不知如何是好？

督導教授：小張打電話到門診是留什麼樣的話給你？

住院醫師：一開始也沒什麼要緊的事，只是告訴我，他的藥快吃完了，下次會談要記得再開藥給他，或是說他下次的會談一定會來，都是不太緊要的事，所以我也就沒回電話給他。可是最近幾次，小張一直提到腦子裡又有自殺的念頭，所以我很不放心，叫他到急診室看診；但急診室的醫師認為沒什麼問題，每次就叫他回門診繼續來找我看診……

督導教授：之前他為何會企圖自殺？

住院醫師：他以為自己手淫過多而導致陽痿，病人認為他這一輩子沒用了，所以就把醫師開給他的藥全都吃了，想自殺。

督導教授：對，我回想起來了。這名病人過去有自殺的企圖，現在又告訴醫師說他又有自殺的念頭，所以不能冷淡對待他，要好好處理。

讓我想想，小張小時候是不是由祖母帶大的？

住院醫師：是的，每次小張的母親生病，小張就會被送到祖母家住一段時間，等母親的身體康復才接回家。

督導教授：你知道小時候曾遭遇離別心理創傷的人，在接受治療時，與治療者要分離時，便容易產生分離的反應。因此，你必須特別費心處理治療停止的過程。你什麼時候告訴小張你即將離開門診，不能再繼續為他看診？

住院醫師：一個月前。

督導教授：根據臨床經驗，治療者要結束治療，最好在最後三分之一的階段就開始向病人宣布，並討論輔導即將停止或更換治療者的事，讓病人提早有心理準備。例如：你預備為病人進行十次會談，那麼在第六、七次會談時，就要提出輔導預計何時結束的話題，讓病人知道。

住院醫師：我治療小張快一年了，因此，在第九個月時，就宜提起再過三個月就要結束輔導，或將更換治療者。為什麼要這麼早就提起即將結束的問題呢？

督導教授：一來，可以讓病人知道輔導時間有限，好趕緊利用時間好好接受輔導，不會一直拖延下去；再者，可以協助病人提早準備輔導即將結束，將與治療者分離的情況。尤其是曾經遭遇「喪失」創傷的病人，在與治療者分離時，會產生比較嚴重的反應。

住院醫師：就像我的病人小張，他小時候常和母親分離，是對喪失變得很敏感的病人，比較不容易面對輔導的結束，與治療者分離？

督導教授：是的，因此，必須提早準備輔導的轉銜過程，讓病人有心理準備要和治療者分離，否則會發生困難。

住院醫師：面對輔導結束有困難的病人，通常會有哪些反應？

督導教授：會有許多不同的反應方式，我們可以觀察到，例如：有些病人會趁你還未停止輔導，他就停止不繼續來看診，由他自己停止輔導，讓他來離開你，而不是你離開他（有點報復性，是由他遺棄你，讓他的心裡比較舒服些）；而有些病人的病情會轉壞，恢復到原本還未接受治療前的情況，出現原本的症狀，是屬於暫時性發生退化的現象。例如：一開始是因為尿床而來接受治療的小孩，便又開始出現尿床現象；原本是因為抑鬱來看診的病人，又會開始出現抑鬱症狀。但如果結束治療的過程掌握得好，能妥當處理分離，這種退行性的症狀在短暫出現後就會好轉。

住院醫師：所以我的病人現在又產生自殺的念頭？

督導教授：我們可以這樣解釋，但因為是自殺的念頭，所以不能掉以輕心，必須審慎處理。

住院醫師：我還是趕緊安排臨時補加的會談為病人看診，並與他談談為何又有自殺的念頭？

督導教授：是的。不僅要讓病人在認知上了解，也要讓病人知道自己對停止輔導的反應，且要協助病人面對與接受情感及行為上的反應，逐步練習「分離」的過程。例如：通常在輔導結束前，就把會談的間隔拉長、次數逐漸減少，或協助病人如何在沒有治療者的情況下，自己去支持並輔導自己。

對於你的病人小張，最好和他談論將要接手繼續治療他的住院醫師，讓他體會到他並不是被遺棄，而是由新的人接手。假如情況許可的話，可以安排新的住院醫師和小張見面，讓他知道由誰接手繼續為他治療，這樣他的心裡會比較放心。

雖然表面上是在處理輔導結束的準備，實際上在某種層次來說，還是在協助病人如何面對與接受「分離」的過程、修補病人過去對「分離」的痛苦情感經驗，可說是一種治療工作，是創傷情感的矯正工作。

住院醫師：我懂了，我會這樣去嘗試。

日後補加

住院醫師：今天是我和小張的最後一次會談。他來看診，還出乎我意料地送了一個禮物給我，我不知該怎麼辦？是否可以收下？

督導教授：是什麼樣的禮物？

住院醫師：是一條掛鑰匙的掛鉤，可以佩戴在褲腰帶上，是鍍銀的材質，價錢還滿貴的，所以我有點猶豫不決。

督導教授：雖然是比較貴重的禮物，還是要收下來。

住院醫師：為什麼？是對病人好嗎？

督導教授：是的，這是病人對你表示感謝之意，你肯接受，病人的心理上會很高興，對他的情緒也會有所助益，況且還有治療上的涵意。

小張原本就對自己的男性雄風缺乏信心，擔心自己是陽痿的男病人。現在送男治療者一條鍍銀的鑰匙掛鉤，佩戴在腰帶上，你認為有何象徵意義？

住院醫師：你是說鑰匙掛鉤是代表男性的象徵物品？是這個病人在感謝我為他找到男性的信心？

督導教授：你可以這樣解釋，來接受他的好意。

住院醫師：那我就（按社會習慣）寫一張感謝卡寄給他，感謝他送的禮物！

第三部

心理治療的自我學習與運用

第 15 章

自我督導與學習的各種途徑

雖然接受臨床督導對心理治療的學習是很重要的，但事實上不見得能時時獲得督導者的督導，因為我們的社會近幾十年來才開始心理治療工作的開展，資深有經驗的督導者並不多，無法符合大家的需求。因此，彌補的辦法是必須了解自己如何督導自己，依靠各種途徑自我學習，以提高自己在治療上的專業水準。

其實，我們要了解，在歷史上有關心理治療這一醫療職業初創時，那些早期的開拓者也是靠自己的學習與督導而自我訓練，透過自我學習、從中摸索，與同道們相互討論、學習而逐漸磨練，並增長他們對治療的知識與技術，長江後浪推前浪，一代接一代地逐漸提升心理治療的知識與學問。因此，本章將討論假如沒有適當的督導者時，如何自我督導以求進步。即使有適當的督導者，在接受其督導時，也可以同時進行自我學習與督導，以此加速自己的訓練，增加學習的速度與進步的步驟。

第一節　自我督導的課題與檢討的範圍

對於心理治療的自我學習有幾個方向可以特別注意，除了讀書、聽課，學習相關的學理知識外，宜多注重實際技術上的學習，因為心理治療畢竟是應用醫療學，要靠實際的操作來為病人治療，因此，必須多關心如何改進技術上的問題。

會談上的技術：如何與說話太多的病人進行會談、如何與不太講話的病人進行會談、如何和小孩以及年長者會談，這些都是會談上的技術問題，都是要去學習的。如果到育幼院觀察帶小朋友的保母如何與小朋友們聊天、逗笑，和他們一起活動，你就可以學到其中的要訣；如果你到養老院觀察有經驗的護理人員如何和年老的人談話，你就能了解要以何種方式和老人溝通。

如何開始和病人接觸，聽取病人的主訴，並在短時間裡誘導病人談論其病情，了解病情的要點，都是臨床的會談技術。如果我們能細心觀察有經驗的醫師或教授（不論是內科或外科，甚至是婦產科或小兒科的醫師）他們如何與病人談，如何迅速蒐集所需的病情資料，我們就能學習其要點，可運用於心理治療的會談過程中。

與病人的關係：如何和病人很快建立正向的人際關係，並獲得病人的信心與合作，願意透露自己內心的苦悶、願意接受治療者的循循善誘，這些都是很重要的輔導工作。有些人天性就有這樣的本領，只要加以發揮並配合職業上的需求與目的即可；而有些人需要加倍訓練自己，才能學到如何獲得病人的喜歡，得到病人很快的合作，共同進行輔導的工作，這必須依靠個人的經驗，慢慢磨練出來。至於哪些是比較有治療性的治療者與病人的關係，哪些是不符合職業性的關係、不符合醫德的行為與關係，這些都是特別要了解與注意，需增加補充的知識與規矩。

學理與運用的連接：有不少人太過注重與心理治療有關的學說，以及各種不同治療模式或學派的說法，但卻甚少了解如何實際操作。例如：根據行為治療的學說，對於不喜歡發生的行為要加以懲罰，而希望發生的行為要給予嘉獎；但除了這樣的基本觀念外，最重要的是去認定哪些行為是要懲罰或嘉獎的，且應給予何種懲罰與嘉獎，其輕重程度又是如何，又該在何時給予懲罰或嘉獎，這些就是實際操作上的技術與要領。對於行為治療有經驗的人，就懂得在行為剛好表現時，及時給予嘉獎或處罰的反應，才能增強其條件反應的效果，不能拖長而日後給予，失去條件反應的急速成效；而且所給予的處罰或鼓勵的程度要和所發生行為的程度成比例，小的行為給予小的處罰或嘉獎，大的行為就要給予大的懲罰或嘉獎，這樣的條件反應效果才會好。這些技術上的細節要特別注意並嘗試，才能真正掌握學習到的技術。

有些初學的治療者從書上或課堂上學到：精神分析的特殊技術是採用早期經驗的回憶、自由聯想、夢的解析等來探討潛意識境界的精神材料，以獲得深層心理的了解，因此在輔導病人時，還未和病人建立穩定可信任的關係，也沒弄清楚病情的來龍去脈，也未和病人解釋輔導上採用特殊技術的理由，更沒有考量是否適合或需要採用這些分析性的特殊技巧，而是每次會談就（很刻板地）要求病人「回想」過去的事，導致病人說沒有什麼可以回想；或要病人「自由聯想」時，卻讓病人覺得不知要聯想什麼，無所適從；或叫病人報告所作的夢，而讓病人覺得莫名其妙，對醫師不探討我的症狀、不了解我的心理問題，卻要我談所作的夢，因而覺得很困惑。這可說是初學的治療者只知其若干學理，就使用到臨床上的工作，而變得啼笑皆非的結果，並未考慮到這些特殊的分析技術的適應性，以及如何連接使用在實際的會談上的表現。

因此，如何把書上學得的學理知識，或從課堂上學到的學問，與實際運用連結，而適當地運用在臨床工作上，是治療者必須自己學習與體會的課題。

治療進展的情況：還有個方向是需要費心學習的，那就是治療如何順利進展。所謂輔導的工作是個進展性的過程，不是靜態而是動態的發展，如何判定每個輔導階段要做些什麼，在下個階段又要做些什麼，這些都是要思考與學習的要點。就像外科醫師要進行開刀手術，一開始便會在腦子裡有個整體的計畫，例如：要從哪個部位切開、要先切除什麼，以及如何連接需要連接的地方；萬一病人的情況不好，又有何補救的方法或途徑，如：失血過多、血壓降低，就必須輸血，而為了輸血，就得事先準備適合輸的血；在手術完成後，又該如何補接傷口等，這些都是一連串的計畫與步驟上的思考與準備。同樣，從事心理治療就像在思考「開心術」一樣，要如何進行精神上的探討與分析，要做哪些心情上的修補或情結的解除，以及如何結束輔導的手續等，在治療者的腦中都必須要有全盤的大致計畫，這也是治療者必須自己學習並準備的工作。此外，要懂得如何把握病情的概念，建立治療的策略，都是要實際去學習的臨床課題。

第二節　閱讀有關個案的輔導案例

要提升自己的臨床能力，能把握病情的概念、輔導的策略，以及如何進行治療等，這些一連串的作業，都可以依靠閱讀有關治療個案的相關書籍，從中學習、領會其要點。倘若書裡的個案不僅有輔導與治療經過的報告，還有督導、教學與討論的部分，又更能讓治療者徹底地學習到如何思考分析病情、建立治療的策略，以及如何實際操作輔導的工作。

閱讀有關個案的輔導案例，最主要的好處就是能在短時間裡，接觸並學習到多數的個案，包括各種病情的治療經驗，以增加臨床上在量與質的進步。當然我們要知道，書寫的個案報告無法很詳細地說明實際發生的情況，無法照實地描述確實發生的各種細節，也無法讓你發問並討論你所關心的關鍵性問題，且所有的資料是透過書寫作者的考慮與篩選，有其主觀性的色彩。雖然有這些無可避免附帶的缺點，但多少都是有幫助的，所以宜選擇較具資深經驗的治療者兼教學家書寫的比較好的報告來閱讀。

第三節　個案討論會：同道們的相互比較、評論與建議

在比較有組織與系統的精神醫學教學與訓練單位裡，除了提供講課外，通常都會定期且週期性地舉辦個案討論會，由住院醫師輪流報告他們所治療的個案，經由大家的討論以及教授的指點，來提升臨床上的知識與技術。倘若個案討論會中，經常提出有關心理治療的個案而進行討論，更是學習心理治療的好機會。個案討論會是由現場參加討論會的同道們相互討論來進行，因此有下述幾項特別的功效與用處。

比較與調整對病情與問題的看法：在醫學的境界裡，尤其是在內科或外科等領域，有些病理的症狀是很確定的，不會有含糊的判斷，例如：打噴嚏就是打噴嚏、黃疸就是黃疸、出血就是出血，沒有什麼診斷上的困難。再者，加上臨床檢驗技術的輔助，如抽血化驗或照X光等，更是容易確定，例如：懷孕就是懷孕、糖尿病就是糖尿病，其診斷確實性很高。但牽涉到精神醫學的領域時，就沒那麼容易了。一個懷疑鄰居對他不好的病人，到底是妄想或者是比較敏感性的懷疑，還是真的鄰居對他不好，故意找麻煩，就不能那麼確定了；此外，像年老而記憶力稍微較差，或是癡呆症的開始，有時也很難劃分。至於心理、情緒與行為上的問題，更是不容易確定，往往是相對性的，要和環境與情況來做客觀性的評定，例如：一位父親總是夜晚跑進十多歲的女兒的臥室察看女兒是否蓋好棉被，到底是表示父親關心子女，又或者是不懂得跟女兒保持適當的距離與界限，就必須考慮過去的情形（女兒是否常生病？）、目前的狀況（是否母親不在？），以及女兒的反應如何（是否反對？）與社會的看法（是否是過分的親近？），再加上治療者的職業性觀點（父親與女兒要保持適當的心理與身體上的距離），才能做綜合性的評定。或者母親不滿意兒子只考九十二分而責備兒子不夠用功，這是身為母親很關切子女教育的行為表現，又或者是過分期待子女的心理問題，也是要客觀地去評論。換句話說，許多行為與心理方面的判斷，常是公說公有理，婆說婆有理，需要相互比較才能得到較客觀的結論。因此，透過個案討論會聽取其他同事的感受或意見，與自己的想法、見解相互比較，可以調整自己對人對事的感覺與看法，是鍛鍊自己職業性感受與判斷事情的好機會。這還包括對病情的了解與解釋的問題，是學習中的治療者必須參加且善用的教學機會。

比較對治療的策略與輔導方向：除了對病情客觀性評定與問題的了解外，如何建立治療的策略也可以依靠其他同事們的各種看法與建議，以及教授們的想法與評論，而獲取較有用、客觀與職業性的看法和知識。例如：對於一對總是相互吵鬧、感情不好的夫妻，到底要聽取這對夫妻的意見而分居或辦理離婚好，還是嘗試解除他們之間的矛盾，勸他們和好，每個人可能都有不同的見解或主張。對於擔心陽痿而不敢結婚的年輕男病人，要提供其支援性的輔導就好，或進行分析性的治療去探討病人身為男人的信心問題，還是了解病人與未婚妻的情感關係而提供男女的輔導等，可說有著見仁見智的看法與選擇；與學習中的自己（治療者）的想法相比較，皆可從中得到很好的教訓。

了解治療的成效：許多個案的報告常是經過治療後的臨床報告，有治療後的結果可供大家學習。但假如採用支持性的輔導而成效不佳時，是否考慮分析性的治療；或使用家族治療而發生困難時，是否改用個人性的輔導等，都是可以經由個案討論會而討論，從中學習到的好教訓，是可以好好利用的教學機會。無形中能建立自己的職業性看法與觀點，增廣臨床的經驗，千萬不要放棄這樣的學習機會，以增長自己的見識。

第四節　累積治療與輔導的臨床經驗

毋庸置疑，必須要自己多學習才能提升自己對心理治療的知識與經驗。除了多念書、參加專題討論會及個案討論會外，還要多為病人看診、練習心理輔導，累積自己的臨床經驗。從實際的經驗中，獲取更多的知識、學習實際的要領。雖然有時難免遭遇失敗的例子、棘手的個案，但必須從失敗中學習如何成功，建立自己輔導工作的臨床能力。

接受有系統、有結構的專業教育單位的訓練時，往往被機構安排好要負責治療的病人，通常是從住院病人開始，逐漸治療門診外來的病人，也參與科際的會診等，逐步提升臨床的經驗。住院醫師在其訓練過程中，透過病房的住院病人及門診外來患者而分別學習治療不同病情的病人。在病房治療住院病人時，接觸的病人多半是比較嚴重的精神病病人；而在門診治療的除了精神病患者外，也會輔導罹患神經症或一般遇有心理問題的患者。針對這些罹患不同病情的病人，從心理治療的角度來說，有不同的課題可學習。

嚴重的精神病患者：此包括罹患精神分裂症或妄想症的病人，這些病人多半對自我功能有嚴重問題，思考有障礙，對現實的接觸有問題。針對這類病人，在輔導時有不同的要領，一般來說，必須避免過分地分析潛意識境界的精神材料，包括內心的幻想、精神病症狀，如妄想或幻聽的內容等；而要注重支持性的輔導，協助病人能和現實有較好的接觸。但從這些嚴重的精神病患者的身上，不經由分析工作，我們就可學到潛意識層次的原本精神材料，可以了解深層心理的活動。例如：透過病人所表現的無邏輯性的精神病症狀，而表現想謀殺父親的慾望、想強姦妹妹的意圖、想燒隔壁鄰居的行為，或想用槍打死自己來抵罪的心願等，赤裸裸、很露骨地表現出的原本思維或慾望，不用再探察或分析。從心理治療的角度上來說，不用再費心分析探討，而相反地，必須協助病人能隱蓋這些自我控制不好而顯露出的原本精神材料。

輕度的精神病患者：例如患焦慮症、抑鬱官能症、慮病症、癔症等病人，他們雖然有精神疾患的症狀，但是比較輕度而不嚴重，且病理上是和精神病不同的病人，即這些病人的自我無法處理超我的過分管制而受苦悶的情形；或自我的功能過強，不肯正視與接受內心的慾望而拚命掙扎的情況。針對此類病人，就要幫助他們分析並了解他們的心理結構，並做需要的調整。此外，如何協助自我功能有局部輕度障礙的病人，在輔導上有不同的技術。如何分析並協助病人認識自己的問題，且學習如何改變，也是一連串的輔導工作。

一般常見心理問題的患者：此類病人基本上沒有精神疾病的問題，只是面對一些常見的心理困擾或一時遭遇心理上的創傷，不知如何應付而產生情緒痛苦的病人。例如：夫妻關係不好、親子間適應不好、與主管的關係很糟糕，或被人欺負、強暴，而不知如何面對與解決的人。在心理輔導上來說，必須提供其所需的支援，幫助他們放棄對問題非適應性的處理方式，改而學習採用比較適應的應付問題的方法。

總之，需要心理輔導的對象很多，各有不同的嚴重性，也有不同的病理性質與不同性格的病人，或不同年紀、性別的病人，治療者都必須學習如何輔導這些病人，同時也要學習如何避免在治療上可能發生的錯誤等，這些都是需要依靠實際的臨床工作才能學到的。

第五節　嘗試各種不同的輔導模式

我們知道心理治療的進行有各種模式可採用，即支持性的治療、認知性的輔導、行為性的治療，以及分析性的治療等。根據治療的對象，也可以區分為：個人心理治療、家庭或夫妻治療、團體輔導等。要成為有能力的治療者，對這些不同的輔導模式都要了解，並有所嘗試，從實際的運用中體會各個模式的特點與限制。每種治療模式都有其特別的方式、作用與功效，端視病人的需要及其適應性而做選擇，且治療的模式並非固定，可隨情況而定，尤其是在治療過程中，在不同的階段可以採取不同的治療模式，以適合病人的需要。一般來說，在治療初期，多採用支持性的治療，穩定病人的情緒、減輕症狀的程度，然後進行認知性與行為性的治療，企圖改善病人的心情與行為。必要時，可以進行分析性治療，探討深層的心理問題、解除情結性的問題等。至於何種治療模式較適合何種病人，應該在什麼階段採用何種治療模式，都必須根據臨床上的經驗而做判斷與選擇。因此，學習中的治療者要多方嘗試，從中獲得領會。

第六節　聽取病人的評判與建議

治療者要自行磨練並提升心理治療的能力與水準，方法之一就是時時向自己治療中的病人詢問他們對輔導進行情況的反應與意見。畢竟病人是「顧客」，是治療的受惠者，到底治療者提供的輔導對他們是否有用或有效，還是有需要改善之處，病人都可提供他們的觀點，讓治療者可據此進行檢討與決定改善的方向，以改進並提升自己的輔導能力。

要向病人詢問對治療的反應與意見，必要時可選在每次會談結束前詢問，打聽此次會談的經過，病人覺得治療者的態度如何、追究問題的方式或對病情的解釋是否適當、對問題解決的提議與方法是否合適，以及對下次會談有何建議等等。治療者的語氣不能太客氣（會被誤認為沒有自信），但可採用相互學習的態度來商討輔導進行的情況（表示尊重病人的看法與意見）。當然，治療者不用每次會談結束時都如此照例詢問，但對比較特殊的會談，例如為病人進行病理的解析或指點，讓病人產生特別情緒反應的會談，或讓治療者覺得會談進行得不甚順利時，可以特別向病人詢問、打聽病人對輔導的反應與意見，以供治療者參考，並決定下次將如何進行會談。

另外就是在輔導過程經歷過半時，可以開口和病人進行治療上的檢討，好作為參考，決定下半階段進行治療的方向。當然，在治療過程快結束或在最後一、兩次會談時，對整個治療的過程可進行總檢討，可以爭取病人對治療的評論與建議。同時治療者可提供病人對輔導過程進行的印象，以及對將來需要注意的事項提供建議，作為結束輔導的結尾工作。

雖然病人是治療上的「顧客」或受惠者，但我們要從病人的立場與角度來看他們對治療進行的意見與建議。不過，從某種角度來說，病人畢竟是病人，只能從病人的立場與觀點來提供其觀點與意見，並不是很全盤性的評論。一般來說，病人所能提供的是治療者與病人，以及治療者對病人提供的所建立的關係、所提供的關心與支援建議和支持對他們的適應性。我們無法從病人那裡學到對病理的解釋是否正確，但卻能知道，治療者應如何提供解釋與指點的技術上的要領問題。至於治療者是否都能很正確地掌握病人深層的心理情結，這就無法單靠病人的反省而提供解答，畢竟是關係到潛意識的精神境界，病人本身是無法知曉而做客觀的判斷與評論的。

第七節　自我心理的分析與領悟

治療者要學習與心理治療有關的知識，尤其是去體會潛意識境界的深層精神活動。有個絕佳的途徑，那就是自己分析自己平時的心理狀態，從自己的心理去了解人的心理狀況，掌握精神的活動、體會潛意識境界的深層精神材料與活動，是非常有用的自我學習方法。當然，治療者是健康的人並不是病人，沒有病態的病情，無法探討屬於病態性的情結。但我們必須知道，正常與病態是一個連續性的譜帶，每個人（就算是很健康的人）也常會有近乎病態的傾向。換句話說，正常與病態並無清楚的界限，而是以逐漸變化的情況、以譜帶的性質而存在的。例如：通常健康正常的人不會採取謀殺他人的行為，但假如受到某人無理地欺負或極端壓迫時，難免會產生殺人的意念。此外，一個正常的男人不會想用暴力強姦女人，但在夢裡或潛意識的情況下，有時會有這種衝動的表現，可說是隨著意識層次的深淺，而涵蓋所有所謂「好」與「壞」的各種意念。因此，治療者本身雖是健康的普通人，但經由自己的自我分析，可以比較有深度地學習到一般人的心理，進而可間接體會病態的心理情況。

潛意識精神材料的分析：臨床上比較困難的一點，就是如何與病人探討比較屬於潛意識境界的原本精神材料，幫助我們進行比較有深度的心理了解。這不僅不容易，且常會遭遇強烈的阻抗作用，發生困難，而且假如嘗試分析不妥當還會產生副作用，帶來意想不到的結果與麻煩。因此，其補救辦法就是治療者本身必須練習自己分析自己潛意識的原本精神材料，如：白日夢的內容、夢的內容、失語的內容，並加以自我分析與了解。因為在自己的內心裡分析自己，即使覺得尷尬，也可以懂得適當地處理，不用擔心發生阻抗現象，而且還可以判斷自己的分析是否合適且恰當。

分析自己所作的夢是個捷徑，例如：自己昨晚作了一個「奇怪」的夢，夢見好幾年沒見面的哥哥，夢裡還很生氣地向哥哥發怒，最後氣得醒過來；根據這個夢，我們可以推想，最近是否想向老闆抗議自己內心的不滿而心裡擔憂，所以才會作這樣的夢。此外，如果不小心在某種場合無意中把女朋友誤稱為「媽媽」，對這樣的「失語」可以幫助我們檢討，自己的內心是否無意識地把女朋友當成是可依賴並照顧自己的「母親」，所以才會無意中誤稱自己的女友為「媽媽」。

探討理性與情慾的關係：除了分析潛意識境界的原本精神材料外，我們還可以檢討自己的理性與情慾這兩種不同精神狀態的相互關係。換句話說，我們腦子裡如何有理智地思考、富有理性的思維、說話有邏輯，和內在的情感與深層的情慾或本能有何關係，這是很值得了解與體會的事情。例如，當我們看到鄰居的年輕夫婦抱著剛出生的嬰兒時，我們會很恭維地向鄰居說：「你們的寶寶真可愛。」這時我們的內心真正在想什麼，是嫉妒鄰居居然已經有小孩，而自己卻未婚，甚至還沒有男朋友而不高興；又或者覺得鄰居的小孩並不好看，長得像一隻小猴子似的……我們可以發覺理性的表現與內在情慾的差距。又例如你向自己的男朋友發脾氣，開口說討厭他、不想他、不想再和他來往，但實際上，內心可能還是很喜歡他、想跟他在一起。由這些分析，我們可以發現並體會內心的情感與所說的話可以相反而存在的現象。

而且很重要的是，我們可以更進一步去探討並發現理性與情慾的差距存在，或者甚至是相反的現象，進而研究如何發覺此種差距存在的要領。例如：倘若內心真的很喜歡鄰居的小孩時（即理性的反應與情慾很接近、相同時），除了口頭上的「你們的寶寶真可愛」的客套話之外，是否還會有更進一步的表現，例如：說些「恭喜」的話，或是否想摸摸小朋友，採取真的比較喜歡的行為等。這些心理現象的了解，可以協助我們能比較有深度地了解一個人內心的感覺，進而運用到病人的場合。

熟悉自我防禦機制的真相：所謂自我防禦機制，指的是我們（自我）採取某些心理上的措施（機制），用以處理令我們無法正面接受的感覺、慾望或情感的情況。這些被採用的防禦機制是在保護自己，是在無意識中進行的，所以當事人往往不知覺，得靠自己仔細分析或他人的指點，才會發現的心理現象。依靠這些防禦機制的表現，我們可以回過頭了解到底是什麼感覺、慾望或情感讓我們自己（自我）無法接受，而需要依靠自我防禦機制來處理。因此，在心理治療上，是想要有深度地了解精神境界的一種分析方法與途徑。自己對自己的心理做觀察，並分析自己所採用的自我防禦機制，可以發覺並體驗其心理功能的奧妙。

例如，我們都知道酸葡萄的典故，即：一隻狐狸很想吃樹上的葡萄，但葡萄結在很高的樹枝上，狐狸無法吃到，便對自己說：「反正葡萄是酸的，我不想吃。」以這樣的說法替自己解圍，減除因吃不到而很想吃所產生的失落感。

這就是「理智化作用」的例子，藉著某種道理把事情說得有道理，即可避免內心的真正感覺的一種自我防禦機制。

第八節　從文學作品的故事內容領悟對人性與心理的分析

回顧我們所接受的精神醫學教育，包括普通精神醫學或是醫學心理，甚至包括臨床心理，所教的內容都是屬於精神醫學上的醫學知識，是屬於描述性精神醫學的學問，很少包含動態性精神醫學的觀念，更缺乏有關人的普通心理與行為方面的知識。例如：一個人為何會感到傷心、孤單；為什麼人與人之間會競爭、吃醋、生氣；為什麼被欺負就畏縮或採取強暴行為；小孩的思考和大人有什麼不同，為何沒有道理；老人的心境是如何，對死亡的想法是如何等等。我們很少有學習的來源與資料，而這些都是心理治療上很需要的心理知識。因此，該如何補救、摸索與學習人的心理及行為，是自我學習的重要課題之一。我們對人生越有所了解，對人的心理更有所探討，我們在心理治療上就越有把握幫助病人解決在生活上遭遇的心理問題。

基於此，有些訓練精神科住院醫師的單位就鼓勵住院醫師自動舉辦「小說閱讀討論會」或「電影觀摩討論會」，由指導教授協助選擇要閱讀的小說或要一起觀賞的電影，等大家閱讀或觀賞後，利用晚上相聚的場合，彼此討論小說或電影裡人物的心理與人際關係，包括情節的發展、所表現的心意、對人生的啟示等等，這樣可以幫助年輕住院醫師對人的心理與人生有比較豐富的了解，進而可以多了解病人，對病人提供較適合且有用的心理輔導。換句話說，想超越臨床醫學或普通心理學的境界，要擴展我們對人的心理的了解，這樣可以協助治療者適當地去輔導在社會實際生活中的病人的心病問題，以及如何處理人生困難的要領。

讓我們就一些文學作品來討論如何領悟人的心理。首先要說明的是，有關書寫文學作品的作家們，不論是古今中外的優秀作家，其對人性或人的心理都有敏銳的觀察和有深度的體會，再加上優秀的書寫能力，而創作出膾炙人口的文學作品。因此，他們是人生的分析家，是天生的人的心理學家，經由他們敏銳的感覺來揭露有關人的心，是值得向他們學習以獲得有關人的心理知識的。

電影的故事：中外有無數的好電影，內容詳述人的本性或人的心理。美國早期有名的得獎電影：《亂世佳人》（*Gone with the Wind*），故事的背景是美國南北戰爭時的美國南方，內容主要描述美麗、年輕、帶有戲劇性性格的女主角，如何與富有且有男子氣概的男主角相戀的故事，而女主角的內心其實一直迷戀另一個性格懦弱的男人，是一個充分表達男女間的情感與性格相配因素的故事，也說明帶有戲劇性性格的女人常有的心理矛盾。

另一部是日本在戰後發行的黑白電影，曾獲得外國名片獎的《羅生門》（*Rashomon*），影片內容是描述一名武士帶著年輕貌美的未婚妻，旅途中經過山林時，遇到山賊，結果未婚妻被山賊強暴，而武士被殺死的三角關係故事。故事是從被強暴的未婚妻、山賊、武士（靈魂），以及剛好在附近目睹事件發生的樵夫和路過的和尚等五人的不同觀點，分別描述這五人對事情發生的經過與看法，指出同樣一件事，但每個人都有各自的觀察與觀點，赤裸裸地表現原本人性的特點。

（京戲）戲劇故事：中國有許多傳統遺留下的京戲故事，也是學習人際關係的好材料，尤其是有關親子三角關係上的情結的描述，及其處理情結的情況，可供我們做參考。例如：薛仁貴的故事就是描寫幾個三角關係上的情結問題，包括薛仁貴年輕時與他喜歡的王爺小姐，和王爺的三角衝突；以及薛仁貴成為將軍後，他和妻子、兒子的矛盾關係，誤殺了即將成人的兒子，表達中國社會中的親子三角關係的解決途徑。而白蛇傳的故事，則是年輕的文人許仙與白蛇精化身的小姐的戀愛故事，卻被（代表權威者的）老和尚阻擋與干涉的三角衝突故事，其結局是一對男女被拆散，表示在尊重並強調權威的傳統社會中常見的結局。

文學作品：東方與西方都有無窮盡的文學作品，內容皆在描述人的心理與人性。例如：魯迅的《阿Q正傳》，就依靠作者的靈感與手法來表達被欺負而無法抵抗的常人（阿Q），是如何依靠他的自我防禦機制——「被動加理智化作用」來應付被欺負的情境。至於西方有名的文學作品，如莎士比亞所著的《哈姆雷特》（*Hamlet*），就是很有領悟性地描述年輕的哈姆雷特如何陷入他與母親、繼父的三角衝突關係，最終殺害繼父的故事。

童話故事：童話故事是大人說給孩子聽的故事，內容常牽涉到成人與小孩的關係問題，含有深奧的情理，因此，連大人也很喜愛。西方源於北歐的童話故事很多，在世界各地也都很暢銷且耳熟能詳，例如：「白雪公主」、「睡美人」、「傑克與豌豆」等，都是描寫父母與子女的情感和關係上的問題，只是用繼母、巨人等人物來投射（壞心眼的）父母的角色，避免過於接近現實。但最主要的是，其情節的結尾都是孩子打敗了代表（壞的）權威的繼母或巨人，讓小孩得到勝利的結果。日本的「一寸法師」也是處理三角關係，內容是描述身體很小、只有一寸高的男孩子，居然打敗了企圖搶公主的巨大惡鬼，保護了公主，有相同的結局。但在「桃太郎」的故事中，雖然桃太郎是到外島打敗了鬼，但戰勝後只帶回從鬼那裡獲得的寶藏，送給養育自己的父母，並沒有年輕的小姐在等待著他，沒有三角關係上的好結尾。

中國老少皆知的「孫悟空」的故事，內容描述美猴王隨從並保護法師到印度取經的西遊故事，但完成壯舉後，也沒有漂亮的女孩在等他，只是得到「孫悟空」的法名，獲取人格上的升等。不過從精神分析的立場來說，這則「孫悟空」的故事，很巧妙地說明人的精神結構裡的三個部分，即「超我」、「自我」以及「原我」的三個心理構造。毫無疑問地，無法從險惡的現實保護自己、只有理想的法師，象徵著「超我」；而缺乏理性、需要頭戴金箍而時時被法師控制，但有許多能力應付現實外界的孫悟空，象徵著「自我」；而好吃、好色、偷懶、不顧現實（需要守戒）的豬八戒，代表「原我」，可說是透過故事中的人物投射出我們個人內心心理結構上的三個部分。

第九節　從格言、成語與典故等文化產物學習人的心理與適應

我們生活環境裡充滿許多事情，包括各個社會與文化中曾發生過而可以觀察到的各種事情的演變歷史，讓我們能體會並學習人的心理以及如何反應的情況，可說是自然而然的心理教學與學習的好材料。經過歷史的累積及演進，我們的先人遺留下許多生活上的經驗與智慧，以簡短的格言、成語或典故，讓我們得以學習、體會人的本性、人的心理，以及人際關係上的道理，而我們則可從中好好學習並獲得其中的要訣。

例如：和親戚、家人、夫妻的關係，我們常說「遠親不如近鄰」、「小時是兄弟，長大各鄉里」、「久病無孝子，久賭神仙輸」；我們也說「一日夫妻，百世姻緣」、「夫妻相合好，琴瑟與笙簧」、「一代沒好妻，三代沒好子」；還說「夫妻吵架，狗也不理」、「潑出的水，無法收回」或是「可拆十座廟，也不可拆一對夫妻」這些話，表現對夫妻婚姻關係的價值觀念與通俗性的看法。

對人本身或人性，我們也有許多格言，例如：「人情似紙張張薄，世事如棋局局新」、「千尺深崖可到底，一寸肚皮難猜透」、「人善被人欺，馬善被人騎」、「江山易改，本性難移」等對人性有透視性的話。

我們也常說「孟母三遷」的典故，也說「近朱者赤，近墨者黑」、「住在寺廟附近，連狗也會念經」的道理，說明環境會如何影響我們的行為發展。我們熟悉的「塞翁失馬」的典故，也說明我們人生的曲折與變化，以及對人生抱持肯定的態度。

至於如何做人，我們也有數不盡的名言，如：「不入虎穴，焉得虎子」，說明需要大膽爭取自己所想要的東西；要「滴水穿石」似地有恆心、堅持與努力；但是碰到某種情況不得已時，必須考慮折中或全然不同的辦法，例如：「近來學得烏龜法，得縮頭時且縮頭」。

和輔導他人有關的道理，我們說「一針見血」，要把病情簡要地說明。遇到阻抗現象，我們就得懂得「良藥苦口，忠言逆耳」的道理而去處理。病人不願意接受心理輔導，我們可以使用「解鈴還需繫鈴人，心病還需心藥醫」的話來說明輔導的重要性。這些都是歷史遺留下來的文化產物，了解其中的道理後，可運用於實際的輔導過程中。

第十節　從傳統思維體會對心理健康的看法

心理治療的施行，除了受專業知識與技巧、對人的本性與人的心理有關的知識影響外，還直接或間接地受病人與治療者雙方對處事待人的基本看法與價值觀的影響。我們必須了解，我們的人生觀、世界觀，即所謂的哲學觀與態度，在無形中會時時影響我們的思考、觀念與態度，間接地引導我們待人處事的方式、處理困難與問題的模式與結果。

因此，在輔導工作上必須注意患者與治療者雙方所依據的哲學觀，這也是施行配合文化心理治療工作上的一項重要課題。對華人來說，我們歷史上一直深受許多傳統思想的影響，比較顯著或代表性的便是孔儒思想、道學思想及佛教思想等。身為華人治療者，必須要學習並體會各種思維的要點，並且可將其適當地運用於輔導的操作上，尤其是協助病人如何調整與適應變化中的現代生活。

孔儒思想：這是過去影響華人及亞洲人非常深遠的傳統思維，從哲學思想的立場來說，孔儒學說有幾個特點。孔儒學說主張人性本善，且「仁」是人際關係的主要依據與核心。孔儒學說認為每個人都有其潛在能力，需要去培養與發揮，所以提倡「學而時習之，不亦樂乎」；但同時也認為人人都要有「知命」的態度，「不怨天，不尤人」，盡力而後已；而其人生態度則是「飯疏食飲水，曲肱而枕之，樂亦在其中矣」。

此外，孔儒學說也強調「君君、臣臣、父父、子子」，主張社會要有上下階級性的關係，且每個人都應按其身分與角色來行事，並與家人、朋友相處融洽。孔儒思想也注重人際關係要保持「和諧」，並建議以「中庸」的原則來處理問題。孔儒學說也主張士大夫要「修身、齊家、治國、平天下」，從個人的內心修養開始，逐漸往外推展，到維持家庭和諧，然後才從事社會的工作，達到治國與平天下的責任，可說是非常符合心理衛生的觀念。孔子曾就個人經驗描述一生中的心理發展階段，即「吾十有五而志於學，三十而立，四十而不惑，五十而知天命，六十而耳順，七十而從心所欲，不踰矩」，充分說明一個人的心理發展與成熟的過程。和精神分析的人格發展學說相較，孔儒學說並未注重幼年時的發展階段，而是較關心成人後的心理發展，還包含老人階段，對處於老化社會的現代人而言，頗有啟示之用。

值得注意的是人性善或惡的爭論問題，雖然儒家認為性本善，但荀子卻認為性本惡，把人性分為兩種不同的極端。從精神分析的角度來說，人格並沒有好或壞的區別，而只有比較「原本」或「成熟」的差異。根源於原我的本能、慾望，包括性的慾望與攻擊的慾望，是保護個人與種族生存的基本功能。雖然是自私、不顧慮他人、只為自己著想，會為了自己而攻擊他人（好似是惡的本性），但隨著年紀的增長，自我能力逐漸成熟後，便會接受超我的管束，變得比較成熟，會產生利他的想法與顧慮。至於孔子所強調的「仁」心，也是對他人憐憫的心，是同理心（empathy）的根源與表現，是隨著人格成熟而發展的心理功能。

孔子曾說：「知之者，不如好之者；好之者，不如樂之者。」很清楚地說明只有認知上的領悟還是不夠，要形成感情上的一部分，而能自然而然地表現與享樂才好，這可說提醒我們在進行輔導工作時，必須協助求輔導者的心理與行為的改變，不可單就認知上的體會，還要是情感上能接受的情況才有用的道理。

道學的思想：從歷史的眼光來說，道學的思維在中國社會裡，未曾被接受為哲學思維的主流之一。其主要理由之一是，被批評為消極並空虛，無法運用於講究實在的社會中；但從哲學思維的立場來說，老子所創導的道學思想，有其特殊的作用，可以和主流的孔儒思維或其他思想相配合與互補而被使用。有人說，當我們年輕且有成就時，就可以依靠孔儒的學說；但假如年老或不得志時，卻可利用道學的思想與看法。

我們都知道，老子認為人是大自然裡的一小分子，人生的目的是跟隨大自然的環境及其道理（即「道」）而行事並生存。不要過分掙扎或想有成就，也不可過分追求達不到的期待，一切最好順其自然，以「無為」的態度與心境來過人生。

根據道學主要強調的說法，即「利而不害」、「為而不爭」、「少私寡慾」、「知足知止」、「以柔勝剛」、「返樸歸真」、「順其自然」，這些想法與觀念都可用以輔導病人。對於過分追求成就而失敗的人，或過分努力而想一步登天卻失望的人，我們可以施以道學認知療法，協助他們調整其對人生的看法，消除他們的心理負擔與痛苦。

佛教的思想：佛教原先發源於印度北方的尼泊爾，主要在隋、唐時傳入我國，並逐漸影響華人的思維與信仰之一部分。佛教認為人會受痛苦，主要是被自己的慾望所糾纏與驅使，假如能得到領悟，解除自我慾望，即可到達「涅槃」（Nirvana）的境界，意即：獲得平息與消除慾望的狀態而免受慾望的痛苦。從宗教的立場來說，佛教是鼓勵人人求得心靈上的領悟而排除痛苦的來源，即自我慾望。因此，可說是主張哲學性的人生態度，而非是崇拜性的宗教。與道學很相似的是，佛教的基本看法可以協助我們解除對慾望的束縛，以及對人生的意義有另一層的領會。只要不過分消極，佛教的教義可以幫助我們解脫過分的塵世慾望，度過清清淡淡的人生，對心理衛生有益。尤其是對年老的人來說，是可以考慮的人生態度。

第十一節 結語：自我學習、繼續成長

總之，我們曾提過，現代精神醫學偏向生物學性、描述性的取向而提供專業知識，很少鼓勵動態性且心理性的取向、獎勵心理治療的途徑來幫助病人。為了讓心理治療能有效施行，必須依靠許多有關人的心理、人性、人際關係上的知識，可是這些基本知識在一般的訓練過程中並沒有適當的課程，也沒有講解的資料，是很需要補充的課題，好幫助治療者了解病人，並體會輔導的要領，而提供有用、有效的心理治療。自我的心理分析、熟悉社會與文化上提供的智慧，包括文化上的各種產物，都是值得學習的心理課程。很多事情都必須靠治療者自行學習，自我學習心理治療的範圍很廣，可經由各種途徑來學習。除了依靠有經驗的督導者提供臨床督導外，還要靠自己時時補充有關人的心理的知識、協助他人心理的要領，而親自去嘗試輔導各式各樣的病人，並依靠自己的檢討以及取得病人的反應而進一步學習，以此提升自己的心理治療能力。

第16章 總結：從經驗中學習與發揮運用

如何開拓專業成為有能力且富於自信的心理治療者，並從事心理治療的輔導工作，這是年輕的初學治療者很想知道的事，同時也可能很想知道一輩子從事心理輔導工作，究竟會發生什麼樣的結果，對病人及自己會有何種影響，這也是耐人尋味的問題。如何透過人生而發展自己對心理治療的專業，是值得探討的課題。讓我們就幾個方向來論述，提供後進參考。

第一節　人生經驗、個人成熟與學習發展

人生經驗的資產：由於心理治療所面對且需要處理的是有關一個人在一生中可能面臨的各種心理問題，因此，治療者本身若已有豐富的人生經驗，無形中有助於他們如何輔導病人面對與應付在其人生過程中遭遇的各種心理困難。換句話說，治療者的年紀越長，生活經驗越多，對病人的輔導越有幫助。例如：還未結婚的人，較無法透澈地體會婚姻上可能面臨的挫折，及其應對困難的方法。而結過婚的治療者，就知道如何和配偶相處、如何及時安慰生氣或傷心的配偶，把大事化小，也知道千萬不可忘記結婚紀念日、不可隨便和其他異性過分親近而招來配偶的吃醋與不高興等瑣事，比較能夠以「過來人」的立場，表達對婚姻發生問題的病人的同理心，提供適當的建議、尋找解決的途徑。同樣地，年歲長了、頭髮白了、人老了些，就較能真心地以同理心理解與體會老人的寂寞、頹喪的感覺、失偶的難過與傷心，並能知道如何勸導年老病人怎樣面對年老的階段。假如還只是二十多歲的治療者，就只能從自己對祖父母的觀察

與經驗而簡潔地去推論罷了，沒有親身體驗的智慧與知識教導年老的病人。總之，有了豐富的人生經驗，對施行心理輔導的治療者無形中有很大的助益。

但並不是說，治療者對人生可能發生的諸多事都需一一經歷才能輔導病人，事實上會有許多限制。例如：倘若治療師是男性，就不會經歷懷孕、生育，以及面對性歧視、性虐待，甚至是被強姦的經驗，所以較無法很真實地依靠自身經驗來體會女性的心理遭遇或痛苦。相反地，女性治療者也沒有男性的實際生活體會，包括參加戰爭、殺敵的體驗，或感到被女性威脅而反作用地欺負女性的心理機制等。又如：生長在富裕的家庭中，從小未吃過苦、未經歷挨餓的治療者，就比較不能從內心體會窮苦的病人連飯都沒得吃、需要面對許多現實上的痛苦的體驗。反之，生長在社會低層的治療者，也無法想像在富裕的家庭中，擁有很多金錢但心裡並不快樂的道理，而難以給予適當的輔導。

總之，治療者本身的人生經驗越多，對病人的輔導就更容易、更有幫助，所以，治療者的年歲增長，也是無形中的精神資產。

個人心理成熟的依靠：雖然年歲的增長對治療者是無形中的資產，但最重要的還是治療者本身人格上的成熟。所謂人格的成熟包含幾項條件與因素，基本的性格要穩定與平衡，在超我、自我、原我不同的精神結構相互的統協之下，發揮各個的作用，與現實接觸，富有同理心，可以了解別人的心境，可以體會他人的快樂與痛苦，並給予所需要的協助或支援，這些都是人格成熟的條件。換句話說，有了這些成熟的人格，就比較能好好地治療與輔導病人，病人會直接或間接地接受性格成熟且心理穩定的治療者的影響，也會認同治療者而隨之成熟，無形中會產生輔導上的作用。

另一方面，學習心理治療、了解人的心理、體會成熟的適應，無形中也可以幫助治療者自己本身的心理與性格變得更為成熟。學習如何做個健康的人，可以引導自己變得更成熟健康；而領會婚姻治療的要理與目標，可以讓自己更知道如何維持婚姻；懂得家庭治療的要點與目的，會幫助治療者注意如何維持家庭的和諧，這些都是職業上的收穫。

總之，治療者本身需要能經常保持健康與成熟的心理，包括個人、婚姻以及家庭的健康，才能成為優秀的治療者，也才能面對並樹立心理治療的職業生涯。

不斷進行的學習與發展：不論學習何種專業，我們都知道學習是永無止境的，身為心理治療的輔導者也是如此，沒有例外。在一生中，都要能繼續學習，時時自我鍛鍊與練習，不斷增長自己的治療知識、磨練自己的輔導技術。如果一位治療者能為好幾百個病人治療，能聽過幾千個討論會中提出討論的個案，接受好幾百個個案的督導，無形中就累積了許多臨床上的知識與經驗，對治療任何病人都會有所幫助。

假如能時時參加學術上的會議、聽取學者們的意見、閱讀相關的書籍、觀摩別人治療病人的實況，而從中學習，接受臨床上的再教育，可說是成為有能力的治療者的最佳途徑。

第二節　對各種治療模式的熟練、適當地選擇與綜合性運用

普遍而言，一般的醫學並不講究學派，只有落後或進步的醫學。頂多對於特殊疾病會使用發現者的名字命名，以作為紀念；或對特殊的開刀法以開創者的名字取名，用以描述其特殊性。然而很少有人會說採用什麼派的醫療方法或模式，只求隨著新知識而日日求新求變。

但不知何故，在心理治療的專業領域中，在初創時，曾盛行於區別不同的學派、不同的治療模式，並且還和不同學派或模式相互競爭或排斥。例如：精神分析開創時，很注重傳統的精神分析，不允許學徒有不同的學說或想法，假如與開拓者有不同的意見，就無法一起同存，只好離開他創，以新的學派或模式而另起名。同樣地，當行為治療開創時，也是特別攻擊分析性的治療，標榜自己的不同。當家庭治療開始時，也是標榜其革命性的不同取向與治療模式，以此和個人性治療做區隔。而且在家庭治療的領域中，各個創始者便區別各自

的學派，自我認同、相互區別，因此單在家庭治療的領域裡，還得時時強調各自的派別，區別是結構性家庭治療、系統性家庭治療、分析性家庭治療等等，猶如是儼然不同的特殊治療模式。

雖然治療者在初學的階段要按不同的心理治療模式或所謂的學派而各個分別學習，但最後總會逐漸領會到，而去區別什麼模式或學派是無用的嘗試。因為每個病人都不同，每個家庭也都不同，只要遵循基本的輔導原則，而就各自的問題與情況施行適當的治療。因此，治療的模式是要選擇而綜合性的，不能死板地固定於採用某種特殊的治療學派或模式。

一般來說，長年從事於心理治療且有經驗的治療者，會逐漸放棄學派或模式的區分與忠心死守的認同，而會改變其專業上的態度與習慣，對各種模式都學習、嘗試，並讓自己變得更熟練，能適當地選擇，且能綜合性地運用。許多當初強調自己創立的學派或模式的開拓者，在年歲增長以後，也改變自己標榜自己模式的態度，改而認為只要是有助於病人或有效的治療模式就是最佳的治療法，而根據這樣的領悟學習各種治療模式的綜合性採用，這可說是臨床經驗豐富以後，見識增加所帶來的趨向與結果。

第三節　發揮自己的長處

類似上述趨向，一位年輕的初學者在剛開始學習時，難免想盡力聽從督導教授的指導與建議而學習，並盡力模仿指導的督導者，可是，無形中會逐漸發現各有各的好處與優點。因此，每個治療者要根據自己的長處來發揮自己輔導病人的方式，而不能只跟隨他人的模式。

如何發覺自己在治療上具有的長處而加以發揮，是很重要的學習課題。有些治療者有特別的敏感性，可以依靠直覺體會他人的內心，可以發覺情結的所在，不必太過分的依靠會談的技巧來分析病理。也有的治療者善與人交際，能很快地建立良好的關係，包括與病人或家屬的關係，並且能發揮支持的效用，依靠其特長來進行輔導的工作。還有些治療者善用腦子處理各種精神材料，有結構性的分析病情與治療的步驟等，雖然會談的技術並不那麼有技巧，但還是能協助病人處理問題。

總之，治療者不僅要多學習，增長知識、鍛鍊技術、好好接受督導外，也要時時自我學習，同時還必須研究與發覺自己對於輔導的長處，進而發揮。這也是督導者的最高技巧與責任，幫助被督導的治療者發覺自己的優點與短處，改善自己的短處，並善用、發揮自己的長處，成為有自信的治療者，從事一生的治療工作，造福被輔導的病人。

國家圖書館出版品預行編目資料

心理治療——督導與運用／曾文星編著.
--初版.-- 臺北市：心理，2010. 07
面； 公分.--（心理治療系列；22119）

ISBN 978-986-191-366-7（平裝）

1. 心理治療 2. 心理諮商 3. 個案研究

178.8 99007512

心理治療系列 22119

心理治療——督導與運用

編 著 者：曾文星
執行編輯：林汝穎
總 編 輯：林敬堯
發 行 人：洪有義
出 版 者：心理出版社股份有限公司
地 址：台北市大安區和平東路一段 180 號 7 樓
電 話：(02) 23671490
傳 真：(02) 23671457
郵撥帳號：19293172 心理出版社股份有限公司
網 址：http://www.psy.com.tw
電子信箱：psychoco@ms15.hinet.net
駐美代表：Lisa Wu（Tel: 973 546-5845）
排 版 者：龍虎電腦排版股份有限公司
印 刷 者：正恒實業有限公司
初版一刷：2010 年 7 月
I S B N：978-986-191-366-7
定 價：新台幣 420 元